böhlau

Günter Erbe

Das vornehme Berlin

Fürstin Marie Radziwill und die großen Damen
der Gesellschaft 1871–1918

2015
BÖHLAU VERLAG KÖLN WEIMAR WIEN

Gefördert von der Beauftragten der Bundesregierung für Kultur und Medien aufgrund
eines Beschlusses des Deutschen Bundestages.
Gedruckt mit freundlicher Unterstützung der Geschwister Boehringer Ingelheim Stiftung
für Geisteswissenschaften in Ingelheim am Rhein.

Bibliografische Information der Deutschen Nationalbibliothek:
Die Deutsche Nationalbibliothek verzeichnet diese Publikation in der
Deutschen Nationalbibliografie; detaillierte bibliografische Daten sind
im Internet über http://portal.dnb.de abrufbar.

Umschlagabbildung:
Adolph von Menzel, Das Ballsouper, 1878, (© akg-images).
Das Souper findet im Königlichen Schloss zu Berlin statt. In der großen Pause ist,
während der Hof sich zurückgezogen hat, für die übrigen Gäste ein Buffet
in den angrenzenden Sälen errichtet.

Korrektorat: Jörg Eipper-Kaiser, Graz
Gesamtherstellung: WBD Wissenschaftlicher Bücherdienst, Köln
Gedruckt auf chlor- und säurefreiem Papier

ISBN 978-3-412-22457-8

Für Heinz-Hermann und Karin

Inhalt

Einleitung

Im Mittelpunkt der vorliegenden Studie stehen die großen Damen der Berliner Gesellschaft in der Zeit des zweiten Kaiserreichs, die durch ihre Salons Kulturgeschichte geschrieben haben. Zu ihnen gehört Fürstin Marie Radziwill, der in unserer Darstellung besonderes Gewicht zukommt. Die mit einem polnischen Adligen verheiratete Französin repräsentierte wie keine andere das Kosmopolitische des Salonlebens und verlieh durch ihre Erscheinung dem Berliner Highlife ein besonderes Flair. Sie ragte unter den prominenten Salondamen durch ihren Sinn für die Politik hervor und wurde zu einer Institution im diplomatischen Verkehr der Reichshauptstadt.

Standen im Salon Radziwill Gespräche über Fragen der internationalen Beziehungen im Vordergrund, so zeichneten sich andere hochadlige Häuser durch literarisch-künstlerische Aktivitäten aus. Hier ist vor allem an den Salon der Gräfin Marie von Schleinitz zu denken, der von vielen Beobachtern als der eleganteste und einflussreichste Berlins bezeichnet wird. Die Hausherrin, künstlerisch begabt, aber ohne unmittelbare politische Ambitionen, war von anderem geistigen Zuschnitt und Naturell als Marie Radziwill und verzichtete im Unterschied zu dieser darauf, in ihrem Haus allein die Hofkreise zu empfangen. Das Besucherspektrum war gemischt und erlaubte einen geistigen und gesellig en Kontakt über die Standesgrenzen hinweg.

Weitere bedeutende adlige und großbürgerliche Salons werden in diesem Buch vorgestellt, um dem Leser einen Eindruck von der Vielfalt und Lebendigkeit des geselligen Lebens der Oberschichten im zweiten Kaiserreich zu vermitteln. Einen Fixpunkt des mondänen Lebens bildete die Hofgesellschaft, mit der die Salons oft in direktem Kontakt standen. In dem Maße jedoch, wie das Leben bei Hofe steifer und förmlicher wurde, gewannen die Salons an Eigengewicht, war hier doch ein Zusammentreffen geselliger Kreise ohne Zwang zur Etikette möglich. So sehr auch bildungsbürgerliche Schichten als Initiatoren geistiger Zirkel in Erscheinung traten, waren es doch vornehmlich Adlige, die das mondäne Leben bestimmten. Ins Zentrum der Darstellung rücken deshalb die aristokratischen Salons und ihre Repräsentantinnen. Diesen fiel in der Regel das Prädikat „große Damen" zu, ein Grund, diesen Frauentyp genauer zu untersuchen.

Aus der historischen Distanz gibt sich das Attribut „große Dame" – ein heute
nur noch anlässlich des Ablebens prominenter Frauen zur personalen Überhöhung
benutzter Begriff – als Statusmerkmal zu erkennen, das an gesellschaftliche Bedingungen gebunden ist, die an feudale Verhältnisse erinnern. In der hier untersuchten Epoche steht dieser Begriff noch immer hoch im Kurs und umgibt die
Lebenspraxis adliger Frauen mit der Aura des Vornehmen, Erlesenen und Kultivierten.

Als exemplarisch ist wiederum Fürstin Radziwill anzusehen, die aufgrund von
Herkunft, Familienbewusstsein, Habitus, Mentalität und Sprachkultur das Attribut „grande dame" mit großer Selbstverständlichkeit für sich in Anspruch nahm.
Sie kann als Maßstab gelten, an dem andere Frauen des vornehmen Berlin zu
messen sind, die ebenfalls mit diesem Auszeichnungstitel versehen wurden. Es
erscheint an dieser Stelle notwendig, den Rahmen der Untersuchung auf andere
europäische Metropolen auszudehnen und zu zeigen, wie sich der Typus der
„grande dame" als ein internationales Phänomen präsentierte und welchen Herausforderungen er sich in einer Zeit politischer, ökonomischer und gesellschaftlicher Umbrüche ausgesetzt sah.

Einige der hier porträtierten Frauen gehörten zum Hochadel und waren durch
ihre Familienbeziehungen und Verkehrskreise europaweit vernetzt. Sie waren Teil
der „großen Welt" und kosmopolitisch orientiert. Beides, die vornehmen Zirkel,
die für sie „die Welt" darstellten, und der internationale Bezugsrahmen, in dem
sie sich bewegten, verlor gegen Ende des Jahrhunderts an Exklusivität. Das herr-
schaftliche Milieu, in dem sie aufgewachsen waren, hatte ihnen das Gefühl der
Überlegenheit gegenüber anderen Gesellschaftsklassen vermittelt. Die Inanspruch-
nahme sozialer und politischer Privilegien und das Festhalten am monarchischen
Prinzip waren ihre unbestrittene Daseinsgrundlage. Demokratiebewegung, Libe-
ralismus und nationales Emanzipationsstreben gefährdeten ihren privilegierten
Status. Durch die Zunahme des Nationalismus in den europäischen Kernstaaten
im Verlauf der langen Friedensphase zwischen 1871 und 1914 gerieten die Vertreterinnen eines urbanen Kosmopolitismus, der sich auch in der adligen Salonkultur widerspiegelte, zunehmend in die Defensive. Stimmen wurden laut, die
Patriotismus und Kosmopolitismus einander entgegenstellten. Der europäische
Adel widerstand nicht länger dem Sog nationalistischer Bestrebungen. Seine
internationalen familiär gestützten Verbindungen wurden allmählich durch die
nationalen Interessenkollisionen zerrieben. Zudem erwiesen sich die in Adelskreisen vorherrschenden gesellschaftlichen und politischen Wertvorstellungen als
zu verkrustet und ungeeignet, den weiteren Gang der Geschichte zu bestimmen.

Hier kann wiederum Marie Radziwill als ein Beispiel gelten. Mit der Fürstin
als Zeugin des politischen Zeitgeschehens bietet sich die Möglichkeit, Gesellschaft,
Politik und Kultur in Preußen/Deutschland in der wilhelminischen Periode

gleichsam von innen zu beleuchten. Für den an den politischen Ereignissen und den Entscheidungsprozessen im damaligen Deutschland und Europa interessierten Leser enthalten die Notizen der Fürstin Radziwill zur Politik eine Fülle von Informationen, die geeignet sind, sein Verständnis von dieser Epoche und den handelnden Akteuren zu vertiefen. Sie bieten zudem die Möglichkeit, das geistige Profil, die charakteristische Denkweise und politische Grundhaltung einer typischen Repräsentantin des europäischen Hochadels kennenzulernen.

Das vornehme Berlin des zweiten Kaiserreichs sollte fast ein halbes Jahrhundert Bestand haben. Mit dem Attribut „vornehm" ist gemeint, dass sich eine bestimmte Gruppe der Gesellschaft durch Lebensführung, Habitus und Mentalität von anderen abgrenzte und sich als etwas Besseres, nämlich als die „gute Gesellschaft", verstand. Dazu gehörte ein gehobener Lebensstil, basierend auf wirtschaftlichem Reichtum und damit verbundenen sozialen Privilegien wie Verfügung über Dienstboten, luxuriös ausgestattete Wohnung, Zugehörigkeit zu exklusiven Kreisen und Namen und Titel, die eine Klassifizierung im oberen Segment der Gesellschaft verbürgten. Es handelt sich dabei sowohl um eine Selbstzuschreibung als auch um eine Zuschreibung derer, die nicht dazu gehörten. Wie die Begriffe der guten Gesellschaft und der großen Dame erhält auch der Begriff der Vornehmheit seinen Sinn erst dadurch, dass bestimmte Voraussetzungen dafür gegeben sind: Das Vorhandensein einer mehr oder weniger hierarchisch gegliederten Gesellschaft, in der die oberen Kreise für sich in Anspruch nehmen, über ethisch-ästhetische Qualitäten zu verfügen, die sie fundamental von den unter ihnen Stehenden unterscheiden.

Berlin erlebte seit der Reichsgründung einen enormen wirtschaftlichen Aufschwung. Es entstand eine Society, die sich in ihrem mondänen Charakter durchaus mit London, Paris und Wien messen konnte. Im Laufe der Jahrzehnte bis zum Ausbruch des Ersten Weltkriegs unterlag diese gesellschaftliche Formation einem tiefgehenden Wandel. Bildete die vornehme Gesellschaft unter Wilhelm I. noch einen relativ überschaubaren, exklusiven Kreis, so nahm sie in der Regierungszeit seines Enkels Wilhelms II. deutlich an Umfang zu und erstreckte sich nun auch auf Kreise des arrivierten, sich oft mit dem Adelstitel schmückenden Wirtschaftsbürgertums. Die Gesellschaft wurde wie in England der spätviktorianischen und edwardianischen Epoche plutokratisch. König Eduard VII. schätzte die Vertreter des neuen Reichtums. Sie gehörten zu seinem engsten Freundeskreis. Sein Neffe Wilhelm II. versuchte, es ihm gleich zu tun. Luxuskonsum und Prachtentfaltung nahmen unter seiner Ägide in der Berliner Gesellschaft zu. Die „große Welt" verlor an Kohäsionskraft und zerfiel in verschiedene Fraktionen, die sich voneinander abzuschotten suchten. Das neu entstandene „Tout-Berlin" präsentierte sich als ein Konglomerat von altem und neuem Adel, altem und neuem Reichtum. Die Zukunft gehörte zweifellos dem bürgerlichen Parvenü, der durch seinen aufwendigen Lebensstil die Aristokratie übertrumpfte, in seinem politischen Machtverlangen jedoch gebremst wurde, solange die Monarchie existierte.

Die soziale Fraktionierung der Society spiegelte sich auch in der sozialen Struktur der Salons wider, denen es immer schwerer fiel, ihrer ursprünglichen Aufgabe gerecht zu werden, einen Freiraum für gesellige Kontakte zwischen unterschiedlichen Gesellschaftskreisen und politischen Parteien zu schaffen und in diesem Rahmen die bestehenden Standes- und Klassengrenzen zumindest zeitweise außer Kraft zu setzen.

Obwohl die Gesellschaft des Kaiserreichs patriarchalisch verfasst war und auch und gerade in der Oberschicht die Männer die Hebel der Macht innehatten, waren es Frauen, die den guten Ton diktierten. Mit den großen Salons der Hauptstadt existierten Einrichtungen, in denen die Kultur der Konversation, des geistigen Austauschs und der Verfeinerung der Sitten gepflegt wurde. Mögen diese Institutionen auch noch so exklusiv und elitär erscheinen, so gingen von ihnen doch zivilisierende Impulse für eine Gesellschaft aus, die vornehmlich von militärisch-autoritären Strukturen geprägt war. Die Pflege des aristokratischen Habitus der spielerischen Nonchalance – ein spätes Echo des homo ludens früherer Epochen –, der in den Salons eingeübt und praktiziert wurde, lag in der Regie von Frauen. Männer, die in diesen Kreisen verkehrten, erwarben den nötigen Schliff, um in der Hofgesellschaft zu bestehen und zu reüssieren. Wie wir sehen werden, waren nicht alle Frauen der adligen Oberschicht bereit, die Rolle der Salondame im gesellschaftskonformen Sinne zu spielen. Es gab Außenseiterinnen, die zwar gern auf ihrem feudalen Lebensstil beharrten, aber auf die persönlichen Entwicklungschancen, die ihnen die bürgerliche Gesellschaft bot, nicht verzichten wollten. Unsere Darstellung erstreckt sich von einer eher konservativen Repräsentantin wie der Fürstin Marie Radziwill, dem Prototyp der Salondame alten Stils, bis zu einer Nonkonformistin wie der Fürstin Mechtilde Lichnowsky, die es ablehnte, die ihr zugewiesene gesellschaftliche Rolle zu spielen.

Die „grande dame" war ein europaweites Phänomen und auch in der neuen Welt gab es Imitatorinnen dieser Spezies. Was in Berlin en vogue war und der „grande dame" Kontur verlieh, fand in London und Paris ein Echo und umgekehrt. In allen europäischen Metropolen war den Vertreterinnen dieses Frauentyps jedoch bewusst, dass ihre Zeit abgelaufen war. Es handelt sich um eine Sozialfigur, die gleichsam auf dem Aussterbeetat stand. Die Emanzipation der Frau machte beim Bürgertum nicht halt. Sie erstreckte sich auch auf Frauen des Adels. Die Formen der Lebensführung, der Kommunikation und des Auftritts in der Öffentlichkeit änderten sich radikal. Die Mode kreierte einen neuen Frauentyp, dessen Eigenschaften und Physiognomie sich bereits vor dem Ersten Weltkrieg deutlich abzeichneten. Hier gingen die Impulse vor allem von Paris, der Stadt der Haute Couture, aus. Im Weiteren zeigt sich, dass die in Kreisen der traditionellen Gesellschaftseliten herrschenden Riten und Konventionen vor den Zwängen, die das moderne Leben seinen Protagonisten auferlegte, nicht länger Bestand haben konnten.

Die große Dame alten Stils und die Salondame bisherigen Zuschnitts waren nicht mehr länger existenzfähig. Sie mussten ihren Tribut an den Geist der Zeit entrichten. Die große Welt und die sogenannte Halbwelt der Künstlerboheme und der eleganten Kokotten vermischten sich. Der Adel arrangierte sich mit Industriebürgertum und Hochfinanz. Vor diesem Hintergrund waren neue Strategien erforderlich, um die adlige Überlegenheit auf kulturellem Feld zu behaupten. Die Infragestellung des althergebrachten Typs der „grande dame" geschah jedoch nicht nur von außen, sondern durch die adligen Frauen selbst. Eine jüngere Generation trat auf den Plan, die nicht mehr bereit war, bisherige Erziehungspraktiken und Rollenzuweisungen fraglos zu akzeptieren. Der Unterschied der Generationen machte sich zum Beispiel im Verhältnis Marie Radziwills zu ihrer Nichte Dolly de Castellane bemerkbar. Während diese offen war für die neuen Rollenangebote an die Frau der Gegenwart, hielt jene am Ideal der „grande dame" der höfischen Kultur des 18. Jahrhunderts fest. An den Emanzipationsansprüchen der neuen Frauengeneration sollte nicht nur die „grande dame" bisherigen Typs zerbrechen, sondern schließlich auch die Institution des Salons selbst.

Dies zeigte sich besonders deutlich an der Entwicklung in Deutschland. Mit dem Ende der Monarchie war das aristokratische Umfeld, das bisher die mondäne Geselligkeit in Berlin geprägt hatte, bis auf wenige Reste zusammengeschmolzen. Der Salon entbehrte nun dieser für sein Funktionieren und seine Qualitäten unentbehrlichen Trägerschicht. Wir werden zeigen, wie sich nach 1918 die „gute Gesellschaft" neu formierte und einzelnen Versuchen nachgehen, die Salonkultur in der Weimarer Republik wiederzubeleben.

Dabei wird sich erweisen, dass die nachmonarchische Gesellschaft andere Gestaltungen mondäner Geselligkeit hervorbrachte und auch der sie tragende Frauentyp Wandlungen durchlief. Die Behauptung, es gebe keine Salons mehr, die große Dame sei ein Phänomen der Vergangenheit, lässt sich indes so pauschal nicht aufrechterhalten. Der aristokratische Habitus, der diesen Frauentyp charakterisiert, blieb auch dann noch lebendig, als sich die mit ihm ursprünglich verbundene soziale Schicht überlebt und neuen Amalgamierungen Platz gemacht hatte.

Die Untersuchung basiert auf zahlreich vorhandenem Quellenmaterial, das sich vornehmlich aus Selbstzeugnissen der Protagonistinnen und ihnen nahestehenden Personen zusammensetzt. Aus der Feder Marie Radziwills ist umfangreiches handschriftliches Briefmaterial überliefert, das hier erstmals ausgewertet wird. Die größte Briefsammlung befindet sich im Hauptarchiv der Alten Akten in Warschau. Sie ist Teil des Potocki-Archivs. Es handelt sich um den Nachlass von

Anton und Marie Radziwill, der in die Hände der Töchter Elisabeth und Helena überging, die beide in die Familie Potocki einheirateten. Er enthält u. a. den Briefwechsel zwischen Marie und Anton Radziwill sowie die Korrespondenz mit ihren Kindern. Weitere Brief- und Materialsammlungen, auf die zurückgegriffen wird, sind auf verschiedene deutsche und polnische Archive verstreut (Geheimes Staatsarchiv Preußischer Kulturbesitz Berlin, Polnische Staatsarchive Kielce und Zielona Góra).

Marie Radziwill hat Lebenserinnerungen und Briefe hinterlassen. Außerdem hat sie einen Bericht über eine Reise in die Provence, dem Land ihrer Vorfahren, geschrieben, der noch zu ihren Lebzeiten veröffentlicht worden ist. Ihre Lebenserinnerungen „Une française à la cour de Prusse. Souvenirs de la princesse Antoine Radziwill (née Castellane) 1840–1873" erschienen 1931 in Paris. Der Briefwechsel mit dem Militärattaché an der italienischen Botschaft in Berlin, General Mario Antonio di Robilant, der in vier Bänden unter dem Titel „Une grande dame d'avant guerre. Lettres de la princesse Radziwill au général de Robilant 1889–1914" vorliegt, wurde in den Jahren 1933/34 in Bologna veröffentlicht.

Marie Radziwill selbst hat die Erinnerungen ihrer Großmutter, der Herzogin von Dino, Talleyrand und Sagan („Chronique de 1831 à 1862"), ebenfalls in vier Bänden, 1909/10 in Paris herausgegeben. Ferner betätigte sie sich als Herausgeberin der Erinnerungen der Großmutter ihres Mannes, Luise Radziwill: „Quarante-cinq années de ma vie (1770 à 1815)". Das Buch erschien 1912 in Paris. Von einzelnen Mitgliedern der Familien Radziwill und Potocki sind Lebenserinnerungen erschienen. Zu nennen sind die Memoiren von Katarzyna (Catherine) Radziwill, Michael Radziwill, Maria Małgorzata Potocka und Alfred Potocki, die auf die hier zu untersuchende Zeitperiode Bezug nehmen.

Die Darstellung des mondänen Lebens in Berlin und den europäischen Metropolen stützt sich auf Zeugnisse der vorgestellten Salondamen und ihrer Habitués. Berichte von Gesellschaftschronisten sowie Memoiren und Tagebücher von Angehörigen der „großen Welt" ergänzen das Bild. Ein eigenes Genre bilden die Erinnerungen der in Berlin akkreditierten diplomatischen Vertreter. Beiträge aus Mode-, Frauen- und Gesellschaftszeitschriften illustrieren das entworfene Panorama aristokratischer Lebensart und dokumentieren den internationalen Diskurs über die „grande dame". Nicht zuletzt wurde auf belletristische Quellen (Romane, Erzählungen, Theaterstücke) von dokumentarischem Wert Bezug genommen. Der sozialgeschichtlichen Einbettung der Studie diente der Rückgriff auf die umfangreiche Forschungsliteratur zum zweiten deutschen Kaiserreich und zur Lage des europäischen Adels in dieser Epoche. Ohne diesen Rahmen verlöre sich die Geschichte des „vornehmen Berlin" in einer bloßen Aneinanderreihung von Einzelansichten. Erst ihre historisch-soziologische Einordnung erlaubt ein tieferes Verständnis dieser uns heute so fremd gewordenen Welt.

I. Salon, Hof und Gesellschaft im zweiten Kaiserreich

Das Wort „Salon" bezeichnet sowohl einen Raum als auch das an diesem Ort zu bestimmten Zeiten stattfindende zwanglose gesellige Beisammensein.[1] Der Salon – eine Einrichtung an der Schwelle von Privatheit und Öffentlichkeit – wird in der Regel von einer Frau geführt. „Er ist die ‚Hofhaltung' einer Dame."[2] Damit ist eine bestimmte Tradition angesprochen: die zwar nicht notwendige, aber häufig existierende Beziehung zwischen höfischer Gesellschaft und Salon. Solange es einen Hof gab, waren aristokratische Salons oft nichts anderes als ein „intimer ‚Ableger' der Hofgesellschaft".[3]

Salons waren fein abgestufte soziale Gebilde, wobei die Kunst der Salonnière darin bestand, eine Balance zwischen Exklusivität und Offenheit zu wahren. Dies hieß für adlige Gastgeberinnen zum einen, dafür zu sorgen, dass der Zusammenhalt ihrer Klasse gewahrt blieb, zum anderen aber der Tendenz Rechnung zu tragen, die Basis der gesellschaftlichen Elite zu verbreitern.[4] Repräsentation großen Stils stellte eine besondere Leistung dar. Eine Dame, die einen Salon führte oder ein großes Haus machte, war immer im Dienst.[5] Arthur Meyer, ein einflussreicher französischer Society-Journalist des Fin de siècle, hat die Aufgabe der Salonnière wie folgt beschrieben: „Um einen Salon zu führen, d. h. um Geister und Charaktere zusammenzubringen, die oft nicht miteinander harmonieren, braucht es eine Hausherrin, deren Ehrgeiz und höchste Kunst darin besteht, ein Gespräch in Gang zu bringen und am Laufen zu halten, ohne es zu dominieren. Sie muss verstehen zuzuhören und erreichen, dass man jenen zuhört, die sie zum Sprechen anfeuert. Sie muss mit sanfter Autorität jene unterbrechen, die bei Seite sprechen, sie muss laut werdende Gespräche abbrechen und die Stillen im Kreise zartsinnig ermuntern."[6]

Die Salons widmeten sich der Literatur, Malerei, Musik oder Politik, ihr eigentlicher Zweck aber war die Pflege der Kunst der Konversation. „Im Idealfall war ein Salon eine bewusst komponierte Versammlung von Individuen, die danach ausgesucht wurden, ob sie zueinander passten oder einen Kontrast zueinander bildeten, um eine möglichst interessante und harmonische Konversation zustande zu bringen."[7] Die Kunst der Konversation bestand darin, Geistig-Anspruchsvolles auf leichte, spielerische, jedermann verständliche Weise zu handhaben. Merkmale des Salontons waren „elegante Leichtigkeit mittels Wortspielen, pointenhafte

Rede und Esprit, inhaltliche Vielfalt, rasche Themenfolge, Integration französischer Floskeln."[8] Dabei traten unterschiedliche Mentalitäten und Sozialcharaktere in Prestigekonkurrenz: auf der einen Seite die Angehörigen der „großen Welt", die ihren Status der Herkunft und dem Reichtum verdankten, auf der anderen Seite die durch ihr Werk ausgezeichneten Künstler, Schriftsteller und Wissenschaftler, die ihre Weltläufigkeit beweisen mussten. So wurde Gesellschaft zu einem ästhetischen Ritual, das die Klassengrenzen verschob, ohne sie doch gänzlich außer Kraft zu setzen. Im 19. Jahrhundert gab es von Frauen des Hochadels betriebene Salons, in denen man Künstlern und Schriftstellern höchste Achtung entgegenbrachte und sie zu intimeren Zusammenkünften einlud, während andere Häuser, zum Beispiel des Pariser Faubourg Saint-Germain, um strikte Abgrenzung bemüht waren und Künstler oft wie Domestiken behandelten.[9]

Literarisch-künstlerische Salons boten Weltleuten wie aufstrebenden Künstlern und Schriftstellern gleichermaßen Vorteile. Die Mitglieder der Aristokratie, die es gewohnt waren, sich in ihrem Milieu mit Anstand zu langweilen, suchten den geistigen Austausch, die Künstler schufen sich ein Beziehungsnetz, das ihrer Karriere förderlich war. Marie Gougy-François hat die zivilisierende Rolle der Frauen, die die großen Salons repräsentierten, prägnant umrissen: „Die Frauen werden die Männer zur Höflichkeit und Eleganz und zum Taktgefühl im Austausch gegen Bildung, Wissen und Gelehrsamkeit nötigen. Die Gebildeten werden zu Gesellschaftsmenschen und die Gesellschaftsmenschen zu Gebildeten. So kommt es zu einer Vereinigung von Bildung und Lebensart, von geistigem und gesellschaftlichem Feinsinn."[10] Einen Salon zu führen – und dies galt nicht nur für die französischen Salons des 17. und 18. Jahrhunderts – erforderte von der Frau des Hauses ein Höchstmaß an Kultur. „Die Herrin des Hauses mit ihrem feinen Gespür und ihrer exquisiten Lebensart wird die Gegensätze ausgleichen, Streitigkeiten schlichten und die Schärfen aus der Diskussion nehmen, die sich zwischen ihren Gästen und Freunden ergeben könnten."[11]

Diese in Frankreich zur höchsten Blüte gelangte soziale Figuration inspirierte auch die in Deutschland Ende des 18. Jahrhunderts entstandenen geselligen literarischen Zirkel. Das Salonleben erreichte in der Zeit der Romantik seinen ersten Höhepunkt, flachte dann ab und erlebte im zweiten Kaiserreich eine Renaissance. Es kam zu einem Zusammenspiel zwischen der exklusiven Hofgesellschaft und den nach Selbstrepräsentation drängenden Kreisen des gebildeten und wohlhabenden Bürgertums. Dieses Salonleben hatte allerdings Grenzen, denn die Gesellschaft des Kaiserreichs errichtete höhere Schranken zwischen den führenden gesellschaftlichen Kreisen, die sich weniger leicht durchbrechen ließen als zu Beginn des 19. Jahrhunderts, als die Hofgesellschaft noch offener war. Ludwig von Nordegg, dem wir eine anschauliche Skizze der sozialen Verhältnisse der oberen Berliner Zehntausend in den Jahrzehnten nach Gründung des zweiten Kaiserreichs 1871 verdanken, stellt fest: „Heute wären in Berlin Salons wie der der Rahel Varnhagen und des Fräulein Solmar unmöglich, dieser beiden hochgebildeten Jüdinnen, die an ihrem Teetische königliche Prinzen, Fürsten und Grafen, Staatsmänner und Gelehrte, Künstler und Bankiers vereinigten."[12]

Wie wir sehen werden, stellte sich die Situation nicht ganz so misslich dar, wie Nordegg behauptet, denn es gab in der Kaiserzeit eine ganze Reihe vielbeachteter Salons, in denen Vertreter verschiedener gesellschaftlicher Gruppen aufeinander trafen. Allerdings waren die Standesgrenzen in dem schnell wachsenden Berlin nicht etwa durchlässiger geworden, sondern hatten sich verfestigt, sodass es schwerfällt, von einer homogenen Gesellschaft im Sinne einer die verschiedenen Fraktionen der Oberschicht integrierenden Society zu sprechen. Es gab vielmehr einzelne exklusive Kreise, die sich voneinander abschotteten. Dieser Tatbestand wird von vielen Beobachtern, nicht nur aus dem Ausland, die Berlin an anderen europäischen Metropolen messen, immer wieder hervorgehoben. Der Berliner Society fehlte es im Unterschied zu den gewachsenen Gesellschaften in London, Paris oder Wien an einem Gefühl der Zusammengehörigkeit.

Bei Regierungsantritt Wilhelms I. war die Berliner Society, dominiert durch die Hofgesellschaft, noch relativ klein und übersichtlich. Die Mehrheit ihrer Mitglieder stellte der niedere Landadel, dessen Mittel beschränkt waren. Es herrschten preußische Einfachheit und Sparsamkeit. Unter Wilhelm II. wuchs die Hofgesellschaft an Zahl stark an und wurde gemischter. Der wirtschaftliche Aufschwung und der rasche soziale Wandel, den Berlin seit Gründung des Kaiserreichs vollzog, brachten eine Schicht selbstbewusster Plutokraten hervor, die nach gesellschaftlicher Anerkennung und Aufnahme in die Kreise der Hofgesellschaft strebten. Voraussetzung dafür war der Erwerb eines Adelstitels. Es gelang einer nicht geringen Anzahl dieser Parvenüs, die heiß ersehnte kaiserliche Gunst zu erringen und damit Teil der Society zu werden. Ihre Söhne erwarben die Mitgliedschaft elitärer Klubs und ihre Töchter erlangten Zutritt zum Hofe.

Von Kreisen des traditionsbewussten alten Adels wurden diese Eindringlinge dennoch weiter mit Missachtung gestraft. So wurde zum Beispiel die Heiratszeremonie der Tochter des frisch geadelten Geheimen Kommerzienrats Ernst Mendelssohn-Bartholdy mit dem Sohn des Grafen Zieten-Schwerin von der Verwandtschaft des Grafen boykottiert. Auch in den Salons zeigte sich vielfach eine Demarkationslinie zwischen Adel und Bürgertum. Wenn Damen der neureichen Bourgeoisie ihren gesellschaftlichen Ehrgeiz befriedigen wollten, indem sie in ihren prächtigen Häusern Salons eröffneten und mit den vornehmen Damen des Adels um die Vorherrschaft auf diesem Gebiet mondäner Geselligkeit konkurrierten, so konnten sie – von wenigen Ausnahmen abgesehen – kaum auf deren Wertschätzung und gesellschaftliche Anerkennung rechnen. Zu einer Verschmelzung der Eliten ist es auch unter den weiblichen Repräsentantinnen der Gesellschaft nicht gekommen.

Das Resümee Ludwig von Nordeggs lautet: „Diese verschiedenen, eben flüchtig gekennzeichneten Milieus stehen gesondert, abseits voneinander. Sie kommen wohl hier und dort in Berührung, namentlich bei öffentlichen Veranstaltungen, bei Wohltätigkeitsaufführungen und bei Bazaren, sind durch mannigfache sichtbare und unsichtbare Fäden miteinander verknüpft, aber sie sind weit davon entfernt, sich zu einer einheitlichen, wirklichen Gesellschaft zu verschmelzen."[13]

Das Salonleben im Berlin des zweiten Kaiserreichs war an die Saison gebunden, die mit dem 18. Januar, dem Tag des Krönungs- und Ordensfestes, begann und meist vor Ostern endete.[14] Dabei richtete man sich nach den Gepflogenheiten der kaiserlichen Familie, die in dieser Zeit in der Hauptstadt Hof hielt.[15] Die führenden Salonnièren hatten Zugang zum Hofe. Ihre Salons öffneten, wenn die Festlichkeiten dort ihren Auftakt nahmen. Es kam jedoch vor, dass einzelne Salons schon im November oder Dezember ihren Gästen offenstanden oder die Botschaften in ihren Häusern salonähnliche Zusammenkünfte veranstalteten.[16] In Zeitungsannoncen wurde der Saisonbeginn bekanntgegeben, oder es wurden Karten verschickt.

Die Empfangszeiten variierten. Manche Salonnièren empfingen in ihren Häusern täglich, andere ein- bis zweimal in der Woche. So notierte Hildegard von Spitzemberg in ihrem Tagebuch am 1. März 1873: „Der eigentliche Strudel ist zwar zu Ende, dennoch aber bleibt für weltlustige Menschen Gelegenheit genug, auszugehen; es empfangen z. B. Sonntag Oubril, Montag die Benckendorff, Dienstag Helmholtz und Radziwill, Mittwoch Biron und Nothomb, Freitag Roon und Aristarchi, Samstag Gontaut."[17]

Berichte über das gesellige Leben in der vornehmen Gesellschaft des Kaiserreichs bestätigen, dass die meisten Salons in einem regen Austausch mit der Hofgesellschaft standen. Dies betraf weniger die kaiserliche Familie selbst, deren Mitglieder in ihren Häusern eine eigene Geselligkeit pflegten und die Salons nur zu seltenen Anlässen mit ihrem Besuch beehrten. Es galt vielmehr für die auserwählte Klientel, die bei Hofe verkehrte und dadurch eine mehr oder weniger exklusive Gesellschaft, eine Art „Erlebnisgemeinschaft" (Möckl)[18], bildete.

Die Spitze der „Gesellschaft" im engeren Sinne des Wortes stellte der Hof dar, ihre Stützen waren die Gardekavallerie und die Diplomaten. Zur kaiserlich-höfischen Gesellschaft gehörte im weiteren Sinne „die ganze Gruppe der Hoffähigen, also nicht nur derer, die Hofämter innehatten, sondern all derer, die regelmäßig oder von Zeit zu Zeit zu Hofe befohlen wurden oder die nach Abgabe ihrer Visitenkarte beim kaiserlichen Zeremonienmeister und nach sorgfältiger

Überprüfung durch dessen Stab zu einem der kaiserlichen Empfänge, vielleicht zu einem Ball, zugelassen wurden.“[19]

Wer in der Zeit des zweiten Kaiserreichs zur Hofgesellschaft zählte, lässt sich im Sinne einer präzisen Abgrenzung kaum mit völliger Sicherheit feststellen. Die Grenzen verschoben sich mit der Zeit. Rudolf Vierhaus hat die zugehörigen Personengruppen, die wie konzentrische Kreise die Familie des Monarchen umschlossen, in ihrer hierarchischen Abstufung aufgeschlüsselt:

> Kern der Hofgesellschaft waren die Mitglieder des kaiserlich-königlichen Hauses und die obersten Hofchargen – also der preußische Hof mit dem Hofstaat (einen ‚deutschen‘ Hof gab es nicht!).[20] Es folgten die Mitglieder der standesherrlichen und der preußischen fürstlichen Familien, die Generalität, Flügeladjutanten, Offiziere der Garde-Kavallerie, dann die Inhaber hoher politischer und militärischer Ämter von den ‚Exzellenzen‘ an und Offiziere der anderen Garderegimenter. Daran schlossen sich als bewegliches Element der grundbesitzende preußische Landadel, sofern er in der Hauptstadt weilte und sich bei Hofe meldete, und einige nicht-preußische adlige Familien, die für einen Teil des Jahres in Berlin ein großes Haus führten. Eine Sonderstellung nahmen die Botschafter und Gesandten fremder Mächte wie die in Berlin akkreditierten Gesandten deutscher Staaten ein. Neben einigen hocharistokratischen Häusern insbesondere schlesischer Magnaten waren die Botschafter Rußlands, Frankreichs, Englands und Österreich-Ungarns gesellschaftlich tonangebend.[21]

Für die soziale Einstufung war das Hofreglement maßgeblich, das unter Wilhelm I. und Wilhelm II. die „Hoffähigen“ in zweiundsechzig Klassen unterteilte. Das „Ceremonialbuch für den Königlich Preußischen Hof“ legte Zeremoniell und Rang fest.[22] Sein Autor, Oberzeremonienmeister Graf Stillfried-Alcántara, war sich über die herausragende Bedeutung von Rangfragen im Klaren, da in Berlin „die Gesellschaft aus nicht so stabilen Elementen zusammengesetzt ist und öfter wechselt, als in anderen Höfen (…)‘“.[23] Der preußische Hof wurde vom Ministerium des Königlichen Hauses geleitet. An der Spitze des gesamten Hofstaats rangierte der Oberstkämmerer, noch vor dem Hausminister. Den eigentlichen Hofbetrieb leitete der Hofmarschall. Unter ihm amtierten die Oberhofchargen, die alle Exzellenzen waren.[24]

Die Fürsten Anton und Ferdinand Radziwill nahmen aufgrund der besonderen familiären Verbundenheit des Kaisers mit dieser polnisch-deutschen Magnatenfamilie einen bevorzugten Platz unter den Häuptern der fürstlichen und ehemals reichsständischen gräflichen Familien ein, obwohl sie nach den Gesetzen des Fürstenrechts hinter den standesherrlichen, vormals reichsständischen Häusern, deren Ebenbürtigkeit unbestritten war, rangierten.[25] Dass der preußische Hof ein stark soldatisches Gepräge aufwies, zeigt die überproportionale Präsenz des Militärs unter den Hoffähigen. Helene von Düring-Oetken stellt in ihrem 1896 erschienenen Etikettebuch fest: „Wie vor 200 Jahren, so bilden auch noch heute die Rangstufen der Armee die Marksteine der Ordnung der zum Erscheinen am Königlichen Hofe berechtigten Personen, und da jeder Lieutenant, auch der bürgerlich geborene, hoffähig ist, so steigt der Stufenrang bis zur Lieutenantscharge hinab."[26] Wie nirgends sonst beherrschte der Offizier das öffentliche Leben der Hauptstadt. Der Kunsthistoriker Hermann Uhde-Bernays, der 1898/99 in Berlin studierte, berichtet in seinen Erinnerungen:

> In dem gesellschaftlichen Bilde des Straßenverkehrs blieben die verschiedenartigen bunten Uniformen der Garderegimenter, der Kürassiere mit ihren Adlerhelmen oder weißen Mützen, der Husaren und Ulanen, namentlich gegen Abend, vorherrschend. Zylinder und Gehrock waren Mode wie in London und Paris, herrschaftliche Equipagen mit Kutscher und Diener in Livree fuhren im Korso die Linden entlang, und so konnte man hier dem Kaiser und seiner militärischen Begleitung, von Hoflakaien und Meldereitern mit Stahlhelmen gefolgt, auf dem Rückwege von seinem Spazierritt durch den Tiergarten begegnen. Der Rhythmus der allgemeinen Bewegung war allerdings anders als in den Champs Elysées oder im Hydepark. Es lag etwas Gewolltes, Künstliches, zu sehr soldatenhaft Betontes im Gang und in der Haltung der Menschen. Berlin hat die Rolle des Emporkömmlings niemals aufgegeben.[27]

Die „Regimentswichtigkeit" der Berliner Gesellschaft habe ihr den Stempel aufgedrückt, schreibt die Salonnière Marie von Bunsen. Der Berliner Hof sei nicht so exklusiv aristokratisch wie in Wien oder München, wo Stammbaum und Namen den Ausschlag gaben. Das neueste Adelsprädikat habe genügt, nur das „von" wurde verlangt. „Bedeutungsvoll wirkte jedoch das Regiment, nicht nur auf den Betreffenden, sondern auch auf das Ansehen des Hauses, in dem vorwiegend ein Regiment verkehrte (…) Jede Tochter reichsunmittelbarer Häuser tanzte bei Hof lieber mit einem neugeadelten Herrn von Kramsta von den Gardekürassieren als mit einem Grafen Schwerin vom dritten Garderegiment zu Fuß. War dieser auch ‚Uradel', saß dessen Geschlecht auch seit einem halben Jahrtausend auf der Scholle."[28]

Die Garde-Kürassiere bildeten neben den Gardes du Corps das vornehmste Regiment des Kaisers. Waren die jungen Offiziere auch als Tänzer auf Hoffesten sehr beliebt, so konnten viele von ihnen die sich ständig erhöhenden Kosten für Repräsentation kaum noch aufbringen. Infolgedessen verlor der Offizier allmählich seine dekorative Rolle im öffentlichen Leben Berlins. 1907 registrierte Ludwig von Nordegg: „Die Zeiten haben sich inzwischen gründlich geändert. In dem hastigen Treiben der Menschenmengen, die die belebtesten Strassen der Stadt von früh bis in die Nacht hinein füllen, fällt der bunte Rock des Offiziers kaum mehr ins Auge; er verschwindet in ihr. Und zum Spazierengehen, zum Flanieren hat der Berliner Leutnant überhaupt keine Musse mehr."[29]

Hohes Prestige genossen einige Häuser des Hochadels, zu deren Gästen zu gehören, ein besonderes Privileg darstellte. Als Alexander Graf von Schleinitz unter Wilhelm I. das Ministerium des Königlichen Hauses leitete, bildete das Haus Schleinitz eine der Nahtstellen zwischen dem Hof und der Gesellschaft.[30] Den aristokratischen Salons kam als Vermittlungsinstanz zwischen Hof und Gesellschaft gleichsam die Funktion eines Scharniers zu. Eine mehr auf die amtliche Politik und Regierung bezogene, aber gleichwohl eine Verbindung zum Hof stiftende Funktion strebten die Häuser Bismarck und Bülow an, als diese den Reichskanzler stellten. Die Hofgesellschaft war zwar exklusiv, beschränkte ihre Einladungen aber nicht nur auf ihre Mitglieder, „sondern berührte sich an vielen Stellen mit der bürgerlichen Oberschicht, die ihrerseits selber – nach dem Vorbild und in den Formen des Adels – ein glänzendes gesellschaftliches Leben zu entfalten begann, in das sie auch ihrerseits die Hofgesellschaft mit einbezog."[31]

Die Zugehörigkeit zur Hofgesellschaft bedeutete nicht nur für die jungen Offiziere einen beträchtlichen finanziellen Aufwand. So hielt sich der preußische Landadel, der unter dem alten Kaiser den Kern der Besucher der Hoffeste gebildet hatte, unter Wilhelm II. immer mehr fern, da er die hohen Kosten, die ein Besuch in Berlin verursachte, nicht mehr tragen konnte.[32] Düring-Oetken stellt fest:

Um auch den Kostenpunkt zu erwähnen, bemerken wir, daß man in der Berliner Gesellschaft die Ausgaben für den Verkehr bei Hofe während einer Wintersaison auf durchschnittlich 3000 Mark für die einzelne Dame veranschlagt, wobei Fuhrwerke und alles andere natürlich mit eingerechnet ist. Selbstverständlich unterliegt der angegebene Betrag Schwankungen nach oben wie nach unten. Das Auftreten der Herren bei Hofe ist bedeutend billiger, denn so teuer auch die Gala-Uniformen, die neue Hoftracht u.s.w. sein mögen, es ist doch immer mit wenigen Ausnahmen nur eine einmalige Anschaffung, die jahrelang ausreicht.[33]

Man wohnte meist in den großen Hotels, zuweilen in Familienpensionen. Waren die Kosten auch beträchtlich, so bot die Anwesenheit bei Hof andererseits die einzigartige Chance, sich mit höchsten Stellen bekannt zu machen und vielleicht „bei der Besetzung hoher Ämter der Verwaltung, des Militärs und der Diplomatie berücksichtigt zu werden."[34] Außerdem waren die zahlreichen Hofbälle während der Saison eine Gelegenheit, die heranwachsenden Töchter dem Kaiserpaar vorzustellen und sie in die Gesellschaft einzuführen.[35] Auch verdiente Beamte höheren Ranges erhielten eine Einladung zu höfischen Festen.

Einig sind sich die meisten Beobachter, dass der Berliner Hof trotz der betonten Schlichtheit des ersten Kaisers einen imponierenden Glanz entfaltete, was allerdings mit preußischen Traditionen wie Einfachheit und Sparsamkeit kollidierte.[36] Der französische Botschafter Gontaut-Biron, der sich von 1872–1877 in Berlin aufhielt, schreibt: „Es gibt wenige Höfe in Europa, die so glänzende und zahlreiche Feste geben, wie der Berliner Hof."[37] Unter Wilhelm II. sollte dieser Glanz eher noch zunehmen, wenn die Eleganz dabei auch auf der Strecke blieb.[38] Hier zeigte sich das theatralische Temperament des Monarchen, der die Kunst der effektvollen Selbstinszenierung perfekt beherrschte, von seiner besten Seite. Selbst Fürstin Radziwill ließ sich, wie Mathilde Gräfin von Keller, Hofdame von Kaiserin Auguste Victoria, berichtet, von der zeremoniellen Virtuosität, mit der Wilhelm II. zum Beispiel seine Thronrede darbot, zur Bewunderung hinreißen.[39]

In den Wochen von Jahresbeginn bis Ostern folgte ein Hoffest dem anderen. Der Hofchronist Fedor von Zobeltitz, dessen Berichte über die Hofgesellschaft wertvolle Informationen über die Sozialstruktur und Funktionsweise dieser Formation bereitstellen, notierte am 20. Januar 1905:

> Wie in allen großen Städten, so gliedert sich natürlich auch in Berlin das *Gesellschaftsleben* nach Art, Rang und Kaste. Voran marschiert die Hofgesellschaft. Die Übersiedlung des Kaiserpaares in die Residenz ist erfolgt, die Hofansage erlassen worden. Nun beginnt die große Flutwelle, die sich aus der Provinz nach der Hauptstadt wälzt. In Berlin selbst ist immer nur ein Teil der sogenannten Hofgesellschaft seßhaft: Fürstlichkeiten, hohe Militärs, die Diplomatie, die dienstuenden Hofchargen. Aber auch draußen in der Provinz wohnen hoffähige Leute, vor allem der ganze adlige Großgrundbesitz, der auch mit dem Kammerherrnschlüssel klappern und mit dem Zeremonienmeisterstabe aufwarten kann. Und diese Majorats- und Rittergutsbesitzer haben meist Töchter, die in einer Hofsaison einen holden Traum von Licht und Sonne sehen, was bei den geehrten Eltern durchaus nicht immer der Fall ist.[40]

Es gab Gesellschaften bei allen königlichen Prinzen, den Botschaftern, den großen Adelsfamilien, der Hochfinanz, den hohen Beamten und zahlreiche glänzende Unterhaltungen aller Art. Im Januar wurde der preußischen Königskrönung und der Stiftung des Hohen Ordens vom Schwarzen Adler gedacht.[41] Der Geburtstag des Kaisers Wilhelm II. schloss sich an und gab Anlass zu großen Feierlichkeiten. Ein besonderes Ereignis war die sogenannte Defiliercour, „wo die jungen Damen und Herren zusammen mit dem ganzen Kreis jener, die auf den Hofbällen zugegen sein sollten, sowie dem ganzen diplomatischen Corps vorgestellt wurden."[42]

Die Teilnehmer der großen Cour – 1897 defilierten 4000 Personen[43] – nahmen in den Appartements des Schlosses Aufstellung, während die Majestäten vorbei schritten und alle Botschafter und eine große Anzahl der ihnen bekannten Personen anredeten.[44] Die Defiliercour war ein Ereignis, das nicht wenige Schaulustige anlockte und von den Eingeladenen als ein Akt gesellschaftlicher Initiation betrachtet wurde. Einen lebendigen Eindruck vermittelt die Schilderung von Zobeltitz:

> Fröhliche Kälte herrscht in Berlin. Aber sie ist nicht unangenehm. Sie beeinträchtigt nicht einmal das Leben auf den Straßen und die Schaulust der guten Berliner. Die *Defiliercour* am vorgestrigen (Dienstag-) Abend hatte wie gewöhnlich große Menschenansammlungen Unter den Linden, im Lustgarten und auf dem Schloßplatze zur Folge. Aber sehr viel mehr als die in rascher Folge heranrollenden Equipagen, Automobile und Galakarossen der Fürstlichkeiten und Botschafter war nicht zu sehen. Die Fenster der Wagen waren meist dicht mit Eisblumen bedeckt, und da, wo die Termophore innerhalb der Wagen das Fenstereis zum Schmelzen gebracht hatten, ließ sich auch nur eine Fülle von Pelzwerk erspähen: hochgeschlagene Kragen und dichte Verhüllungen. Nur der, dem das Hofmarschallamt Eintrittskarten für die Galerien gewährt hatte, drang tiefer in die Geheimnisse des Abends ein. Ich habe das Bild zu öfterem schildern können; der streng geregelte Zeremonialdienst bedingt, daß kaum je Änderungen eintreten. Der 'große' Hofdienst waltet seines Amtes, an seiner Spitze der Fürst zu Solms und Graf Eulenburg, die immer Unermüdlichen. Auf seine Kammerherren kann Fürst Solms zählen wie einst der Papst auf seine Schweizer. Die Herren vom Lande, die den Schlüssel tragen, entziehen sich freilich gern einmal ihrer höfischen Verpflichtung und kriegen zur rechten Zeit einen Influenzaanfall oder erkälten sich auf der Jagd, wenn Mutter es nicht mit eiserner Energie durchgesetzt hat, daß endlich auch das jüngste Komteßchen bei Hofe vorgestellt werde. Diese älteren Herren sind bequem geworden, und Glanz und Prunk haben keine Anziehungskraft mehr für sie; dafür stürzen die Jüngeren sich mit Ungestüm in den Strudel des höfischen Lebens, und wer eben erst den goldstrotzenden Kammerjunkerrock vom Schneider bekommen hat, der steht in freudigem Erschauern vor der eigenen Herrlichkeit eine halbe Stunde lang vor dem Spiegel und nickt sich zu.[45]

Die Einladungen zu einer Cour und zu einem Hofball unterschieden sich dadurch, „dass zu ersterer nur Personen geladen werden können, die nach bestehenden Bestimmungen, durch Geburt, durch eine Stellung in der Armee oder im Staatsdienste ein Recht dazu besitzen."[46] Anders war es bei den Einladungen zu Hofbällen. Der Rahmen der Gäste erweiterte sich. Hier konnten Künstler, Gelehrte und andere verdienstvolle Privatleute eingeladen werden. Die Hofbälle begannen Ende Januar und versammelten mehrere Tausend Personen.[47] Den Höhepunkt bildete der Subskriptionsball, der in den Räumen des Königlichen

Opernhauses stattfand, wo sich „Tout-Berlin" drängte. Ferner gab es vom Hofe protegierte Wohltätigkeitsbälle im Hotel Kaiserhof.[48] Die großen Wohltätigkeitsbälle vereinten den Hof mit den Finanzkreisen, den Beamten und der Presse.[49] Den Bällen schlossen sich oft Soiréen in den vornehmsten Häusern des Berliner Highlife an. Man musste sich schon einer robusten Gesundheit erfreuen, schreibt Zobeltitz, um in dem Chaos der Diners, Soupers, Routs, Bälle und Basare „nicht dem Wehen revoltierender Magennerven zu erliegen."[50] Über die Intensität des geselligen Verkehrs berichtet der Hofchronist am 23. Januar 1897:

> Das gesellige Leben schlägt inzwischen immer höhere Wellen. Die Zeit von Mitte Januar bis Mitte Februar kann für den, dem es unmöglich ist, sich den gesellschaftlichen Verpflichtungen zu entziehen, zuweilen schrecklich werden. Die Einladungen hageln förmlich; es kommt vor, daß man zu einem Abend an drei, vier Stellen gebeten ist. Für die dem Hofe nahestehenden Kreise sind die Festlichkeiten selbst noch weniger angreifend als die unaufhörlichen Empfänge. Dazu kommt das Interesse an den sonstigen Vergnügungen der Saison, am Theater und an den Konzerten; man ist froh, wenn man der Abwechslung halber einmal zur Jagd geladen wird und sich den schweren Kopf in der klaren Winterluft ausbaden kann.[51]

Mit dem Fastnachtsball nahm die offizielle Hofsaison ihr Ende. Dagegen fanden in den Botschaften und Gesandtschaften noch größere Diners statt, die sich bis in den April erstreckten.

Aufgrund ihrer gesellschaftlichen Stellung kam den Radziwills eine führende Rolle in der Austragung geselliger Veranstaltungen zu. Über einen Ball im Hause Radziwill im Februar 1894 erfahren wir durch Zobeltitz:

> Auch die Fürsten Anton und Ferdinand Radziwill haben in den letzten Tagen der Saison ihren Tribut gezollt. Das Ballfest im Palais des Fürsten Anton gehörte zu den glänzendsten Festlichkeiten dieses an Gesellschaftsprunk so reichen Winters. Von souveränen Häusern waren Sachsen-Meiningen, Weimar, Coburg und Anhalt durch ihre jüngeren Prinzen vertreten. Fast das gesamte corps diplomatique, an seiner Spitze Lord und Lady Malet, Herr Herbette mit Gemahlin und Sohn, die Grafen Lanza und Szögyeny, war mit einem ganzen Blütenflor von Damen erschienen.[52] Dazu hatte das Offizierskorps unserer Garde ein stattliches Aufgebot gestellt – handelte es sich doch um einen Ball, bei dem man tanzfähiger Herren bedurfte (…) Erst gegen Mitternacht kam die Erfrischungspause des Soupers, dann begann sofort der Kotillon, der mancherlei originelle Überraschungen in Fülle bot (…) In der fünften Morgenstunde endete die Festlichkeit, deren Gastgeber, der Fürst Anton und seine Gemahlin, die Fürstin Marie, eine Marquise von Castellane aus altem provençalischem Hause und zugleich eine Enkelin des Fürsten von Talleyrand-Périgord, auch an diesem Abend

wieder einmal zeigten, daß die Liebenswürdigkeit der Radziwills sich nicht umsonst einer sprichwörtlichen Berühmtheit erfreut.[53]

Der Sohn der Fürstin, Georg Radziwill, und seine Frau Maria Rosa („Bichette"), eine geborene Gräfin Branicka, bildeten den Mittelpunkt der „jeunesse d'orée". Ihr Haus in der Voßstraße war eines der ersten – neben dem des Fürsten Carl-Egon von Fürstenberg und seiner Frau „Dolly" –, die einen gewissen ausländischen Luxus einführten. Es hieß, das ganze Personal sei französisch, die Butter ließen sie aus Paris kommen, die Wäsche in London waschen. Maria Małgorzata Potocka erzählt, dass sein luxuriöser Lebensstil den ältesten Sohn Marie Radziwills in den Ruin trieb. „Der *grand train*, die Pferderennen und vor allem das Kartenspiel sollten nämlich Jerzy in solch skandalöse Schulden stürzen, dass er das Regiment ‚Gardes du Corps', in dem er diente, verlassen musste."[54]

Die Zahl der Angehörigen des Hochadels, die in Berlin über ein eigenes Stadtpalais verfügten, blieb allerdings hinter Wien und anderen europäischen Metropolen zurück.[55] Der von aristokratischem Elitebewusstsein geprägte Harry Graf Kessler notierte am 29. März 1907 in Wien, beeindruckt von der Pracht der dortigen Barockpaläste, die noch im alten Stil bewohnt wurden: „Dagegen erscheint Berlin allerdings bettelhaft, '66 wie ein Geusen Aufstand, in dem wir unsere Aristokratie abgeworfen haben. Seitdem fehlt unserer Kultur die grosse Lebensform; sie hat nur noch Mittelstand."[56] Die Zahl der Adelspaläste ließ sich – wie Carl von Roden schreibt – an den Fingern einer Hand abzählen. Es waren dies die Häuser der Fürsten Pless und Fürstenberg sowie der Grafen Günther von der Gröben und Arnim-Muskau.[57] Andere Quellen nennen noch die Häuser Ratibor, Ujest, Radziwill, Stolberg-Wernigerode, Hatzfeldt-Trachenberg und Henckel-Donnersmarck.[58] Die meisten dieser Adligen waren viel in der Welt herumgekommen. Sie waren durch Heiraten international verbunden und keine typischen Preußen. Sie verliehen der Berliner Society ein kosmopolitisches Flair.[59]

Ein farbiges, zuweilen satirisch zugespitztes Bild von den Gepflogenheiten dieser Kreise unter der Ägide Wilhelms I. zeichnet das unter dem Pseudonym Graf Paul Vassili 1884 in Budapest auf Deutsch erschienene Buch „Hof und Gesellschaft in Berlin". Der Text basiert auf einer Reihe von Artikeln, die 1883 in der von Juliette Adam in Paris herausgegebenen Zeitschrift „Nouvelle Revue" erschienen sind. Das skandalumwitterte Buch, das in Berlin viel gelesen wurde, zeugt von intimer Kenntnis der Hofgesellschaft. Bismarck vermutete, dass der Vorleser Kaiserin Augustas, Auguste Gérard, das Werk geschrieben hat.[60] Der Autor war jedoch die mit Juliette Adam befreundete Fürstin Katarzyna (Catherine) Radziwill, eine Schwägerin Marie Radziwills.[61] Sie war die Tochter eines in russischem Dienst stehenden polnischen Offiziers, des Grafen Adam Rzewuski, und wurde 1858 in St. Petersburg geboren. 1873 heiratete sie Wilhelm Adam Radziwill (1845–1911), den Bruder Anton Radziwills.

Vassili berichtet, dass die Mehrzahl der Repräsentanten der großen Familien nur so lange in Berlin verweilte, wie das Herrenhaus tagte. Nur wenige brachten den ganzen Winter in der Stadt zu und nur wenige hatten ein eigenes Haus oder eine eigene Wohnung. An erster Stelle nennt Vassili den Herzog von Ratibor, einen der reichsten Großgrundbesitzer Schlesiens. „Er besitzt in Berlin ein sehr schönes Haus, wo er in bewunderungswürdiger Weise die Honneurs macht und von Zeit zu Zeit einen Ball gibt, der stets glänzend ausfällt, mit dem Besuche der kön[iglichen] Familie beehrt wird, die den Herzog mit besonderer Auszeichnung behandelt."[62]

Der Einfluss der Fürsten Radziwill sei trotz der besonderen Gunst, die der Chef des Hauses beim Kaiser genieße, infolge des Kulturkampfes zurückgegangen. In der Gesellschaft sei Anton Radziwill mehr geschätzt als seine Gemahlin. „Diese ist eine Französin, eine Grossnichte Talleyrand's, an den sie in auffallender Weise durch ihren Geist erinnert, sowie durch ihre stetige Bewunderung für jede aufgehende Sonne und ihre Verachtung für Alle, die nicht mit Glücksgütern bedacht sind. Sie ist eine Freundin der Kaiserin, die sie mit ihren geistvollen, anregenden Erzählungen zu unterhalten weiss, ohne sie gegen Andere aufzuhetzen, was ihr oft leicht genug wäre."[63] Die Bemerkung des Autors lässt darauf schließen, dass die Fürstin von nicht wenigen Mitgliedern der Berliner Society als adelsstolz und dünkelhaft wahrgenommen wurde.

Die Schrift „Hof und Gesellschaft in Berlin" enthält auch Ausführungen über Berliner Salons und ihre Gastgeberinnen. Ein eigenes Kapitel wird der Gräfin Schleinitz gewidmet, die als die gebildetste und klügste Frau Berlins bezeichnet wird. „Sie geht wenig in Gesellschaft und beschränkt sich darauf, einige Bekannte und Freunde zu empfangen, zumeist Künstler und Literaten, welchen sie allein in Berlin ihre Salons öffnet, indem der Rest der Gesellschaft im Allgemeinen es verschmäht, ‚diese Leute' zu empfangen."[64] Gemeint sind die Salons des Hochadels, in denen Künstler, Schriftsteller und Gelehrte in der Regel nicht anzutreffen sind. Gräfin Schleinitz bildet hier offensichtlich eine Ausnahme. Der Autor, der sich als Ausländer zu erkennen gibt, wendet sich direkt an den Leser: „Doch Sie werden mich fragen, ob es denn in Berlin kein Haus gebe, wo man einige Stunden angenehm verbringen kann? Nun denn: Nein; das gibt es nicht, zumindest für einen Fremden nicht. Im Allgemeinen lebt Jeder für sich; Niemand sucht seine Gedanken einem Andern mitzuteilen; Niemand fühlt das Bedürfnis, über seine Eindrücke die Meinungen auszutauschen, seine Ansichten über Menschen und Dinge mitzuteilen; Niemand – mit

Ausnahme des Grafen Schleinitz – findet ein Vergnügen daran, Leute von Geist um sich versammelt zu sehen."[65]

Die Gelehrten und Künstler bildeten – so die Beobachtung Vassilis – eigene Koterien, in welche man nur schwer eindringen könne. Man treffe diese Menschengattung selten in der vornehmen Gesellschaft, nur bei der Kronprinzessin Victoria und der Gräfin Schleinitz seien sie erwünscht. Die bildungsbürgerlichen Kreise hätten keine Ahnung von den verfeinerten Manieren der großen Welt.

> Sämmtliche Herren, in deren Gesellschaft Sie hineingerathen, sind gebildete, höfliche, wohlerzogene Leute, wenngleich völlig unbekannt mit den kleinen Gebräuchen der großen Gesellschaft. Alle beschäftigt, Jeder seine geregelte Arbeit habend, mit einem gesunden Urtheil über die literarischen und wissenschaftlichen Strebungen der Zeit. Sie haben nicht den Schliff, den oberflächlichen Firniss der hohen Gesellschaft des Schlosses Unter den Linden, welche die Donnerstage der Kaiserin ziert; sie verstehen ihre Kravate nicht zu binden und ihr Leibrock datirt aus den letzten Jahren des Empire; dagegen ist ihnen auch das kleinliche Geträtsche fremd, das in der Umgebung des Kaisers blüht. Sie haben ein einfaches Gemüth, schüchterne Manieren; aber ihre intellektuellen Fähigkeiten sind sehr entwickelt und im gehörigen Gleichgewichte; es ist ein Vergnügen mit ihnen zu plaudern und niemals ohne Nutzen.[66]

Ein Fazit dieser Beobachtungen ist, dass in Berlin die Klassen scharf voneinander getrennt sind und deshalb keine gegenseitige Beeinflussung stattfindet.[67] Stellte das Haus Schleinitz das Beispiel für einen Adelssalon dar, in dem auch Angehörige nicht mondäner Kreise verkehrten, so galten die Salons der „drei Schwestern" hingegen als Paradebeispiele für ein dem Amüsement gewidmetes Salonleben. Es handelte sich dabei um die Gräfinnen Prillwitz, Dankelmann und Perponcher, die nach Darstellung von Vassili eine leicht frivole Geselligkeit pflegten, die besonders von Offizieren der Garderegimenter geschätzt wurde.[68]

Weitere anschauliche Berichte über die Gepflogenheiten in der Hofgesellschaft unter Wilhelm I. in den Jahren 1873 bis 1887 enthalten die Lebenserinnerungen von Catherine Radziwill. [69] In den ersten Jahren des Kaiserreichs, so schreibt sie, habe es bei Hofe noch wenig Pomp und Prachtentfaltung gegeben. Kaiserin Augusta veranstaltete nahezu täglich Soiréen für einen kleinen Personenkreis. Sie fanden in der „Bonbonnière", einem Zimmer im Kaiser-Wilhelm-Palais, statt.

„Die Kaiserin präsidierte an einer runden Tafel, während der Kaiser, der gewöhnlich etwas spät kam, an einer anderen Platz nahm. Tee, Cakes, Gefrorenes – immer das gleiche – und gebratene Kastanien, die sehr schwierig zu essen waren, da man der Etikette halber die Handschuhe nicht abnehmen durfte, wurden herumgereicht."[70] Zu den Gästen zählten der Herzog und die Herzogin von Sagan, wenn sie in Berlin weilten, Graf Wilhelm Pourtalès, Feldmarschall Moltke, Graf und Gräfin Redern, der Herzog und die Herzogin von Ratibor und sämtliche Mitglieder des Hauses Radziwill. Vertreter der Gelehrten- und Künstlerwelt wurden gelegentlich hinzugezogen. Da Bismarck auf Kriegsfuß mit der Kaiserin stand, erschien er niemals zu ihren Abendgesellschaften. Über die Empfänge der Kaiserin Augusta schreibt Kurt von Reibnitz:

> Waren auch die Donnerstagabende in der sogenannten Bonbonniere, dem runden pompejanischen Salon vor dem Schlafzimmer der Kaiserin, etwas steif und preziös, so einten sie doch erlesene Geister. Zwischen fünfzehn und zwanzig Personen wurden hier abends empfangen. Man saß an runden Tischen und blieb von achteinhalb bis zehn Uhr in zwanglosem Gespräch zusammen. Es gab ein oder zwei Tassen Tee mit Gebäck, später etwas Eis mit kleinen Waffeln. Manchmal wurden Bilder besehen, seltener kurze Artikel von künstlerischem oder allgemeinem Interesse vorgelesen. Die Leuchten deutscher Wissenschaft sah man sehr häufig in der Bonbonniere. Bernhardi, Curtius und Dove, A.W. von Hofmann, Helmholtz und Hermann Grimm, Böck, Werder, Ranke.[71]

Während die Wintersaison mit einem großen Diner beim Kaiserpaar für die Gesandten eröffnet wurde, endete sie mit einer großen Cour, die der Hofgesellschaft die Gelegenheit gab, den Majestäten zu huldigen. Catherine Radziwill registriert wie schon in ihrem Buch „Hof und Gesellschaft in Berlin" eine scharfe Trennung der Gesellschaftsklassen, die sich in Bezug zum Hofe besonders deutlich manifestiere. „Es bestand damals eine strikte Demarkationslinie zwischen denen, die bei Hofe empfangen wurden und jenen, die einer solchen Ehre nicht zuteil wurden. Es kam nur selten vor, dass man einen Gardeoffizier in einem Haus antraf, dessen Gastgeberin nicht ‚hoffähig' war."[72]

Von Kronprinzessin Victoria berichtet Catherine Radziwill, dass diese in ihren Einladungen – wie schon gelegentlich Kaiserin Augusta – über den Kreis der „Hoffähigen" hinausging. Sie umgab sich mit Wissenschaftlern und Gelehrten wie Mommsen, Du Bois-Reymond und Helmholtz. In besonderem Ansehen stand bei ihr Leopold von Ranke. Auf ihren Abendgesellschaften empfing sie neben den Genannten den englischen Dichter und Kulturkritiker Matthew Arnold, die Maler Gustav Richter und Heinrich von Angeli, die Mendelssohn-Bartholdys, liberale Abgeordnete des Reichstags, Schriftsteller und Journalisten, die Salonnièren Cornelie Richter und Marie von Schleinitz, Graf und Gräfin Harrach und andere Angehörige des Hochadels sowie hochrangige Offiziere.[73] Von Zeit zu Zeit gab die Kronprinzessin große Kostümbälle.

Wilhelm I. und Augusta besuchten im Laufe der Saison die Bälle und Empfänge
in den Gesandtschaften und bei den ersten Familien des preußischen Adels wie
den Fürsten Hohenlohe, den Herzögen von Ujest und Ratibor, dem Grafen von
Stolberg-Wernigerode, dem Prinzen Pless und anderen. Dem Herzog Louis von
Sagan und dessen Frau Pauline, einer verwitweten Gräfin Hatzfeldt, waren sie
besonders zugetan.[74]

An jedem Donnerstag in der Fastenzeit gab Kaiserin Augusta Empfänge, zu
denen höchsten zweihundert bis zweihundertfünfzig Gäste eingeladen waren.

> Nichts hätte langweiliger sein können. Jedem Gast wurde bei seiner Ankunft sein
> Platz an dem Tisch eines Mitgliedes der königlichen Familie angewiesen, und dort
> saß man den ganzen Abend, der mit einem langen Cercle begann, auf den ein noch
> längeres Konzert folgte, bei welchem man Jahr für Jahr dieselben Künstler hörte; hie-
> rauf wurde an denselben Tischen, an denen man den ganzen Abend gesessen hatte,
> das Souper eingenommen. Dieses wurde auf den roten Sammtdecken, mit denen die
> Tische belegt waren, serviert, und bestand ohne Abwechslung aus demselben Menu:
> Salm mit Majonnaise, kalter Schinken und Gefrorenes.[75]

Die Berliner Saison endete gewöhnlich an Ostern. Augusta begab sich nach Kob-
lenz oder Baden-Baden, während Wilhelm I. wegen militärischer Manöver in der
Stadt zurückgehalten wurde.

Einige Adelshäuser pflegten eine salonähnliche Geselligkeit. So führte Prin-
zessin Helene Biron von Kurland, eine geborene Prinzessin Mestcherskaja, die
Calixt Biron von Kurland geheiratet hatte, einen Salon in der Behrenstr. 46.[76]
Die Prinzessin umgab sich nur mit einem kleinen Personenkreis, zu dem Luise
Gräfin Oriola, die Palastdame der Kaiserin Augusta, gehörte. Das Haus war der
Treffpunkt der Mitglieder des Königlichen Haushalts und der Angehörigen der
russischen Botschaft. Oft war die Frau des Botschafters Radowitz, eine geborene
Ozeroff, zu Gast.

Das geistige und künstlerische Berlin, so bestätigt Catherine Radzwill, traf sich
bei der Gräfin Schleinitz, einer engen Freundin der Kronprinzessin Victoria, „die
sie sehr häufig sah und sie gegen die zahllosen Angriffe vieler Leute in Schutz
nahm, die sie wegen ihrer außerordentlichen Stellung, die sie sich dank ihrer
seltenen und hervorstechenden Qualitäten verschafft hatte, beneideten."[77] Zu
den Besuchern der Gräfin gehörte auch Bernhard von Bülow, der spätere Kanzler.

Als weitere Häuser, in denen sich die Berliner Gesellschaft während der Regierungszeit Wilhelms I. ein Stelldichein gab, nennt Catherine Radziwill die Häuser
der Baronin Pergler von Perglas, der Frau des bayerischen Gesandten; der Gräfin
Maxe Oriola, der Schwägerin der Gräfin Luise Oriola, und Cornelie Richters,
die ebenfalls eine Vertraute der Kronprinzessin war. Das intellektuelle Berlin

war – abgesehen vom Salon Schleinitz und vom Kreis um die Kronprinzessin –
von der sogenannten großen Welt streng geschieden. Es verkehrte in eigenen
Zirkeln, so zum Beispiel im Hause Helmholtz. Die Salonnière Anna von Helmholtz indes, angeregt vom Pariser Salon ihrer Tante Mary Clarke-Mohl, beschränkte
ihren Aktionsradius nicht nur auf den Kreis von Gelehrten, sondern unterhielt
auch Beziehungen zur eleganten Welt. Ihr Mann, der Physiker Hermann von
Helmholtz, war eine kultivierte Erscheinung und ein „homme du monde". Die
gegenseitige Voreingenommenheit des adligen und bürgerlichen Milieus zeigte
sich darin, dass man Frau von Helmholtz in ihren Kreisen vorwarf, sich als „grande
dame" aufzuführen.[78]

Auch dem Salon der Bankiersgattin Leonie Schwabach gelang es, eine Verbindung zur Hofgesellschaft herzustellen. Bei ihr verkehrte nicht nur eine Gruppe
von Diplomaten, sondern ebenso ein gewisser „smart set", der die von adligen
Grenzwächterinnen kultivierten Vorbehalte nicht mehr gelten ließ, die die jüdische Gesellschaft von den Hofkreisen trennte. Trotz der von ihr beobachteten
Ausnahmen kommt Catherine Radziwill zu dem Schluss: „Zu der Zeit, über die
ich schreibe, wurden diese Trennungslinien jedoch streng beachtet und in dieser
Hinsicht waren die obersten Schichten viel exklusiver als selbst der Hof. Obwohl
zum Beispiel der alte Baron von Bleichröder und seine Frau zu jedem Hofball
eingeladen wurden, weigerten viele Leute sich, ihnen einen Besuch abzustatten."[79]
Als sie eine Einladung des Bankiers Bleichröder zum Diner erhielt, habe ihre
Schwiegermutter ihr verboten, diese anzunehmen.[80] Fürstin Catherine Radziwill
zählte freilich zu den aufgeschlossenen in Berlin lebenden Ausländern, die den
geistigen Austausch mit dem gebildeten deutschen Bürgertum schätzten.[81]

Die Erfahrung einer strengen Klassenteilung im Berliner Gesellschaftsleben
machte auch der englische Diplomat James Rodd, der sich von 1884 bis 1888 in
der Hauptstadt aufhielt. Er war Privatsekretär des Botschafters Sir Edward Malet.
Auch Rodd verweist auf die Kronprinzessin Victoria als einer Ausnahme. „Das
Kastensystem war noch sehr streng. Nur einmal während meines vierjährigen
Aufenthalts in Berlin, anlässlich eines Festes des Kronprinzen und der Kronprinzessin, sah ich einige Vertreter der gebildeten und gehobenen Berufe in Kontakt
mit dem Geburtsadel. Der alte brandenburgische Adel hatte keine Berührung
mit den damals noch lebenden großen Historikern und Gelehrten. Noch hatten
Kommerz, Industrie und Finanzwelt bis dahin ihren Weg in die Empfangsräume
der Privilegierten gefunden."[82] Die Salons von Anna von Helmholtz, Anna vom
Rath und Marie von Schleinitz und anderen, in denen sowohl die Hofgesellschaft
als auch das wissenschaftliche und künstlerische Berlin verkehrten, hatte der englisch Diplomat offensichtlich nicht aufgesucht, obgleich hier besonders jene Hofkreise vertreten waren, die der Kronprinzessin nahestanden.[83]

In den 1870er- und 1880er-Jahren wurden in der Berliner Gesellschaft die sozialen
Unterschiede – so lässt sich den hier zitierten Berichten von vorwiegend aus dem
Ausland kommenden Besuchern entnehmen – streng beachtet. Wer hoffähig und
adliger Abstammung war, vermied es in der Regel mit Angehörigen des Bürgertums bei geselligen Anlässen zusammenzutreffen. Wenn dennoch Einladungen
an berühmte Künstler, Gelehrte oder Dichter ergingen, so blieben die Ehefrauen
dabei unberücksichtigt.[84] Die Offiziere wiederum bildeten eine eigene Kaste, die
eifersüchtig über ihre Privilegien wachte.[85]

Berlin war zur Zeit der Regierung Wilhelms I. noch ein überschaubarer Ort,
was sich auch in der Geselligkeit der Society widerspiegelte. Um die Jahrhundertwende machte sich ein Wandel in der Zusammensetzung der Hofgesellschaft
bemerkbar. Sie war nun stark durchsetzt von jungem und jüngstem Adel kauf-
männischen Ursprungs und längst nicht mehr so exklusiv wie zu Beginn des
Kaiserreichs. Die damals noch vorherrschende preußische Einfachheit und Strenge,
repräsentiert durch den Habitus Wilhelms I., war nur noch bei höheren Staatsbeamten und in Teilen des Offizierskorps zu beobachten. Der niedere Landadel,
der früher die Mehrheit der Hofgesellschaft bildete, konnte finanziell nicht länger mithalten. Die jüdische und nichtjüdische Hochfinanz – die Siemens, Fried-
länder-Fuld und Fürstenberg – mit ihrem exorbitanten Luxus gab den Ton an.[86]

In der spätwilhelminischen Periode standen Teile des in Industrie und Handel
engagierten Hochadels wie die Fürsten Pless und Henckel-Donnersmarck und
der Herzog von Ujest in ihrem Lebensstil und kosmopolitischem Flair den Repräsentanten der „Haute Finance" weitaus näher als der großen Mehrheit ihrer
Standesgenossen, die auf dem Lande lebten, und wenn sie sich nicht mit reichen
bürgerlichen Familien vermischten, zusehends verarmten und ihre Hoffähigkeit
und Adelspartikel nur noch als kostspieliges, zinsloses symbolisches Kapital betrachteten. Ludwig von Nordegg unterstreicht die sich vertiefende soziale Spaltung:

> Das Herrenhausmitglied, Herr von X., der in Pommern auf seinem seit Jahrhun-
> derten in seiner Familie forterbenden Landgute wohnt, der es nicht anders kennt,
> als dass der älteste Sohn als Nachfolger des Vaters Landwirt wird, die andern Söhne
> ins Kadettenkorps gesteckt oder für die Staatslaufbahn bestimmt werden, der sieht
> natürlich die Dinge dieser Welt mit ganz andern Augen an als der Kommerzienrat
> Y. in der Tiergartenstrasse, der nie die Not dieses Daseins kannte, für den Paris und
> London keine Geheimnisse mehr haben, der die Vereinigten Staaten durchquert hat
> und dem es etwas Selbstverständliches ist, den Unbilden der kalten Jahreszeit sich
> durch einen Ausflug nach Mentone, Taormina oder Luxor zu entziehen.[87]

Nordeggs Ausführungen über die Plutokratisierung der Society werden von Fedor
von Zobeltitz bestätigt. Zur Zeit der Reichsgründung sei das, was sich Gesell-

schaft nannte, noch ein kleiner in sich geschlossener Kreis gewesen, wo jeder jeden kannte. Nun sei die Exklusivität verschwunden, der Luxus aber umso größer. „Heute [1903] hat sich die Gesellschaft vergrößert und ist arg gemischt geworden; die Exklusivität fehlt und damit auch das Interesse, das sich auf die bevorzugten Zehntausend ehemals vereinigte. Im übrigen können wir uns an Eleganz noch immer nicht mit Paris und London messen; eine sogenannte Herzogin in Paris hält Pferde, Wagen, Kutscher und Diener in vornehmerer Aufmachung als eine wirkliche Fürstin in Berlin (…)".[88] Die Vergrößerung der Hofgesellschaft zeigte sich zum Beispiel in der Erhöhung der Zahl der Offiziere in der militärischen Umgebung des Kaisers, der Zahl der Kammerherren und der Palastdamen im Hofstaat der Kaiserin und der erheblichen Vermehrung der Zahl der Träger des Schwarzen Adler-Ordens in den Regierungsjahren Wilhelms II.[89] Von einer wirklichen Durchdringung und Vermischung hochadliger und reicher bürgerlicher Kreise konnte jedoch auch nach 1900 keine Rede sein. Zu sehr blieb der Geburtsadel von sozialem Dünkel durchdrungen.

Dies bewiesen die neu entstandenen Herrenklubs, die meist vom Adel dominiert wurden.[90] In ihnen herrschte im Unterschied zu Londoner und Pariser Klubs, in denen jeder einmal Aufgenommene gleichberechtigt war, eine strenge, die gesellschaftliche Hierarchie widerspiegelnde Etikette. Der exklusivste dieser Klubs der Kaiserzeit war die am Pariser Platz residierende Kasino-Gesellschaft, die sich vornehmlich aus Angehörigen der Hofgesellschaft zusammensetzte. Bürgerliche konnten zwar formell Mitglieder werden, de facto dominierte jedoch der Adel. Die geistigen Ansprüche waren niedrig. Man aß, spielte und erging sich im Gesellschaftsklatsch. Die glänzendsten Namen der preußischen Monarchie waren vertreten.

Der Union-Klub hatte seinen Sitz in der Schadowstraße. Er nahm sich die Unterstützung des Pferdesports zum Ziel und wurde ebenfalls von adligen Offizieren dominiert. Jedoch fanden auch Herrenreiter aus Finanzkreisen Zutritt. Der Herzog von Ujest, Fürst Pleß, die Hohenlohes und eine kleine Zahl junger smarter Offiziere gaben den Ton an. Der Klub entwickelte sich zum Zentrum der Berliner „jeunesse dorée". Wie im Pariser Jockey Club wurden die Förderer des Pferdesports bald von den Anhängern des Glücksspiels verdrängt. Der Ruin vieler Offiziere führte zu einer Intervention des Kaisers, der ihnen die Mitgliedschaft im Klub untersagte. Die Wirkung dieser Maßnahme sollte jedoch nur wenige Jahre anhalten.[91]

Eine andere soziale Zusammensetzung wies der „Klub von Berlin" auf, in dem mehrheitlich die Repräsentanten der Berliner Industrie, Künstler und Beamte vertreten waren. Die „Ressource von 1794" war der älteste Berliner Klub. Dort gab der höhere Kaufmannsstand, repräsentiert durch zahlreiche Millionäre, den Ton an. Erwähnt sei noch der Kaiserliche Automobil-Klub, in den auch Frauen aufgenommen werden konnten. Während sich in den erstgenannten Klubs die

Klassen- und Geschlechtertrennung der Gesellschaft widerspiegelte, war diese im Automobil-Klub, wenn auch nur mit Einschränkungen, aufgehoben. Nordegg schreibt: „Eine neue Note hat der ‚Automobil-Klub' dem gesellschaftlichen Leben Berlins doch insofern eingefügt, als hier Aristokraten von hohem Range und Namen mit Grössen der Hochfinanz zusammentreffen – allerdings ohne mit ihnen außerhalb dieses neutralen Terrains in gesellschaftliche Verbindung zu treten. Die Männer sind gute Bekannte geworden, aber die Frauen halten sich, nach wie vor, voneinander fern."[92] Wie sich zeigen wird, spiegelten sich diese Restriktionen und sozialen Ressentiments auch in der Salonszene Berlins wider, obgleich es einigen Frauen gelang, über die etablierten Klassengrenzen hinweg mit einander in Kontakt zu treten und geselligen Umgang zu pflegen.

Gegen Ende des 19. Jahrhunderts spielte der Hof keine zentrale Rolle mehr. Er war „gleichsam eine schöne Dekoration an der Spitze der Pyramide, er besaß keine Leitbildfunktion mehr und war auch nicht mehr das Zentrum der Macht, die an umfangreiche bürokratische Apparate übergegangen war."[93] Gleichwohl hielten Wilhelm II. und der ihm nahestehende Adel an der Vorstellung fest, der Hof und die ihn umgebende Gesellschaft seien die vornehmste und legitime Repräsentanz des Staates und seiner Bevölkerung.[94]

Das Ansehen des Hofes litt jedoch unter den Bizarrerien des Kaisers und einer Vielzahl von Skandalen, die in der Öffentlichkeit eine breite Resonanz fanden und auch in den Briefen und Tagebüchern der großen Damen der Berliner Gesellschaft kritisch kommentiert wurden. Bei der Fürstin Marie Radziwill wie auch der Freifrau von Spitzemberg führte dies zu Klagen über Dekadenz und in Reaktion darauf zu einem entschiedenerem Konservatismus.

Auch von Kaiserin Auguste Victoria gingen keine die Salonkultur belebenden Impulse aus. Die Kaiserin besaß nicht das geistige Format, um eine Stütze der Konversationskunst zu sein. Mit Ausländern zu plaudern, war für sie eine Qual. Anders als ihre Vorgängerinnen Augusta und Victoria, die versuchten, ihre eigene inoffizielle Geselligkeit eine dem Salon ähnliche Gestalt zu geben, lud Auguste Victoria „höchstens von Zeit zu Zeit einen dem Hof angenehmen Dichter zu sich ein oder ein Lesekränzchen, bei dem Klassiker auf dem Programm standen. Zudem billigte Wilhelm II. keine näheren Kontakte zu den literarischen Salons."[95]

Das gesellschaftliche Klima in Berlin um 1900 wirkte sich mithin ungünstig auf die Entwicklung und Bewahrung der Salonkultur aus. Unter den Diplomaten und der Hofgesellschaft ging alles seinen gewohnten Gang, wenn auch die Räume allmählich zu klein wurden, um die wachsende Gästezahl zu fassen. „Die literarischen, künstlerischen und die der Hochfinanz angehörigen Kreise schlossen sich enger aneinander, wurden großartiger in bezug auf Luxus, Prachtentfaltung und Toiletten. Diners traten an Stelle des gemütlichen Zusammenseins und große Abendgesellschaften lösten die ästhetischen Tees ab."[96] Die Prachtentfaltung war

besonders in Kreisen der Hochfinanz exorbitant, wie aus einer Notiz von Zobeltitz vom 25. Januar 1896 hervorgeht:

> Der Hang zum Luxus, der in den Kreisen der Finanzwelt weit schärfer und auffälliger
> zutage zu treten pflegt als in den anderen Gesellschaftsschichten, nahm immer gro-
> teskere Formen an. Die Diners arteten zu Orgien aus. Die Delikatessen der Saison
> genügten nicht mehr, den verwöhnten Gaumen zu befriedigen; die Gäste erhielten
> kostbare Geschenke als Erinnerungszeichen; berühmte Sänger und Sängerinnen wur-
> den gegen Riesenhonorare verschrieben, um in die materiellen Genüsse eine künst-
> lerische Abwechslung zu bringen. Eine bis zur Lächerlichkeit gesteigerte persönliche
> Eitelkeit ging damit Hand in Hand. Aus Renommisterei hielt man sich kostspielige
> Geliebte. Der eine jener Unglücklichen hinterließ gegen 100 Paar Stiefel. Ein anderer
> pflegte sich bei seinem Schneider die Anzüge immer dutzendweise zu bestellen; ein
> dritter hatte die Manier, seine luxuriös ausgestattete Wohnung von Monat zu Monat
> neu einrichten zu lassen.[97]

Hier wird eine allgemeine Zeiterscheinung beschrieben, die auch vor anderen europäischen Residenzen mit althergebrachter Salonkultur nicht halt machte. Von
Zeitzeugen mit einem kosmopolitischen Hintergrund wurde – wie wir sahen –
darüber hinaus beklagt, dass es in Berlin nicht gelungen sei, den für das Gelingen
eines Salons notwendigen geselligen Austausch zwischen Adel und Bürgertum zu
bewerkstelligen. Die Gründe liegen tiefer als der von Rudolf Vierhaus benannte
Funktionsverlust dieser Institution in einer sich modernisierenden Gesellschaft.[98]
Sie sind vielmehr in den sozialgeschichtlichen Besonderheiten Preußens zu sehen.
    Der Gegensatz zwischen Bürgertum und Junkertum, so die Beobachtung
Alexander von Gleichen-Russwurms, der die Geselligkeit in verschiedenen europäischen Metropolen untersucht hat, habe im Norden Deutschlands die politischen
Umbrüche, die kriegerischen Triumphe und die Angst vor der sozialen Gefahr
überdauert.

> Er hat sich durch Fehler auf der einen, Übertreibungen und Verallgemeinerungen
> auf der anderen Seite seit Generationen tief eingewurzelt und beherrschte das Wesen
> der Geselligkeit. Dadurch entstanden in Berlin wie in den anderen Städten der nörd-
> lichen Reichshälfte Verhältnisse im täglichen Verkehr, wie sie weder die großzügige
> Londoner Welt noch die liberale Auffassung der Pariser Salons aufkommen ließen.
> Die Klassen, Berufsstände, politischen Parteien blieben zu streng voneinander ge-
> trennt, um den frisch eingeführten Begriff des *tout Berlin* den Charakter der *schönen
> Welt* zu geben, wie man ihn an der Seine seit den Tagen der Enzyklopädisten schon
> durch die Teilnahme der vornehmen Fremden aufrecht erhielt.[99]

Dieses Urteil über die Entwicklung des geselligen Umgangs in der Oberschicht erscheint freilich angesichts eines sich immer noch behauptenden Salonlebens im wilhelminischen Deutschland überspitzt. Die von vielen Besuchern und den Salonnièren selbst gegebenen Schilderungen über die Zusammensetzung ihrer Kreise zeichnen oft ein anderes Bild. Dagegen wird die starre Etikette und die Neigung zur Separierung der Gäste nach Rang und Alter von ausländischen Salongästen und im Ausland aufgewachsenen Salonnièren immer wieder mit Erstaunen registriert.[100]

Eine florierende adlige, wirtschafts- und bildungsbürgerliche Salonkultur in Berlin zur Kaiserzeit, in der ein intensiver geistiger Austausch gelegentlich auch über die Standesgrenzen hinweg gepflegt wurde, ist für sich genommen allerdings noch kein Beweis für elegante Lebensart. „Grandes dames" wie Marie Radziwill, Marie von Schleinitz, Daisy von Pless und Marie von Bunsen, die die Umgangsformen der vornehmen Welt in Paris und London aus eigener Anschauung kannten, weisen immer wieder auf den Mangel an Finesse und Zwanglosigkeit in der Berliner Society hin, der auch durch exorbitanten Luxus nicht überdeckt werden konnte.

Daisy von Pless urteilte kategorisch: „Berlin wird niemals eine vornehme Gesellschaft haben. Der Kaiser und die Kaiserin haben keine Ahnung von Benehmen."[101] Man verstand es auch nicht wie in Paris oder London, öffentliche Schauplätze der Eleganz zu schaffen. Im Tiergarten fanden zwar Ausritte statt, aber es war dies kein regelmäßiger Korso, da es der großen Welt an Bedürfnis und Geschmack ermangelte, sich in aller Öffentlichkeit zu präsentieren. In den Sechziger- und frühen Siebzigerjahren war die Tiergartenstraße eine beliebte Promenade, wo sich an allen Nachmittagen, namentlich im Frühjahr und Herbst, das vornehme und reiche Berlin zu Fuß, zu Wagen und zu Pferde traf.[102] Zu Beginn des 20. Jahrhunderts gab es nur noch ein schwaches Aufflackern. Die Initiativen Wilhelms II., etwas mehr Glanz zu entfachen, fanden kein Echo. Ein Korso fand dagegen regelmäßig auf der Trabrennbahn in Ruhleben statt.[103]

Englische und französische Besucher stellten überdies fest, dass es dem Leben in Berlin an raffinierten Zerstreuungen mangele, da jene in London und Paris so reichlich vertretene Klasse von reichen Müßiggängern, „die nur ihre Zeit und ihr Geld auf der Jagd nach Vergnügungen verzetteln", dort unterrepräsentiert sei.[104]

Preußen wies zwar in Bezug auf Ordnung, staatliche Fürsorge und Bildung einen hohen Entwicklungsstand auf, versagte aber, wenn es um gesellschaftliche Feinheiten und „eine Eleganz der Gefühle" (Gleichen-Russwurm) ging. Gleichen-Russwurm bemängelt an der Salonkultur, allzu oft trete an die Stelle der Konversation die Debatte „und an Stelle entgegenkommenden Verständnisses liebte man, dem Gegner aufs deutlichste seine Abneigung zu zeigen."[105]

Für die Salonnière Helene von Nostitz stellte sich die Berliner Gesellschaft jedoch bei Weitem nicht so steif und von der Etikette beherrscht dar, wie es aus den Schilderungen mancher ausländischer Betrachter den Anschein hat. Unbeschadet von Stil und Konvention herrschte – so Nostitz – „eine gewisse Frische und Natürlichkeit", die auch der Hofgesellschaft eigentümlich gewesen sei. Diese Frische und Natürlichkeit habe die Berliner Gesellschaft vor westlicher Überzüchtung und Gekünsteltheit bewahrt. In ihrem 1938 erschienenen Erinnerungsbuch an die deutsche Hauptstadt schreibt die Autorin: „Die Herren und Damen vom Lande, die während der Wintermonate zu den Hofbällen und Gesandtschaftsempfängen erschienen, und zumal ihre Töchter mit blondem Haar und roten Backen brachten immer etwas von gesundem Kieferduft mit, und von einer überparfümierten Salonatmosphäre, wie man sie mitunter in London, Paris oder Rom empfindet, war hier wenig zu spüren: bei aller Weltläufigkeit blieb immer eine Beziehung zur frischen Natur bestehen."[106]

Die weltgewandte Helene von Nostitz wusste freilich, dass „Natürlichkeit" in der höfischen Gesellschaft für sich genommen noch keine Tugend darstellte, ja wenig geschätzt wurde, wenn sie dem geltenden Verhaltenskodex widerstrebte. Natürlichkeit als Verhaltensform war in den Milieus der europäischen höfischen Gesellschaften immer nur eine solche zweiten Grades. Sie verdankte sich dem Prinzip der Leichtigkeit und Nonchalance, das durch Erziehung, Nachahmung und Beobachtung eingeübt wurde. So heißt es in einem „Brevier der guten Gesellschaft und der guten Erziehung" des Jahres 1876: „Um wahrhaft *vornehm* zu sein, muß man vor allen Dingen natürlich sein. Gedrechselte und geschraubte Menschen werden nie vornehm aussehen."[107] Wenn Helene von Nostitz die „Beziehung zur frischen Natur" als ein Charakteristikum der Berliner Gesellschaft im Vergleich zu London, Paris und Rom lobend hervorhob, so brachte sie eine deutsche nationale Besonderheit ins Spiel, die vermutlich eher auf zivilisatorische Defizite als auf ein Mehr an ungezwungenem Verkehr miteinander verweist.[108]

II. Fürstin Marie Radziwill

1. Stationen ihres Lebens

Aus dem Kreis hochadliger Salonnièren im Berlin des zweiten Kaiserreichs ragte Fürstin Marie Radziwill hervor. Sie nahm nicht nur einen prominenten Platz in der vornehmen Gesellschaft ein, sondern verstand es auch im diplomatischen Beziehungsgeflecht der Hauptstadt ihren Einfluss geltend zu machen. Im schlesischen Kleinitz residierte sie als Gutsherrin. Der Verfasser einer populären Geschichte des Hauses Radziwill hat sie eine „franko-preußische Sibylle" genannt.[109]

Marie Dorothée Élisabeth de Castellane, Fürstin Radziwill, wurde am 19. Februar 1840 in Paris in der Rue de Grenelle im Faubourg Saint-Germain als Tochter des Marquis Henri de Castellane (1814–1847) und der Fürstin Pauline von Talleyrand-Périgord (1820–1890) geboren. Der Marschall Boniface de Castellane war ihr Großvater, der französische Außenminister und Botschafter Charles-Maurice de Talleyrand ihr Urgroßonkel. Ihre Großmutter war die Herzogin Dorothea von Dino, Talleyrand und Sagan (1793–1862), eine geborene Prinzessin von Kurland.

Marie de Castellane wuchs in einem aristokratischen, katholisch-liberalen Milieu auf, das sich mit der Julimonarchie arrangiert hatte. Am 12. Mai 1844 wurde ihr Bruder Antoine geboren. Ihre Kindheit verbrachte sie mit ihren Eltern auf Reisen und auf dem Schloss Aubijoux in der Auvergne.

Die Herzogin von Sagan erinnert sich an eine Theateraufführung in Nizza: „Ein junger Mann machte sich über die vorhergehenden Schauspieler lustig, und als Ersatz für die unpässlich gewordene Primadonna verkündete er das Erscheinen einer jungen Anfängerin. Darauf trugen zwei als Lakaien des achtzehnten Jahrhunderts gekleidete Kinder eine kleine vergoldete, mit einem Lichterkranz ausgeputzte Sänfte herein, und in dieser saß meine kleine Enkelin Marie in einem Louis-Quinze-Kostüm. Puder, Hofkleid, Diamanten. Sie können sich gar nicht vorstellen, wie sie wirkte, so anmutig, stilvoll und vornehm (…) Sie entstieg ihrer Sänfte und ging, eine echte große Dame, auf der Bühne umher."[110] 1851 empfing Marie ihre erste heilige Kommunion im Kloster der „Dames du Sacré Cœur de

Marmoutiers". Drei Jahre später reiste sie mit ihrer Mutter nach Rom, um an den Zeremonien anlässlich der Proklamation des Dogmas von der unbefleckten Empfängnis Mariens durch Papst Pius IX. teilzunehmen. In ihren Erinnerungen bezeichnet Marie Radziwill den Rom-Aufenthalt als eine bedeutsame Etappe in ihrer geistigen Entwicklung.

Da sich ihre Mutter Pauline nach dem Tod Henri de Castellanes im Jahr 1847 – er starb an den Folgen eines schweren Reitunfalls – immer mehr der Meditation zugewandt und vom gesellschaftlichen Leben auf das an der Loire gelegene Schloss Rochecotte zurückzogen hatte, wurde Marie von ihrer Großmutter in Obhut genommen. Über Rochecotte schreibt die Herzogin Dorothea von Sagan: „Man lebt hier wie im Kloster, allmorgendlich die Messe, allabendlich gemeinsames Gebet. Die Fasten werden streng eingehalten, man führt fromme Gespräche und nichts Weltliches wird berührt."[111] Marie wurde Dorotheas Lieblingsenkelin. In ihren Erinnerungen schreibt Marie, Dorothea habe sie wie eine Mutter behandelt.[112]

Die Herzogin von Sagan, berühmt als Egeria an der Seite Talleyrands und eine der schillerndsten Repräsentantinnen des europäischen Hochadels in der ersten Hälfte des 19. Jahrhunderts, war entschlossen, alles in ihren Kräften stehende zu tun, um ihrer Enkelin zu einer vergleichbaren Position in der Politik zu verhelfen, eine Rolle, welche sie ursprünglich ihrer Tochter Pauline zugedacht hatte. Sie sah in Marie de Castellane ihre künftige Nachfolgerin und Testamentsvollstreckerin. Die Verheiratung ihrer Enkelin und ihre Einführung in die Gesellschaft wurden für sie zu einer vordringlichen Aufgabe. Bei der Suche nach einem geeigneten Ehemann fiel die Wahl auf den Enkel ihrer Patin, Prinzessin Luise von Preußen. Diese hatte 1796 den Fürsten Anton Heinrich Radziwill geheiratet. Die Einführung einer königlichen Hoheit in die Familie Radziwill gab Letzterer einen besonderen Rang. Dennoch konnte die Tochter der Hohenzollernprinzessin, Elisa Radziwill, ihre Jugendliebe, den Kronprinzen Wilhelm, nicht heiraten, da ein Gutachten des Königlichen Hausministeriums die Ebenbürtigkeit des Hauses Radziwill mit dem Hause Hohenzollern verneinte.[113]

Die Mitglieder des in Polen und Litauen alteingesessenen Fürstenhauses Radziwill waren durch die dritte Teilung Polens teils preußische, teils russische Untertanen geworden. Sie verfügten über ausgedehnten, weit verstreuten Landbesitz, vor allem in den russischen Gebieten, die ehemals zu Litauen gehörten. Ein Verzeichnis aus dem Jahre 1750 nennt 23 Schlösser (= Burgen), 426 größere und kleinere Ortschaften mit städtischen Einrichtungen, 2032 Vorwerke und 10053 Dörfer als Eigentum der Familie.[114] Anton Radziwill hatte von 1815 bis 1831 das Amt des preußischen Statthalters des Großherzogtums Posen inne. Den Fürstentitel trug er seit 1813, als ihm nach dem Tod des Fürsten Dominik Radziwill durch Ukas Alexanders I. die litauischen Majorate zufielen. Er nahm die Titel „Herzog von Nieśwież und Olyka" und „Graf von Mir" an.[115] Sein Sohn war Fürst Friedrich Wilhelm Radziwill (1797–1870), ein Jugendfreund der Herzogin von Sagan, in zweiter Ehe verheiratet mit Gräfin Mathilde von Clary-Aldringen. Dessen Bruder Bogusław heiratete ihre Schwester, Gräfin Leontine von Clary-Aldringen.[116] Beiden Brüdern wurde vom preußischen König der Fürstentitel verliehen mit dem Recht, diesen an ihre ältesten Söhne weiterzugeben.[117] Friedrich Wilhelms ältester Sohn, Anton Friedrich Wilhelm Radziwill (1833–1904), war 1855, als die Herzogin von Sagan in Berlin an seinen Vater herantrat, 22 Jahre alt. Sein Erzieher war Feliks Podlewski, ein Schüler des Dichters Adam Mickiewicz. Er wusste das Andenken an die große Geschichte Polens im Bewusstsein seines Zöglings wachzuhalten.[118]

Die Radziwills betrachteten Dorothea von Sagan nahezu als Teil der weit verzweigten Familie. Die Herzogin erhoffte sich von dieser Beziehung eine wichtige Stellung ihrer Enkelin bei Hofe. Aus der Sicht der Radziwills sprach für eine Verbindung mit dem Haus Castellane nicht zuletzt der Katholizismus der Familie, als dessen Schutzherrin im protestantischen Preußen die Herzogin von Sagan angesehen wurde. Im September 1855 waren Fürst Radziwill und sein Sohn Anton auf der Weltausstellung in Paris. Anschließend besuchten sie die Castellanes in Rochecotte. Marie war von den einfachen und noblen Manieren Anton Radziwills beeindruckt. Seine gesamte Erscheinung wirkte angenehm auf sie. Mit ihrer Mutter Pauline reiste sie im Mai des folgenden Jahres über Berlin nach Sagan. Dort lernte sie die Pracht der herzoglichen Residenz kennen. Marie fand sich zur Vermählung mit Anton Radziwill bereit, obgleich sie sich mit der Idee, Frankreich verlassen zu müssen, nur schwer anfreunden konnte.

Die Herzogin von Sagan, sich ihrer eigenen Lage im Jahr 1809 erinnernd, als sie Preußen verließ und in die französische Aristokratie einheiratete, erklärte ihrer Enkelin, dass eine Entscheidung für die Ehe mit Anton Radziwill bedeuten würde, sich ohne jeden Vorbehalt zu dem Land zu bekennen, dessen Bürgerin sie nun sein würde. Andernfalls geriete sie in eine prekäre Lage, ein Schicksal, das Marie Radziwill freilich mit Ausbruch des Ersten Weltkriegs dennoch nicht erspart bleiben sollte.[119] Im August 1856 wurde in Teplitz die Verlobung offiziell bekannt gegeben. Die Hochzeit fand am 3. Oktober 1857 mit großem Pomp in Sagan statt.

Marie Radziwill war attraktiv, aber keine auffallende Schönheit wie ihre Großmutter Dorothea. Dennoch wusste sie ihre Umgebung durch die Ausstrahlung ihrer Persönlichkeit für sich einzunehmen. Sie besaß künstlerische Fähigkeiten und bewies ihre Begabung im Klavierspiel. Durch ihre Schwiegereltern wurde die junge Fürstin Radziwill bei Hofe eingeführt und dem damals bereits kranken König Friedrich Wilhelm IV. vorgestellt. Ferner machte sie durch Vermittlung ihrer Großmutter Bekanntschaft mit der Prinzessin von Preußen, Augusta, und

lernte im Sommer 1858 auch die englische Königin Victoria während ihres Besuchs
in Berlin kennen.

Die Herzogin von Sagan hegte den Plan, dass Marie Radziwill einmal ihren
Platz als intime Freundin und Beraterin an der Seite der zukünftigen Königin
und Kaiserin einnehmen würde. Sie gab ihr Instruktionen, wie sie sich gegenüber
der Prinzessin Augusta verhalten sollte. Der Biograf der Herzogin Dorothea von
Sagan, Philip Ziegler, schreibt: „Bald wurde sie zur Vertrauten, und wenn sie auch
niemals erwarten konnte, den Einfluß, welchen ihre Großmutter ausübte, gewinnen zu können, so war es für Dorothea doch eine Befriedigung zu wissen, daß
Marie bei Hof eine Stellung innehatte, die zu erreichen nur wenige andere je [er]
hoffen konnten."[120] Wie intim das Verhältnis zu Augusta war, zeigt sich in einer
Szene, von der die Fürstin in ihren „Souvenirs" berichtet. Eines Tages ließ die
Königin sie zu sich rufen. Sie fand sie in einem so aufgewühltem Zustand, dass
sie ihr Angst machte. „,Liebes Kind, ich halte es nicht länger aus. Es ist zu viel,
ich bin entschlossen zu gehen!' Ich war erschüttert, warf mich ihr zu Füßen und
flehte sie an, sich alles zu überlegen und einen so schwerwiegenden Entschluss
nicht zu fassen, ohne vorher auf das Ernstlichste die Folgen zu erwägen, Folgen,
die ihre Stellung, vor allem ihre Ehre schädigen würden. Geduld könne ihre
seelischen Leiden weit eher heilen als ein aufsehenerregender Schritt, der verhängnisvoll ausfallen würde (…) ,Ich beschwöre Eure Majestät, tun sie das nicht!'
Da brach sie in Tränen aus, das hat sie vielleicht erleichtert und beruhigt."[121]

Der intime Umgang mit Augusta stärkte die Bindung Marie Radziwills an den
preußischen Hof und ihre Loyalität zu dem Land. Diese hervorgehobene Stellung
trug zu ihrem Prestige bei der monarchistisch gesinnten Bevölkerung bei. Der
Sohn Augustas, Friedrich Wilhelm, heiratete eine Engländerin, die Tochter Königin Victorias, Prinzessin Victoria. Die künftige Gemahlin Friedrichs III. war
genauso alt wie Marie Radziwill. Sie besaß nach Aussage der Fürstin allerdings die
gleichen, wenig sympathischen Eigenschaften wie ihr Sohn, der spätere Kaiser
Wilhelm II.: Egoismus, brüskes und kapriziöses Verhalten und Selbstüberschätzung.[122] Beide neigten – so das Urteil der Fürstin – zu übereilten Entschlüssen.

Aus der Ehe mit Anton Radziwill gingen vier Kinder hervor. Zwei Söhne,
Georg, der eine Branicka, und Stanislaus, der eine Radziwill heiratete[123] und zwei
Töchter, Elisabeth, genannt Betka, und Helena, die beide in die Familie der
Grafen Potocki einheirateten.[124] Elisabeth wurde mit Graf Roman Potocki getraut,
der in Wien lebte und dem das Schloss Łańcut in Galizien gehörte.[125] Helena
vermählte sich mit Joseph Potocki, der über den Besitz Antonin im russischen
Gouvernement Wolhynien verfügte.[126] Georg wurde preußischer Offizier, Stanis-
laus trat in den russischen Militärdienst.

Anton Radziwill war Mitglied des preußischen Herrenhauses und preußischer
General, zugleich Flügeladjutant des Königs. 1885 wurde er zum Generaladjutan-

ten Wilhelms I. ernannt, mit dem ihn eine herzliche Freundschaft verband, die
auf den engen Beziehungen beruhte, die der Monarch mit den Radziwills seit
seiner frühen Liebe zu Elisa, einer Tante Anton Radziwills, unterhielt. Der Schriftsteller Jules Laforgue, der sich von 1881 bis 1886 als Vorleser der Kaiserin Augusta
bei Hofe aufhielt, behauptet, Anton Radziwill sei der einzige Mann seiner Umgebung gewesen, den Wilhelm I. duzte.[127] Anton behielt seine offizielle Funktion
1888 noch unter Wilhelms Nachfolger Friedrich III. bei. Die Thronübernahme
durch Wilhelm II. führte zur Demission des Fürsten.

Nach ihrer Heirat und ihrer Übersiedlung nach Berlin bewohnten die Radziwills
ein Appartement im ehemaligen Schulenburg'schen Palais in der Wilhelmstraße
77, das sich seit 1795 im Besitz der Familie befand – König Friedrich Wilhelm II.
hatte Palais und Grundstück an Fürst Michael Hieronymus Radziwill verkauft –
und dessen Front die französische Inschrift „Hôtel de Radziwill" trug.[128] Es gehörte
den beiden Fürsten Friedrich Wilhelm und Bogusław Radziwill und wurde von
ihren Familien bewohnt. Zu Tisch war man zu mehr als zwanzig Personen, die
ausschließlich dem Radziwill'schen Familienkreis angehörten.[129] Die verschiedenen
Ehepaare, alte und junge, empfingen in ihren Appartements die Besucher des
Hauses. Marie passte sich an die Gewohnheiten ihres Ehemannes an. Dazu gehörten gemeinsame Lektüren und gemeinsame Auftritte in der Gesellschaft. Anton
Radziwill, von rundlicher Gestalt, war gutmütig und ließ sich, wie von Mitgliedern
der Familie berichtet wird, bald von seiner Frau regieren.[130]

Dass das Leben in dem Haus, in dem sie nun verkehrte, nicht einfach war,
war nicht zuletzt auf den rauhen Charakter ihres Schwiegervaters Friedrich Wilhelm Radziwill zurückzuführen. „Mein Schwiegervater besaß einen herrischen
Charakter. Alle mussten ihm gehorchen. Keiner wagte es, anderer Meinung zu
sein. Sein Denken war sehr auf die gesellschaftlichen Obliegenheiten ausgerichtet. Es war oft sehr starr. Doch musste man sich danach richten, wenn man mit
ihm und seiner Familie in Frieden leben wollte." [131]

Marie begriff sehr schnell, dass sie sich mit einem Milieu zu arrangieren hatte,
das sich von den gewohnten Verhältnissen in ihrem Elternhaus sehr unterschied.[132]
Sie versuchte, einen Funken Heiterkeit in die steifen Zusammenkünfte der Fami-
lie zu bringen. Doch dies sollte ihr nur schwer gelingen. Von Spannungen in der
Großfamilie Radziwill berichtet Michael Radziwill, ein Nachkomme aus der
Bogusław'schen Linie: „Der Ärger begann, als Fürst Wilhelms ältester Sohn, Fürst
Anton, die Marquise Marie de Castellane, eine sehr ehrgeizige Französin, und
Fürst Bogusławs ältester Sohn, Ferdinand (mein Großvater), die Fürstin Pelegia
Sapieha heiratete. Beide Frauen waren schreckliche Autokratinnen. Tante Marie
wollte ziemlich rücksichtslos den Ruhm der Radziwills um jeden Preis vermeh-
ren."[133] Zu den Besuchern der Familie gehörten Freunde Friedrich Wilhelm Rad-
ziwills, hauptsächlich Polen, die in Berlin lebten und Mitglieder der exklusivsten

und aristokratischsten Familien Preußens.[134] Während des Winters kam Kaiserin Augusta ungefähr zweimal im Monat – manchmal auch unangemeldet – zu Besuch.[135]

Da Bogusław und Friedrich Wilhelm Radziwill mit Österreicherinnen verheiratet waren, wurde im Haus meist deutsch gesprochen. Einige Familienmitglieder begehrten dagegen auf und sprachen französisch – z. B. Pelagia Sapieha, die Frau Ferdinand Radziwills, und Marie Radziwill. Maria Potocka berichtet: „Oft erzählte mir meine Mutter, dass sie, als sie erstmals die Schwelle dieses Radziwillschen Hauses überschritten habe, zunächst den Eindruck hatte, in einer völlig deutschen Familie zu sein. Wegen der Mütter sprachen die Geschwister untereinander deutsch. Nur mit Herrn Podlewski wurde polnisch gesprochen.“[136] An anderer Stelle schreibt die Verfasserin: „Im alten Palais Radziwill herrschte die deutsche Sprache uneingeschränkt. Als meine Mutter [Pelagia Sapieha] als junge Ehefrau das sah, bemühte sie sich nicht, deutsch zu lernen, um zumindest in ihrer Familie diese Gewohnheit zu kassieren. Natürlich sprach man in jener Epoche ohnehin viel französisch, der Hof sprach mit meiner Mutter nie anders, ebenso mit Tante Maria, die Frau von Antoni Radziwill, die eine gebürtige Gräfin Castellane und Französin war (…).“[137]

Das Leben im Hause folgte strengen Regeln. Stets wurde um fünf Uhr zu Mittag gegessen. Nach dem Essen ging man ins Theater oder auf einen Empfang. Um neun Uhr versammelte man sich zum Tee bei einer der Hausherrinnen, Leontine oder Mathilde Radziwill.

Von einer Salongeselligkeit in Marie Radziwills eigenen Räumen konnte zunächst nur in eingeschränktem Rahmen die Rede sein. Ein eigener Salon etablierte sich erst im Laufe der Sechzigerjahre. Die Fürstin beklagt sich in ihren Erinnerungen über einen Mangel an Konversationsmöglichkeiten. Sie vertiefte sich in die Lektüre von Zeitungen, setzte sich mit Informationen auseinander, die ihr die Prinzessin von Preußen zukommen ließ und korrespondierte mit Personen, die meist wesentlich älter waren, um diese Leere auszufüllen. Sie las historische Schriften, während sie für Romane wenig Interesse zeigte. Stattdessen nahmen religiöse Schriften in ihrem Studium einen großen Raum ein.[138] Auf diese Weise entwickelte sie ihren Geist und entschädigte sich für den Mangel an Charme und Anmut, den die preußische Gesellschaft einer jungen Französin bot, die es in den Norden verschlagen hatte.

1870 starb Friedrich Wilhelm Radziwill, drei Jahre später sein Bruder Bogusław. Ihre Güter erbten die ältesten Söhne. Anton Radziwill erhielt die Majorate Nieśwież, Kleck und Dawidgródek[139], sein Vetter Ferdinand die Majorate Olyka in Wolhynien[140] und Przygodzice in der Provinz Posen. Zu Przygodzice gehörte das 1824 von Anton Heinrich Radziwill errichtete Schloss Antonin.

Das Palais Radziwill, das niemand aus der Familie länger nutzen wollte, wurde 1875 zur Abfindung der jüngeren Geschwister für 6 Millionen Mark an das Deutsche Reich verkauft und nach größeren Umbauarbeiten seit 1878 als Wohn- und Amtssitz des Reichskanzlers genutzt.[141] Bismarck hatte persönlich mit der Radziwill-Familie gesprochen, um sie zum Verkauf zu bewegen. Über den Verkauf des Palais durch die Radziwills schreibt der Diplomat Joseph Maria von Radowitz: „Lange hatten die Vorverhandlungen gedauert, die zu dieser, von Bismarck sehr gewünschten und für das Dekorum des ersten Reichsbeamten durchaus notwendigen Erwerbung führten; auf beiden Seiten waren Schwierigkeiten zu überwinden, aber schließlich machte die Familie Radziwill damit finanziell ein gutes Geschäft, was ihr nicht unwillkommen sein konnte. Die Fürstin Marie, Gemahlin des Fürsten Anton, damaligen Chefs der Familie, war die Seele der ganzen Unterhandlung gewesen und hatte mit ihrer Energie und ihrem praktischen Verstande über die Köpfe der anderen hinweg den Abschluß durchgesetzt, gegen den die Boguslawsche Linie, an der Spitze die schöne und unversöhnlich polnisch-ultramontane Gattin des Fürsten Ferdinand, Opposition machte. Im letzten Stadium der Sache bin ich als Mittelsperson zwischen der Fürstin Marie und dem Kanzler beteiligt gewesen."[142]

Anton und Marie Radziwill residierten seit 1883 am Pariser Platz 3, gegenüber der französischen Botschaft, wo die Fürstin bis zum Ausbruch des Ersten Weltkriegs einen glanzvollen Salon führte.[143] Die Radziwills mieteten die Beletage des großen, dreigeschossigen Hauses mit spätklassizistischer Fassade und Türeinfahrten für Kutschen und Wagen. Im Erdgeschoss logierte die Casino-Gesellschaft, Berlins exklusivster, vom Kaiser protegierter Herrenklub.[144] Einige der hochrangigen Diplomaten und Mitglieder der Hofgesellschaft, die dort verkehrten, fanden sich auch im Salon Marie Radziwills ein. Der Architekturhistoriker Ralf Pröwe schreibt:

> Auch im ersten Obergeschoß befanden sich die besseren, mit Stuck verzierten Räume im Vorderhaus, während in den beiden Flügeln die Funktionsräume und die Wohnungen der Dienerschaft untergebracht waren. Im Vorderhaus traf der Besucher auf luxuriös eingerichtete und großzügig geschnittene Räume, die als Tanzsaal, als Herren- und Damenzimmer oder als Empfangsraum dienten. Dagegen waren in den Flügelgebäuden kleine zum Teil schlecht beleuchtete und nur praktisch eingerichtete Räume zu finden; neben sieben Zimmern für die Dienerschaft sind Kleiderkammer, Plättraum, Spülküche, Küche, Vorratsraum, Anrichte und auch einige Fremdenzimmer auszumachen.[145]

Die „Salle des Grandes Réceptions" war für größere Empfänge und Soiréen, die nach den Diners stattfanden, reserviert. Die „Salle des Petits Réceptions" war das Zentrum des Hauses. Hier empfing Marie Radziwill die intimen Besuche. Sie trat so in die Fußstapfen der Großmutter ihres Mannes, Luise Radziwill. Der Salon Luise Radziwills galt zu Beginn des 19. Jahrhunderts neben dem der Herzogin Anna Dorothea von Kurland als der führende aristokratische Salon Berlins.[46]

Das Leben in Berlin erschien Marie etwas monoton, da sich die Zerstreuungen in Grenzen hielten. Die meisten Mitglieder der Familie Radziwill dienten in der preußischen Armee bei verschiedenen Regimentern. Der Diplomat Bogdan Graf von Hutten-Czapski, in enger Verbindung zu Anton Radziwill stehend und wie dieser der polnischen Minderheit angehörend, verweist in seinen Lebenserinnerungen auf die schwierige Lage polnischer Politiker: zum einen ihre nationale Eigenart und ihre Traditionen zu wahren, zum anderen die Pflicht, für das Wohl des Staates zu arbeiten, dessen Bürger man sei. „Wir wurden deshalb von zwei entgegengesetzten Seiten angegriffen. Manche deutsche Nationalisten fanden es unrichtig, daß Angehörige einer anderen Nationalität in bevorzugte Vertrauensstellungen gelangten. Andererseits waren viele intransigente Polen der Ansicht, daß wir, Radziwill und ich, auf der ererbten Scholle bleiben und uns von dem Hofe der Hohenzollern fern halten sollten.“[147]

Infolge der polnischen Teilungen war es im Familieninteresse, nicht nur zum preußischen, sondern auch zum russischen Hof gute Beziehungen zu unterhalten. 1865 reiste Marie Radziwill zum ersten Mal nach Litauen, um Nieśwież, den Stammsitz der Radziwills, kennenzulernen. In ihren Erinnerungen bekennt die Fürstin, dass sie bei ihrem Besuch in Nieśwież und durch ihre Beschäftigung mit der Geschichte des Hauses Radziwill den Eindruck gewann, dies alles sei großartiger und erhabener als das, was sie in Berlin vorgefunden habe. Marie entwickelte ein starkes Sympathiegefühl für Polen. Das Schloss von Nieśwież symbolisiere die Geschichte eines Landes, das durch seine Kultur weitaus entwickelter sei als Preußen. Es habe sie ihrem Geburtsland Frankreich wieder nähergebracht. Nachdem Nieśwież 1875 in den Besitz ihres Mannes übergegangen war, widmete sich die Fürstin der Restaurierung der Residenz. Es gelang ihr, im Laufe der Jahre das Schloss wieder bewohnbar zu machen, das alte Familienarchiv zusammenzutragen und zu ergänzen und einen Teil der Rüstkammer zurückzugewinnen. Schließlich brachte sie es fertig, den von Russland als Kriegstrophäen einbehaltenen Familienbesitz dem Zaren abzutrotzen.[148] Das wieder hergerichtete Schloss Nieśwież sollte der Familie Radziwill die Gelegenheit bieten, sich an große Zeiten zu erinnern und den Traum an ein wiedergefundenes Vaterland zu nähren.[149] Diese Erfolge und die Verheiratung ihrer Töchter mit polnischen Grafen trugen ihr die Anerkennung national gesinnter polnischer Kreise ein.

Marie Radziwill galt wie ihre Großmutter dank ihrer internationalen Kontakte als eine der in der Politik bestinformiertesten Frauen Europas. Ihre politische Einstellung lässt sich als liberal beschreiben, soweit es konfessionelle Fragen und die Anerkennung der konstitutionellen Monarchie betraf. Dagegen war sie konservativ orientiert und dem monarchischen Prinzip verpflichtet, sofern es um die Bewahrung der Macht der in Europa regierenden Fürstenhäuser ging. Eine das Nationale übergreifende Perspektive adliger Interessenspolitik war jedoch in einer Zeit des erstarkten Nationalismus immer schwieriger geworden.

Wie Dorothea von Sagan trat Marie Radziwill öfter als politische Vermittlerin und Ratgeberin in Erscheinung. Dabei spielte ihre Nähe zur liberalen, den Katholizismus protegierenden Kaiserin Augusta eine entscheidende Rolle. Augusta verabscheute den Kampf zwischen den beiden christlichen Konfessionen und suchte in ihnen das gemeinsame, verbindende Element.[150] Sie besaß einen ausgeprägten Sinn für die Politik und ihre Briefe zeugen – so das Urteil Marie Radziwills – „von einer Klarsichtigkeit und einem Scharfsinn, die ich nirgendwo sonst in Deutschland angetroffen habe."[151]

Im Dezember 1869 wohnte Marie mit ihrem Mann in Rom der Eröffnung des Ersten Vatikanischen Konzils bei, das die Unfehlbarkeit des Papstes zum Dogma erhob. Die Fürstin stellte sich in dieser Frage wie die Mehrzahl der deutschen Bischöfe hinter den Bischof von Orléans, Dupanloup, einem engen Vertrauten der Familie Talleyrand-Castellane, der zu den Gegnern des von den Ultramontanen vertretenen Unfehlbarkeitsdogmas gehörte. Auf Abendgesellschaften zeigte sie Courage in Disputen mit anwesenden Bischöfen, welche die ultramontane Haltung einnahmen. Das römische Konzil erschien Marie Radziwill angesichts der Intrigen, der Uneinigkeit der Versammelten und der drohenden Kriegsgefahr als ein tristes Spektakel.

Der Deutsch-Französische Krieg 1870/71 brachte die Fürstin Radziwill in eine prekäre Lage. Sie fühlte mit ihren Verwandten in Frankreich, besonders mit ihrem Bruder Antoine, der ein leidenschaftlicher Patriot war. Andererseits stand sie loyal zu ihrem Mann, der die preußischen Interessen vertrat. Während Anton Radziwill Wilhelm I. als Flügeladjutant ins Feld begleitete, widmete sie sich den Aufgaben der Kriegsfürsorge. Königin Augusta speiste mit ihr alle zwei Tage zu Abend und versorgte sie mit Neuigkeiten vom Kriegsschauplatz.[152] Die Fürstin wandte sich gegen den Plan eines Eroberungskrieges und gegen einen Diktatfrieden mit Frankreich.

In der Zeit des von Bismarck forcierten Kulturkampfs galt das Haus Radziwill als Sammelplatz der katholischen Gruppierungen.[153] Eine zentrale Rolle spielte dabei der Schwiegervater Marie Radziwills, Fürst Friedrich Wilhelm Radziwill. Er widmete sich intensiv der katholischen sozialen Bewegung in Deutschland. Dank seinem Einfluss wurde die katholische Abteilung im preußischen Kultusministerium gegründet. Durch die Reichsgründung wurden die polnischsprachigen katholischen Bürger zur nationalen Minderheit im protestantisch dominierten Einheitsstaat. Die Maßnahmen des Kulturkampfs, die Rolle der katholischen Kirche im Verhältnis zum Staat neu zu bestimmen, trafen die Polen in besonderer Weise. Marie Radziwill empfing katholische Geistliche und Abgeordnete der Zentrumspartei in ihrem Salon und unterhielt enge Beziehungen zu polnischen Politikern, so zu den Gästen des Vetters ihres Mannes, den Anführer der polnischen Fraktion des Reichstags, Fürst Ferdinand Radziwill.[154] Die Tochter Ferdinand Radziwills, Maria Małgorzata Potocka, erinnert sich: „Die Haltung meines Vaters führte nicht zu einer Abkühlung der Beziehungen zwischen dem Hof und uns. Die Deutschen waren in der Regel große Snobs und aufgrund der Vertrautheit, die uns mit dem Hof verband, genossen wir in deutschen gesellschaftlichen Kreisen besondere Vorteile."[155]

Marie Radziwill war erleichtert, als sie erfuhr, dass Kaiserin Augusta den Breslauer Fürstbischof Heinrich Förster rechtzeitig vor der ihm drohenden Verhaftung gewarnt hatte.[156] Die Polizei ließ das Palais Radziwill durchsuchen. Der Briefverkehr der Fürstin wurde überwacht. Als Gattin von Anton Radziwill konnte es ihr nicht gleichgültig sein, wie unter Bismarck die Germanisierungsbestrebungen in den polnischen Gebieten zunahmen. Ihre Loyalität galt zwar Preußen, aber auch den Anliegen der polnischen Vertreter des Reichstags. Ihre aus Bismarcks Sicht suspekte politische Stellung – er verdächtigte sie, gemeinsam mit der Kaiserin Augusta gegen ihn zu intrigieren – wurde noch untermauert durch ihre Verwandtschaft mit dem französischen Botschafter der Dritten Republik in Berlin, Vicomte Élie de Gontaut-Biron.[157] Die Fürstin erkannte die politische Größe des Reichskanzlers unumwunden an. Sie sah in ihm einen Charakter, in dem Geist und Leidenschaft einen ständigen Kampf gegeneinander austrugen, wobei Wilhelm I. mäßigend auf ihn eingewirkt habe. Nach dem Tod des alten Kaisers und dem Ende des Kulturkampfs kam es zu einer Versöhnung zwischen Bismarck und Marie Radziwill.

Im Konflikt zwischen Bismarck und Wilhelm II. stand sie auf der Seite des Monarchen. Bald fühlte sie sich jedoch von der Unbesonnenheit in den Äußerungen des jungen Kaisers, seiner Prahlsucht und seinen schlechten Manieren abgestoßen. Über seine Garderobe bemerkte sie:

Seine Majestät hatte die bizarrsten Kostüme. Für die Auerhahnjagd riesig lange gelbe Stiefel. Abends im Salon Fürstenberg einen grünen Frack mit kurzer Hose, um daran den englischen Hosenbandorden zu tragen. Um den Hals das Goldene Vlies, einen riesigen Diamanten als Hemdknopf und um die Taille das große Orangeband des Schwarzen Adlers, zweimal als Gürtel geschlungen zum Ersatz der Weste, auf die

Seine Majestät verzichtet hatte. Kinsky war entsetzt über die Nervosität des Kaisers, sein verkrampftes Gesicht, seinen unruhigen Blick und seine Manieren.[158]

Mit anderen ausländischen Beobachtern war sie sich darüber im Klaren, dass die Forschheit des Kaisers und die Züge des Byzantinismus bei Hofe mit einem Unterlegenheitsgefühl gepaart waren. Die kaiserliche Familie bewunderte die Weltläufigkeit des englischen Hochadels und die High-Society-Kultur Englands und versuchte, sie zu übertrumpfen.[159]

Auch Kaiserin Auguste Victoria wusste die Fürstin Radziwill wenig abzugewinnen. Sie beklagte die geistige Engstirnigkeit und das mitleidlose Verhalten der Monarchin gegenüber den Bediensteten bei Hofe, die nicht ihrer evangelischen Religion angehörten.[160] Umgekehrt schätzte Wilhelm II. die Fürstin Radziwill sehr und suchte ihre Nähe. So wie die Herzogin von Sagan von Friedrich Wilhelm IV. bevorzugt behandelt wurde, so wiederholte sich diese Vorzugsstellung ein halbes Jahrhundert später für ihre Enkelin durch Wilhelm II. Friedrich Lange schreibt: „Auch im fürstlich Radziwill'schen Hause verkehrt der Kaiser oft und gerne. Der Fürst, mit seiner unerschöpflichen Fülle von Erinnerungen, ist ein interessanter Erzähler, die Fürstin eine Dame voll Geist und der Kreis, der sich in dem eleganten Hause versammelt, ein besonders erlesener. Nie wird der Kaiser am Geburtstage der Fürstin – der Doyenne der Berliner Gesellschaft – verfehlen, seine Glückwünsche persönlich vorzubringen (…)."[161] Anders als sein Großvater Wilhelm I. mied er jedoch – wie auch andere Mitglieder des Herrscherhauses – die Salongeselligkeit. So verlor der Salon Radziwill allmählich seine Rolle als ein Bindeglied zwischen den engeren Hofkreisen, der kaiserlichen Familie und der aristokratischen Gesellschaft Berlins.

Der Einfluss ihrer Großmutter auf Marie Radziwill zeigte sich nicht nur in der Politik, sondern auch in der Kultur. Bei beiden fand sich die gleiche Bewunderung für die französischen Klassiker des „grand siècle". Ebenso wie im Saganer Schloss hingen im Palais Radziwill die Bildnisse verehrter historischer Persönlichkeiten: Madame de Sévigné, Madame de Maintenon, Fénelon und andere.[162] Marie Radziwill war eine Kosmopolitin und „grande dame".[163] Als solche war sie ein Produkt einer Kultur, die sie repräsentierte und organisierte: als Existenzform und gesellschaftliche Instanz und als Zentrum eines Wirkungskreises. Von anderen Frauen unterschied sie sich durch Rang, Habitus und Lebensführung. Das Attribut „grande dame" blieb im 19. Jahrhundert vornehmlich den Angehörigen der „großen Welt" als Repräsentantinnen vornehmer Lebensart vorbehalten. Innerhalb dieser Welt wurde der Topos vorzugsweise auf Frauen des Hochadels bezogen. Ihnen schrieben die Chronisten eine Reihe von charakteristischen Eigenschaften zu wie Geschmack, Esprit, Eleganz, Schlichtheit, Anmut, Natürlichkeit und Distinguiertheit. Salons, Bälle und Empfänge waren die Orte, an denen sich die „grande dame" in Szene setzte.

Marie Radziwill brachte wie keine andere durch ihren Salon Stil und Geschmack der französischen Kultur in die wilhelminische Gesellschaft ein. Kultur funktionierte als Lebensführung und Verbindung von Menschen einer gehobenen, exklusiven, europäisch vernetzten Sphäre. An den Salons der preußischen Hauptstadt bemängelte die Fürstin, dass die Frauen wenig Kultiviertheit aufwiesen und die Kunst der Konversation nur unvollkommen beherrschten. Meistens erschienen sie – wie sie beobachtete – in den Salons von den Männern wie durch eine Demarkationslinie getrennt. Fürstin Radziwill repräsentierte eine Lebensart, die noch höfisch-aristokratischen Mustern verpflichtet war. Sie war zugleich Zeugin eines gesellschaftlichen Umbruchs, der zu einem Mentalitätswandel und einer Modernisierung tradierter Lebensformen und Kulturstile zwang.

In ihrem Salon am Pariser Platz, einem exklusiven Treffpunkt der Hofgesellschaft und des diplomatischen Korps, empfing die Fürstin in der Wintersaison – wie einst ihre Großmutter, die Herzogin von Dino, in Paris in der Rue St. Florentin – täglich ihre Gäste. Es gab zur Zeit Bismarcks und später Wilhelms II. kaum einen bedeutenden Politiker und ausländischen Diplomaten, der nicht bei ihr verkehrte. Selbstverständlich wurde in der Umgebung der Fürstin französisch gesprochen, die Sprache der internationalen Diplomatie.[164] Das glanzvolle Ambiente veranlasste die Habitués, darunter nur wenige Bürgerliche, in festlicher Garderobe zu erscheinen. Sie schätzten – so die Historikerin des Berliner Salons, Petra Wilhelmy-Dollinger – „die souveräne Eleganz der Gastgeberin und ihre meisterhafte Beherrschung der ‚causerie' alten Stils, die mit zahllosen Anekdoten und Aperçus durchsetzt war."[165]

Zugleich war die Fürstin durch ihre scharfen Urteile, die nicht immer mit Nachsicht gepaart waren, gefürchtet. Am intellektuellen Leben in Deutschland nahm sie kaum teil, da nur geringe Kenntnisse der deutschen Sprache ihr den Zugang erschwerten. Sie vermied es, deutsch zu sprechen oder gar zu schreiben. So konnte sie auch nicht ermessen, dass es ebenso wie in Paris in Berlin Salonkreise gab, in denen eine geistvolle Konversation betrieben wurde.[166] Neben der französischen Presse las sie deutsche Tageszeitungen und gelegentlich auch englische, polnische und russische Blätter. Durch ihre souveräne Art zu repräsentieren trug Marie Radziwill zur Festigung der gesellschaftlichen und politischen Position ihres Mannes bei, der am kaiserlichen Hof besonderes Ansehen genoss. Zu den Dienstagen der Fürstin erschien Kaiserin Augusta fast regelmäßig, Kaiser Wilhelm I. zumindest sehr häufig.[167] So ergab sich für andere Gäste die Gelegenheit, das Kaiserpaar in zwangloser Atmosphäre kennenzulernen. Neben der Politik spielte die Pflege der Kunst und Musik im Salon Radziwill eine nicht geringe Rolle. Hier knüpfte die Fürstin an die große Tradition der Großmutter ihres Mannes, Luise

Radziwill, an. Berühmte Künstler Deutschlands und des Auslands fanden sich
bei ihr ein. Die Sängerin Lilli Lehmann berichtet, dass am Vorabend des Geburtstags Wilhelms I. regelmäßig musikalische Soireen stattfanden, zu denen die
kaiserliche Familie vollständig erschien.[168] Gegenüber den modernen Entwicklungen in Musik, Literatur und Kunst zeigte sich Marie Radziwill dagegen im
Unterschied zu anderen Salonnièren wie der Gräfin Schleinitz wenig aufgeschlossen.

Nach dem Tod des alten Monarchenpaars setzte Wilhelm II. die Beziehung
zu den Radziwills fort. Der Fürst war gelegentlich Jagdgast des Kaisers in Springe
oder Letzlingen in der Altmark und vertrat ihn bei repräsentativen Anlässen: im
Mai 1897 – zusammen mit der Fürstin – bei der Trauerzeremonie in der Notre-
Dame von Paris für die Opfer des Brandes im Bazar de la Charité;[169] im Februar
1899 beim Begräbnis des Präsidenten Félix Faure und im Dezember 1889 – wieder
zusammen mit seiner Frau – beim Besuch eines japanischen Prinzenpaares in
Berlin.[170] Dass das überzeugte Europäertum der Fürstin nicht immer frei von
Hochmut war, zeigte sich in der verwundert-herablassenden Art, in der sie Aussehen und Verhalten der japanischen Delegation kommentierte. „Der Prinz ist
so klein und unruhig in seinen Bewegungen, dass er mich sowohl in seiner Art
als auch in seiner Größe an Tom Pouce erinnert. Das Gefolge des Prinzen ist
ebenso befremdlich. Alle gleichen sie so sehr und in einem solchen Maße ein und
demselben Typus, der den Zeitaltern trotzt, dass ich glaubte, die Figuren auf
meinen Porzellanvasen zu erkennen, durch einen Zauberschlag in Bewegung
gesetzt."[171] Der politische Einfluss Marie Radziwills verlor mit dem Tod der Kaiserin Augusta 1890 an Gewicht. Das Ableben der Monarchin bedeutete für sie
zugleich das Ende eines Zeitalters.

Im Jahr 1890 starb auch ihre Mutter Pauline in Rochecotte. Damit war das
Band Marie Radziwills mit den Stätten ihrer Kindheit zerschnitten. Die enge
Verbindung zu ihrem Geburtsland Frankreich sollte jedoch nicht abreißen. Häufiger besuchte sie nun Paris, wo sie allerdings außerhalb des Salons ihres Neffen
Boni de Castellane nicht mehr recht heimisch wurde. Im Unterschied zu Berlin
war die Salongesellschaft über verschiedene Stadtbezirke verteilt, weshalb es hier
weitaus schwieriger war, eine tonangebende Rolle zu erreichen.

Boni de Castellane, ein berühmter Dandy der Belle Époque, war der Lieb-
lingsneffe der Fürstin. Sie sah in ihm, dem Zeremonienmeister des Tout-Paris,
ein Wunderwerk der Schöpfung.[172] In dieser Bewunderung spielte die große
Vergangenheit der Familie Castellane, die Verbundenheit mit der Person Talleyrands und der Herzogin von Dino eine entscheidende Rolle. In der Parteinahme
für ihren Neffen im Scheidungskonflikt mit seiner Ehefrau, der Amerikanerin
Anna Gould, entlud sich der schroffe Anti-Amerikanismus Marie Radziwills. Sie
machte ihren ganzen Einfluss beim preußischen Hofe geltend, damit die mit

Herzog Hélie von Talleyrand und Dino wiederverheiratete Anna Gould nicht von Wilhelm II. empfangen wurde.[173] Boni de Castellane hieß die Fürstin dagegen in ihrem Schloss in Kleinitz willkommen.

Während ihres Aufenthalts in Paris führte Boni seine Tante ins Hotel Ritz aus. Es war damals üblich geworden, dass selbst Adlige in Grandhotels verkehrten, statt in ihren Privatpalästen zu dinieren.[174] Marie Radziwill hielt das Hotel Ritz für einen Ort des Frivolen, an dem sich eine gemischte Gesellschaft einfand. Der Anblick von Damen in einem Restaurant und ihr Benehmen setzte sie in Erstaunen. Castellane erinnert sich: „Bei den Klängen der modernen Musik schien sie halb närrisch zu werden, doch amüsierte sie sich wie ein Kind, denn sie glaubte, durch ihre Anwesenheit an diesem Orte ein kleines Wagnis zu bestehen. Am nächsten Morgen dankte sie mir für meine Gastfreundschaft und schrieb mir folgenden Satz: ‚Ich bin Dir außerordentlich dankbar, dass Du mich in dieses Wirtshaus geführt hast, in dem ich noch nie diniert hatte.‘"[175] Den gleichen Hochmut verrät die Antwort, welche die Fürstin einer Anekdote zufolge dem Grafen Conrad Lüttichau auf seine mündlich übermittelte Einladung zum ersten Kavaliersball im Berliner Hotel „Kaiserhof" gegeben hat: „Meine Tochter tanzt nicht in einem Wirtshaus!"[176]

1904 starb Anton Radziwill. Um das Schicksal der im Osten gelegenen Güter und die Staatsangehörigkeit ihrer Söhne zu klären, reiste die Fürstin entsprechend den testamentarischen Festlegungen ihres Mannes nach Petersburg. Der jüngste Sohn Stanislaus nahm seinen Abschied aus der preußischen Armee und wurde russischer Offizier, um das in Russland gelegene Majorat Mankiewicze antreten zu können. Er beteiligte sich am Krieg gegen Japan. Später wurde er Adjutant des Oberbefehlshabers des wiederhergestellten polnischen Staates, Marschall Pilsudski, und starb 1920 im Kampf gegen die Rote Armee.

In Schlesien besaß die Fürstin die Herrschaft Kleinitz (poln. Klenica), die ein Teil von Deutsch-Wartenberg war. Die Gutsherrschaft Deutsch-Wartenberg hatte die Herzogin Dorothea von Sagan 1800 von ihrem Vater Peter Biron, Herzog von Kurland und Sagan, geerbt. Nach ihrem Tod 1862 fiel sie ihren Kindern Herzog Alexander von Dino und Marquise Pauline de Castellane zu. Pauline erbte den rechts der Oder gelegenen Teil der Güter, der als „Herrschaft Kleinitz" bezeichnet wurde. Sie ließ dort 1884 neben dem alten Schloss ein Jagdschloss für ihren Schwiegersohn Anton Radziwill errichten, umgeben von einem Jahr zuvor angelegten Park.[177] Das zweistöckige Gebäude besteht aus einem Haupttrakt mit Wohnräumen und einem angebauten Westflügel, in dem Zimmer der Dienerschaft Platz fanden. Nach dem Tod Paulines 1890 ging Kleinitz an ihre Tochter Marie Radziwill über. Diese ließ 1904/05 das Innere des Jagdschlosses unter Leitung des Baumeisters Dimke umbauen. Als Anton Radziwill starb, wurde nicht Nieśwież, das ihrem Sohn Georg und nach dessen Tod 1914 ihrem Enkel Anton Albrecht als Majorat zufiel[178], sondern Kleinitz zum Lebensmittelpunkt der Fürstin. Sie hat, wie die Salonnière und Schriftstellerin Marie von Bunsen berichtet, das fast leerstehende Schloss mit großem Geschick eingerichtet, den Wald gepflegt und die Gartenanlagen geschaffen. Dabei ließ sie einheimische Arbeitskräfte anlernen und einheimisches Material benutzen.[179] Derselben Quelle ist zu entnehmen, dass Marie Radziwill eine große Kompetenz bei der Verwaltung ihrer Güter und ihres Vermögens besaß.[180] Neben die Verpflichtungen als Gutsherrin und die traditionelle Standesrepräsentation trat die Wohltätigkeit, ein klassisches Betätigungsfeld adliger Frauen.

Die Jahre vor ihrem Tod verbrachte sie zumeist in Kleinitz. 1912 besuchte Marie Radziwill die Provence und das kleine Städtchen Castellane, den Herkunftsort ihrer Familie. Mit dieser Reise erfüllte sich die Fürstin einen langgehegten Wunsch. In Grignan begab sie sich auf die Spuren ihrer Ahnin, Madame de Sévigné. Als der Krieg ausbrach, wurde sie der Spionage für Frankreich verdächtigt und für einige Zeit in ihrem Schloss in Kleinitz interniert. Ihre Korrespondenz wurde überwacht. Vom Kriegsgeschehen war sie besonders betroffen, da Mitglieder ihrer Familie sowohl auf französischer und russischer, als auch auf deutscher und österreichischer Seite kämpften.

In Kleinitz betätigte sich Marie Radziwill auch als Autorin von Memoiren und besorgte die Veröffentlichung der Lebenserinnerungen und Briefe ihrer Vorgängerinnen, der Fürstin Luise Radziwill und der Herzogin Dorothea von Sagan. Als Fürst Friedrich Wilhelm Radziwill 1870 starb, gelangte das Manuskript der Memoiren seiner Mutter an seinen Sohn Anton. Nach dem Tod ihres Mannes deponierte es Marie Radziwill im Archiv von Nieśwież. 1912 übergab sie es auf Bitten ihrer Kinder der Öffentlichkeit.[181] Wenige Jahre früher hatte die Fürstin die Briefe ihrer Großmutter an ihren Vertrauten Adolphe de Bacourt („Chronique de 1831 à 1862") herausgegeben.[182] Die Veröffentlichungen sollten ihren Nachkommen einen Eindruck davon vermitteln, was es hieß, eine „grande dame" zu sein.

Ihre eigenen Erinnerungen, die „Souvenirs de la Princesse Radziwill", wurden von Elisabeth und Helena Potocka publiziert. Sie schildern die Geschehnisse von Maries Geburt bis zum Jahre 1873. Über Jahrzehnte unterhielt die Fürstin Radziwill einen Briefwechsel mit dem Marquis Gaston de Galliffet, General und späterer Kriegsminister, der maßgeblich an der Niederschlagung der Pariser Kommune beteiligt war. Seit 1889 schrieb Marie Radziwill mit derselben Regelmäßigkeit wie an Galliffet auch Briefe an den ehemaligen italienischen Militärattaché in Berlin, General Mario Antonio di Robilant, die 1933/34 in vier Bänden von Irene di Robilant publiziert wurden und die Kommentare der Fürstin zum politischen Weltgeschehen – vor allem scharfsinnige Analysen zur deutschen Politik – sowie zahlreiche aufschlussreiche Porträts politischer Persönlichkeiten enthalten. Die Briefe spiegeln zudem die Veränderungen Berlins von der preußischen Residenz zur Reichshauptstadt und deren Entwicklung zu einer „richtige(n) amerikanische(n) Stadt"[183] zwischen 1889 und 1915 wider.

Wie wir im folgenden Kapitel dokumentieren werden, schilderte die Fürstin detailliert die Geschehnisse am Hofe Wilhelms II. und die diplomatischen Vorgänge in den wichtigsten europäischen Metropolen. Sie war durch ihre Informationskanäle in alle wesentlichen Vorgänge eingeweiht und äußerte sich kritisch zur Politik des deutschen Kaisers. Die Briefe und Erinnerungen Marie Radziwills stehen in der geistigen Tradition der Werke ihrer Großmutter, der Herzogin von Sagan. Sie weisen in Stil und Anlage Ähnlichkeiten mit der Korrespondenz Dorotheas mit Adolphe de Bacourt und Prosper de Barante auf.

Den Ausbruch des Weltkriegs hat Marie Radziwill schon früh vorausgeahnt. So schrieb sie im Jahr 1909: „Ich habe das Gefühl eines drohenden allgemeinen Zusammenbruchs, das mich mehr und mehr erschüttert. Die Erde bebt seit einem Jahr fast unablässig. Die Monarchien wanken durch die Schuld der Souveräne. Die Republiken halten sich nur durch Verbindung mit der Freimaurerei. Die Rüstungen bestehen in immer mörderischeren Erfindungen. Das Eisen umgibt schon fast die ganze Erde mit Schienen, Kabeln, Telephondrähten. Man könnte meinen, das Ende der Welt nahe sich, so groß ist das Unbehagen."[184] Mit nahezu denselben Worten hatte die Herzogin von Sagan die Folgen der Revolutionsereignisse von 1848 beschrieben, die für sie das Ende einer Epoche einleiteten. Marie Radziwill starb am 10. Juli 1915 in Kleinitz, nachdem sie die Wintermonate in Berlin verbracht hatte. Bei ihrer Beisetzung ließ sich Wilhelm II. durch den Prinzen Reuß, die Kaiserin durch die Großherzogin von Baden vertreten. Die endgültige Bestattung fand nach dem Krieg in Nieśwież statt.[185] 1927 verkauften Radziwills Erben, die Fürsten Czartoryski, die Herrschaft Kleinitz an die „Schlesische Landgesellschaft" und das Gut wurde parzelliert.

2. Zeugin des politischen Zeitgeschehens

Im Vorwort zu ihren „Souvenirs" umreißt Marie Radziwill ihre Vorstellungen von Politik vor dem Hintergrund der Bildung des deutschen Kaiserreichs als Folge des Deutsch-Französischen Krieges von 1870/71. Das Politikverständnis der Fürstin Radziwill ist geprägt vom Interesse an der Sicherung des Status quo und der Machtbalance der Großmächte Frankreich, England, Russland, Österreich und Deutschland in Europa. Die Basis ihres politischen Denkens bilden die feste Verankerung in der katholischen Religion und die Verteidigung hochadliger Interessen. Familien- und Besitzorientierung sind die Kernelemente dieser Interessenkonstellation, getragen von einem ausgeprägten adligen Standesbewusstsein.[186] Dies bedeutet im engeren Sinne die unmittelbare Wahrnehmung der Belange der

Häuser Talleyrand-Castellane und Radziwill. Darüber hinaus ist es ihr um die
Verteidigung des monarchischen Prinzips in der europäischen Politik zu tun.

Als gebürtige Französin und Frau eines polnischen Fürsten fühlte sich Marie
Radziwill den nationalen Interessen Frankreichs und den Interessen der polnischen
Minderheit in Preußen und Russland verpflichtet, soweit diese mit der Bewahrung
der Privilegien ihrer Familie einhergingen. Die Stellung Fürst Antons im Dienst
des preußischen Königs erforderte von Marie Radziwill andererseits eine besondere Loyalität zum preußischen Herrscherhaus. Da ein Teil des riesigen Landbe-
sitzes der Radziwills in Russland lag, war die Fürstin nicht zuletzt um gute Verbindungen zur Familie des russischen Zaren bemüht. Durch diese Vielzahl von
Loyalitäten und sich durchkreuzenden Interessen konnten Konflikte und Irrita-
tionen nicht ausbleiben. Als konservativ denkende, den Verfassungsstaat englischer
Prägung ablehnende Monarchistin waren ihr die Bestrebungen der liberalen
nationalen Bewegungen in den verschiedenen europäischen Ländern suspekt. In
der Frage der Bildung eines deutschen Einheitsstaats blieb sie skeptisch, da sie
die Übermacht eines solchen Staates in Europa fürchtete. Somit konnte sie der
Entstehung des deutschen Kaiserreichs 1871 nur wenig abgewinnen. Die Politik
Bismarcks kritisierte sie als kurzsichtig und von reinem Machtstreben gekennzeichnet. Auch in der polnischen Frage war sie keine Anhängerin einer national-
staatlichen Lösung um jeden Preis, sondern plädierte für ein maßvolles, friedliches
Agieren im Rahmen der geltenden Gesetze.

Das Vorwort zu den „Souvenirs" wurde am 31. Juli 1914, also unmittelbar vor
Ausbruch des Ersten Weltkriegs geschrieben, als sich der Krieg bereits abzeichnete.
Schon 1871, so schreibt sie, sei Europa unauffindbar gewesen, wo es doch so
dringend des Scharfblicks bedurft hätte. Man habe nicht die Gefahren gesehen,
die von der Vergrößerung Preußens für den Frieden in Europa ausgingen. Europa
habe damals nicht die erdrückende Dominanz erkannt, die Preußen-Deutschland
gegenüber seinen Nachbarn ausüben werde, wenn nicht ein mäßigender Einfluss
in Gestalt eines Gegengewichts gegen seinen gefräßigen Appetit existiere.[187]

Marie Radziwill sieht es zwar als ein Verdienst Bismarcks an, Deutschland einen
Körper und eine Seele gegeben zu haben. Sie tadelt jedoch die Maßlosigkeit seiner
Politik. Im Vergleich mit Talleyrand erweise sich seine Diplomatie als kurzsichtig
und gefährlich. Sie stellt Talleyrands Agieren auf dem Wiener Kongress 1814 Bismarcks Verhalten während der deutsch-französischen Friedensverhandlungen
1870/71 gegenüber. Talleyrand, Vertreter eines Landes, das eine schwere Niederlage
erlitten und den Fall Napoleons erlebt hatte, habe stets die diplomatischen Formen
gewahrt. Dank seiner mäßigenden Art, seinen tief verwurzelten monarchistischen
Überzeugungen und seiner vollendeten Höflichkeit sei es ihm gelungen, die anderen Mächte zum Verzicht zu veranlassen und so Herr der Situation zu werden.
Talleyrand habe Europa einen fünfzigjährigen Frieden geschenkt. Ganz anders

Bismarck. Er nehme, was er bekommen könne. Er erdrücke alle Welt, ohne ein anderes Recht als das der triumphierenden Macht. Was solle man von dem Frieden halten, den dieser Herr der Welt damals Europa schenkte?

Marie Radziwill verkennt in ihrer Bewertung der Strategie der beiden Diplomaten, dass sich Talleyrand in Wien 1814 in einer Position befand, die der Bismarcks entgegengesetzt war. Der französische Emissär war der Vertreter eines besiegten Landes. Es gelang ihm, für Frankreich günstige Friedensbedingungen auszuhandeln. Bismarck dagegen war der Repräsentant eines siegreichen Landes, das Frankreich harte Friedensbedingungen diktierte.[188] Marie Radziwill übersieht, dass auch die Siege Napoleons I. auf dem europäischen Kontinent stets mit Gebietserweiterungen Frankreichs verbunden waren. Schließlich hat sie grundsätzliche Bedenken gegen die Bildung eines von Preußen dominierten deutschen Einheitsstaats. Die nationalen Bewegungen in Europa – Polen bildet hier einen Sonderfall – sind aus ihrer Sicht wie aus der Sicht ihrer Großmutter, der Herzogin von Sagan, unvereinbar mit dem monarchischen Prinzip und den althergebrachten Interessen des europäischen Hochadels. Die seit dem Wiener Kongress mühsam behauptete Ordnung der europäischen Mächte falle dadurch der sozialen und demokratischen Emanzipationsbewegung der Völker zum Opfer. Durch den Ausbruch des Ersten Weltkriegs sah sich Marie Radziwill im Rückblick auf die vergangenen Jahrzehnte in ihrer Beurteilung der politischen Entwicklungen bestätigt. Ihre „Souvenirs" geben Auskunft über diese Sichtweise.

Um die Prämissen ihres politischen Denkens zu verstehen, sind Herkunft und Erziehung der Fürstin zu berücksichtigen. Die Zugehörigkeit zu einem der ältesten Adelsgeschlechter Frankreichs schloss für Marie Radziwill die Verpflichtung ein, sich dieser Tradition stets bewusst zu sein und sich in den Dienst des Hauses Castellane zu stellen. Mit Blick auf Frankreich hieß dies, sich für die Einheit der rivalisierenden Zweige der Bourbonen, der Orléanisten und Legitimisten, einzusetzen – wobei die Castellanes und Talleyrands traditionell mehr dem Haus Orléans verbunden waren – und die republikanischen Tendenzen zu bekämpfen. Schon der jungen Adligen war bewusst, dass dem Haus Castellane in der Geschichte des französischen Adels eine besondere Rolle zufiel. Der Historiker Eric Mension-Rigau schreibt über das Adelsgeschlecht: „Die Häufung sich überkreuzender Heiraten hat nicht nur ihren Kastengeist gesteigert, sondern auch das Netz internationaler Allianzen fester geknüpft, das sie kosmopolitischer agieren ließ als jede andere Familie."[189] Ebenso wie ihre monarchistischen Grundüberzeugungen gehen die feste Verankerung im katholischen Glauben und die enge Verbindung zur Geistlichkeit unmittelbar aus den Familienbindungen der Fürstin hervor. Wie sich in ihrer Stellungnahme zum Ersten Vatikanischen Konzil deutlich zeigt, neigte sie allerdings nicht der ultramontanen, sondern eher der liberalen Richtung in der katholischen Kirche zu.

Die politischen Überzeugungen Marie Radziwills, die sich in ihren „Souvenirs" und den Briefen an General di Robilant niederschlagen, sind mithin Resultat ihrer Erziehung, ihrer familiären Bindungen und ihrer herausgehobenen Stellung an der Seite ihres Mannes Anton Radziwill am wilhelminischen Hof. Um die besonderen Prägungen durch Herkunft und Familie zu verstehen, bietet sich ein Vergleich mit der ebenso komplizierten Lebenslage ihrer Großmutter, der Herzogin von Sagan, an. Die problematische Rolle der Prinzessin Victoria von Preußen, einer geborenen Engländerin, als Negativbild vor Augen, schrieb die Herzogin von Sagan ihrer Enkelin, es sei notwendig, mit Körper und Seele dem Land seiner Kinder und seines Ehemanns, also Preußen, anzugehören, wenn man nicht anderen und sich selbst Unglück zufügen und sein eigenes Leben in der Zukunft belasten wolle.

Diese Ratschläge gehen auf eigene Erfahrungen der Herzogin von Sagan zurück, die als Prinzessin von Kurland in Berlin geboren wurde und in enger Verbindung mit der preußischen Königsfamilie aufwuchs. Sie heiratete mit sechzehn Jahren den Neffen des französischen Ministers Charles-Maurice de Talleyrand, den Grafen Edmond de Périgord, lebte in Frankreich und tat sich schwer damit, sich als Französin zu fühlen. Sie konnte ihre deutsche Herkunft nie ganz verleugnen und litt darunter, in ihrem neuen Wirkungskreis nie wirklich Wurzeln zu schlagen und von der französischen Gesellschaft anerkannt zu werden.

Von Marie Radziwill wurde umgekehrt erwartet, sich von ihren französischen Gewohnheiten ein Stück weit zu entfernen und die Gepflogenheiten des Landes anzunehmen, in dem ihr Mann und ihre Kinder lebten. In ihrem Fall war die Situation noch komplizierter als im Fall ihrer Großmutter. Zwar war die Ehe zwischen Marie und Anton Radziwill nicht hinter dem Rücken der beiden geschmiedet worden. Die Beziehung war harmonischer als die zwischen Dorothea von Kurland und dem Grafen Périgord. Andererseits musste sich Marie Radziwill nicht nur an die preußischen Verhältnisse gewöhnen, sondern auch an die polnische Mentalität der Familie ihres Mannes. Wem sollte nun ihre Loyalität gelten? Dem Land ihrer Herkunft und ihrer Familie, den Castellanes; der Familie ihres Mannes, den Radziwills, und den Interessen der polnischen Minderheit in Preußen und Russland, oder dem preußischen Staat, dem ihr Mann diente und in dem ihre Kinder heranwuchsen?

Aus den Aufzeichnungen Marie Radziwills geht hervor, dass ihre Familienbindungen auch ihre politischen Präferenzen mitbestimmten. Ihrem Selbstverständnis nach war sie eine in Preußen ansässige, mit einem Polen verheiratete Französin, deren Loyalität vor allem ihrem Mutterland und dem Herkunftsland ihres Mannes galt. Dagegen scheint für sie die Verbundenheit mit Preußen und Deutschland eher äußerlich gewesen zu sein, obwohl die Großmutter ihres Mannes eine preußische Prinzessin gewesen war, deren Erinnerungen sie später veröffentlichen sollte. Auch ihre Großmutter mütterlicherseits war deutschstämmig. Die geistige Kultur Deutschlands blieb ihr dennoch zeitlebens fremd und weckte in ihr kein Interesse. Auch fehlte es in Preußen an einer von ihr geschätzten Eleganz der Manieren und entwickelten Konversationskultur.

Direkte familiäre Beziehungen zum deutschen Adel konnten diese Mängel nicht ausgleichen. Es bestand eine Verbindung zum Hause Hatzfeldt-Trachenberg, denn Maries Onkel Napoléon-Louis, der älteste Sohn der Herzogin Dorothea von Sagan, war seit 1862 in zweiter Ehe mit der verwitweten Gräfin Pauline von Hatzfeldt-Trachenberg, einer Tochter des Marschalls Boniface de Castellane, verheiratet. Diese entstammte folglich derselben Familie wie Marie Radziwill.[190] Der Herzog von Sagan war nicht nur einer der reichsten Grundbesitzer Schlesiens, sondern als Herzog von Valençay und Talleyrand zugleich einer der größten Latifundienbesitzer Frankreichs. Er blieb französischer Staatsbürger und konnte deshalb sein Recht auf Sitz und Stimme im preußischen Herrenhaus nicht ausüben. Wie seine Nichte Marie Radziwill gehörte er zum intimen Zirkel der alten Majestäten, was von nationalen Kreisen mit Argwohn betrachtet wurde.[191]

Da ihr Ehemann Fürst Anton Radziwill Adjutant und persönlicher Freund des Königs und Kaisers Wilhelm I. war, bestand zweifellos ein enges Loyalitätsverhältnis zur preußischen Königsfamilie, das sich allerdings nicht notwendig auf die Politik der Regierung erstreckte, zumal als diese von Bismarck geführt wurde. Zudem drohte diese Loyalität im Fall äußerer Konflikte brüchig zu werden, wie sich im Deutsch-Französischen Krieg 1870/71 zeigen sollte. Die Bindung an Polen verstärkte sich wiederum, als ihre beiden Töchter in die Familie Potocki einheirateten.

Dass Marie Radziwill sich an die Ratschläge ihrer Großmutter gehalten hätte, sich ganz an die Verhältnisse des Landes anzupassen, in dem sie lebte, kann auch deshalb nicht behauptet werden, weil sie – wie schon erwähnt – es ablehnte, deutsch zu sprechen. Sie wollte damit auch ihre Distanz zur geistigen Kultur Berlins und Preußens zum Ausdruck bringen. Marie pflegte, dem Rat ihrer Großmutter folgend, ganz besonders die persönlichen Beziehungen zur Prinzessin und späteren Königin und Kaiserin Augusta.[192] Sie wurde eine ihrer engsten Vertrauten und erhielt somit politische Informationen aus erster Hand und Zugang zu den Informationskanälen der Kaiserin. Diese Nähe übertrug sich auch auf Wilhelm I. und seinen Enkel Wilhelm II. Soweit es die Familie des Monarchen betraf, war es Marie Radziwill gelungen, sich in die preußisch-deutsche Hofgesellschaft zu integrieren.

Die Fürstin profitierte besonders von der Frankophilie der Kaiserin und ihrer Vorliebe für den Katholizismus. Augusta fühlte sich kulturell dem Französischen mehr verbunden als dem Deutschen. Durch sie sah sich Marie Radziwill in ihrem Desinteresse an der deutschen Kultur bestätigt. Augusta sprach französisch, selbst

als dies – wie die Salonnière Marie von Bunsen bezeugt – in Berliner Hofkreisen
längst nicht mehr üblich war. Auch bei ihren Hofdamen legte Augusta auf ele-
gantes Französisch den größten Wert. „Die französischen Vorleser erteilten ihnen
Nachhilfestunden, nie wäre die preußische Königin darauf gekommen, auf einen
gepflegten deutschen Stil, auf Kenntnisse der neuen deutschen Literatur zu drin-
gen."[193] Augusta las keine deutschen Zeitschriften, sondern bevorzugte die „Revue
des Deux Mondes". Gustav Freytag, Theodor Storm, Franz Grillparzer oder
Friedrich Hebbel kannte sie kaum, wohl aber – wie ihr französischer Vorleser
Jules Laforgue bezeugt – Pierre Loti, die Goncourts, Zola, Daudet und Maxime
Du Camp.[194]

Marie Radziwill fühlte sich in dieser Atmosphäre heimisch und genoss den
Umgang mit der Monarchin. Sie konnte auf die Unterstützung der Kaiserin
bauen, wenn sie – wie in der Zeit des Kulturkampfs – ihrer bedurfte.

Neben Kaiserin Augusta gab es bei Hofe in Gestalt der Prinzessin Victoria von
Preußen eine Persönlichkeit, die den Ehrgeiz besaß, an der Seite ihres Mannes
eine wichtige politische Rolle zu spielen. Sie entstammte wie Marie Radziwill
einem nichtdeutschen Kulturkreis, der ihr die Gewöhnung an Mentalität und
Lebensstil der höfischen Kreise in Berlin erschwerte.[195]

Victoria war die älteste Tochter der englischen Königin Victoria und des Prinz-
gemahls Albert. Sie wurde wie Marie Radziwill 1840 geboren und heiratete mit
17 Jahren den ältesten Sohn Wilhelms I., Friedrich Wilhelm, den späteren Kaiser
Friedrich III. Victoria trat etwa zur gleichen Zeit auf die politische Bühne Berlins
wie die junge Fürstin Radziwill. Durch ihren Vater Albert war die Prinzessin auf
die Grundsätze des englischen liberalen Verfassungssystems eingeschworen worden. In Berlin suchte die intelligente, ehrgeizige junge Frau den Kronprinzen für
eine liberale Politik zu gewinnen, die auf eine Parlamentarisierung des politischen
Systems in Preußen abzielte.[196] Bald wurde sie von konservativer Seite, besonders
von Bismarck, der sie verächtlich eine „liberale[n] Engländerin"[197] nannte, scharf
attackiert und der Spionagetätigkeit für England verdächtigt. In der preußischen
Königsfamilie und im preußischen Adel fand die politische Position der Prinzessin wenig Anklang. Man warf ihr eine zu enge Bindung an englische Interessen
vor und versuchte, sie politisch zu diffamieren. Selbst die als liberal geltende
Königin Augusta, die freilich mehr an guten Beziehungen zu Frankreich als zu
England interessiert war, ging auf Distanz zur Kronprinzessin.[198]

Marie Radziwill schloss sich dieser Haltung an. Sie kritisiert in ihren Erinne-
rungen und Briefen nicht nur den Egoismus, das kapriziöse Verhalten und die
Selbstüberschätzung Victorias, sondern auch den völligen Mangel an Religiosität.
„Die Prinzessin glaubt leider an nichts und ist vollkommen einer Meinung mit
Renan."[199] Die Abwesenheit des Glaubens sei die Ursache für die Pflichtverges-
senheit der Prinzessin. Die Fürstin berichtet über eine Zusammenkunft mit dem

englischen Botschafter Odo Russell, der ihr enthüllte, dass die Queen mit ihrer Tochter unzufrieden sei, die ihren Aufgaben als preußische Kronprinzessin nicht gerecht werde.[200] Der Botschafter sei von der Unpopularität Victorias in allen Klassen der Gesellschaft sehr betroffen, eine Unpopularität, die indes nicht nur der Vorliebe für alles Englische zuzuschreiben ist, sondern – was Marie Radziwill verschweigt – das Werk gezielter politischer Diffamierung war.[201]

In diesem Zusammenhang sei nochmals auf den Brief der Herzogin von Sagan an Marie Radziwill Bezug genommen, wenn darin kritisch vermerkt wird, Prinzessin Victoria passe sich nicht an die Verhältnisse des Landes ihres Mannes an. Gemeint ist hier vor allem die politische Dissidenz der Prinzessin, die als Anhängerin einer parlamentarischen Monarchie nach englischem Muster der Herzogin von Sagan ein Dorn im Auge war. Sie sah hier ihre eigene Strategie durchkreuzt, Preußen an Österreich zu binden und die Einflüsse des Parlaments zu beschränken.

In ihrer kritischen Haltung gegenüber Bismarck befand sich die Herzogin von Sagan allerdings in der Gesellschaft der Prinzessin Victoria, doch entsprang diese Distanz unterschiedlichen politischen Motiven. Die Herzogin von Sagan, wie übrigens auch die Fürstin Radziwill, kritisierte Bismarcks Unberechenbarkeit und Sonderstellung gegenüber dem Monarchen, seinen antiösterreichischen Affekt und seine auf die Herstellung der deutschen Einheit bei Schwächung Frankreichs und Österreichs zielenden außenpolitischen Bestrebungen. Victorias Kritik dagegen bezog sich auf die gegen England gerichtete außenpolitische Strategie des Kanzlers und seinen autoritären Regierungsstil. Während Victoria den liberalen Tendenzen der Zeit, das Königtum auf nationalstaatlicher Grundlage an die Verfassung und das Parlament zu binden, Rechnung trug, hielten Dorothea und Marie am Gottesgnadentum des Monarchen fest und wollten, wenn es denn vergeblich schien, das Rad der Geschichte zurückdrehen, die Adelsvorrechte im Rahmen einer konstitutionellen Monarchie verteidigen.[202]

Im Folgenden soll das politische Denken der Fürstin Radziwill im Spiegel ihrer Kommentare zu den laufenden politischen Ereignissen näher betrachtet werden. Als Quellen werden vornehmlich die „Souvenirs" und die „Lettres au général de Robilant" und Berichte von Zeitzeugen aus Diplomatie und Hofgesellschaft herangezogen.

Die „Souvenirs de la princesse Radziwill", in denen sie ihre Lebensgeschichte und das politische Zeitgeschehen bis zum Jahr 1873 Revue passieren lässt, werden von dem ehemaligen französischen Botschafter in Berlin, Jules Cambon, eingeleitet, der mit Marie Radziwill in enger Verbindung stand.[203] Cambon bezeichnet die Fürstin als die „Doyenne" der in Deutschland lebenden „entwurzelten" Franzosen. Sie ist nach seiner Darstellung eine monarchistisch gesinnte liberale Katho-

likin. Cambon vergleicht Marie Radziwills Position in der europäischen Gesellschaft mit derjenigen der Herzogin Dorothea von Dino und Sagan, die man als
„la plus européenne des femmes du dix-neuvième siècle" ansehen könne.

In der ersten Hälfte des 19. Jahrhunderts – so Cambon – habe sich im europäischen Adel ein kosmopolitischer Geist ausgebreitet, repräsentiert durch Frauen
wie Madame de Krüdener, die Herzogin von Dino und die Fürstin Lieven, die
diesen Geist in ihren Salons vorlebten.[204] 1857, als Marie de Castellane Anton
Radziwill heiratete, sei dieser europäische Geist in den Oberschichten Frankreichs
noch vorhanden gewesen. Erst die Ereignisse in Sadowa 1866 (Sieg Preußens über
Österreich bei Königsgrätz) und der Deutsch-Französische Krieg 1870/71 hätten
diese Gesinnung untergraben und einer nationalen bzw. nationalistischen Haltung
Platz gemacht.

Von dieser Entwicklung war auch der deutsche Adel betroffen. Die Frage ist,
ob der Umschlag von einer supranationalen zu einer mehr national orientierten
Haltung in den adligen Oberschichten im politischen Denken Marie Radziwills
seine Spuren hinterlassen hat, was ein Abrücken von der Position ihrer Vorgän-
gerin, der Herzogin von Sagan, bedeuten würde.[205] Demgegenüber erforderte das
materielle Familieninteresse der multinational vernetzten Adelshäuser Castellane
und Radziwill ein Austarieren von nationaler und supranationaler Orientierung.
Hier für sich eine politische Antwort zu finden, machte die Schwierigkeiten der
Fürstin Radziwill in einer Zeit sich verstärkender nationalistischer Tendenzen in
den Adelsschichten der Länder aus, denen sie sich besonders verbunden fühlte.
Hinzu kam noch die besondere Situation des polnischen Adels in den drei Tei-
lungsgebieten, in denen die Familie Radziwill über Besitz verfügte.

Anders stellte sich die Situation für die Großmutter der Fürstin dar. Die junge
Prinzessin von Kurland, 1806 Zeugin der Besetzung Preußens durch Napoleon,
wurde zu einer glühenden deutschen Patriotin. Später, als Vertraute Talleyrands,
trat sie für eine Politik des Ausgleichs zwischen den europäischen Großmächten
ein. Anfang der Dreißigerjahre, als Talleyrand Botschafter in London war, lernte
sie das englische Regierungssystem kennen, das ihr durch die starke Stellung des
Parlaments allerdings zu liberal erschien, da es die Vormachtstellung des Adels
gefährde. Als sie in den Vierzigerjahren nach Preußen zurückkehrte, setzte sich
ihre konservative Grundhaltung immer mehr durch. Eine konstitutionelle Monarchie nach englischem Muster kam für sie für Preußen nicht infrage. International baute sie auf eine Verbindung zwischen Preußen und Österreich. Das Frankreich des Zweiten Kaiserreichs schien ihr nur insoweit akzeptabel, als es die
revolutionären Kräfte in Schach hielt. Als Anwalt der europäischen Nationalbe-
wegungen war ihr dagegen Napoleon III. verdächtig.

Das kosmopolitische Denken der Herzogin von Sagan diente vor allem der
Bewahrung adliger Identität und der Wahrnehmung adliger Besitzinteressen. Da

diese Interessen durch die traditionellen Familienbindungen der Talleyrands übernational waren, kam es ihr darauf an, den Status quo in Europa gegen die nationalen Emanzipationsbewegungen zu verteidigen.

Marie Radziwill war bestrebt, sich diese Haltung unter veränderten historischen Bedingungen zu eigen zu machen und zu bewahren. Sie war allerdings durch Herkunft und Sozialisation weniger kosmopolitisch orientiert als ihre Großmutter. Eine deutsch-französische Synthese in Habitus und Mentalität lag ihr fern. Jules Cambon unterstreicht in seiner Einleitung zu den „Souvenirs" mit Recht, die Fürstin sei trotz ihrer Entwurzelung und ihrer Zugehörigkeit zu drei Nationen im Herzen immer Französin geblieben.[206]

Wichtige Einschnitte in Marie Radziwills politischer Karriere, die sich vor allem aus ihrer Rolle als Repräsentantin eines politischen Salons und ihren besonderen Beziehungen zu Mitgliedern des preußischen Königshauses herleitete, waren der Tod Wilhelms I. im Jahr 1888 und der Tod der Kaiserin zwei Jahre später. Ihr Mann, Anton Radziwill, büßte seine Stellung als Generaladjutant des Monarchen ein und Marie verlor mit Augusta die wichtigste Vertrauensperson im politischen Machtspektrum. Will man ihren verbliebenen politischen Einfluss ermessen, so stellt sich die Frage nach ihrem Verhältnis zu Wilhelm II., zur neuen Kaiserin, zu den Ministern und zu den höfischen Kreisen.

Die „Souvenirs" Marie Radziwills setzen mit der Schilderung ihrer Jugend, ihrer Heirat und ihrer Einführung in die preußische Hofgesellschaft ein. Es folgen Stellungnahmen zur politischen Entwicklung in Preußen und Europa. Nachdem Kronprinz Wilhelm 1858 die Regentschaft für seinen kranken Bruder Friedrich Wilhelm IV. übernommen hatte – am 2. Januar 1861 trat er seine Nachfolge an –, gewann die preußische Politik durch das von ihm ernannte Ministerium Hohenzollern-Sigmaringen liberalere Züge. Marie Radziwill sah diese Entwicklung mit Missbehagen. Sie beklagte die österreich-feindliche Haltung des neuen Außenministers Schleinitz und die Schwächung der konservativen Kräfte durch die Wahlen zum preußischen Abgeordnetenhaus. Mehr als die Innenpolitik ist allerdings das außenpolitische Geschehen Gegenstand ihrer Kommentare. Die achtzehnjährige Fürstin nimmt zunächst allerdings nicht selbst Stellung, sondern überlässt ihrer damals noch lebenden Großmutter das Wort, aus deren Briefen sie ausführlich zitiert. Die Zitatstellen betreffen die Vorgeschichte, den Verlauf und die Folgen des französisch-österreichischen Krieges 1859 und den italienischen Unabhängigkeitskampf.

Die Herzogin von Sagan sah die nationale Einheitsbewegung in Italien als Testfall für eine parallele nationale und liberal-demokratische Entwicklung in Deutschland. Eine europäische Gleichgewichtspolitik habe den Status quo zu sichern. Für Preußen bedeute dies eine enge Kooperation mit Österreich im

Konflikt mit Frankreich. Die Unterstützung der italienischen Einigungsbewegung durch Napoleon III. veranlasste sie zu einer Revision ihrer Einschätzung des Kaisers. War dieser bisher als Kämpfer gegen den Sozialismus und die rote Gefahr willkommen, sah sie in ihm nun eine Gefahr für das europäische Gleichgewicht. Sein Machtzuwachs im Gefolge des italienischen Krieges und der Sieg der italienischen Einigungsbewegung stelle ein Risiko für die Stabilität der deutschen Staaten dar. Er fördere den nationalen Einheitswillen und das Bestreben nach sozialen und politischen Veränderungen.[207] Dorothea erkannte richtig, dass aus der Wiener Friedensordnung von 1815 ein wichtiges Stück herausgebrochen war.[208] Im Übrigen konnte sie sich eine Lösung der deutschen Frage nur durch ein Zusammenwirken von Preußen und Österreich vorstellen. Eine Stärkung Preußens auf Kosten Österreichs würde das Machtgefüge Mitteleuropas gefährden.

Marie Radziwill schloss sich der Meinung ihrer Großmutter an. Angesichts des Zögerns des liberalen preußischen Ministeriums, die Armee an der Seite Österreichs in den Kampf gegen Napoleon III. und die italienische Nationalbewegung zu schicken, schreibt sie: „Die Mediokrität des Ministeriums war beispiellos! Es bildete sich ein, dass alle Bevölkerungen sich der Krone Preußens unterwerfen würden, mit derselben Leichtigkeit, mit der sich die Italiener Piemont unterwarfen."[209]

Seit dem Tod ihrer Großmutter am 13. September 1862 führte Marie Radziwill Tagebuch. Die erste Eintragung befasst sich mit der Ernennung Bismarcks zum preußischen Ministerpräsidenten. Mit seiner Machtübernahme und der Ablösung des Kabinetts Hohenzollern-Sigmaringen sei der Einfluss Königin Augustas auf die Regierungsgeschäfte zurückgedrängt worden. Die Äußerungen Marie Radziwills zu Bismarck beziehen sich zunächst mehr auf den persönlichen Umgang mit ihm. Sie nimmt wahr, dass die Königin bei Empfängen Distanz zum neuen Ministerpräsidenten wahrt, dessen Frau als hässlich und gewöhnlich und seltsam in ihren Manieren beschrieben wird. Gleichwohl spricht sie ihr eine gewisse Intelligenz zu, doch darüber habe sie sich noch kein endgültiges Urteil bilden können.

Die Tagebucheintragungen der Jahre 1863 und 1864 gelten vor allem dem polnischen Aufstand und dem Konflikt um Schleswig-Holstein. Im Februar 1864 unterbricht Marie Radziwill ihre Notizen. 1865 trat sie mit Fürst Anton eine längere Reise zu ihren Besitzungen in Litauen an. Erst ab November 1869 berichtet sie wieder regelmäßig über die politischen Geschehnisse. Ausführlich kommentiert sie den Deutsch-Französischen Krieg 1870/71.

Bei Kriegsausbruch hielt sie sich in Rochecotte auf. Anton Radziwill befand sich mit Wilhelm I. in Bad Ems, wo Verhandlungen mit dem französischen Botschafter Benedetti geführt wurden. Er informierte sie brieflich über die Stimmung im Lager des Königs. Die Fürstin, mit der französischen Mentalität bestens

vertraut, konstatierte die Neigung zu illusionärem Denken auf preußischer Seite
bezüglich der Kriegsbereitschaft Frankreichs. Die Franzosen wollten Rache für
Sadowa (Königsgrätz) und würden nicht dulden, dass eine andere Macht in
Europa eine militärische Dominanz gewinne. Auf französischer Seite sah sie das
Verlangen, das linke Rheinufer zurückzugewinnen und dafür einen Krieg zu
riskieren.

Marie Radziwill war nach Ausbruch des Krieges am 19. Juli 1870 in einer
schwierigen Lage. Im August starb ihr Schwiegervater Friedrich Wilhelm Radziwill. Wilhelm I. kondolierte seinem Adjutanten, Königin Augusta besuchte das
Palais Radziwill, um den Mitgliedern der Familie ihr Mitgefühl zu bekunden.
Das militärische Geschehen konnte die persönliche Verbundenheit nicht zerstören. Die Königin stand an der Seite der Fürstin Radziwill und teilte mit ihr die
Sorgen um die Opfer des Deutsch-Französischen Krieges, von dem beide Familien betroffen waren. In einer Notiz umreißt Marie prägnant den Charakter
Augustas, die für sie das Vorbild einer klugen Monarchin darstellt:

> Als Fürstin, ebenso vornehm dank der Eigenschaften ihres Geistes und ihres Herzens
> wie dank der Tapferkeit ihres Charakters, war sie eine pflichtbewusste Frau, die sich
> nie durch ihre häufig sehr schlechte Gesundheit von etwas abhalten ließ. Sie verach-
> tete die Polemik und die konfessionellen Kämpfe, die Verfolgungen und das Streben
> nach Exklusivität. Sie suchte in den beiden Konfessionen, die ihr Land spalteten, vor
> allem das gemeinsame *christliche Element* (…) Die Kaiserin Augusta verdiente den
> Thron, nicht allein aufgrund ihrer Tugenden, sondern auch wegen der philantropi-
> schen Unternehmungen, die sie für Deutschland stiftete.[210]

Marie Radziwill hat mit diesen Worten den Typus einer Herrscherin beschrieben,
der ihren eigen Wertvorstellungen sehr nahe kam: Religiös fest verankert, aber
nicht dogmatisch, und menschenfreundlich im Rahmen ihrer monarchistischen
Grundüberzeugungen.

Die preußischen Siege im Krieg gegen Frankreich waren mit immensen Opfern
bezahlt. Der Blutzoll des adligen Offizierskorps war hoch. Die Entscheidungs-
schlacht bei Sedan und die Kapitulation der Franzosen sei – so berichtet die
Fürstin – in Berlin mit ähnlicher Erschütterung aufgenommen worden wie in
Paris. Die Schlacht sei vermutlich das größte historische Ereignis des Jahrhunderts,
denn seit Franz I. sei kein französischer Souverän mehr in Kriegsgefangenschaft
geraten. Das Ausmaß des preußischen Sieges erschwere indessen die Friedensverhandlungen. Marie Radziwill erkennt, dass nur eine weise Zurückhaltung Preußens die Früchte des Sieges sichern werde. Die Forderung an Frankreich, zwei
seiner Provinzen abzutreten, sei damit unvereinbar. Ihrem Mann Anton schreibt
sie: „Ich bin der Überzeugung, dass Deutschland, wenn es sich mäßigt, Europa

lange Zeit beherrschen wird. Wenn nicht, wird es Europa eines schönen Tages auf dem Hals haben.“[211]

In der Frage von Gebietsabtretungen zeichnete sich ein Dissens mit Anton Radziwill ab. Der Fürst war der Meinung, dass der deutsche Sieger zwar auf Lothringen und die Befestigungen an der Mosel verzichten solle, aber nicht auf das Elsass. Dabei genüge es nicht allein, Straßburg zu nehmen. Die militärische Grenze müsse entlang den Vogesen verlaufen. Allein dadurch könne eine Sicherheitslinie geschaffen werden, die Frankreich von Revanchegelüsten abhalten werde. Fürst Radziwill vertrat hier eine Position, die die militärische Führung eingenommen hatte. Überdies werde selbst der Verlust von einer Million Einwohnern Frankreich nicht auf den Rang einer Macht zweiten Ranges herabstufen.

Als deutlich wurde, dass die deutsche Forderung nicht nur das Elsass, sondern auch Lothringen betraf, erklärte Marie Radziwill ihrem Mann, hier diktiere ein vollkommenes Unverständnis des französischen Charakters die Politik. Niemals werde Frankreich sich damit abfinden, sondern lieber bis zum letzten Mann kämpfen. Es sei nicht weise, wenn Deutschland den Hass in eine Nation einpflanze, die so impulsiv sei wie die französische. Es werde ein neuer Krieg ausbrechen. „Dann wird Frankreich Verbündete an seiner Seite haben, hervorgerufen durch die Eifersucht über die Großmacht Deutschland.“[212] Bismarck, fährt die Fürstin an anderer Stelle fort, habe die geschichtliche Lektion aller Jahrhunderte vergessen, dass man ein Volk nicht der Hoffnungslosigkeit anheim fallen lassen dürfe.

Mit ihrem beharrlichen Plädoyer für einen Frieden ohne Gebietsabtretungen vermochte sie allerdings ihren Mann nicht zu überzeugen. Anton Radziwill schreibt: „In jedem Fall, können selbst diejenigen, die die Forderungen nach Gebietsabtretungen tadeln, dieser Position gerechterweise nicht den Mangel an Kohärenz und Logik absprechen. Was diese Abtretungen selbst betrifft: Wenn man sie auch zu Beginn tadeln konnte, so glaube ich, dass sie an dem Punkt, an dem wir jetzt angelangt ist, eine politische Notwendigkeit geworden sind.“[213]

Offensichtlich stehen sich hier die französische Sicht, die sich Marie Radziwill aus der Kenntnis ihres Geburtslandes zu eigen machte, und die deutsche Position, die der polnische Adjutant des Königs aus Loyalität mit Preußen vertrat, diametral gegenüber. Einerseits fühlte sich die Fürstin zwar zur Loyalität mit dem Land verpflichtet, in dessen Diensten ihr Ehemann tätig war. Andererseits konnte sie ihre französische Herkunft nicht verleugnen. Es ist aber vor allem ihr politischer Weitblick, der ihr sagte, dass ein Friedensdiktat keine Basis für ein dauerhaftes friedliches Zusammenleben der beiden Nachbarvölker bilde.

Anton Radziwill dachte vor allem als Militär, Marie sah über das Militärische hinaus die politischen und menschlichen Kosten einer solchen Eroberungsstrategie. Bedingt durch ihre familiären Bindungen, lag ihr ein mäßigendes Verhalten

der siegreichen deutschen Seite besonders am Herzen. Sie wusste nicht, ob ihr
Bruder noch lebte, ihre Mutter nicht von den Invasionstruppen umgeben war
und Rochecotte nicht der Zerstörung anheimfiel. Sie sorgte sich um den Bischof
von Orléans, den Vertrauten ihrer Familie. In ihren Berichten über die Kaiser-
proklamation ist von dem Widerwillen Wilhelms I. die Rede, die Krone in Versailles in Empfang zu nehmen, da dies für ihn das Ende Preußens bedeute, während Königin Augusta entschieden für die Errichtung eines deutschen Kaiserreichs
votiere.

Durch ihren Mann erfuhr Marie Radziwill, dass Bismarck in der Frage der
Friedensbedingungen eine moderatere Haltung einnahm als das Militär. Als der
vorläufige Friedensvertrag vorlag, der unter anderem die Abtretung des Elsass
und eines Teils Lothringens mit Einschluss des Gebietes von Metz vorsah, schreibt
sie an Anton Radziwill: „Aber welch ein harter Friede für Frankreich. Ich gebe
zu, ich habe mehr Großzügigkeit auf Seiten des Siegers erwartet, der daraus nicht
den Nutzen ziehen wird, den er erwartet (…) Ich sehe in diesem Frieden nur
einen vorübergehenden Waffenstillstand, der mit absoluter Sicherheit zu einem
neuen Krieg führt, der noch schrecklicher sein wird als der, den wir jetzt erlitten
haben."[214]

Das Ergebnis des Krieges, die Herstellung der Einheit Deutschlands, sah Marie
Radziwill angesichts eines – wie sie meinte – unvermeidlich drohenden neuen
und noch schrecklicheren Krieges mit großer Skepsis. Im Jahr 1872 brachen Anton
und Marie Radziwill zu einer Reise nach Russland auf, um Besitzangelegenheiten
zu regeln. Die Mitteilungen vermitteln den Eindruck, dass wichtige Entschei-
dungen über die Besitztümer der Radziwills von einem guten persönlichen Umgang
mit dem Zaren abhängen. Es ging bei dem Besuch um Gunsterlangung, denn
eine positive Entscheidung des autokratischen Herrschers basierte nicht auf Recht,
sondern Wohlwollen.

Über die dramatischen Folgen der Bauernbefreiung von 1861 berichtet die
Fürstin, sie seien für die Gutsherren desaströs. Sie hätten ihren alten Lebensstil
nicht länger beibehalten können. Viele Häuser seien geschlossen, zahlreiche
Gutsbesitzer ins Ausland abgewandert. Der Hof in Petersburg bilde kein Zentrum
mehr, die vornehme Gesellschaft befinde sich im Niedergang. Bei der Rückreise
der Radziwills nach Berlin stellte sich Erleichterung ein: „Diese Rückkehr in die
Zivilisation tut der Seele, dem Körper und dem Geist gut."[215]

Die Notizen der Jahre 1872/73 sind dem Kulturkampf gewidmet, unter dem
besonders das Haus Radziwill zu leiden hatte. Das fatale Ergebnis des Vatikanischen Konzils, die Verkündung des Dogmas der Unfehlbarkeit des Papstes, habe
die Situation der Katholiken in Deutschland zusätzlich erschwert, obgleich sie
mehrheitlich gegen das Dogma votierten. Der Kanzler wolle den Kaiser glauben

machen, dass die Katholiken den Protestantismus in Deutschland zerstörten. Bismarck – so weiß die Fürstin zu berichten – habe die Hauptstadtpresse angestiftet, das Haus Radziwill, einen Hort des Katholizismus, in den Schmutz zu ziehen und die Ehre der Familie anzugreifen.[216] Die Polizei nahm Beschlagnahmungen im Haus vor. Ihre Post – so glaubte die Fürstin – werde überwacht und selbst die Niederschrift von Notizen sei gefährlich. Sie beschließt ihr Tagebuch am 25. April 1873 mit der Eintragung, dass es besser sei, Vorsicht walten zu lassen und nicht mehr zu schreiben.[217]

Bismarck hielt es für angebracht, gegen die Radziwills vorzugehen, da die Fürstin in enger Verbindung zur Kaiserin Augusta und dem französischen Botschafter Gontaut-Biron stand, die, so meinte er, seinen Kampf gegen den Katholizismus hintertrieben.[218] In seinen Erinnerungen beschreibt Bismarck Gontaut-Biron als den Drahtzieher einer gegen ihn gerichteten Strategie:

> Gontaut, ein geschickter und liebenswürdiger Diplomat aus alter Familie, fand bei der Kaiserin Augusta Anknüpfungspunkte einerseits in deren Vorliebe für katholische Elemente in und neben dem Centrum, mit denen die Regierung im Kampfe stand, andrerseits in seiner Eigenschaft als Franzose (…) Ihre Majestät hatte französisch sprechende Diener, ihr französischer Vorleser Gérard fand Eingang in die Kaiserliche Familie und Correspondenz (…) Ein katholischer Geistlicher erschien ihr vornehmer als ein evangelischer von gleichem Range und von gleicher Bedeutung. Die Aufgabe, einen Franzosen oder Engländer zu gewinnen, hatte für sie mehr Anziehung als dieselbe einem Landsmanne gegenüber, und der Beifall der Katholiken wirkte befriedigender als der der Glaubensgenossen. Gontaut-Biron, dazu aus vornehmer Familie, hatte keine Schwierigkeit, sich in den Hofkreisen eine Stellung zu schaffen, deren Verbindungen auf mehr als einem Wege an die Person des Kaisers heranreichten.[219]

Zweifellos war Kaiserin Augusta Gontaut-Biron besonders zugetan, auch deshalb, da sie mehrere Mitglieder seiner Familie, so auch die Mutter des Botschafters, eine Fürstin Rohan, persönlich gekannt hatte.[220] Bismarck führte die Frankreich und dem Katholizismus gegenüber freundliche Haltung der Kaiserin jedoch nicht nur auf das geschickte Agieren des französischen Botschafters, sondern auch auf „die Mitwirkung eines Theils der katholischen Umgebung Ihrer Majestät"[221] zurück. Damit spielte er auf das Haus Radziwill, insbesondere die Fürstin Radziwill, an, die bei Augusta eine besondere Vertrauensstellung genoss und diese nach Meinung des Kanzlers missbrauchte.[222] Was den Botschafter betraf, so sah ihn Bismarck zudem „von einer Klientel wenig Zutrauen erweckender Persönlichkeiten umgeben."[223] Dazu zählte der Kanzler nicht nur den Privatsekretär der Kaiserin Auguste Gérard, den er in seinen Erinnerungen als Polizeiagenten bezeichnet, sondern auch den mit der Botschaft liierten Journalisten Jean Marie Gardet sowie die Frau des Militärattachés Graf de la Ferronay, die mit den Castellanes verwandt war.

Für die Jahre 1889 bis 1915 sind die Briefe Marie Radziwills an den ehemaligen Militärattaché an der italienischen Botschaft in Berlin, General Mario Antonio Nicolis di Robilant, die wichtigste Auskunftsquelle über ihr politisches Denken. Robilant wurde 1885 an die Botschaft berufen und verließ sie 1890. Im Vorwort zu der in den Jahren 1933/1934 in Bologna von seiner Tochter Irene di Robilant veröffentlichten Korrespondenz zeichnet der General ein Porträt der Fürstin Radziwill, das das Urteil von Jules Cambon bestätigt.

Robilant war weitläufig mit dem Fürsten Radziwill verwandt. Sein Vetter, Graf Charles de Robilant[224], war mit Edmée, geborene Gräfin Clary-Aldringen, verheiratet, einer Kusine des Fürsten Anton Radziwill. Nicolis di Robilant stand somit in familiärer Verbindung mit dem Hause Radziwill und war dort ein gern gesehener Gast. Nach seiner Abberufung entspann sich ein Briefwechsel mit Marie Radziwill, den Robilant zum Gedenken an die Fürstin und als ein wichtiges historisches Dokument achtzehn Jahre nach ihrem Tod der Öffentlichkeit vorlegte. Fürstin Radziwill kommentiere – so Robilant – in ihren Briefen das Zeitgeschehen mit seltenem Scharfblick, der manchmal gar prophetisch anmute.

Die Korrespondenz ist in der Tat die Chronik eines Zeitalters. Berichtet wird über Besuche von Souveränen, Unterredungen mit Fürsten, Plaudereien mit Diplomaten, parlamentarische Debatten und von Prozessen, die öffentliches Aufsehen erregten. Dies alles zusammen ergibt ein Panorama der Zeit, erzählt aus der Perspektive einer Repräsentantin des europäischen Hochadels, einer hochgeschätzten Salonnière und „grande dame". Die Briefauswahl, die die Herausgeberin vorlegt, verzichtet weitgehend auf Privates. Auch über den Salon der Fürstin und ihre Gäste ist wenig zu erfahren, obwohl viele der Kontaktpersonen, von denen die Rede ist, darunter zahlreiche Diplomaten, in ihrem Haus verkehrten. Schilderungen über das gesellschaftliche Leben in Berlin, die kulturellen Ereignisse auf dem Felde der Musik, der Literatur und Malerei oder auch nur über die eigene Lektüre sind selten.[225] Fast ausschließlich wird das politische Geschehen in Preußen und Deutschland und in den europäischen Metropolen kommentiert. Die veröffentlichte Korrespondenz enthält nicht nur Briefe an General Robilant, sondern auch Ausschnitte aus Briefen von Anton Radziwill, Elisabeth Potocka, General Galliffet und zahlreichen Persönlichkeiten des öffentlichen Lebens, vor allem Diplomaten und Repräsentanten des europäischen Hochadels.[226] Ferner zitiert die Fürstin aus der internationalen Presse, vorzugsweise aus der deutschen, französischen und englischen. Aus den Briefen ist zu entnehmen, dass sich Marie Radziwill außer in Berlin fast jedes Jahr während der Sommermonate auf ihren litauischen Besitzungen Nieśwież und Mankiewicze und im schlesischen Kleinitz aufhielt. Regelmäßig reiste sie nach Paris, häufig auch nach Rom. Weitere Reisen führten sie nach Wien, Venedig, Kopenhagen und Petersburg und zu den Badeorten der eleganten Welt wie Baden-Baden, Ems, Ischl, Schlangenbad und Teplitz.[227] Gelegentlich wohnte sie in Łańcut, der Herrschaft ihres Schwiegersohns Roman Potocki, oder im Jagdschloss der Radziwills in Antonin.

Eine der ersten Eintragungen des Jahres 1889 befasst sich mit der Stellung Bismarcks, der unter dem jungen Kaiser Wilhelm II. die Regierungsgeschäfte zunächst weiterführte. Marie Radziwill beanstandet die Anwesenheit des Kaisers bei einem parlamentarischen Diner des Kanzlers und bringt damit ihre Auffassung von den Grenzen einer konstitutionellen Monarchie zum Ausdruck. „Die Berührung des Throninhabers und der Mitglieder der gesetzgebenden Körperschaft steht im Gegensatz nicht nur zur monarchischen Idee überhaupt, auch zu den Grundsätzen der konstitutionellen Monarchie im besonderen und kann zu nichts Gutem führen, ganz abgesehen vom Prestigeverlust."[228]

Das Verhältnis der Fürstin zu Bismarck hatte sich seit dem Ende des Kulturkampfs entspannt. Da sein Machtkartell aus den beiden konservativen Parteien, den Deutschkonservativen und Freikonservativen, und den Nationalliberalen zerfallen war, suchte der Kanzler eine Annäherung an das Zentrum. Einer Versöhnung mit Marie Radziwill stand nichts mehr im Wege. Der „große Mann", wie sie Bismarck nun nennt, empfing sie in seinem Haus. Fürstin Bismarck drückte ihr „mit einer gewissen Feierlichkeit den Friedenskuß auf die Wange."[229]

Die Begegnung mit dem Kanzler ist Anlass für eine Beurteilung seines Verhältnisses zum verstorbenen Kaiser Wilhelm I. „Wiederum habe ich mir gesagt, daß Bismarck der große Mann vielleicht nie ohne den alten Kaiser geworden wäre, dessen Menschenverstand die ganze Begabung seines Ministers erfaßte, der aber außerdem fähig war, durch seine Ruhe ihn zu mäßigen, durch seine Autorität seinen Zorn zu beschwichtigen, durch seinen Takt seine Fehler gutzumachen, durch seine Milde, was kleinlich in Bismarck ist, und seine gesellschaftliche Erziehung seine schlechten Manieren auszugleichen."[230] Wilhelm I. habe sich zwar immer im Hintergrund gehalten, sei aber doch stets der Herr und Souverän geblieben. Diese Einschätzung Bismarcks verrät zum einen das Überlegenheitsgefühl einer Dame aus altem französischem Adelsgeschlecht einem preußischen Junker gegenüber, zum anderen drückt sich darin ihre Verehrung des alten Kaisers aus, eine Verehrung, die sie freilich nur in Grenzen auf seinen Enkel übertragen konnte.

Der Kronprinz hatte nach dem Zwischenspiel Friedrichs III. am 15. Juni 1888 als Wilhelm II. den Thron bestiegen. Bei einem Diner im Königsschloss fiel der Fürstin auf – sie war Tischnachbarin des jungen Kaisers –, dass dieser noch nicht das Geheimnis entdeckt habe, wie man mit einer Dame von Welt über ernste

Dinge plaudere. Sobald man das militärische Gebiet verlasse, fühle man seine Unsicherheit. Marie Radziwill sprach mit ihm über Friedrich II. und wunderte sich, dass der Monarch die politische Korrespondenz seines Vorfahren nicht einmal gelesen hatte.

Bismarcks Rücktritt von seinen Ämtern im März 1890 ist der Anlass für eine Würdigung des Politikers. Die Kritik an seiner Politik ist gegenüber den Äußerungen in den „Souvenirs" deutlich abgemildert und konzentriert sich mehr auf das Persönliche. Anstoß nimmt sie vor allem an seinem jähzornigem Naturell. Sah die Fürstin früher im Kanzler eine Gefahr für den europäischen Frieden, so glaubt sie nunmehr, seine Person sei durch eine seltsame Ironie des Schicksals in den Augen Europas zum Garanten der Stabilität geworden. Das politische Geschäft gehe auch ohne ihn weiter, was nicht sein geringstes Verdienst sei. Habe er nicht Deutschland fest in den Sattel gesetzt und das Reich auf eine sichere und widerstandsfähige Basis gestellt, nachdem er es begründete? Bismarcks Verbitterung nach seinem Rücktritt zeige indes einen Mangel an weiser Beschränkung. „Zum Unglück gebricht es diesem großen Geist, dem man sogar das Prädikat Genie zubilligen kann, an praktischer Philosophie. Er leidet dermaßen an Eifersucht, daß die außerordentlichen Ehrungen, die man soeben dem Feldmarschall Moltke erwiesen hat, in Varzin einen schmerzlichen Widerhall fanden."[231]

Die Fürstin reiht Bismarck wie die verstorbene Kaiserin Augusta in die Reihe der großen Gestalten eines verflossenen Zeitalters ein. In der Gegenwart dominiere dagegen am Hofe des jungen Kaisers und in der Politik die Mittelmäßigkeit. Das Ansinnen der Großherzogin von Baden, ein Buch über ihre Mutter Augusta zu schreiben, kommentiert die Fürstin mit Vorbehalt. Man werde ein solches Buch nicht verstehen und sich darüber mokieren. In Deutschland räume man den Frauen keinen Platz in der Öffentlichkeit ein. „In Deutschland erträgt man es nicht, dass eine Frau überlegen ist, selbst wenn diese Überlegenheit den Ruhm des Landes ausmacht."[232]

Für Marie Radziwill musste diese Erfahrung deprimierend sein, wollte sie doch durch ihren Salon beweisen, dass Frauen in der Öffentlichkeit sehr wohl als geistreiche, die Politik beeinflussende Persönlichkeiten respektiert werden können. Das Schicksal Kaiserin Augustas, ihr vergeblicher Versuch, das politische Geschehen in Preußen/Deutschland mit zu bestimmen und damit das im Adel herrschende Frauenbild zu korrigieren, dämpfte auch ihre eigenen Bestrebungen.

Auch das Beispiel der Kronprinzessin Victoria sollte für Marie Radziwill eine Lehre sein. Allerdings hatte sie in diesem Fall selbst keine Solidarität bewiesen, sondern zur Diskreditierung der künftigen Kaiserin beigetragen, indem sie ihr mangelnde Anpassungsbereitschaft vorwarf. Aus ihrer Sicht hat Victorias geistige Überlegenheit nicht wie jene Augustas zum Ruhm ihres Landes beigetragen. Während die Fürstin Bismarck trotz seines unmäßigen Charakters zubilligte, ein großer Mann zu sein, hatte Wilhelm II. diesen Beweis erst noch zu erbringen. Marie Radziwill befürchtete, dass die charakterlichen Mängel des Kaisers auch sein politisches Handeln trüben würden. Seine Haltung, so musste sie erfahren, war alles andere als die eines Grandseigneurs. „Keinen Moment Ruhe, die Hände immer in Bewegung, abrupte Gesten, Unrast im Blick. Seine Würde leidet darunter. Will er sie haben, so wird er steif. Er hat keine Anmut, keine natürliche Noblesse. Ihm fehlt das ‚je ne sais quoi‘, das man an Menschen von guter Herkunft liebt und das soviel besagt."[233]

Am 25. April 1891 starb Generalfeldmarschall Graf Helmuth von Moltke. Mit seinem Tod habe Deutschland einen unwiederbringlichen Verlust erlitten. Moltke zähle zweifellos zu den großen militärischen Gestalten der Geschichte. Seine Bescheidenheit habe seinen Ruhm nur noch erhöht. Marie Radziwill nennt Moltke in ihrer Würdigung wie Bismarck einen „großen Mann". Er bilde eine Kontrastfigur zu Wilhelm II. Die Fürstin erkennt in diesem den von Natur aus kalten Preußen, für den Dankbarkeit nicht die vorherrschende Tugend darstelle. Der Kaiser verhülle seine Gefühlskälte unter einem Schein effektvollen Schmerzes. Er liebe es, Moltke als Dekor um sich zu haben, um seiner eigenen Person in den Augen des Publikums Relief zu geben. „Er war sehr zufrieden, daß der große Mann bereit war, diese Rolle zu spielen, ohne etwas zu sagen. Der Rest war ihm gleichgültig. Der Kaiser hat eine solche Meinung von sich selbst, er ist seiner so vollkommen sicher, so durchdrungen von seinen alles umfassenden Talenten, daß er niemanden, wer es auch sei, nötig hat. Alle Welt muß an ihn glauben, und die, die nicht diese Ansicht teilen, sind beinahe Vaterlandsverräter."[234]

Marie Radziwill berichtet von einer Ansprache des Kaisers vor Militärs, in der er Bismarck wegen Verbreitung von Geheiminformationen, die in den „Hamburger Nachrichten" erschienen, des Hochverrats anklagte. Man solle sich nicht wundern, so der Monarch, wenn er eines Tages gezwungen sei, den ehemaligen Kanzler auf einer Festung einzusperren.

Im Oktober 1891 bereiste Marie Radziwill die Besitztümer ihrer Familie. In Galizien stattete sie zum ersten Mal Schloss Łańcut einen Besuch ab, das ihrem Schwiegersohn, dem Grafen Roman Potocki, gehörte. Das Schloss beherberge in seinen Räumen das schönste Mobiliar aus der Zeit Ludwigs XV. und Ludwigs XVI., das man sich denken könne, dazu interessante Porträts und bedeutende Bilder.[235]

Der Rücktritt des Nachfolgers Bismarcks als Reichskanzler, Graf Leo Caprivi, von seinem Amt als preußischer Ministerpräsident im März 1892 ist für Marie Radziwill der Anlass, das Omnipotenzgebaren des Kaisers anzuprangern. „Nach den Ideen Wilhelms II. hat das Reich einen Kopf, der denkt und befiehlt, und das ist er. Er hat einen Arm, der ausführt, das ist der Kanzler. Wenn der Arm sich weigert, seinen Dienst zu tun, so ist das eine Revolte."[236] Man glaube, die schlim-

men Zeiten der Regierung Friedrich Wilhelms IV. seien zurückgekehrt. Von
dieser Befürchtung rückt die Fürstin aber bald wieder ab. Nach einem diplomatischen Erfolg des Kaisers bei Papst Leo XIII. in Rom, der ihm dafür dankte, dass
die Katholiken in Deutschland besser behandelt würden als zur Zeit des
Bismarck'schen Kulturkampfs, zeichnet sie ein freundliches Bild des Monarchen:
„Er hat sehr große Qualitäten, ich wage sogar zu sagen Tugenden, er ist bemerkenswert begabt, er besitzt eine Leichtigkeit, Dinge zu erfassen und aufzufassen,
die viele Leute in Erstaunen setzt. Endlich hat er ein großes Verlangen, das Gute
zu tun, und daher den Drang, alles zu lernen und zu sehen. Aber er gönnt sich
nicht Zeit genug, sein Wissen zu vertiefen. Er ereifert und entflammt sich für
eine Idee, wenn er sie für gut hält. Er hat Mut, einen eisernen Willen und eine
große Meinung von seiner Überlegenheit und seinem Rang."[237] Als der Kaiser in
Königsberg im September 1894 bekennt, dass er gleich seinem Großvater das
Königtum von Gottes Gnaden vertrete und zum Kampf für Religion, Sitte und
Ordnung aufruft, erklärt sich die Fürstin mit der Rede sehr zufrieden. Die Sprache sei gehoben, sehr religiös und die Aufforderung an den preußischen Adel,
sich um sein Haus zusammen zu schließen, eine glückliche Idee des Redners. „In
unseren Tagen kann man einen Souverän nur schätzen, der so sich Achtung zu
erringen weiß, der die christlichen Gefühle anruft und gegen seine Untertanen
seine Pflicht tut. Dieser junge Souverän gewinnt mehr und mehr, er ist jemand
und wird seinen Weg in die Welt gehen, denn er fürchtet sich nicht, im Kampf
seine eigene Person einzusetzen."[238]

Mit Nikolaus II., dem Nachfolger des im November 1894 verstorbenen Zaren
Alexander III., sieht Marie Radziwill die Chance gegeben, dass eine liberale Periode der russischen Politik gegenüber Polen anbrechen werde. Von einem Anspruch
auf Unabhängigkeit Polens von Russland ist die Fürstin allerdings weit entfernt.
Es geht ihr um eine Besserstellung der polnischen Bevölkerung und um eine Ga-
rantie der eigenen Besitztitel. Um die Naturalisierung ihres ältesten Sohnes Georg
in Russland sicherzustellen, fuhr die Fürstin im September 1896 nach Kopenhagen. Dort wollte sie die Mutter des Zaren, Maria Feodorowna, die Witwe Alexanders III., geborene Prinzessin Dagmar von Dänemark, um Intervention beim
Herrscher bitten. Würde ihrem Sohn die russische Staatsbürgerschaft nicht zuteil,
so wäre dies ein Verhängnis für ihre Familie, denn da die Güter Majorate seien,
könnten sie nicht verkauft werden und würden an ein anderes Familienmitglied
übergehen. Ihre Kinder würden dann um ihr väterliches Erbe gebracht. Um russischer Staatsbürger zu werden, war es erforderlich, dass der Sohn der Fürstin fünf
Jahre lang in Russland lebte.
     Der Besuch in Kopenhagen verlief offenbar erfolgreich. „Ich hatte von dänischer
Seite viel nacharbeiten lassen, da ich den ganzen Einfluß dieses Milieus kenne

und weiß, wie durchaus ehrenhaft der König und die Königin von Dänemark ist."[239]

Die familiären Beziehungen und der Umgang auf nahezu gleicher Rangstufe waren, wie das Beispiel zeigt, für die Wahrnehmung von privaten Interessen des europäischen Hochadels unentbehrlich. Die Fürstin fand wie bei einer früheren Reise einen Weg, diese Interessen wahrzunehmen, indem sie ihr Anliegen gleichsam als einen persönlichen Appell an die Mutter des jungen Zaren Nikolaus II. richtete. Die Bitte um eine Gunst konnte kaum versagt werden, wenn die Bittstellerin inständig an das Mutterherz der Kaiserin appellierte und die Erfüllung der Bitte sich dadurch als ein besonderer Akt der Generosität und persönlichen Anteilnahme erwies.

Im Januar und Februar 1897 hielt sich Marie Radziwill in Petersburg auf. Dort wurde sie von der Mutter des Zaren in Audienz empfangen. Die Mission der Fürstin erreichte ihr Ziel. Die Frage der Naturalisierung ihres Sohnes Georg werde, so verspricht man ihr, ihrem Wunsch gemäß geordnet. „Mehrmals gab sie mir die Hand, die ich natürlich küßte, wobei ich meinen Dank wiederholte."[240]

Der letzte Aufenthalt der Fürstin Radziwill in Petersburg war Mitte der Siebzigerjahre gewesen. Doch der zivilisatorische Rückstand, stellt sie fest, sei geblieben. Nichts gehe schnell in diesem Lande, man brauche unendlich viel Geduld. Bei ihrer letzten Reise hatte sie den Niedergang der Oberschicht beklagt. In ihrem Urteil über den Zerfall der vornehmen Gesellschaft im Gefolge der Bauernbefreiung fühlt sie sich nun bestätigt. „Es gibt nicht mehr die Eleganz und die großen offenen Häuser von ehedem. Alle haben Bankrott gemacht oder haben kein Geld. Dieses kostbare Metall fehlt überall, besonders in der Oberschicht. Alle Großgrundbesitzer sagen, sie seien ruiniert, oder sie müßten sparen. Man begreift, daß Auslandsanleihen eine Notwendigkeit sind."[241] Schon früher war der Fürstin aufgefallen, dass der Hof Alexanders III. kein Zentrum der Society mehr bildete. Alexander III., so höre man, sei ein Bauernzar gewesen, er habe die gute Gesellschaft getötet, jede Entfaltung gehemmt, die Intelligenzen niedergehalten und überall Schrecken verbreitet.

Der junge Zar weckte in der Fürstin Radziwill dagegen zaghafte Hoffnungen. Er sei aber noch zu unselbständig und leicht beeinflussbar. Von der jungen Zarin, einer geborenen Prinzessin von Hessen, von der sie schon durch die Kaiserin Friedrich wenig Schmeichelhaftes gehört hatte, zeigte sich die Fürstin wenig erbaut. Sie habe nur englische Manieren im Kopf, wolle nur auf dem Lande leben und begreife nicht, dass sie als Kaiserin Pflichten habe. Sie sei unvorstellbar unwissend, wie ihr die Oberhofmeisterin Fürstin Galitzin mitgeteilt habe.

Obwohl deutscher Herkunft, sei die Zarin nicht in der Lage, einen Brief in ihrer Muttersprache abzufassen. „Diese Unwissenheit, diese Lässigkeit, diese Gleichgültigkeit gegen alles, dieser Mangel an Distinktion erklären durchaus, daß

sie nur in geringem Maße nach politischem Einfluß strebt und wie ihre Schwiegermutter das ausnutzt, um den ihrigen zur Geltung zu bringen."[242] Von zwei
Frauen umgeben, die auf unterschiedliche Weise über ihn bestimmen wollten,
war Nikolaus II., ein Mann von sehr sanfter Natur, als Herrscher offenbar in einer
schwierigen Lage. Sein ganzes Leben sei er geängstigt von seinem Vater gewesen
und habe seine Mutter gefürchtet. Er wisse wenig von der Staatsverwaltung und
dieses wenige nur schlecht. Dennoch seien diejenigen, die ihn näher kennen,
überzeugt, dass er, wenn man ihn nur gewähren lasse, nach und nach in allem
gerechte und loyale Verfügungen treffen werde.

Dass Marie Radziwill dem jungen Herrscher trotz seiner von ihr deutlich
erkannten Inkompetenz dennoch gute Absichten unterstellt und ihm gerechte
und loyale Verfügungen zugutehält, beweist ihre unbedingte Treue zum monarchischen Prinzip. Sie tadelt zwar mit scharfen Worten die Misswirtschaft im Lande
und entlarvt die Unfähigkeit des russischen Herrscherpaars, schreckt aber vor
den politischen Konsequenzen ihrer Lagebeschreibung zurück. In ihren Briefen
spart sie dennoch nicht mit schroffen Kommentaren zur verknöcherten absolu-
tistischen Herrschaftsform in Russland: „Die politischen Geschäfte werden in
Rußland so verschleppt, weil es keinen Vorsitzenden des Ministerrats gibt, der
die Gesamtverantwortung trägt. Jeder Minister muß dem Kaiser direkt über die
Fragen seines Ressorts berichten, und jeder Minister zaudert, irgendeine Frage
dem Herrscher zu unterbreiten, da er fürchtet, zu mißfallen und seine Stellung
zu verlieren."[243]

Marie Radziwills Einschätzung der russischen Herrscherfamilie findet in dem
Urteil Wilhelms II. über die Mutter des Zaren eine Bestätigung. Die Fürstin hatte
dem Kaiser bei einem Diner im Berliner Schloss von ihrer Russlandreise berichtet. Wilhelm II. sprach der „Kaiserin-Mutter" rundweg jede Kenntnis der politischen Geschäfte ab. Alexander III. habe sie nie in die politische Arbeit eingeweiht.
Wie solle eine Frau, die ahnungslos sei und nur aus Egoismus handele, nur
darauf bedacht, ihren Sohn an sich zu binden, ein Land, das so schlecht verwaltet sei wie Russland, leiten und auch noch die Außenpolitik bestimmen können?

Das Bemühen des deutschen Kaisers, die seit dem Krieg von 1870/71 gestörten
Beziehungen zu Frankreich zu verbessern, wird von der Fürstin mit Sympathie
betrachtet. Als der Kaiser sie nach dem Brand in einem aristokratischen Wohltä-
tigkeitsbasar in Paris, bei dem zahlreiche Menschen, darunter auch Angehörige
des Hochadels, umkamen, in ihrem Haus aufsuchte, äußerte er sich anerkennend
über Frankreich: „Ich betrachte die Existenz der Großmacht Frankreich als unbedingt erforderlich für das europäische Gleichgewicht, nicht im Hinblick auf
Frankreichs größere oder geringere Stärke, sondern auf die Eigenschaften, die es
auszeichnen, seine Kultur, sein Genie, besonders seine geistige Beweglichkeit,

die wir alle brauchen. Kein Land ist ihm in dieser Hinsicht ebenbürtig, und das Licht, das von dort kommt, ist unentbehrlich für uns."[244]

Der Kaiser fuhr fort: „Mit einer guten Regierung könnten wir vortrefflich zusammengehen. Darum wünsche ich von ganzem Herzen, daß die oberen Schichten sich aller dieser Revolutionäre und dieser Skeptiker entledigen, die wahrhaft schlechte Patrioten sind. Ohne sie stände Frankreich an der Spitze der Zivilisation. Diese schlechten Parteien verderben den schönen Einfluß, den die so gesittete Nation überall haben würde."[245]

Mit seinen Äußerungen über Frankreich, die Marie Radziwill voller Genugtuung wiedergibt, hat der Kaiser ihr aus dem Herzen gesprochen, denn auch sie wünscht alles Skeptische und Revolutionäre aus dem öffentlichen Leben verbannt. Für Wilhelm II. steht allerdings ohne jeden Zweifel Deutschland an der Spitze der Zivilisation, denn er hält sich zugute, dass in seinem Land unter seiner Ägide alle revolutionären und zersetzenden Bestrebungen ausgeschaltet oder unter Kontrolle gebracht worden sind.

Die Orientreise Wilhelms II. im Herbst 1898, sein Besuch in Jerusalem, der Erwerb und die Schenkung eines Grundstücks im Heiligen Land an die katholische Kirche spricht aus Sicht der Fürstin für die christliche Gesinnung des Kaisers. Sie zitiert zustimmend aus einem Brief der Großherzogin von Baden, der Tochter Kaiserin Augustas, die ihr schreibt: „Dieser religiöse Augenblick, diese glühende Gläubigkeit sind unschätzbar in einer Zeit, in der Parteigeist und Materialismus daran arbeiten, die Grundfesten der Ordnung und die religiösen Bekenntnisse zu erschüttern."[246] Nach seiner Rückkehr aus dem Orient wurde der Kaiser in Berlin begeistert empfangen. Die Fürstin nahm dies zum Anlass ihrem Briefpartner Robilant zu versichern, dass sie sich in diesem Augenblick nicht nur der Person des Monarchen, sondern auch Deutschland verbunden gefühlt habe. In einer Zeit der Anarchie und der Zerrüttung der Hirne sei „man fürwahr glücklich, sich in einem Land zu wissen, in dem das monarchistische Gefühl so tiefe Wurzeln hat."[247]

Die sich mehr und mehr zum Positiven entwickelnde Einstellung der Fürstin zu Wilhelm II. hatte nicht zuletzt mit ihrer bevorzugten Stellung bei Hofe und der besonderen Gunst zu tun, die sie beim Monarchen genoss. Oft frühstückte oder dinierte sie mit dem Kaiser und nahm einen Ehrenplatz bei Tisch ein. Das Kaiserpaar beehrte sie häufig mit einem Besuch in ihrem Salon. Nicht zuletzt die wiederholten Sympathiebekundungen Wilhelms für den Katholizismus nahmen sie für ihn ein. Gleiches war von Auguste-Victoria nicht zu erwarten. Gegen die Kaiserin gerichtet schreibt die Fürstin in einem Brief ironisch: „Es scheint, daß die Sympathie ihres Gatten für den Katholizismus sie außer sich bringt. Sie wähnt, wenn sie einige Minuten mit einem Kirchenfürsten plaudert, Konvertitin werden zu können; und in der Furcht davor begeht sie viele Torheiten."[248]

Im April 1899 hielt sich Maries Cousine, die Gräfin Élisabeth Greffulhe, eine geborene Prinzessin Caraman-Chimay, in Berlin auf, jene Königin der Pariser Salons, die Marcel Proust als die schönste Frau Europas bezeichnete und die eines der Vorbilder für die Figur der Herzogin von Guermantes in seinem Romanwerk „À la recherche du temps perdu" werden sollte. Fürst Anton fuhr die Gräfin im offenen Landauer durch Berlin. Im Schloss empfing Wilhelm II. Élisabeth Greffulhe zusammen mit Marie und Anton Radziwill. In einem Brief an ihren Mann Henry Greffulhe beschreibt die Gräfin den Kaiser als einen Mann voller Esprit. Er sei ein wahrer Franzose, aber mit mehr Tiefe.[249]

Am 21. Januar 1901 starb Königin Victoria. Wilhelm II. reiste zum Begräbnis seiner Großmutter nach England. Sein verlängerter Aufenthalt auf der Insel stieß in Hofkreisen und in der breiten Öffentlichkeit auf Kritik. Gräfin Brühl, eine Hofdame der Kaiserin Friedrich, äußerte Marie Radziwill gegenüber ihr Unverständnis. In Deutschland herrschte in dieser Zeit wegen des andauernden Burenkrieges eine anti-englische Stimmung. In ihrem Salon unterband die Fürstin Radziwill jedoch jede Kritik am Kaiser. „Wenn ich in meinem Salon merke, daß das Thema berührt wird, unterbreche ich sofort jeden, der so zu reden wagt. Lieber soll man mich lächerlich finden, als daß ich in meinem Hause Bosheiten über einen Herrscher duldete, vor dem ich Hochachtung habe."[250]

Im August 1901 erfuhr die Fürstin in Nieśwież vom Tod der Kaiserin Friedrich, der Tochter Queen Victorias. Diese hatte die striktesten Anweisungen für ihre Beisetzung gegeben und verfügt, dass sie nicht als deutsche Herrscherin, sondern als englische Prinzessin begraben werden wolle. Berlin war beleidigt, der Kaiser tat sein Bestes, um die Schwierigkeiten zu überwinden. Die Kaiserin wurde schließlich im Mausoleum der Friedenskirche in Potsdam beigesetzt. Marie Radziwill fühlt sich in ihrem Urteil über Kaiserin Victoria, diese trage selbst Schuld an ihrem Schicksal, bestätigt: „Und doch hatte diese Fürstin, die sterbend alles, was deutsch war, mißachtete, in Deutschland und von Deutschland Jahrzehnte ihres Lebens gelebt, und es hing nur von ihr ab, ob sie geliebt wurde. Ich war Zeugin ihrer Ankunft in Berlin und darf sagen, daß nie eine Prinzessin so gut aufgenommen worden ist. Man war von diesem Bunde geschmeichelt und hoffte, er werde Preußen zum Wohle sein. Das Gegenteil ist eingetreten."[251]

Marie Radziwill verschweigt die wahren Ursachen für die problematische Rolle, die Victoria als Kronprinzessin und Kaiserin in Preußen/Deutschland gespielt hatte. Es war nicht so sehr die Fixierung auf ihr Heimatland und alles Englische, das ihr in Deutschland das Leben schwer machte, als vielmehr ihr politisches Engagement für eine enge Bindung Deutschlands an England und ihr Eintreten für eine parlamentarische Monarchie. Hier bestand ein tiefer Dissens zwischen den regierenden Kräften des zweiten Kaiserreichs sowie der Fürstin Radziwill und Kaiserin Friedrich.

Am 18./19. Dezember 1901 schreibt die Fürstin an Robilant: „Die große Sorge der gegenwärtigen Stunde ist noch immer die polnische Frage, in der meinem Eindruck nach die Landsleute meines Mannes Fehler auf Fehler häufen."[252] Als Ehefrau eines Polen konnte Marie Radziwill die Lage der polnischen Minderheit in Preußen, die unter der forcierten Germanisierungspolitik litt, nicht gleichgültig sein. Die Gründung des Deutschen Reiches hatte den deutschen Nationalismus intensiviert und den Druck auf die fremden Nationalitäten, den Volkstumskampf wie die staatliche Nationalitätenpolitik verstärkt.[253]

Im Mai 1901 waren polnische Schulkinder in der Kleinstadt Wreschen in der preußischen Provinz Posen, die im Religionsunterricht deutsch sprachen, gezüchtigt worden. Es kam zu einem Schulstreik, der mit Gewalt unterdrückt wurde.[254] Wegen Landfriedensbruch wurden 24 Angeklagte zu Freiheitsstrafen bis zu zweieinhalb Jahren Gefängnis verurteilt. Der Vetter Anton Radziwills, Fürst Ferdinand Radziwill, brachte für die polnische Reichstagsfraktion, die um Ausgleich bemüht war, eine Interpellation ein, die abgelehnt wurde.[255] Auch in Galizien demonstrierten Polen gegen Deutschland und beschädigten das deutsche Konsulat in Lemberg.

Die Fürstin wahrte angesichts der Proteste der polnischen Bevölkerung Zurückhaltung. Sie spricht von Übertreibungen und der Neigung der Polen zum Chauvinismus. Gewiss sei die Schroffheit der Maßnahmen der deutschen Behörden zu tadeln. Andererseits überwiege bei den Polen die Leidenschaft. Es fehle ihnen der Sinn für das Politische. Es gebe unter ihnen zu wenig politisch reflektierende Persönlichkeiten. Dies bestätigten auch die Protestaktionen in Lemberg, Krakau und Warschau, von denen ihre Tochter Helena berichtete. Alle diese antideutschen Demonstrationen zeugten von Unbeholfenheit. Die Leidtragenden seien schließlich die Polen selbst. Der Brief von Henryk Sienkiewicz, der die Bewegung ausgelöst habe, sei typischerweise die Verlautbarung eines Romanschriftstellers und nicht eines Mannes der Politik. Alle diese Aktivitäten führten deshalb am Ende dazu, dass die Lasten der polnischen Bevölkerung noch drückender würden.

Die Polen, beklagt die Fürstin, würden sich lieber in die Arme des rückständigen Russlands werfen, wo sie glaubten, glücklicher leben zu können als in Deutschland. So wüssten sie die Übernahme des Armeekorps von Posen durch den Prinzen Friedrich-Leopold nicht zu schätzen. Sie werden sehen, schreibt sie an Robilant, „dass die Polen Mittel finden werden, um dem Prinzen Unannehmlichkeiten zu bereiten und seine Situation möglichst zu erschweren, anstatt sich geschmeichelt zu fühlen, ihn da zu haben. So wie sie nie zufrieden zu stellen sind, wenden sie alles ins Negative, was man für sie tut."[256]

In ihrer Kritik an den Methoden der polnischen Nationalbewegung, die das preußische Joch abwerfen wollte und sich den Germanisierungsbestrebungen widersetzte, wusste die Fürstin sich offenbar mit dem Großteil der im deutschen bzw. preußischen Staatsdienst tätigen Polen, die dem Adel angehörten, einig. Sie setzte auf das Mittel der friedlichen Verständigung, der Interpellationen und schriftlichen Proteste und wandte sich gegen jeden massiveren Protest, der von den preußischen Behörden als Landfriedensbruch geahndet werden könnte. Hier erwies sich die Fürstin Radziwill als überzeugte Anhängerin des Obrigkeitsstaates.

Ihr Verhältnis zu Deutschland war im Laufe der Jahre enger geworden. Es war von strikter Loyalität und Treue zum Regime geprägt. Aktionen empörter, entrechteter Landsleute ihres Mannes konnten nicht mit ihrer Loyalität rechnen, wenn sie den legalen Rahmen überschritten. Verglichen mit Russland seien die Verhältnisse für die Polen in Deutschland erträglich, so meinte sie. Verbesserungen sollten durch politisches Handeln, d. h. durch Regelungen im Rahmen der vorhandenen gesetzlichen Körperschaften, erreicht werden.

Marie Radziwill berichtet über ein Gespräch mit Wilhelm II., der die polnischen Proteste in Lemberg den dort ansässigen Anarchisten zugeschrieben hatte. Die Politik der Regierung Bülow, die Geld forderte, um den Polen ihre Güter abzukaufen und sie in deutschen Besitz zu bringen, hielt sie indes für ineffektiv. Bei aller bisherigen Loyalität zum Kaiser im Umgang mit der polnischen Minderheit stieß ihr Verständnis allerdings an Grenzen, als sie von der Rede Wilhelms II. am 7. Juni 1902 in Marienburg erfuhr. Dort hatte der Monarch eine Ansprache an die Mitglieder des Johanniterordens gehalten und mit Blick auf die polnische Nationalbewegung erklärt: „Jetzt ist es wieder so weit. Sarmatischer Übermut will dem Deutschtum zu nahe treten, und ich bin gezwungen, mein Volk aufzurufen zur Wahrung seiner nationalen Güter."[257]

Die Rede war Ausdruck des deutschen Sendungsbewusstseins im Osten, der Mythisierung des Deutschen Ordens. Dazu gehörte die Überzeugung deutscher Kulturüberlegenheit und Ordnung gegenüber der polnischen Unterlegenheit und Unordnung.[258] Die Fürstin berichtet ihrem Briefpartner, dass die Rede des Kaisers in Marienburg alles, was polnisch sei, bestürzt und aufs höchste erregt habe. Ihr Mann sei ganz außer sich und man wisse nicht, was noch geschehen werde. Das Herrenhaus sei einberufen, um die 250 Millionen zu bewilligen, die für die deutsche Besiedlung der Provinz Posen gefordert würden. „Mein Mann wird sicher dagegen stimmen, aber zuvor möchte er seine Abstimmung durch einige Worte erklären, die der Regierung zeigen sollen, daß sie auf falschem Wege ist. Mit diesem System der Unterdrückung erreicht man nur das Gegenteil dessen, was man beabsichtigt, und aus den Polen wird man nie Deutsche machen. Die Rasse ist so verschieden, daß man nicht darauf rechnen darf."[259] Selbst der Kanzler und preußische Ministerpräsident Bernhard von Bülow – die Fürstin hatte ihn als Außenminister sehr bewundert und an seine Übernahme des Kanzleramtes am 17. Oktober 1900 große Hoffnungen geknüpft[260] – gab ihr bei einem Besuch zu verstehen, er fürchte, die Rede des Kaisers werde ihn in Verlegenheit bringen. Er sei der Ansicht, der Monarch habe sich zu sehr fortreißen lassen, was ihm bei seiner Rednergabe mitunter widerfahre.

Im Gespräch mit Gräfin Bülow verweist die Fürstin auf die Besonderheit der Polen als der empfindlichsten Nation auf Erden, eine Haltung, die in ihnen tief verwurzelt sei. Wenn man sie unterdrücke, würden sie sich den Russen zuwenden, mit denen sie sich als Slawen ohnehin besser verstünden. Auf die Frage der Gräfin, warum sie ihre Bedenken nicht ihrem Mann, dem Kanzler, direkt mitgeteilt habe, gibt die Fürstin zu verstehen, dass dieser das Thema nicht selbst aufgegriffen habe und es ihr nicht zukäme, ein solch delikates Problem als Erste anzusprechen. Stattdessen verspricht sie sich, vermittels der Gräfin Einfluss auf den Kanzler zu nehmen. Allerdings, so räumt sie ein, habe ein Gespräch unter Frauen nicht das gleiche Gewicht wie ein direktes Gespräch mit Bülow, vor allem wenn sie selbst die Initiative dazu ergriffen hätte.

Die Zurückhaltung Marie Radziwills lässt erkennen, dass sie es nicht als ihre Aufgabe ansah, einem führenden Politiker direkt ihre Meinung in einer schwierigen politischen Angelegenheit mitzuteilen. Offensichtlich hatte Marie Radziwill die Vorstellung, dass ihr politischer Handlungsspielraum sehr eng war. Frauen, die kein Amt innehaben – so sah sie es wohl –, sollten sich nicht in politische Belange einmischen, es sei denn, man bitte sie ausdrücklich darum. Sie begnügte sich mit der Rolle, einen geselligen Rahmen zu schaffen, in dem sich die aktiv handelnden Personen, und diese waren nahezu ausnahmslos Männer, unmittelbar miteinander austauschten.

Die Kommentare der Jahre 1904/1905 gelten dem russisch-japanischen Krieg. Im Februar 1904 griffen japanische Torpedoboote das russische Geschwader in Port Arthur an. Die Fürstin verweist auf die chaotische Situation Russlands, dessen Militär sich in einem kläglichen Zustand befinde. Der ehemalige Sekretär der russischen Botschaft in Berlin, Baron von Knorring, berichtet ihr, in der militärischen Verwaltung wie im Kommando herrsche völlige Anarchie. „Es ist unmöglich, auch nur die geringste Genauigkeit zu erreichen. Alles wird von ungefähr erledigt, jeder handelt, wie er Lust hat, und alle lügen. Die Soldaten sind bestes Menschenmaterial, aber es gibt keine tüchtigen Unteroffiziere, die Offiziere sind sehr ungebildet, die Generäle würden in einer anderen Armee zu schlecht sein, um eine Kompagnie zu befehligen. Nicht einer reitet, alle sind mehr oder weniger vertierte Trinker."[261] Russland sei ein Koloss mit tönernen Füßen. Durch seine Ausdehnung über ganz Asien habe es sich selbst geschädigt.

Vertragsgemäß war Russland verpflichtet, im Oktober 1903 die Mandschurei zu räumen. Die russische Expansionspolitik griff auch auf Korea über, wo russische Unternehmer Steinkohlenlager auszubeuten begannen. Marie Radziwill prognostizierte keinen guten Ausgang der sich zuspitzenden Krise zwischen Japan und Russland. Von dem englischen Botschafter in Berlin erfuhr sie, dass Russland trotz mangelnder Vorbereitung eher Krieg führen werde, als dass es auf seine angeblichen Rechte in Korea verzichte und in der Mandschurei zurückweiche. Die Fürstin stimmte dieser Einschätzung zu: „Ich gestehe, daß ich an die Vernunft der Russen nicht glaube. Sie sind Fanatiker und Fatalisten, sie wollen alles in ihrer Gewalt haben, und indem sie zuviel wollen, könnten sie verlieren, was sie haben. In meinem Inneren prophezeie ich keinen guten Ausgang der ganzen Krise. Der jetzige Zar hat keinen Charakter und scheint mir völlig zügellos."[262] Darüber hinaus spielten niedrige persönliche Intrigen und Geschäftsinteressen eine große Rolle. Der Zar selbst sei an wirtschaftlichen Spekulationen beteiligt.

Im März 1904 hielt sich die Fürstin in Petersburg auf. Vor ihrer Abreise erfuhr sie, dass Ferdinand Radziwill im preußischen Herrenhaus vergeblich um Verständnis für die Belange der polnischen Bevölkerung geworben hatte. Die Deutschen behaupteten, es gebe gar keine polnische Nation, sondern nur Deutsche, die polnisch sprächen.[263]

Der russische-japanische Krieg betraf Marie Radziwill ganz persönlich. Ihr jüngster Sohn Stanislaus wollte russischer Staatsbürger werden und bereitete sich darauf vor, in den Krieg zu ziehen. Selbst nach fünfjährigem Aufenthalt im Land war seine Naturalisierung noch nicht gesichert. Der Radziwill'sche Besitz von Mankiewicze stand auf dem Spiel. Da die offiziellen Wege erschöpft waren, bediente sich Marie Radziwill in Petersburg wiederum ihrer guten persönlichen Kontakte zur russischen Führung. Sie wandte sich direkt an den Kriegsminister und erreichte schließlich, dass der Zar ihren Sohn als Offizier der russischen Armee akzeptierte.

Die Russen, teilt sie ihrem Briefpartner mit, seien bei allen asiatischen Völkern zutiefst verhasst. Sie verstehe diese Haltung. Die asiatischen Völker wollten von den Europäern in Ruhe gelassen werden. Diese fielen im Namen der Zivilisation über sie her und versuchten ihnen zu entreißen, was sie besitzen, ohne sich um die Reaktionen zu kümmern, die diese Art des Verhaltens auslöse.

Trotz der Einnahme von Port Arthur durch die Japaner setzte der Zar den Krieg fort. Der englische Militärattaché, der aus der Mandschurei zurückkam, berichtete der Fürstin über die Haltung des russischen Herrschers. Dieser sei zu inneren Reformen unfähig und bilde sich ein, wenn er davon rede und sie seinen Untertanen vorgaukle, ohne sie in die Praxis umzusetzen, genüge dies, um die Gesellschaft zu befrieden. Der Kaiser sei gar nicht unterrichtet, was in seinem Land geschehe.

Am 16. Dezember 1904 starb Anton Radziwill. Die Fürstin reiste erneut nach Russland, um sich der Mission zu unterziehen, die ihr Mann ihr auferlegt hatte: die Anerkennung seines Testaments über die Majorate Nieśwież und Mankiewicze. Die Fahrt nach Petersburg fand im Januar 1905 statt. Sie war auch deshalb vonnöten, da die Nationalität ihres zweiten Sohnes Stanislaus trotz seines Eintritts in das russische Heer in der Schwebe geblieben war. In der russischen Metropole war Marie Radziwill am 22. Januar Zeugin, wie demonstrierende Arbeiter vor dem Winterpalais vom Militär zusammengeschossen wurden. Die Ereignisse lösten revolutionäre Unruhen im ganzen Land aus. An General Robilant schreibt sie einige Tage später:

> Wir haben Wirren durchgemacht, die alle meine Geschäfte verzögerten, und ich weiß nicht, wann ich nach Berlin zurückreisen kann. In dieser ganzen Woche wagte kein General auszugehen oder auszufahren. Keine Hofkutsche konnte sich in den Straßen zeigen. All dies schien mir jedoch ziemlich sonderbar, denn ich habe mich in der ganzen Stadt frei bewegt, bin umgekehrt, wenn die Posten mir sagten, ich müsse einen anderen Weg nehmen, und fand es durchaus nicht nötig, mein Zimmer zu hüten. Die Unruhen waren vor allem auf dem jenseitigen Ufer. Der Newski-Prospekt, in dessen Gegend ich wohne, ist von einer ungeheuren Menschenmasse erfüllt. Sie war friedlich und wäre es wohl geblieben, hätten nicht die Truppen, ohne daß man sie herausforderte, gefeuert. Eine große Zahl von Ungeschicklichkeiten ist begangen worden. Sie werden noch böse Folgen haben. Die Unterdrückung war brutal. Wenn nur die Ära der Attentate nicht heftiger wieder anhebt! Das alte Regime ist nicht mehr tragbar. Der Zar fühlt es, jedoch weiß er nicht, wie er aus der Sackgasse heraus soll, und wie er sich von der Umgebung befreien könnte, die ihn abschließt.[264]

Über die Zahl der Toten wisse man nichts Genaueres. Die Polizei habe sofort alle Leichen in die Newa geworfen. Der Aufruhr sei nur ein Symptom der Entfesselung aller gesetzlichen oder ungesetzlichen Tendenzen in der inneren Politik Russlands, beschleunigt durch den Krieg, durch ministerielle Torheiten und das Verhalten der Großfürsten. Eine Revolution in Russland sei sehr wahrscheinlich. „Mit Gewissheit lässt sich sagen, dass es gerade vor großen Revolutionen eine Art Blindheit gibt, die den Führenden die Augen verschließt. Ich glaube, das geschieht gegenwärtig in Russland."[265] Die Regierung des Zaren sei der Herrschaft Ludwigs XVI. auf frappierende Weise ähnlich. Beide Souveräne bezeichnet sie als charakterlich schwache Persönlichkeiten.

Der Fürstin gelang es, für die Interessen ihrer Kinder zu sorgen, bevor sie die Rückreise nach Berlin antrat.[266] Im April 1905 besuchte sie die französische Hauptstadt. Der Besuch Wilhelms II. in Marokko hatte das Verhältnis zu Frankreich, dem Verbündeten Englands, belastet. „Ich fand in Paris alles drunter und drüber wegen des Besuchs des Kaisers in Tanger, den die Franzosen als die größte Kühnheit betrachten, die Deutschland seit 1870 gegen Frankreich habe ersinnen können."[267] Sie wünscht, dass sich in Zukunft die Reisepassion des Kaisers – im Fall

Marokkos sei er von Kanzler Bülow dazu gedrängt worden – mäßige. Bülow erweise sich in der Marokko-Krise als ein Mann mit zwei Gesichtern, schreibt sie im August 1905, eine Verhaltenseigenschaft, die sie in der Politik immer verachtet habe.

Die englische Diplomatie schüre das Feuer zwischen Deutschland und Frankreich. Nichts sei ihr lieber, als dass beide Länder in Streit mit einander gerieten. Die Gefahr erhöhe sich durch die geringe Sympathie zwischen Eduard VII. und seinem Neffen Wilhelm II. England habe sich stets als ein egoistischer Bundesgenosse gezeigt und Frankreich könne seiner Bündnistreue nicht sicher sein. Andererseits sei man in Berlin unklug, schroff und verwegen geworden. Die Fürstin beklagt die sonderbare Zusammensetzung der deutschen Diplomatie. Der Nachwuchs sei bürgerlich, ohne Herkunft und ohne gesellschaftliche Erfahrung.

Im Sommer 1905 hielt sich die Fürstin in Mankiewicze auf. Die sozialen Unruhen in Russland bedrohten auch ihre Herrschaft. „Gestern ist jemand von Nieśwież gekommen", schreibt sie aus Mankiewicze, „der uns von Bauernaufständen auf einem Gut hinter dem Schloss erzählte. Die Arbeiter, die das Heu ernten sollten, streikten und verweigerten jede Arbeit, falls man nicht ihren Lohn erhöhen würde. Es sieht alles schlecht aus."[268] Von Mankiewicze begab sie sich nach Nieśwież, wo ihr Mann seine letzte Ruhestätte finden sollte. Zu den Teilnehmern der Begräbnisfeierlichkeiten zählten hohe russische Offiziere, Repräsentanten der Truppen aus Wilna und Warschau. Das Kranzgebinde des Zaren trug die Aufschrift: „Dem Generaladjutanten Fürst Anton Radziwill vom Kaiser Russlands."[269] Eine solche Widmung sei, so die Fürstin, einem ausländischen General noch nie zuteil geworden.

Marie Radziwill hat ihre Besitztümer in Litauen nicht wieder besucht. Es war nur ein tiefes Gefühl ihrer Schuld, dass sie die zwei Sommermonate in Russland verbracht hatte. Als ihren Ruhesitz wählte sie die Herrschaft Kleinitz in Schlesien. Dort erfuhr sie vom Friedensschluss zwischen Russland und Japan.[270] Als Kennerin des Zarenreiches blieb sie skeptisch. Die innere Lage Russlands werde sich trotz des Kriegsendes nicht beruhigen. Die revolutionäre Gärung wachse. In Wolhynien und in der Ukraine seien die Grundbesitzer, darunter Graf Branicki, ein Vetter der Schwiegertochter der Fürstin, angegriffen worden. Er dürfe sich auf seinen Gütern nicht mehr blicken lassen. Die Bauern drohten ihm mit dem Tod. Die revolutionäre Partei in Russland nötigte ihr wenig Respekt ab. Sie bestehe aus Fantasten und wolle bis zum Äußersten gehen, ohne die Mittel, derer sie sich bediene, allzu sehr zu bedenken. „Sie ist trunken von Phrasen und Theorien. Das ist ein echt slawischer Zug. Somit ist es nicht eine Revolution, sondern eine wahre Anarchie."[271]

Marie Radziwill genoss nach wie vor die Freundschaft des deutschen Kaiserpaars und das besondere Vertrauen Wilhelms II. Kaum verging eine Woche, dass sie nicht zu Hofe eingeladen wurde. In den letzten Jahren hatte der Kaiser in ihrer Wertschätzung gewonnen. Es schien ihr, als habe er gelernt, sich zu mäßigen. Diese Einschätzung sollte sie bald korrigieren, denn in jüngster Zeit betätigte sich der Monarch nicht allein in der Polen-Frage als Scharfmacher.

Am 10. August 1905 begründete Wilhelm II. in einer Rede in Gnesen die Germanisierung in der Provinz Posen mit der höheren Zivilisation der Deutschen. Er berief sich zudem auf den verstorbenen Papst Leo XIII., der ihm im Namen aller deutschen Katholiken die Treue seiner katholischen Untertanen versprochen habe und beklagte, dass die Polen den Worten des Papstes nicht Folge leisteten. Marie Radziwill erkennt darin eine Verdrehung der Tatsachen. Der Kaiser habe von gleichen Rechten seiner preußischen Untertanen gesprochen, doch diese existierten für die Polen nicht. Solange dies nicht der Fall sei, würde sich die polnische Bevölkerung nicht mit dem deutschen Regime versöhnen. Es gebe zwar im Allgemeinen auf religiösem Gebiet für die Polen keinen Grund, sich über die preußische Verwaltung zu beklagen. Unverständlich seien jedoch die Beschränkungen, die ihnen beim Gebrauch ihrer Sprache auferlegt würden, besonders beim Religionsunterricht ihrer Kinder. Gewiss sei, dass sich das preußische Polen trotz aller Anstrengungen der Regierung Preußens nicht germanisieren lassen werde. Die Ansiedlungspolitik sei ein Fehlschlag, ebenso die für die Polen gemachten Ausnahmegesetze, die sie darin hinderten, sich niederzulassen, wo sie wollten. Die Fürstin kritisiert die ständigen Vorwürfe des Kaisers an die Adresse der Polen, sie liebten die Deutschen nicht und wollten weder ihrer Sprache, noch ihrer Geschichte entsagen. Dies werde zu nichts Gutem, sondern vielmehr eines Tages für die Preußen zu einem schlechten Ende führen. „Nichts ist gefährlicher, als seine eigenen Untertanen wie Feinde zu behandeln, vor allem dann, wenn sie es nicht verdienen."[272]

Der Mangel an Sensibilität in den Reden Wilhelms II. offenbarte sich nicht nur im Umgang mit den Polen. Bei der Enthüllung eines Moltke-Denkmals am 26. Oktober 1905 erklärte er: „Wie es in der Welt steht mit uns, haben die Herren gesehen. Darum das Pulver trocken, das Schwert geschliffen, das Ziel erkannt, die Kräfte gespannt und die Schwarzseher verbannt!"[273] Kanzler Bülow habe daraufhin allen der Regierung nahestehenden Blättern Order gegeben, die kaiserlichen Worte, die einen Brand hervorrufen könnten, abzuschwächen.

Die deutsche Außenpolitik begann die Fürstin mehr und mehr zu beunruhigen, nicht allein, weil Wilhelm II. durch seine unbedachte Art, die Konsequenzen seiner Reden nicht abzuschätzen wusste, sondern auch durch das Handeln der Regierung. Bülow habe keine glückliche Hand mehr und stehe unter dem fatalen Einfluss Holsteins, der „grauen Eminenz" im Auswärtigen Amt. Die Botschafter beklagten sich bei ihr, seitdem Bülow Fürst geworden sei, glaube er, so weit über ihnen zu stehen, dass er es kaum mehr für nötig halte, mit ihnen zu sprechen. Ihr Urteil über die Außenpolitik des Reichs lautet: „Deutschland hat besonders durch Plötzlichkeit gesündigt, durch Mangel an Takt und durch die Idee, die in allen regierenden Köpfen in Berlin sich festgesetzt hat, nur wenn man Scheiben einschlage und die Zähne zeige, lasse irgendeine Frage sich erledigen."[274] Vom Kriegsministerium, vom Auswärtigen Amt und auch aus dem Generalstab sei zu hören, da jetzt von Russland nichts mehr zu befürchten sei, sei der Zeitpunkt für Deutschland gekommen, an Grenzberichtigungen zu denken.

Das Jahr 1905 endete mit Schreckensmeldungen. Die sozialen Unruhen im Osten hatten auf die baltischen Länder übergegriffen. Die Fürstin sah Russland bereits in den Händen der Revolutionäre und fürchtete, dass die Revolution bald auch auf Deutschland übergreifen könnte. „Wenn Moskau in die Hände der Anarchisten fallen sollte und die Kämpfe auch in Petersburg beginnen, so scheint es mir, dass Russland dem Untergang nahe ist (…) Und dann wird die Revolution ihr Haupt auch in Deutschland und anderswo erheben. Gott weiß, was dann mit unserem alten Europa geschehen wird."[275] Das alte Europa war für sie das Europa der Monarchien, der Herrschaft des Adels und des Großbürgertums. Durch die Ignoranz und den Hochmut der Herrschenden komme es zu von Anarchisten gesteuerten Volkserhebungen, die dieses Europa zum Einsturz bringen würden. Zur Erleichterung der Fürstin traf aus Russland bald die Nachricht ein, dass die Repression Erfolg habe. Mit Genugtuung registrierte sie die Niederschlagung der Revolution durch die zaristischen Truppen. Die Wahlen zur Volksvertretung, der Duma, einer ausschließlich konsultativen Einrichtung, die der Zar konzediert hatte, und die ersten Sitzungen würden jedoch weitere Krisen bringen. Zu den Mitgliedern der ersten Duma, die im Mai 1906 tagte, gehörte der Schwiegersohn der Fürstin, Joseph Potocki.

Die Kommentare Marie Radziwills zum Zeitgeschehen gelten in den Jahren bis zum Ersten Weltkrieg vor allem der Außenpolitik. Die deutsche Diplomatie, so heißt es immer wieder, habe sich festgerannt. Deutschland sei zunehmend isoliert. Doch auch in der Innenpolitik, namentlich in der Frage der Provinz Posen, sei keine Bewegung zu erkennen. Der Kaiser sei von seinen Ministern schlecht unterrichtet und nicht mehr Herr der Situation, Kanzler Bülow gesundheitlich angeschlagen. Für ausländische Beobachter – sie beruft sich auf den italienischen Botschafter Graf Lanza – sei die größte Schwierigkeit die Person des Monarchen, sein Mangel an Takt, seine Impulsivität im Handeln, ohne die Folgen zu bedenken. In Schlesien hielt Wilhelm II. im September 1906 Ansprachen bei der Einweihung eines Gedenksteins an das Lager Friedrichs des Großen. „Schwarzseher dulde ich nicht, und wer sich zur Arbeit nicht eignet, der scheide aus, und wenn er will, suche er sich ein besseres Land."[276] Diese Drohung war an die polnischen Untertanen gerichtet. Sie wirkte katastrophal, sogar auf die Deutschen, die wie die Fürsten Ratibor, Hatzfeldt und Pless über Grundbesitz im Großherzogtum Posen oder nahe dessen Grenze verfügten. Alle Freunde der Fürstin waren über die Reden des Kaisers entsetzt. Seine Taktlosigkeit zeigte sich auch in Anwesenheit eines österreichischen Repräsentanten, vor dem er über das von Friedrich dem Großen eroberte Schlesien sprach und von der Anhänglichkeit der Schlesier an ihn.

Die Isolation des deutschen Reiches zeigte sich bei den Feierlichkeiten, die im November 1906 in Paris anlässlich der zwischen England und Frankreich geschaffenen „entente cordiale" stattfanden. Gleichzeitig verhandelte der russische Außenminister in der französischen Hauptstadt im Rahmen der französisch-russischen Allianz über eine Geldanleihe. Ministerpräsident Clemenceau wollte das Bündnis mit Russland von der Freundschaft mit England nicht trennen. „Die Besorgnis Deutschlands ist um so begreiflicher, als bei seiner gewohnten Ungeschicklichkeit seine Fehler sich so vervielfachen, daß es auf noch lange Zeit sich aus seiner Isolierung nicht befreien kann. Es verdankt sie den Torheiten seiner Politik, seiner Prahlsucht und der geringen Gewandtheit, mit der es die allgemeine Abneigung sich zuzieht."[277]

Die kritischen Bemerkungen über Wilhelm II. häufen sich nun in ihren Briefen, wobei sich Marie Radziwill nicht nur auf eigene Beobachtungen, sondern auch auf die Hinweise einer Reihe von Diplomaten stützt, mit denen sie täglich Umgang hat. Der erste Sekretär der französischen Botschaft in Berlin, Raymond Lecomte, berichtete ihr von einer Begegnung mit dem Kaiser in Liebenberg bei Fürst Philipp Eulenburg. Lecomte war überrascht zu sehen, wie sehr der Monarch in den letzten Jahren an Feinheit verloren habe. Die Damen des Hauses ignorierte er. „Der Kaiser glich einem Schüler in den Ferien, der noch keine gesellschaftlichen Manieren hat."[278]

Die „Deutschland über alles"-Manier des Kaisers beunruhigte die anderen Nationen. England profitierte davon, indem es Deutschland mit Bündnissen umgab und dem Kaiser demonstrierte, dass seine Politik auf eine starke Opposition traf. Die Borniertheit und Selbstherrlichkeit des Monarchen zeigte sich in einem Gespräch mit der Fürstin. Angesprochen auf ihr Leben in Schlesien, teilte sie ihm mit, die Eisenbahnverbindungen ließen zu wünschen übrig und die Straßen seien in schlechtem Zustand. Der Kaiser antwortete, er werde sofort den strikten Befehl erteilen, dies zu ändern, denn er wünsche, dass sie sich in seinen Ländern möglichst wohl fühle. Als man auf die Presse zu sprechen kam, gab Wilhelm II. zu verstehen, er lese nie Zeitungen. Die Presse besitze doch eine solche Macht, dass man gut daran tue, sie zur Kenntnis zu nehmen, um sein Handeln darauf einzustellen, warf die Fürstin ein. „Das mag für andere richtig sein, aber nicht für mich, denn es würde mich irritieren, wenn ich Meinungen vorfände, die den meinen konträr sind"[279], lautete die Antwort des Monarchen.

Längere Passagen ihrer Briefe widmet die Fürstin der Eulenburg-Affäre. Sie habe seit den fünfzig Jahren, die sie in Deutschland lebe, nicht eine solche Verwirrung der Geister erlebt. Der Kabinettssekretär Auguste Victorias und frühere Kammerherr der Kaiserin Augusta, Bodo von dem Knesebeck, einer ihrer Informanten, habe sich sehr darüber erregt, dass der Kaiser sich drei Tage bei Fürst Eulenburg aufhielt. Fürst Philipp, den Marie Radziwill nicht persönlich kannte, sei, so Knesebeck, ein für den Herrscher sehr gefährlicher Freund. Er sei falsch, ehrgeizig und unfähig, die großen Linien der Politik zu erkennen. „Knesebeck fügte mit Recht hinzu, nichts sei für einen Souverän gefährlicher als intime Bindungen. Freunde soll er haben, sich sogar möglichst viele erwerben, aber nicht bis zur Intimität gehen."[280]

Die Eulenburg-Affäre wurde am 26. April 1907 durch einen Artikel des Journalisten Maximilian Harden in der Zeitschrift „Zukunft" ausgelöst, in dem er die Umgebung des Kaisers angriff und der Homosexualität bezichtigte. Über die Konsequenzen schreibt die Fürstin: „Wilhelm Hohenau und ein Graf Moltke, die beiden Flügeladjutanten des Kaisers, sollen vom Hof weggeschickt worden sein, aus Gründen, die Sie erraten können, und Fürst Eulenburg, dieser so intime Freund Seiner Majestät, ist ersucht worden, Berlin nicht mehr zu betreten. Der Kronprinz soll diese Zustände dem Kaiser enthüllt haben."[281] In Frankreich fürchte man, dass auch der französische Botschaftsrat Lecomte, ein intimer Freund Eulenburgs, in die Sache verwickelt sei. Auch Kanzler Bernhard von Bülow sei in die Affäre verstrickt. Viele lobten seine Energie, mit der er gegen die Verleumdung, deren Ziel er sei, vorgehe.

Die Artikelserie Hardens empfand die Fürstin als widerwärtig. Ihr politischer Hintergrund sei, die Haltung der Berater des Kaisers in Konfliktsituationen – zum Beispiel in der Handhabung der Marokko-Krise – als verweichlicht zu denunzieren. Es sei unglaublich, dass die Deutschen es in dieser Sache an Schamgefühl fehlen ließen. Es müsse ein Gesetz geben, derartige Presseerzeugnisse zu verbieten. Solche Artikel trügen zum sittlichen Verfall des ganzen Volkes bei. Zu einem Prozess, den Bülow angestrengt hatte, schreibt sie: „Aber ich bedaure, wie ich gestehe, daß man nicht alles getan hat, um diesen Prozeß zu vermeiden, ebenso wie die Debatten des Moltke-Harden-Prozesses. Wie auch der Ausgang sein mag, der Name des Mannes, der Jahre hindurch das kaiserliche Vertrauen genossen hat und dessen Einfluß zuweilen über die ermächtigten Berater der Krone siegte, läßt sich aus den Berichten nicht entfernen."[282]

Der Prozess des Grafen Kuno von Moltke gegen den Publizisten Maximilian Harden sei nicht nur ein politischer Skandal. Die Fürstin erkannte darin den Vorboten einer Revolution und eine gesellschaftliche Katastrophe. Schien ihr schon im Falle des Zaren Nikolaus II. der Vergleich mit Ludwig XVI. angemessen, so zögerte sie nicht, die Situation am Hofe Wilhelms II. der gleichen historischen Verfallsstufe zuzuordnen. In der Eulenburg-Affäre sei der unheilvolle Klang einer Glocke zu vernehmen, die von Niedergang, Roheit und Korruption in der Entourage des Hofes künde. Unter Ludwig XVI. habe die Halsbandaffäre der Königin einen ähnlichen Klang erzeugt. Es sei ihr unverständlich, warum man den Prozess nicht hinter verschlossenen Türen führe und Harden nicht wegen Majestätsbeleidigung belange. Allerdings sei der Kaiser selbst jemand, der stets die Öffentlichkeit suche und es an Diskretion habe fehlen lassen.

Sie sei schrecklich traurig, schreibt die Fürstin an Robilant, denn er wisse wohl, wie sehr sie dem Kaiser zugetan sei und wie sehr sie es bedaure, ihn auf so infame Weise bloßgestellt zu sehen. Ließe sich der Monarch gegenwärtig auf der Straße blicken, so umgebe ihn eine tiefe Stille, während der Kronprinz, der den Skandal enthüllt habe, von der Masse mit Beifall empfangen werde. Das Ansehen des Kaisers sei unwiderruflich beschädigt.

Der Verfall der Gesellschaft spiegele sich nicht nur bei Hofe wider, sondern zeige sich auch in einem unerhörten Luxustreiben. Jeder denke nur daran sich zu amüsieren und sein Geld mit vollen Händen auszugeben. Man habe siebzehn Millionen für eine neue Herberge ausgegeben – die Rede ist von dem im Oktober 1907 eröffneten Hotel Adlon, das an der Stelle des abgerissenen Palais Redern am Pariser Platz errichtet worden war.[283] Das Hotel – Symbol eines absurden Luxus – glänze voller Marmor, Gold, Bronze und Seide. Jeden Abend sei das Restaurant trotz der enormen Preise überfüllt.

Auch das zunehmende Scheidungsverhalten in der vornehmen Gesellschaft war für die Fürstin ein Grund zur Besorgnis. In ihrem Umfeld seien gerade vier Scheidungsverfahren anhängig. „Es sind vier Ehen, die ich sehr gut kenne und die nichts als Veränderung im Sinn haben! Dies ist ein Zeichen der Auflösung, der Verderbtheit und eines sehr traurigen Seelenzustandes."[284]

Am Ende des Jahres 1907 zog Marie Radziwill ein bitteres Fazit. Die Situation sei so verfahren, dass man sich manchmal frage, ob der Kaiser nicht versucht sein könnte, seinen innenpolitischen Schwierigkeiten zu entfliehen, indem er sich in einen schrecklichen Krieg stürze. Alles in allem sei die Herrschaft des Kaisers, die so voller Versprechungen war und so gut begonnen habe, vollkommen verblasst.

Breiten Raum nimmt in den Berichten des Jahres 1908 das Gesetz zur Enteignung polnischer Grundbesitzer in der Provinz Posen ein. Das Gesetz sollte die Enteignung von bis zu siebzigtausend Hektar polnischen Grundbesitzes gegen Entschädigung ermöglichen. Bülow hatte den Gesetzentwurf „zur Stärkung des Deutschtums in Westpreußen und Posen" im November 1907 im preußischen

Landtag eingebracht. Während sich im preußischen Abgeordnetenhaus und im Reichstag eine Mehrheit für das Gesetz aussprach, stieß es im preußischen Herrenhaus zunächst auf Widerstand. Dieses Gesetz, so die Fürstin, verstoße gegen das Prinzip der rechtlichen Gleichheit aller Bürger und die von der Verfassung postulierte Unverletzlichkeit des Privateigentums.[285] Im März 1908 votierte schließlich auch das Herrenhaus auf Druck der Regierung und des Kaisers für das Gesetz. Marie Radziwill befürchtete die schlimmsten Folgen, denn man nehme vier Millionen Untertanen ihre Hoffnung, von denen nun nicht wenige sich dem Sozialismus zuwenden würden.

Als Frau eines polnischen Adeligen befand sich die Fürstin in einer schwierigen Situation. Sie erhielt zahlreiche Briefe von polnischen Bürgern, die sie aufforderten, sich zu ihren Gunsten beim Kaiser zu verwenden. Von ihren Kindern wurde ihr nahegelegt, Berlin und Preußen zu verlassen, da der Kaiser offensichtlich seine polnischen Untertanen als schlimmste Feinde betrachtete. „Meine Lage ist gewiß nicht beneidenswert, und da ich hier niemanden habe, mit dem ich darüber sprechen kann, was mich im Innern bewegt, bin ich verwirrt und fühle mich unbehaglich."[286]

Einen Trost fand die Fürstin darin, dass im Herrenhaus einige Vertreter wie der Fürst von Schleswig-Holstein, ein Bruder der Kaiserin, Admiral Hollmann, ein Freund des Kaisers, Fürst Hatzfeldt, Marschall Haeseler, der Fürst von Fürstenberg und zwei Kardinäle gegen das Gesetz stimmten.

Anlässlich des Ordensfestes hatte Marie Radziwill Gelegenheit, sich mit der Kaiserin über die politische Lage auszutauschen. Sie empfahl ihr, offen mit ihrem Mann über die krisenhafte Situation des Landes zu sprechen. „Die Kaiserin müsse allen ihren Mut zusammennehmen, damit der Kaiser die Ereignisse, die öffentliche Stimmung usw. kenne, um zur rechten Zeit der allgemeinen Unzufriedenheit zu steuern, die sich leider nicht verhehlen lasse. Dazu bedürfe es nicht immer der Gewalt. Moralische Festigkeit wirke noch mehr."[287] Die Fürstin war sich darüber im Klaren, dass offene Worte wie diese wenig bewirkten, denn der Kaiser sehe die Tragweite der von ihm begangenen Fehler nicht und die Kaiserin sei zwar eine gute, vortreffliche Frau, aber sie lese nie eine Zeitung und habe keine Ahnung von der Politik.

Das verantwortungslose Handeln Wilhelms II. dokumentierte ein in der „Times" im März 1908 veröffentlichter Brief an Lord Tweedmouth, einem hohen Offizier der britischen Admiralität, in dem er Einfluss auf den Marine-Etat Englands zu nehmen versuchte. Die Enthüllungen wertete die Fürstin als eine heillose Unbesonnenheit und einen Ausdruck der Pflichtvergessenheit des Staatsoberhaupts. „Ich beginne durchaus überzeugt zu sein, daß unser Herrscher krank und sein Gehirn nicht mehr in völlig normalem Zustand ist. Wäre er geistig klar, würde er nicht einen so ungeheuren Fehler wie diesen begehen. Denn diesmal ist es etwas Schlimmeres als eine Entgleisung."[288]

Im Südosten Europas spitzte sich die politische Lage im Herbst 1908 zu. Fürst Ferdinand erklärte Bulgarien zum unabhängigen Königreich und Österreich-Ungarn annektierte Bosnien und die Herzegowina. Das erste Mal in ihrer Korrespondenz mit Robilant spricht Marie Radziwill von der Möglichkeit eines Weltkriegs („guerre générale"). Der österreichische Thronfolger Franz-Ferdinand flöße ihr wenig Vertrauen in die Zukunft des Landes ein. Zugleich unternehme der Kaiser alles, was geeignet sei, Deutschland weiter zu isolieren.

Der „Daily Telegraph" veröffentlichte im Oktober 1908 ein Interview mit dem Monarchen, in dem dieser enthüllte, Frankreich und Russland hätten Deutschland während des Burenkrieges aufgefordert, „die Burenrepubliken zu retten und England bis in den Staub zu demütigen".[289] Die Maßlosigkeit der Worte, so die Fürstin, gehe über alles bisher Dagewesene hinaus. Der Kaiser kompromittiere unaufhörlich sein Land. Er habe vor der Öffentlichkeit Frankreich und Russland bloßgestellt, die es ihm nie verzeihen würden, und England, das er gewinnen wollte, werde ihm nur desto feindlicher gesinnt sein. Marie Radziwills Sorge um den Geisteszustand des Herrschers fand in dessen jüngsten Verlautbarungen neue Nahrung. „Mir scheint, daß seine Vernunft, die eines direkten Erben Königs Georg III. von England, sich allmählich umdunkelt wie die dieses Ahnherrn und mehrerer Söhne dieses Königs, darunter Wilhelms IV., dem die Königin Victoria nachgefolgt ist."[290]

Viele Jahre habe sie Gelegenheit gehabt, die Veränderungen zu beobachten, die mit dieser mit so vielen Fähigkeiten ausgestatteten Natur vor sich gegangen seien. Ihre Vorahnungen hätten sich nur bestätigt. Doch man sei noch nicht am Ziel angelangt. Da Deutschland international isoliert sei, bleibe nur noch der Schulterschluss mit Österreich in der Balkanfrage, was nichts Gutes ahnen lasse. Im Innern lebe man in einem vorrevolutionärem Stadium. Das monarchische Regierungsprinzip sei tief erschüttert.

Die Fürstin beobachtete eine deutliche Abkühlung im Verhältnis des Kaisers zum Kanzler. Auch die konservative Partei wende sich von Bülow ab. Im Hintergrund verrichte Friedrich von Holstein sein zersetzendes Werk.[291] Der Besuch des englischen Königs Eduard VII. im Frühjahr 1909 wurde in der deutschen Presse von chauvinistischen Tönen begleitet. „Sie wollen die öffentliche Meinung auf einen guten Empfang des Königs einstimmen, doch tun sie dies, wie üblich, mit einem unerhörten Mangel an Takt, indem sie die Größe und Stärke Deutschlands hervorheben, die kein Land in der Lage sei zu übertreffen (…)."[292] Zwischen Eduard VII. und seinem Neffen Wilhelm II. sei das Verhältnis tief gestört. Die in Berlin betriebene Politik und die Ruhmseligkeit ihrer Repräsentanten seien dem König zuwider. Kaiserin Auguste Victoria, deren pietistischen Protestantismus Marie Radziwill des Öfteren geißelt, habe sich griesgrämig gegenüber dem englischen Monarchen gezeigt, dessen mondäne Lebensart vor ihren Augen keine Gnade finde. Die Fürstin beklagt die Untätigkeit der Monarchin, die kein Verständnis für ihre Pflichten habe. Sie habe sich an das *far niente* gewöhnt. Dies sei unverzeihlich in einer Epoche, die tatkräftiges Handeln verlange.

Der Tod Holsteins, des intimen Beraters von Bülow, beraubte diesen seiner wichtigsten Stütze. Marie Raziwill hielt das langjährige politische Wirken Holsteins für unheilvoll und konnte ihre Erleichterung über sein Ableben nicht verbergen: „Ich gestehe, daß dieser Tod keinerlei Bedauern in mir weckt. Holstein, der sehr gescheit war, war von einer Rachbegierde beseelt, die ihn alles durch die Brille seines Hasses sehen ließ. Immer suchte er mit denen abzurechnen, von denen er glaubte, sie schadeten ihm. So ist er der böse Geist Deutschlands gewesen, und wir verdanken ihm einen großen Teil des Unglücks, das seit fünf Jahren das Land betroffen hat. Er war ‚der Mann mit den Hyänenaugen‘, wie Bismarck sagte, der sich seiner auch zu sehr bedient hat. Er vermachte Holstein dann der Regierung Wilhelms II., und dieser hat es genug gespürt.“[293]

Im Juli 1909 verlor Bülow seine Mehrheit im Reichstag und reichte seinen Rücktritt ein. Sein Nachfolger als Kanzler wurde Theobald von Bethmann-Hollweg. Die Fürstin sah in ihm nur einen Strohmann. Der Kaiser wolle sein eigener Kanzler sein. Über die Regierungszeit Bülows gab die Fürstin ein vernichtendes Urteil ab. Er habe gewiss viele Entgleisungen des Kaisers verhindert, aber bei Weitem nicht alle. Schwerwiegender seien die unleugbaren politischen Fehler, zu denen er den Monarchen veranlasst habe. „Der Kaiser wollte die Marokko-Affäre nicht. Bülow hat, unter der Einwirkung Holsteins, ihn gegen seinen Willen dazu gedrängt. Er wollte Algeciras nicht, Bülow und Holstein haben ihn dazu gebracht. Ich weiß nicht, ob der Kaiser von sich aus die Vorlage über die Enteignung des polnischen Grundbesitzes gewollt haben würde. Der Kaiser wollte den Reichstag nicht auflösen. Bülow hat ihn dazu gezwungen, es zu tun. Ich sehe nur Fehlentscheidungen, die auf Bülow zurückgehen.“[294]

Im Sommer 1909 starb der langjährige Vertraute der Fürstin, General Gaston de Galliffet, der frühere französische Kriegsminister. Sie hatte mit ihm viele Jahre lang korrespondiert und in ihren Briefen an Robilant zitiert sie immer wieder aus Briefen des Generals.[295]

Fürstin Hatzfeldt berichtete Marie Radziwill von einer bizarren Idee des Kaisers. Er wolle erreichen, dass die heilige Messe auf Deutsch zelebriert werde und habe sich zu diesem Zweck an den Heiligen Stuhl in Rom gewandt, allerdings ohne Erfolg. Als Fürstin Hatzfeldt ihm antwortete, der Vatikan werde niemals seine Zustimmung dazu geben, entgegnete der Kaiser: „Aber Sie gehören doch nicht der Zentrumspartei an, Sie sind doch eine aufgeklärte Katholikin und Sie sollten dies unter vaterländischem Gesichtspunkt betrachten.“[296]

Marie Radziwill führt die seltsame Idee des Kaisers auf die Beeinflussung durch die Kaiserin und die hinter ihr stehende bigotte protestantische Partei zurück. Der Kaiser informiere sich nie richtig, eigne sich keine wirklichen Kenntnisse an und greife die Idee von der deutschen heiligen Messe nur auf, weil sie mit seinem Bestreben übereinstimme, Deutschland über alles andere zu erheben, selbst über den Katholizismus. Es gebe zwar immer noch einige, die von der hohen Intelligenz des Herrschers überzeugt seien, sie dagegen habe ihre Meinung über ihn seit langem geändert. „Am Anfang hat er auf uns Eindruck gemacht, denn seine Sprache war brillant, sein guter Wille offensichtlich, sein Wunsch, Gutes zu tun, bemerkenswert. Aber à la longue konnte man feststellen, daß er sich nie die Zeit nahm, sich eingehender mit einer Sache zu beschäftigen, daß Agitation das Handeln ersetzte und daß trotz seiner zur Schau gestellten autoritären Art niemand leichter zu beeinflussen war als er. Er liebte es, sich durch grobe deutsche Wortspiele zu amüsieren, die oftmals seiner unwürdig waren."[297]

Dieser Mangel an Intelligenz und Weitblick mindere die Bewunderung für den Kaiser. Bestehen bleibe aber der Eindruck von der Gutherzigkeit seines Wesens, denn davon habe sie viele Beweise erhalten.[298] Der neue Kanzler Bethmann-Hollweg sei zwar kein charmanter Plauderer und geistig nicht so beweglich wie Bülow, aber er wirke auf sie solide und kompetent.

Der Blick auf die Weltlage war düster. Die Fürstin fürchtet einen allgemeinen Zusammenbruch des Staatensystems. Die Monarchien, so glaubt sie, seien in ihren Grundfesten erschüttert. Die Rüstungen erreichten ein unerträgliches Maß. Ein großes Debakel künde sich an. Damit wiederholte sie fast wortgleich Äußerungen, die die Herzogin von Sagan an ihrem Lebensende im Jahr 1862 ihrem Tagebuch anvertraute. War es damals das Ende der Vorherrschaft des Adels, das die Herzogin kommen sah, so richteten sich die Ahnungen ihrer Enkelin auf einen Kollaps noch größeren Ausmaßes: den Weltkrieg.

Obwohl die Korrespondenz mit General Robilant vornehmlich politischen Themen gewidmet ist, finden sich in den Briefen gelegentlich Beschreibungen des gesellschaftlichen Umfeldes, wichtiger kultureller Begebenheiten und Eindrücke über die Lebensverhältnisse in der Stadt Berlin. Als große Dame bewegte sich die Fürstin ausschließlich bei Hofe und in den Kreisen der vornehmen Welt, doch besaß sie auch einen Blick für die zivilisationstechnischen Umbrüche, die Berlin am Anfang des 20. Jahrhunderts durchmachte. Das Bild der Residenzstadt änderte sich radikal durch die Automobilisierung, die neu aufstrebende Architektur und die enorme Vergrößerung seiner Einwohnerzahl. „Denn was ist Berlin jetzt? Eine riesige Stadt mit geschmacklosen Dekorationen und unglaublich hohen Häusern. Nur noch Banken und Hotels. Eine richtige amerikanische Stadt, ohne Hof, ohne eine Equipage der königlichen Familie, nur Automobile, die von

Zeit zu Zeit durch sonderbarste Musik ein Signal geben, daß eine Fürstlichkeit die Straße durchfährt."[299]

Der Salon Radziwill war neben der Französischen Botschaft das Aushängeschild der französischen Kultur in der Reichshauptstadt. Als im Januar 1910 eine Ausstellung französischer Kunst in Berlin stattfand, war das Haus der Fürstin den ganzen Tag voller Gäste. Der Kaiser habe großes Interesse an den ausgestellten Werken gezeigt und den Maler Léon Bonnat sowie die Mitglieder der Delegation der Schönen Künste von Paris ausgezeichnet. Wenn man es den Kaiser nur machen ließe, wie gut käme man mit Frankreich aus. Die Öffentlichkeit ließe sich jedoch in ihrer Antipathie gegenüber Frankreich nicht beirren. „Alles das ist absurd und Sie werden erleben, in welchem Ausmass man in Berlin kleingeistig und engherzig geworden ist"[300], schreibt sie an Robilant.

Eine Gedenkveranstaltung zu Ehren des verstorbenen Grafen Götz von Seckendorff, Hofmarschall der Kaiserin Friedrich, im Salon von Cornelie Richter am 16. März 1910 hinterlässt bei Marie Radziwill einen zwiespältigen Eindruck. Es sei zwar ein sehr künstlerisches Gedenken gewesen, aber kein christliches. Bodo von dem Knesebeck habe auf das gemeinsame Interesse der Kaiserin und ihres Hofmarschalls an der bildenden Kunst hingewiesen. „Kurzum, kein einziger christlicher Gedanke, kein Wort, das glauben macht, das jene, die sich auf dieser Erde geliebt haben, sich in einer besseren Welt wiederfinden; nichts, das jenen Trost spenden kann, die trauern (…) Ich hatte den Eindruck, ich befände mich mitten unter Heiden (…) Ich sagte mir, wenn die Protestanten keine andere Art haben, ihrer Toten zu gedenken, so sind sie sehr zu beklagen."[301]

Den Einfluss des Kanzlers Bethmann-Hollweg auf den Kaiser bewertet Marie Radziwill als wohltuend und korrigiert damit ihren ersten Eindruck, er sei nur eine Marionette des Monarchen. Dieser Mann besitze keine glänzenden Eigenschaften, doch anders als der Komödiant Bülow sei er ein Ehrenmann. Bethmann selbst vertraute ihr an, dass Wilhelm II. ihr sehr zugeneigt sei. Sie erwiderte dieses Kompliment, indem sie zugab, dass der Kaiser sich in seinem Wesen geändert habe. Er sei ruhiger geworden, auch maßvoller in seinen Worten. „Seine Art im Verkehr mit Bethmann unterscheidet sich sehr von der, die er im Umgang mit Bülow hatte. Wenn er mit seinem jetzigen Kanzler spricht, tut er es mit Ernst, und man fühlt, daß er einen gewissen Respekt vor ihm hat."[302]

Dennoch war es in der großen Politik wieder einmal Wilhelm II., der bei ihr Kopfschütteln hervorrief. Zur Einweihung eines königlichen Schlosses in Posen hielt er eine Rede vor ausschließlich deutschen Gästen. Er sprach von der deutschen Provinz Posen und schloss damit die Polen ausdrücklich aus. Die Polen – so die Fürstin – seien preußische Untertanen, aber keine Deutschen und in diesen Feinheiten sehr empfindlich. Man verletze ihre Gefühle, wenn man über sie spräche, wie das in den höheren Kreisen üblich sei.

In Kleinitz erfuhr die Fürstin von den Streiks, die im Oktober 1910 im Berliner Stadtteil Moabit stattfanden. Geschäfte seien in Brand gesteckt und zahlreiche Menschen schwer verletzt worden. Sie sah in diesem Ausstand und den nachfolgenden Unruhen den Vorboten der großen Revolution, die sie schon lange erwartete. „Sie ist in meinen Augen unausbleiblich und zwar innerhalb kürzerer Zeit, als man glaubt."303

Für Marie Radziwill galt selbstverständlich das Französische als die Sprache der internationalen Diplomatie. Als der Kaiser in Brüssel, wo er herzlich empfangen wurde, seine Rede auf Deutsch hielt, habe er damit alles verdorben. Man wolle in Berlin erreichen – so deutete sie das Verhalten des Kaiser –, dass das Französische als internationale Sprache durch die deutsche Sprache ersetzt werde. Das Deutsche der ganzen Welt aufzwingen zu wollen, sei aber eine absolute Dummheit. „Zunächst besitzt das Französische eine Genauigkeit, die ihresgleichen in keiner anderen Sprache hat, im Deutschen noch weniger als in allen anderen Sprachen (…) und warum eine Sprache ersetzen, die seit dem Frieden von Münster und dem Dreißigjährigen Krieg datiert? Auf dem Wiener Kongreß wurde das Französische zur offiziellen Sprache der Diplomatie erklärt: es bedürfte folglich eines Kongresses aller versammelten Mächte, um diese Sachlage zu ändern."304

Die Fürstin kritisiert nicht nur die „absurde Vorstellung", das Deutsche als Amtssprache der internationalen Diplomatie einzuführen, sie beklagt auch die Tendenz der deutschen Presse, sich in die Politik anderer Staaten einzumischen. Als Beispiel dienen ihr die Kommentare zur Bildung der neuen französischen Regierung im März 1911. „Man will durchaus die Vormacht in der ganzen Welt und die allgemeine Führung Europas haben. Dies Spiel ist sehr gefährlich, man wird von allen schon so gehaßt, daß diese Ansprüche die Beziehungen zu diesem und jenem Lande nur verschlechtern können."305

In Paris wurde die Fürstin für die Herausgabe der Briefe und Tagebücher ihrer Großmutter, der Herzogin von Dino, Talleyrand und Sagan, mit einem Preis der Académie Française geehrt. In den Pariser Salons – schreibt sie – gebe es abseits der politischen Agitation noch ein intellektuelles Leben. Überall traf sie auf Mitglieder der Akademie. Von ihnen fühlte sie sich verstanden und anerkannt.

Die neue Marokko-Krise verschärfte die internationale Lage. Auf die Intervention französischer Truppen antwortete Deutschland mit der Entsendung eines Kriegsschiffs zum Schutz deutscher Staatsangehöriger, was wiederum das mit Frankreich verbündete England auf den Plan rief. Deutschland forderte eine Gebietskompensation. Die Fürstin fragt, mit welchem Recht Deutschland diese Kompensation verlange. „Es ist wirklich zu viel Anmaßung, es ist Piratenpolitik, die Deutschland durch seinen mehr als sonderbaren Minister des Äußern treibt. Zum Glück hat England rechtzeitig eingegriffen, um die Lage zu entwirren. Wenn

Kiderlen testen wollte, ob die Entente Cordiale zwischen Frankreich und England noch bestehe, so hat er sich getäuscht."[306]

Im Auswärtigen Amt steuere man zurück, da der Kaiser keine Trübung des Verhältnisses zu England zulasse, registrierte die Fürstin mit Erleichterung. Über das Ausmaß der kriegerischen Stimmung in Deutschland machte sie sich jedoch keine Illusionen. Ihr Gutsnachbar in Kleinitz, Heinrich Fürst von Carolath-Beuthen, Mitglied des preußischen Herrenhauses und Abgeordneter des Reichstags, befürworte den Krieg und fürchte keine Koalition der europäischen Mächte gegen Deutschland. Er sei angesichts der militärischen Überlegenheit des Deutschen Reiches siegesgewiss. England sei in offener Seeschlacht zu schlagen und von der französischen Armee, durchsetzt von Sozialisten, Antimilitaristen und Anarchisten, gehe nach seiner Meinung keine Gefahr aus.

Marie Radziwill war hinsichtlich der militärischen Kapazitäten des Deutschen Reiches wesentlich skeptischer. „Diese materielle Stärke ist gewiß groß, doch es mangelt der deutschen Nation an Initiative. Sie sind ausgezeichnete Imitatoren, aber sie haben nichts selbst erfunden und ein bißchen mehr Bescheidenheit täte ihnen gut."[307]

Obgleich die Marokko-Krise zunächst durch Verhandlungen beigelegt wurde, war das letzte Wort noch nicht gefallen. Niemand mehr habe Vertrauen zur deutschen Regierung. In der öffentlichen Meinung überwiege das Kriegsgeschrei. Täglich fühle man den Hass gegen England um einen Grad steigen. Als kriegstreibende Kräfte in Deutschland identifizierte die Fürstin die Vertreter der Wirtschaft. Hinter dem Staatssekretär des Auswärtigen Kiderlen-Wächter stünden die Gebrüder Mannesmann. Die Geschäftsleute hätten alles in der Hand. Für das Überleben der Dynastie der Hohenzollern sah sie keine Chance. Alles deute darauf hin, schreibt sie im September 1911, dass die Völker Europas auf einen Weltkrieg zusteuerten. Der österreichische Thronfolger Erzherzog Franz-Ferdinand wolle unbedingt den Krieg mit Italien und habe großen Einfluss auf die klerikale Partei in Österreich. Er möchte seinen Onkel, Kaiser Franz Joseph, zum Abdanken bewegen, da er meine, für das Wohl Österreichs besser geeignet zu sein.

In Deutschland herrsche die unglaublichste Konfusion in politischen Kreisen. Der Kanzler habe zweimal um seinen Abschied nachgesucht und ebenso der Außenminister, doch der Kaiser wolle erst entscheiden, wenn er aus Korfu zurück sei, wohin er am 20. März 1912 abreiste. Marie Radziwill, an die Eskapaden des Kaisers gewöhnt, fragt sich, wie man als Staatsoberhaupt sein Land in einer Situation verlassen könne, in der die Sozialisten im Parlament erstarkt waren und die Bergarbeiter im Ruhrgebiet streikten. „Hier nimmt man die Angelegenheit sehr schlecht auf und es trägt nicht zu seiner Popularität bei. Da der Sozialismus gefährlich ist, billigt man nicht, daß unser Herr und Meister uns in der Stunde der Gefahr im Stich läßt."[308]

Vor der Abreise nach Korfu unterhielt sich die Fürstin mit dem Kaiserpaar. Die Kaiserin scheue die weite Reise, während der Kaiser in Gedanken schon nicht mehr zuhause sei. Über den Tagesablauf des Monarchen schreibt sie: „Jeden Vormittag besucht der Kaiser den Kanzler, ißt dort eine Scheibe Brot und trinkt ein Glas Portwein und während er eine Zigarette raucht, hält der Kanzler ihn auf dem Laufenden. Davon abgesehen trifft er keine Minister und liest nie Zeitungen. Der Vormittag geht mit Spaziergängen vorüber und der Nachmittag mit Proben in der Oper, wo er Stücke nach eigenen Ideen einstudiert und arrangiert. Man bemüht sich in der Öffentlichkeit, darüber hinweg zu sehen, indem man sich sagt, der Nachfolger werde noch oberflächlicher sein und alles werde noch schlimmer kommen als jetzt."[309]

Marie Radziwill verweist auf die Rede des englischen Marineministers Winston Churchill, die dieser am 23. März 1912 im Unterhaus gehalten hatte und die unheilvollen Folgen für das deutsch-englische Verhältnis. Churchill forderte, England brauche in der Flottenstärke eine 60-prozentige Überlegenheit gegenüber Deutschland. Während der Kanzler eine Verständigung mit England suche, dränge Admiral Tirpitz auf gesteigerte Rüstungen zur See. Dies werde eines Tages zu schwerwiegenden Konsequenzen führen. Man sage, Tirpitz sei ein exzellenter Mann der Marine, aber nicht sehr intelligent. Doch dieser Mann werde vielleicht der nächste Kanzler, da Bethmann amtsmüde wirke.

In Rom traf die Fürstin Exkanzler Bülow, der auf sie in der Konversation einen blendenden Eindruck machte. Sein Gedächtnis sei ein Wunder. Er zitiere ganze Seiten aus Taine, Chateaubriand und Mirabeau. „Er sprach viel über die hundertundzehn Sozialisten, die jetzt den Reichstag besetzten, und das Ungeschick unserer Fürsten, die nicht zum kleinsten Opfer gewillt sind, um ihrem schädlichen Einfluß entgegenzuarbeiten."[310] Bülow erinnerte an die Nacht des 4. August 1789, in der Frankreichs Adel auf seine Privilegien verzichtet habe, als es schon zu spät gewesen sei. Zum Glück zögerten die deutschen Sozialisten. Es fehle ihnen der richtige Führer an der Spitze.

Im Mai 1912 hielt sich die Fürstin wieder in Paris auf. Die Öffentlichkeit dort sei erregt durch die Worte des Kaisers in Straßburg, der damit drohte, die Verfassung in Elsass-Lothringen aufzuheben. Durch diese Dummheit habe er die Menschen im Elsass verletzt und alle Franzosen gegen sich aufgebracht.

Der im Oktober 1912 ausgebrochene Krieg zwischen den Staaten des Balkanbundes (Bulgarien, Serbien, Griechenland und Montenegro) und der Türkei bestärkte Marie Radziwill in ihren Befürchtungen, dass in ganz Europa kriegerische Konflikte bevorstehen. In dieser gefährlichen Lage gehe der Kaiser auf Hirschjagd und düpiere damit die Öffentlichkeit. In Österreich dränge man – allen voran der Thronfolger – zum Losschlagen und rechne mit Deutschland als Bündnispartner. Der deutsche Außenminister habe nun die Folgen seiner unklugen

Politik zu tragen, als er Österreich erlaubte, Bosnien und die Herzegowina zu annektieren. Dies sei der erste Fehler gewesen, der nach und nach zu dem jetzigen Kriege geführt habe.

Die schlechten Nachrichten aus Südosteuropa ließen einen Krieg zwischen Österreich und Serbien wahrscheinlich erscheinen. Dies – da war sich die Fürstin sicher – sei die unmittelbare Vorstufe zum Weltkrieg. „Wenn es (d. h. Österreich, G.E.) in den Kriegszustand gegen die Serben eintritt, wird auch Rußland genötigt sein, Krieg zu beginnen, und im Handumdrehen reißt uns das in den Weltkrieg, und alles wird in Feuer und Blut untergehen."[311]

Der Krieg bedeute das Ende der Monarchien in Europa. Österreich müsse sich darüber im Klaren sein, dass, wenn die Türkei vernichtet werde, auch ihm die Zerstückelung drohe. Die Vision vom Untergang der europäischen Monarchien durch einen „guerre générale" kehrt als ständiger Refrain in den Briefen der Fürstin an General Robilant wieder. Nicht allein der Sozialismus bedrohe die monarchische Herrschaftsform – diese war längst in Frankreich durch die Republik abgelöst worden, ein Faktum, das Marie Radziwill als unverrückbar anerkannte –, die aristokratischen Führungseliten zerfleischten sich gegenseitig infolge des unbesonnenen Handelns der Repräsentanten der deutschen, österreichischen und russischen Monarchie.

Die Londoner Botschafterkonferenz vom 16. Dezember 1912 schuf die Voraussetzungen für die Beendigung des ersten Balkankrieges. Die endgültige Regelung der Streitfragen erfolgte im Londoner Vertrag vom 30. Mai des folgenden Jahres. Albanien wurde unabhängig. Das osmanische Reich verlor einen Teil seines europäischen Besitzes. Die Lage blieb jedoch gespannt. Die Sieger – so die Fürstin – hätten es an Mäßigung fehlen lassen, ein Fehler, auf den ihr Urgroßonkel Talleyrand schon Napoleon immer wieder hingewiesen habe, ohne gehört worden zu sein. Die letzte Notiz des Jahres 1912 lautet: „Österreich ist geradezu von Wahnsinn erfaßt und wird schließlich Europa noch anzünden."[312]

Im Vorkriegsjahr 1913 schritt die Aufrüstung der Großmächte fort. In Deutschland baue man gigantische Festungen an der russischen Grenze und verstärke solche bereits errichteten Bauwerke an der Grenze zu Frankreich. Man spreche nur noch davon und jeder erkläre seine Bereitschaft, Geld dafür herzugeben, als wenn das Vaterland in Gefahr sei. Der Kaiser nutze das Jahr, um an die Befreiungskriege von 1813 zu erinnern.

Den Sommer verbrachte die Fürstin wie immer in Kleinitz, wo sie vom Angriff Bulgariens auf Serbien und Griechenland erfuhr. Der zweite Balkankrieg hatte begonnen.[313] Der Friedensschluss im August 1913 werde nur provisorisch sein. Es werde bald einen dritten Krieg geben. „Auf dem Balkan ist alles unverändert. König Ferdinand hat Sofia verlassen, um ‚ins Ausland zu gehen'. Diese Worte sind sehr unbestimmt, und ich weiß nicht, wohin er seine Schritte gelenkt hat.

Die Bulgaren schreien nach Rache, indes König Konstantin [von Griechenland] mit sehr gemischten Gefühlen in sein Land zurückgereist sein muß. Die Ovationen seines Volkes dürften ihn abgelenkt haben."[314]

Trost suchte die Fürstin in einem Artikel, der in der offiziösen „Kölnischen Zeitung" erschienen war. Er lese sich wie ein Hinweis darauf, dass man in Berlin endlich verstanden habe, wie gefährlich es sei, zu sehr den Wunsch nach Suprematie erkennen zu lassen, „der jeden Deutschen verzehrt und ihm die wahre Fähigkeit, die Dinge zu beurteilen, nimmt. Diesen neuen Ton scheint nicht der Kanzler angegeben zu haben, sondern der Kaiser."[315]

Im Laufe des Jahres 1914 verstärkte sich der Fatalismus der Fürstin. Der Krieg werde ausbrechen, wenn auch die Mächte des Dreibundes und die der Triple-Entente ihn nicht wollten. Er sei in das Buch der Geschichte eingeschrieben. Österreich gehe in dieser traurigen Angelegenheit mit schlechtem Beispiel voran. Im März 1914 schreibt sie, man distanziere sich in Berlin von Russland, dessen Aufrüstung alle Welt erschrecke. Sie begreife nicht, warum die Deutschen, die sich bis an die Zähne bewaffneten, sich darüber wunderten, dass ihre Nachbarn das Gleiche tun würden, um sich zu schützen. Auch Frankreich, der Verbündete Russlands, müsse aufrüsten, um sich gegen die deutschen Provokationen zu verteidigen.

Vom Attentat auf Erzherzog Franz-Ferdinand und Erzherzogin Sophie von Österreich am 28. Juni 1914 erfuhr die Fürstin in Kleinitz. An General Robilant schreibt sie: „Die Serben können Österreich nicht verzeihen, daß es ihnen den Ausgang nach der Adria versperrt hat. Sie wissen wie ich, mit welcher Härte und Rauheit die Österreicher die Serben behandelt haben, die in diesem Falle fühlten, es sei für sie eine Lebensfrage. Diese Völker sind noch wie Wilde. Sie haben sich zum Schein unterworfen, aber der Haß hat sich in ihre Herzen eingefressen, und jetzt sehen wir die Resultate."[316] Der österreichische Thronfolger, der sich als Scharfmacher betätigt hatte, findet bei ihr wenig Mitleid. Sie frage sich, ob dieser Tod nicht eine Erleichterung für die österreichische Politik sein werde. Die ganze Welt habe bei dem Gedanken gezittert, ihn eines Tages auf dem Thron der Habsburger zu sehen.

Am 28. Juli 1914, dem Tag der Kriegserklärung Österreichs an Serbien, schreibt sie, es sei mehr als wahrscheinlich, dass der Krieg, einmal begonnen, sich ausdehnen und zum allgemeinen Krieg werden würde. Als Hauptschuldigen machte sie Österreich aus. „Alles das ist von langer Hand durch Österreich vorbereitet, das sich keine Rechenschaft gab, was es tat. Diese Macht hat in Wahrheit mit dem Feuer gespielt."[317] Am 1. August erklärte Deutschland Russland den Krieg, die offizielle Kriegserklärung an Frankreich erfolgte zwei Tage später. Die Auswirkungen auf ihre persönliche Lebenssituation bekam Marie Radziwill in Kleinitz zu spüren. „Gestern um sechs Uhr brachte das Telefon die Nachricht von der Mobilmachung. Heute früh sind drei meiner Förster weg, heute nachmittag haben auch mein Koch und meine Vorleserin mich verlassen. Von morgen ab ist kein Mann mehr, der nicht Invalide ist, in Kleinitz, denn man beruft alle Männer bis zu fünfundvierzig Jahren, die gedient haben, ein, und alle jungen Leute von siebzehn Jahren werden in diesem Jahr gemustert werden."[318] Einige Tage später wurden ihre Pferde requiriert. Ihr blieben zwei Esel, die sie am Sonntag zur Messe transportierten. Der Pfarrer des Ortes sollte als Militärgeistlicher einrücken. Die Kirche wurde geschlossen. Die Ruhe ringsum sei die Stille des Todes geworden. Seit einer Woche hatte sie keine Verbindung mehr mit Berlin. Telegraf, Post, Zeitungen und Telefon funktionierten nicht mehr.

Ende August reiste die Fürstin überstürzt aus Kleinitz ab. Sie stand unter Spionageverdacht.[319] Der Landrat von Grünberg bat sie, den Ort zu verlassen, denn als russischer Untertan sei ihr Diener ebenso ungern gesehen wie sie als Französin von Geburt. Sie suchte Zuflucht in Berlin in ihrer Wohnung am Pariser Platz. In Schlesien befürchtete man den Einmarsch der Russen und richte sich auf die Verteidigung ein. Kleinitz werde unbewohnbar. In Berlin dagegen sei die Bevölkerung in Feststimmung, die Fahnen flatterten und die Menschen johlten auf der Straße. Die Zeitungen sprächen nur von Siegen, auch wenn der Feind weiter vordringe.

Der ehemalige Reichskanzler Fürst Bülow berichtet in seinen Erinnerungen von einer Begegnung mit Marie Radziwill aus dieser Zeit.

> Kaum bei uns in den Salon eingetreten, brach die Fürstin Radziwill in Tränen aus. Sie habe schon einmal, vierundvierzig Jahre früher, einen deutsch-französischen Krieg erlebt und sei dadurch in schmerzliche Seelenkonflikte gekommen. Jetzt aber würde es noch viel schlimmer werden: ihre älteste Tochter, Betka, sei mit dem österreichisch-polnischen Grafen Roman Potocki verheiratet, ihre andere Tochter, Helene, mit dessen jüngerem Bruder, dem russisch-polnischen Grafen Joseph Potocki. Ein Sohn von ihr sei wegen der russischen Besitzungen der Familie Radziwill in russischen Militärdienst getreten. Französische Verwandte föchten im französischen Heer. Was sie aus Frankreich höre, erschrecke sei. Die Erregung, der Haß, die Wut gegen Deutschland wären dort weit ärger als 1870. Die allgemeine Parole sei: ‚Cette fois nous les tenons, ce sera la grande revanche!'[320]

Nach der Verletzung der belgischen Neutralität durch deutsche Truppen erklärte England dem Reich den Krieg. Der Hass in der deutschen Bevölkerung richte sich vor allem gegen diesen Gegner. Von der westlichen Front drangen nur wenige Informationen durch. Der Kaiser, so hörte sie, wolle einen sofortigen Frieden mit Frankreich, doch das Militär sei dagegen. Alles, was sie aus Frankreich erfahre, deute darauf hin, dass die französischen Truppen sich behaupteten. Die Fürstin machte kein Hehl aus ihrer Solidarität mit dem Land ihrer Geburt. Dass die Lage der deutschen Armee an der französischen Front Mitte September 1914 nicht glänzend war, erschloss sich für sie daraus, dass die Freudenschreie in den Straßen, die den Kriegsbeginn begleitet hatten, nicht mehr zu hören waren. Man beklage stattdessen Tote und Verwundete. „Die Öffentlichkeit reagiert mit Ernst. Sie beginnt zu begreifen, daß die Verluste zu hoch sind und der Wunsch nach Frieden macht sich bemerkbar."[321] Die Männer hörte sie sagen, das sei ein Massaker, kein Krieg, und könne nicht mehr lange andauern.

Marie Radziwill erfuhr von der Marneschlacht und dem Zurückweichen der deutschen Truppen. Sie zitiert zustimmend den liberal-konservativen Historiker Hans Delbrück, der territoriale Gewinne in Belgien oder Frankreich im Falle eines Sieges ablehnte, doch die Militärpartei werde solche Positionen niemals akzeptieren. „Das ist auch einer der Gründe, warum ich den Sieg Frankreichs wünsche, denn ohne diesen Sieg, kann man mit der deutschen Arroganz, die keine Grenzen mehr kennt, in Europa nicht mehr leben."[322] Die Fürstin verweist auf eine Äußerung des englischen Liberalen Herbert Asquith, Deutschland habe bislang in diesem Krieg nichts erreicht, im Gegenteil aber viel an Ansehen durch die Verletzung der Neutralität Belgiens verloren. Welches Vertrauen könne man diesem Land noch entgegenbringen?

Die Familie der Fürstin war unmittelbar vom Krieg betroffen. Ihre Tochter Elisabeth Potocka schreibt, dass ihr Sohn Georg Łańcut in Galizien in einem traurigen Zustand vorgefunden habe. Der Park sei verwüstet, das Schloss aber noch erhalten. Nach dem Abzug der Russen sei ein österreichisches Armeekorps unter Erzherzog Peter-Ferdinand eingerückt. Man habe es verdächtig gefunden, dass das Schloss unzerstört geblieben war und vermutet, Graf Potocki habe die Russen bestochen, damit sie seinen Besitz verschonten. Die österreichischen Offiziere hätten sich schändlich verhalten. Der Graf habe nicht mit seinem Angestellten sprechen dürfen, da man ein Komplott befürchtete. „In diesem Land ist man nicht mehr sein eigener Herr, und unter diesen Bedingungen muss man aufpassen, dass man nichts falsch macht. Es reicht nicht, dass dieses arme Galizien alle Bürden des Krieges trägt, dass alles hier ruiniert und verwüstet ist. Man will auch die Polen als Sündenböcke und sie des Verrats bezichtigen! Das ist eine fixe Idee unserer österreichischen Militärs. Man mißtraut den Polen ebenso wie all denen, die nicht reine Deutsche sind."[323] Den Polen werde die Schuld für die Niederlagen der Österreicher gegeben.

Ihrem italienischen Briefpartner berichtet die Fürstin über die Differenzen zwischen den zivilen und militärischen Kommandostellen in Deutschland. Mit dem Zweifel an der Kriegsführung erstarke die sozialistische Partei und man werde sehen, dass dieses große und traurige Abenteuer zu einer gewaltigen Revolution führe. Am 24. Dezember 1914 schreibt sie aus Berlin: „Ich bin Weihnachten ganz allein, ohne einen Freund, ohne ein Kind und ohne irgend eine Möglichkeit, mich mit ihnen auszutauschen."[324]

Wegen Spionageverdachts kam es zu weiteren Internierungen und Ausweisungen. So sei die Fürstin Pless, eine Engländerin von Geburt, aufgefordert worden, Deutschland zu verlassen und die Fürstin Münster in Hannover interniert worden.[325] Die Fürstin Radolin wiederum habe man als Palastdame entlassen. Sie sei in Breslau unter Hausarrest gestellt worden. „Der Grund für diese drei und viele andere Arretierungen ist, dass man meint, diese Damen seien in ihren Ideen und Empfindungen nicht hinreichend deutsch. Erinnert das nicht an Napoleon und Madame de Staël?"[326]

Am 19. Februar 1915 erhielt Marie Radziwill von Wilhelm II. Geburtstagsgrüße von der Front. Seit Kriegsbeginn war es bei Hofe üblich geworden, deutsch statt französisch zu sprechen. Der Enkel der Fürstin, Graf Alfred Potocki, der älteste Sohn von Elisabeth Potocka, berichtet in seinen Erinnerungen, dass der Kaiser anlässlich eines Besuches bei seiner Großmutter ihr seine Verehrung auf Deutsch zum Ausdruck brachte. Sie habe ihm auf Französisch geantwortet.[327] Die Szene zeigt, dass der Krieg zwar das persönliche Verhältnis zwischen dem Kaiser und der Fürstin nicht trüben konnte, die französisch-polnische Familienbindung Marie Radziwills allerdings nicht ohne Auswirkungen bleiben sollte.

Die letzten Briefe schrieb die Fürstin aus Berlin. Am 23. März 1915 schildert sie die Situation der Bevölkerung: „Seit zehn Tagen rollt kein Wagen mehr durch die Straße, die Autos sind unsichtbar. Autobusse sehe ich noch, aber selten, sie werden von Frauen gesteuert. Trotz der Milliarden, die das Land aufgebracht hat, ist die innere Lage so, daß man sie dem Volk verbergen möchte, das schon unzufrieden ist. Woche um Woche wird unsere Brotration um einige Gramm vermindert."[328] Der Kaiser spreche an allen heiligen Stätten Gebete. Man finde ihn weinend in allen Winkeln der Kirchen am Rhein.

Im Mai 1915 suchte Marie Radziwill noch einmal ihre Herrschaft Kleinitz auf. Dort erhielt sie Besuch von Alfred Potocki. Dieser erinnert sich: „Wir lasen gemeinsam die *Memoiren*, an denen sie seit vielen Jahren schrieb. Das Manuskript umfasste mehr als fünfhundert Seiten in makelloser Schrift. Ich war von ihren ebenso klugen wie amüsanten Kommentaren über die Personen, denen sie begegnet war, fasziniert, vor allem über die Schilderung ihrer Beziehung zu Kaiser Wilhelm II."[329]

Der letzte Brief an Robilant trägt das Datum des 8. Mai 1915. Von einem Frieden, fürchtet sie, sei man noch weit entfernt, die Regierungen „denken immer nur an ihren Triumph, den sie aber nicht mehr erreichen werden."[330]

Die Briefe und Erinnerungen der Fürstin Marie Radziwill sind Zeugnisse eines Lebens für die Politik. Nur wenige Frauen ihrer Zeit unterhielten ein so dichtes

Netz von Korrespondcntcn und Informanten aus vielen europäischen Ländern, darunter Minister, Botschafter, Militärattachés, Repräsentanten und Repräsentantinnen von Fürstenhäusern, Akademiemitglieder und kirchliche Würdenträger. Über einen Zeitraum von mehr als fünfzig Jahren berichtet sie über die Geschehnisse in der europäischen und außereuropäischen Politik und zeigt ein feines Gespür für die sich abzeichnenden gesellschaftlichen Umwälzungen. Als Angehörige des Hochadels nahm sie eine klare Position für die Besitzinteressen ihrer gesellschaftlichen Klasse ein. Sie war aber klug genug zu erkennen, dass das monarchische Prinzip den Zeitumständen angepasst werden musste, um zu überleben.

Marie Radziwill beobachtete aus nächster Nähe die Entwicklung am preußischen Hof und in der Berliner Gesellschaft. Sie hatte ständigen Umgang mit der Herrscherfamilie und den wichtigsten Mitgliedern der Hofgesellschaft. Ihre Aufzeichnungen enthalten Porträts der preußisch-deutschen Führungselite, zu der sie als Mitglied einer deutsch-polnischen Adelsfamilie selbst zählte, obgleich ihr als geborener Französin ein Sonderstatus zufiel. Durch die von ihr gegebenen Einblicke in die persönliche Sphäre der Akteure, insbesondere in das Beziehungsgefüge bei Hofe, lassen sich die Motive der politischen Entscheidungsträger besser erkennen und bewerten.

Fürstin Radziwill war durch ihre kosmopolitische Stellung fähig, die politisch Handelnden ihrer Zeit gleichsam von einem übergeordneten, wenn auch nicht interesselosen Standpunkt aus zu beurteilen. Es bestand zwar eine Nähe und Treue zur kaiserlichen Familie, aber kein inniges Gefühl der Verbundenheit mit dem Land, in dem sie lebte, das einem Nationalgefühl gleichkäme. Die Belange der polnischen Minderheit verfolgte sie mit Anteilnahme, aber sie ging nie so weit, sich mit den Zielen der polnischen Nationalbewegung zu identifizieren. Zu Frankreich bestanden die engsten familiären und kulturellen Bindungen, doch bedeutete dies keinesfalls eine Parteinahme für die Politik der jeweiligen Regierung dieses Landes.

In Konfliktsituationen wie dem Deutsch-Französischen Krieg 1870/71 nahm sie Anteil am Schicksal ihrer Landsleute und kritisierte die Härte der den Franzosen auferlegten Friedensbedingungen. Sie war aber keineswegs eine auf Revanche und Grenzberichtigung bedachte französische Nationalistin. Vielmehr versuchte sie ihren Teil dazu beizutragen, dass die Erbfeindschaft zwischen Frankreich und Deutschland überwunden wurde.

Obwohl Marie Radziwill nie England besucht hat und ihr das dortige System der konstitutionellen Monarchie, das dem Parlament direkte Kontrollrechte einräumt, suspekt erschien, gestand sie der englischen Diplomatie in den Jahren vor dem Ersten Weltkrieg mehr Realitätssinn zu als der deutschen. Fatalistisch kommentierte sie das Herannahen des großen Krieges, ohne es in der Analyse der Ursachen des Desasters an einem klaren Blick für das Handeln der politisch

Verantwortlichen fehlen zu lassen. Die Schwäche und Inkompetenz des politischen Führungspersonals in Deutschland, Russland und Österreich tritt in ihren Beschreibungen besonders deutlich vor Augen. Dagegen sprach sie der politischen Elite in Frankreich und England mehr Kompetenz und Augenmaß zu.

Liest man ihre Kommentare, so fragt man sich, warum diese so kluge Zeitzeugin nicht selbst eine wichtige Rolle im politischen Entscheidungsprozess spielen konnte. War sie nur eine Beobachterin? Stellte sie mit ihrem Salon nur einen Raum für politische Gespräche und Kontakte zur Verfügung, ohne sich selbst in die Personalpolitik des Kaiserreichs einzumischen? Oder war sie wie ihre Großmutter eine „Egeria", eine Beraterin und Repräsentantin einflussreicher Politiker?

Im Unterschied zu der Herzogin Dorothea von Dino, Talleyrand und Sagan, die ihrem Oheim Talleyrand in seiner Rolle als Minister und Botschafter unmittelbar zur Hand war, agierte die Fürstin Radziwill nicht an der Seite eines mächtigen Politikers. Anton Radziwill war zwar Generaladjutant unter Wilhelm I. und seine Beziehung zum deutschen Kaiser war freundschaftlich. Auf die politischen Geschäfte hatte er jedoch keinen direkten Einfluss. Unter Wilhelm II. nahm er keine führende Stellung in der Hofhierarchie mehr ein, wurde aber öfter vom Kaiser zu Rate gezogen. So blieb das vertraute Verhältnis von Anton und Marie Radziwill zum Kaiser erhalten, wenn auch nicht mehr in dem Maße wie unter Wilhelm I. Mit dem Tod der Kaiserin Augusta 1890 verlor Marie Radziwill ihre wichtigste Vertrauensperson bei Hofe. Von einer politischen Einflussnahme der Fürstin auf Augusta lässt sich kaum sprechen. Sie war ihr tief ergeben wie ihre Großmutter.

Zu Kaiserin Auguste Victoria, die nach dem Urteil der Fürstin politisch ohne jeglichen Ehrgeiz war, unterhielt sie nur eine oberflächliche Beziehung. Dagegen suchte Wilhelm II. immer wieder das Gespräch mit ihr, insbesondere wenn die Beziehungen zu Frankreich ausgelotet werden sollten. Neben dem französischen Botschafter in Berlin galt sie gleichsam als *die* Repräsentantin des Nachbarlandes, da sie mit wichtigen Persönlichkeiten der dortigen Führungselite bestens bekannt war. Der Kaiser wollte in den Gesprächen mit der Fürstin ihre Meinung hören, gegebenenfalls ihren Rat entgegennehmen. Allerdings hütete sich Marie Radziwill, im direkten Kontakt mit dem Staatsoberhaupt offen ihre Position darzulegen. Sie benutzte dafür die Kaiserin, ohne sich indes Illusionen über die Tragweite solcher Interventionen zu machen.

Eine genauere Einschätzung der politischen Rolle Marie Radziwills lässt sich erst treffen, wenn man ihr Agieren auf diplomatischem Parkett mit dem Handlungsspielraum und den politischen Wirkungsabsichten anderer Berliner Salonnièren vergleicht. Der Salon Radziwill stand trotz seiner herausgehobenen Stellung in Konkurrenz mit einer Reihe von Salons des in Berlin ansässigen deutschen Adels. Aus den Briefen und Erinnerungen Marie Radziwills ist nicht direkt zu entnehmen, wie sie die Aktivitäten von Salonnièren, die anderen politischen Lagern angehörten, beurteilte. Um das politische, gesellschaftliche und kulturelle Wirkungsspektrums der Fürstin ermessen zu können, soll im Folgenden die Institution des Radziwill'schen Salons im Zusammenhang mit anderen Einrichtungen dieser Art näher beleuchtet werden.

III. Salons als Repräsentationsorte von Kultur und Politik

„Menschen von Geist haben niemals mehr Geist,
als wenn sie zusammen sind." (Taine)[331]

1. Treffpunkt der diplomatischen Welt: Der Salon Radziwill

Als die frisch vermählte Marie Radziwill mit ihrem Mann Anton 1857 in Berlin eintraf und ein Appartement im Palais Radziwill in der Wilhelmstraße 77 bezog, gab es in der preußischen Hauptstadt eine Vielzahl politischer und literarisch-künstlerischer Salons. An erster Stelle ist der Salon von Hedwig von Olfers (1799–1891) zu nennen, der Frau des Generaldirektors der Königlichen Museen, Ignaz von Olfers. Hier trafen sich Künstler und Mitglieder der Berliner Hofgesellschaft. Zu den Gästen gehörten die Bildhauer Gottfried Schadow und Christian Rauch, die Maler Franz Krüger, Adolph von Menzel und Wilhelm von Kaulbach, die Gelehrten Leopold von Ranke, Ernst Curtius und Richard Lepsius und der betagte Alexander von Humboldt. Die musikalische Seite vertraten der Pianist und Dirigent Hans von Bülow und seine Frau Cosima. Dazu gesellten sich Angehörige des Hochadels. Seine Glanzzeit erreichte der Olfersche Salon unter der Ägide Friedrich Wilhelms IV. und der Regentschaft des Prinzen Wilhelm. „Von 1840 bis 1860 war der Olfersche Salon eindeutig der wichtigste gemeinsame Treffpunkt für Künstler, Gelehrte, Literaten und Hofgesellschaft."[332]

Neben dem Olferschen Salon spielte der Salon der Gräfin Sophie Schwerin (1785–1863) im konservativen politischen Spektrum eine wichtige Rolle. Hier verkehrten vor allem Angehörige des ostpreußischen Adels. Auf der anderen Seite des politischen Lagers gab es in den Fünfzigerjahren u. a. die Salons von Bettina von Arnim und Ludmilla Assing, in denen das liberale und demokratisch gesinnte Berlin repräsentiert war.

Die Historikerin Petra Wilhelmy-Dollinger spricht von generationsbedingten Verschiebungen in der Struktur der Salons in der Mitte der Fünfzigerjahre. Bis weit in dieses Jahrzehnt traf man noch Salonnièren und Gäste an, die mit den Anfängen des Berliner Salons Ende des 18. Jahrhunderts unmittelbar oder mittelbar verbunden waren. Dazu zählte neben Hedwig von Olfers und Gräfin

Schwerin auch Gräfin Luise Voß (1780–1865). Während in den konservativen Salons noch die Atmosphäre des Ancien Régime spürbar war, zeigt das Beispiel Bettina von Arnims, welche unterschiedlichen Kulturepochen im Berliner Salonleben nebeneinander existierten.[333]

Außer den von adligen Frauen geführten Salons gab es Mitte des 19. Jahrhunderts eine Reihe bürgerlicher Salons, darunter solche vornehmlich literarischer Prägung, frequentiert unter anderen von Theodor Fontane, Theodor Storm und Gottfried Keller, die die Zeitströmung des bürgerlichen Realismus repräsentierten. Zu erwähnen sind die Salons von Clara Kugler (1812–1873), Elisabeth Menzel (1838–1906), Lina Duncker (1825–1885) und Fanny Lewald (1811–1889), in denen außer Schriftstellern auch Maler, Naturwissenschaftler und Publizisten verkehrten.[334]

Nach dem Tod seines Bruders Friedrich Wilhelm bestieg der Prinzregent am 2. Januar 1861 als Wilhelm I. den preußischen Thron. Ein Jahr später übernahm Bismarck das Amt des preußischen Ministerpräsidenten. In seinem Umfeld und in Auseinandersetzung mit seiner Politik entstanden neue politische Salons. „Hier verkehrten nicht vorrangig Künstler und Literaten, sondern Parlamentarier, Diplomaten, die hohe Ministerialbürokratie usf., die hier einen Meinungsaustausch pflegten. Die Salonnièren dieser politischen Salons gehörten oft selbst den Diplomaten- und Beamtenkreisen an oder verfügten in der Hofgesellschaft über eine einflußreiche Stellung."[335]

Die meisten Berliner Salonnièren unterstützten die deutsche Nationalbewegung und die Politik Bismarcks. Die Parteinahme für den späteren Reichskanzler verdankte sich den Erfolgen Preußens im Krieg gegen Dänemark (1864) und Österreich (1866). Die Salongeselligkeit dieser Zeit sah sich als Anwalt der deutschen Nationalliteratur und der Einigungsbestrebungen. „Um kulturgeschichtlich und politisch bedeutsam zu werden, brauchten die Salons die Kulturnation bzw. die Staatsnation als Bezugsrahmen und heimlichen Auftrag."[336]

Trotz der Anerkennung, die ihm wegen seiner innen- und außenpolitischen Erfolge gezollt wurde, blieb die Haltung Bismarck gegenüber nicht nur in Kreisen der Hofgesellschaft lange Zeit gespalten. Der Dissens spiegelte sich sowohl in den aristokratischen Salons wider, in denen das höfische Berlin sich ein Stelldichein gab, als auch in den literarisch-politischen Salons bürgerlicher Provenienz. Der Kulturhistoriker Alexander von Gleichen-Russwurm spricht gar von einem „Salonkrieg": „Heimlich spielten Schlachten auf dem Parkett und zeigen die starke, wenn auch nicht gerade vorteilhafte Bedeutung damaliger Salons (…) Fürst Hohenlohe erzählt, daß auch dem Kaiser die Beteiligung der politischen Frauen zu viel wurde."[337] Bismarckfreundlich waren vor allem die Salons von Hedwig von Olfers, Maxe Gräfin Oriola, der Tochter Bettina von Arnims, und Fanny Lewald. Als bismarckfeindlich galten linksliberale Salons wie die von

Babette Meyer und Anna vom Rath. In Opposition zu Bismarck stand ebenfalls der Salon der Gräfin Marie von Schleinitz (1842–1912).

Alexander Freiherr von Schleinitz, 1879 von Kaiser Wilhelm in den Grafenstand erhoben, genoss das besondere Vertrauen von dessen Frau Augusta. Er war zwischen 1849 und 1850 und von 1858 bis 1861 preußischer Außenminister und danach Minister des Königlichen Hauses. Die politische Rivalität mit Bismarck übertrug sich auf den Salon von Marie von Schleinitz. Obgleich dort Literatur und Musik im Mittelpunkt standen, galt ihr Haus als ein Treffpunkt der Bismarck-Gegner.

Unterstützung fand Bismarck dagegen im Salon der Freifrau von Spitzemberg, der Ehefrau des württembergischen Bundesratsgesandten Carl Hugo von Spitzemberg. In ihrem Haus verkehrten zahlreiche Abgeordnete und Diplomaten, überwiegend Anhänger des preußischen Ministerpräsidenten. Zu den persönlichen Freunden der Hausherrin zählten außer dem Fürstenpaar Bismarck der bayerische Bundesratsgesandte Graf Lerchenfeld-Köfering und der spätere Nachfolger Bismarcks, General Graf Caprivi. Durch ihre Verbindungen zum Hause Bismarck und Kontakte zu Reichstagsabgeordneten und Gesandten des Bundesrats war die Baronin Spitzemberg über das politische Geschehen aus erster Hand informiert. Dank der Teilnahme an Hoffesten und der Nähe zum Kaiserpaar konnte sie ein enges Beziehungs- und Informationsnetz knüpfen.

Berlin entwickelte sich seit der Gründung des Kaiserreichs 1871 von einer Residenz zur Großstadtmetropole mit mehr als einer Million Einwohnern. Es häuften sich die Klagen über die zunehmende Hektik des Geschäftsbetriebs und die fortschreitende „Amerikanisierung". Zwischen 1860 und 1890 gab es – wie Petra Wilhelmy-Dollinger ermittelt hat – 26 echte, meist bedeutende Salons, zwischen 1890 und 1914 betrug deren Zahl sogar 28.[338] Sie waren Ausdruck des politischen, wirtschaftlichen und kulturellen Selbstbewusstseins der Oberschichten.

Über den Salon der Fürstin Radziwill liegen zahlreiche Berichte von Berlin-Besuchern, Diplomaten, Repräsentantinnen des Hofes und des europäischen Hochadels, Künstlern, die bei ihr gastierten, und anderen Salonnièren vor. Mochte auch der Salon der Gräfin Marie von Schleinitz an Glanz alle anderen Einrichtungen dieser Art in Berlin übertreffen, so stand wohl der englische Botschaftsattaché James Rennell Rodd mit seiner Meinung, der Radziwill'sche Salon beanspruche die höchste Exklusivität, nicht allein da.[339]

Über die frühe Zeit im Palais Radziwill berichten der Diplomat und Offizier Bogdan Graf von Hutten-Czapski und der französische Botschafter Élie Vicomte de Gontaut-Biron. Beide waren mit den Radziwills verwandt. Hutten-Czapski (1851–1937) verkehrte schon seit frühester Kindheit im Palais Radziwill. Ohne im Einzelnen auf die Empfänge im Salon der Fürstin einzugehen, spricht er von der großen Geselligkeit der verschiedenen unter einem Dach wohnenden Ehepaare

im Hause Radziwill und von Besuchen der „alten Majestäten". Gemeint sind
Wilhelm I. und seine Frau Augusta sowie Kronprinz Friedrich Wilhelm und
dessen Frau Victoria.

Über den politischen Standpunkt der Großfamilie Radziwill schreibt Hutten-
Czapski: „Die Radziwills hatten sich niemals in die Politik hineingemischt, standen aber auf einem ausgesprochen katholischen Standpunkt. Ihr Haus war ein
Mittelpunkt für die nach Berlin kommenden Bischöfe und Geistlichen. Ihre
polnische Nationalität haben sie niemals verleugnet. Sie bedienten sich im Fami-
lienkreise meistens der polnischen Sprache, luden auch grundsätzlich die in der
Hauptstadt weilenden Mitglieder der Posener Aristokratie ein."[340]

Hutten-Czapski, der oft zu den kleineren Soiréen hinzugezogen wurde, welche
die Fürstin für einen Kreis von etwa zwanzig Personen veranstaltete, bescheinigt
der Gastgeberin, sie habe bis zum Beginn des Weltkriegs „an der Spitze des
bedeutendsten Berliner Salons gestanden"[341] ein Urteil, das aus der Sicht eines
Diplomaten verständlich erscheint. Nach dem Tod des Fürsten Anton hielt Hutten-Czapski die enge Beziehung zur Familie aufrecht.

Ein Landsmann des polnischen Diplomaten, der Maler Wojciech Kossak
(Adalbert von Kossak), von Wilhelm II. gefördert und sehr geschätzt, der von
1895 bis 1902 in Berlin lebte[342], rühmt den erlesenen Geschmack und das profunde
Musikverständnis der Fürstin. In seinen Erinnerungen schreibt er: „Grande Dame
durch und durch und von ungewöhnlicher Intelligenz, war sie zu meiner Zeit in
der höchsten Berliner Gesellschaft tonangebend. Nach der Verheiratung ihrer
Töchter sah man sie nur selten bei Hofe. Dafür verkehrte der Hof bei ihr. Allabendlich drängten sich in ihren wundervollen Salons am Pariserplatz die Hofgesellschaft, die Diplomatie und die polnischen Kreise, um der durch ihren
Einfluss so mächtigen und dabei so liebenswürdigen ‚Fürstin Anton' zu huldigen."[343]

Das Salonleben im Palais Radziwill in der Wilhelmstraße schildert Élie de
Gontaut-Biron. Er war der erste Repräsentant der Dritten Republik am deutschen
Kaiserhof, sein Vorgänger im Amt war der letzte Botschafter Napoleons III. in
Berlin, Graf Benedetti. Gontaut-Biron trat sein Amt 1872 an.[344] Bevor er seine
Cousine Radziwill aufsuchte, hatte er Audienzen beim Monarchen und bei Mit-
gliedern der kaiserlichen Familie und einen Teil der Berliner Gesellschaft ken-
nengelernt. „Nach dem Verlassen des kronprinzlichen Palais machte ich der
Fürstin Marie Radziwill meinen Besuch, die während und nach dem Kriege
unseren Kriegsgefangenen ihre fortgesetzte Sorge gewidmet und der ich einige
Kranke in Posen besonders empfohlen hatte".[345] Die Fürstin empfing zu dieser
Zeit nicht täglich wie später am Pariser Platz, sondern hatte jeden Dienstag ihren
Empfangstag. Es war der erste Salon, den Gontaut-Biron in Berlin besuchte. „Ich
empfing hier dieselben Eindrücke, die mir bereits während meiner Besuche bei

den höchsten Herrschaften entgegengetreten waren (…) Bei meiner Cousine traf ich zahlreiche Gesellschaft, und zwar die Hofgesellschaft, denn in den Salons der Berliner ersten Kreise empfängt man keine andere".[346]

Gontaut-Biron traf bei Marie Radziwill den Oberzeremonienmeister Wilhelm Graf von Redern, dessen Bruder Heinrich Graf von Redern, den Handelsminister Graf Itzenplitz, den türkischen Gesandten Aristarchi Bey, den portugiesischen Gesandten Graf von Rilvas, den bayerischen Gesandten Freiherr Pergler von Perglas und den Botschaftsrat Fürst Gortschakow, den Sohn des russischen Kanzlers. Ferner lernte er die Fürstin Mathilde Radziwill kennen, die Mutter von Anton Radziwill; die Gräfin Benckendorff, eine geborene Prinzessin von Croy, und Luise Gräfin Oriola, die Palastdame Kaiserin Augustas. Die Gesellschaft begegnete dem französischen Botschafter, wie er schreibt, teils aus wirklicher Freundschaft, teils aus Neugierde, teilweise wohl auch nicht ohne feindliche Hintergedanken. Der Deutsch-Französische Krieg lag erst ein Jahr zurück.

Jules Cambon, einer der Nachfolger Gontaut-Birons im Amt des französischen Botschafters, berichtet über den neuen Salon der Fürstin nach dem Auszug aus der Wilhelmstraße: „Ihr Haus lag am Pariser Platz, direkt gegenüber der Botschaft. Man atmete in ihrem Salon die Luft Frankreichs. Die Erinnerungsstücke des alten Marschalls de Castellane, sein Stab und seine Epauletten, waren in einer Vitrine zu sehen; neben denen des Fürsten Talleyrand. Sie hätte es nicht geduldet, dass man bei ihr anderes sprach als französisch. Sie empfing jeden Abend, und wenn sie zufällig verpflichtet war, außerhalb zu dinieren, drängte es sie, so schnell wie möglich nach Haus zurückzukehren."[347] Der Fürstin attestiert Cambon ein besonderes Konversationstalent. Nur durch ein einziges Wort gelinge es ihr oft, ihre Gäste zur Diskussion anzuregen. Man treffe bei ihr die gesamte Berliner Oberschicht, darunter die vornehmsten Mitglieder des diplomatischen Korps. Manchmal seien die Töchter der Fürstin, die beiden Gräfinnen Potocka, aus Wien und Warschau zu Gast. Wie seine Vorgänger im Amt des Botschafters verkehrte Cambon sehr häufig im Palais Radziwill. Vertraulichere Zusammenkünfte fanden indes nicht zur abendlichen Stunde statt, wenn eine größere Gesellschaft zugegen war, sondern tagsüber.

Wie in einem der Repräsentation verpflichteten adligen Hause üblich, empfing die Gastgeberin zu verschiedenen Zeiten und in abgestufter Form ihre Gäste. Üblich war in den meisten Häusern die Zeit nach dem Diner, das gewöhnlich um sechs Uhr eingenommen wurde.[348] Freunde und Vertraute der Hausherrin fanden sich oft zum Déjeuner oder einem Petit Dîner ein, wo sich die Gelegenheit zu intimerem Austausch ergab.

Cambon sieht die Fürstin als eine der letzten Repräsentantinnen einer Epoche, in der die Salons noch eine gewisse Meinungsführerschaft behaupteten. „Sie war die Repräsentantin einer verschwundenen Gesellschaft in einer Zeit, als die Salons in Europa noch eine Art Richteramt über die öffentliche Meinung ausübten, in einer Welt, in der selbst die Leidenschaften mit Courtoisie verbunden waren. Sie wäre verwundert, ja entrüstet gewesen zu sehen, dass alles dieses nun der Vergangenheit angehört."[349] Cambon will bei aller Weltläufigkeit der Fürstin Radziwill nicht vergessen machen, dass sie vor allem Französin geblieben sei. Mit dieser Akzentsetzung, die in der Tat der Haltung der Fürstin in der Zeit kriegerischer Konflikte zwischen Frankreich und Deutschland weitgehend entspricht, wird ihre eigentümliche Stellung als übernational denkende Europäerin doch letztlich auf das Patriotische verkürzt. Dass sie im Herzen immer Französin geblieben war, änderte nichts daran, dass Marie Radziwill in der Lage war, das politische Geschehen weitgehend frei von nationalen Vorurteilen zu analysieren und zu beurteilen. Diese Fähigkeit verdankte sie ihrer familiären Verbundenheit mit drei Nationen und der Vielzahl von Kontakten mit Diplomaten verschiedenster Länder, die in ihrem Salon verkehrten. Insofern war der Radziwill'sche Salon mehr als jede andere Berliner Einrichtung dieser Art durch die Mentalität der Gastgeberin und seine personelle Vernetzung supranational und auf Vermittlung zwischen den Nationen ausgerichtet.[350] Die Fürstin, darin ist sich der Botschafter mit anderen Besuchern einig, sei in ihren Urteilen über andere nicht immer nachsichtig gewesen. Da ihre soziale Macht groß war, fürchtete man ihre Kritik. In ihrem Habitus war sie ganz die große Dame: „Sie repräsentierte den alten Hof von ehemals."[351]

In gleichem Sinne äußert sich der Autor eines Buches über die Berliner Gesellschaft, der Journalist Jules Huret. Der Salon Radziwill sei der einzige, in dem Konversation im traditionellen Sinne gepflegt werde, und die Fürstin sei eifrig bemüht, diese Tradition aufrechtzuerhalten. „Sie allein versteht es, im alten Stile zu empfangen. Man trifft sich bei ihr um neun oder zehn Uhr, die Männer im Frack, die Frauen im Abendkleid. Egal, um welchen Tag es sich handelt. Das Haus ist immer geöffnet. Man plaudert eine halbe oder eine Stunde, trinkt Tee, ganz spartanisch – nichts anderes – und geht wieder (…) Sie plaudert bewundernswert und weiß alles über den alten Hof und den alten Kaiser, über die Sitten und die Geschichte. Welchen Gewinn man doch aus einem einstündigen Gespräch mit ihr zieht."[352]

Das Attribut „französisch" mochte ihre Schwägerin, Catherine Radziwill, der Fürstin trotz all ihrer Vorzüge nicht zuerkennen. In ihrem unter dem Pseudonym Graf Vassili 1884 publizierten Buch „Hof und Gesellschaft in Berlin" schreibt sie: „Vermöge ihrer Gefühle, ihrer Neigungen, ihrer Schwächen und ihres Stolzes ist die Fürstin Radziwill mehr eine Deutsche als eine Französin. Ihr grösster Fehler ist ihre fortwährende Sorge um ihren Rang und ihre Position in der Gesellschaft. Sie ist dermassen eingenommen von dem Gedanken an die Rücksichten, die man ihr schuldet, dass sie jene gänzlich vergisst, die sie Anderen schuldet. Kurz, sie ist

eine kühle Dame, die vor Allem zu herrschen liebt, die von ihrer eigenen Vollkommenheit dermassen überzeugt ist, dass sie der allergewöhnlichsten Schmei-
chelei Glauben schenkt."[353]

Erstaunlicherweise wird der von ausländischen Beobachtern dem Kaiserhof
immer wieder gemachte Vorwurf, es herrsche dort eine steife Etikette, gegen eine
Repräsentantin französischer Kultur erhoben, der doch daran gelegen sein sollte,
dass gesellschaftliche Rangunterschiede in ihrem Salon kein Gewicht haben. Die
Kritik zielt hier vor allem auf den Adelsstolz der Fürstin. Als Treffpunkt der
Hofgesellschaft war ihr Salon ohnehin sehr exklusiv. Gäste bürgerlicher Herkunft
waren eine Seltenheit.[354]

Mit ihrem Urteil, Marie Radziwill sei eine kühle Dame, die es liebe zu herrschen, steht Catherine Radziwill im Übrigen nicht allein. Ähnlich urteilt Mathilde
Gräfin von Keller, die Hofdame Kaiserin Auguste Victorias.[355] Allerdings mutet
die Charakterisierung einer großen Dame, die von vielen für eine typische Französin gehalten wurde, als Deutsche doch besonders perfide an.

Auch aus anderen Zeugnissen von Angehörigen der Großfamilie Radziwill
geht hervor, dass „Fürstin Anton" offenbar nicht unumstritten war. Die einen
warfen ihr eine Neigung zur Herrschsucht und Intrige vor, die anderen lobten
ihre Großherzigkeit. Maria Małgorzata Potocka, die Nichte Marie Radziwills,
rühmt ihren außerordentlichen Verstand und erhabenen Charakter. Als Französin vereinige sie in sich alle Vorzüge und Schwächen dieser Nation. Sie zeichne
sich durch besondere Tüchtigkeit, ein außergewöhnliches Organisationstalent
und bemerkenswerte Energie aus. Der Sinn für Eleganz und Prachtentfaltung sei
bei ihr mit Sparsamkeit durchaus vereinbar gewesen. „Ihr Haus wurde perfekt
geführt und niemand sonst war fähig, aus einem einfachen Bauern aus der Region
Polesie einen vorzüglichen Diener zu machen."[356] Die großen Vorzüge ihres Charakters würden jedoch durch ihren „l'esprit du monde" zunichte gemacht, von
dem sie vollkommen durchdrungen sei. Nichts sei ihr wichtiger gewesen als eine
hohe gesellschaftliche Position und Reichtum zu besitzen. „Dieses Ziel für sich,
ihren Mann und ihre Kinder zu erreichen, galten alle ihre Bestrebungen."[357] Vom
Familiendünkel der Fürstin zeugt die Darstellung des Fürsten Jean-Louis de
Faucigny-Lucinge, der durch die Familie seiner Mutter, einer geborenen Terry y
Sanchez, mit den Castellanes verwandt war.[358] Er schreibt „Meine Mutter erinnerte
sich mit Bestürzung an ein köstliches Essen, wo sie als ganz junge Frau plötzlich
ihre Vorliebe für Spinat zu verstehen gab. Die hochmütige Radziwill, die von ihr
das erste Mal Kenntnis nahm, erklärte: ‚Wirklich? Ich glaubte, nur die Castellanes liebten Spinat …‘. Diese einfache Bemerkung der Sippe schleuderte meine
Mutter in das Dunkel der Ausgeschlossenen."[359]

Während Catherine Radziwill in „Hof und Gesellschaft in Berlin" nicht so
gut auf Marie Radziwill zu sprechen ist, zollt sie ihr in ihren zwanzig Jahre später

erschienenen Erinnerungen enthusiastisches Lob und spricht von der großen Hilfsbereitschaft der Fürstin:

> Seine [Anton Radziwills] Frau ist eine der Personen, welche ich am meisten respektiere und sicher eine der wenigen wirklich bemerkenswerten Frauen Europas. Ihre Intelligenz erinnert an die ihres Großonkels, des berühmten Talleyrand, außerdem hat sie ein warmes Herz, ist eine treue Freundin, ein großmütiger Charakter und besitzt die vornehmsten Eigenschaften, die eine Frau schmücken können (…) Meine Schwägerin ist eine der einflußreichsten Persönlichkeiten in Berlin, sie ist eine soziale Macht und war dies eine lange Reihe von Jahren. Während der Lebenszeit der Kaiserin Augusta hatte sie eine einzig dastehende Position und übte auf die alte Dame einen Einfluß aus, wie keine sonst, den sie aber, wie ich ruhig sagen kann, nie dazu benützte, jemand zu kränken, – nicht einmal die Menschen, die sie Grund hatte, nicht zu lieben.[360]

Wie die zuvor genannten Chronisten des Berliner Gesellschaftslebens hebt auch der französische Schriftsteller Pierre de Lano Marie Radziwills führende Stellung bei Hofe und in der Society hervor. Er verweist neben den diplomatischen Aktivitäten auf die Vorliebe der Fürstin für die Mildtätigkeit. Jedes Jahr im Winter organisierte sie in ihren Räumlichkeiten am Pariser Platz einen großen Basar, wo sich Adel und Bürgertum einfanden. Der Verkaufserlös floss einem Krankenhaus zu. Maria Małgorzata Potocka erzählt:

> Auch in religiöser Hinsicht war sie korrekt und befaßte sich mit Wohltätigkeit. Jedes Jahr hielt sie in ihren Salons *un bazar de charité*, der drei Tage dauerte. An überall aufgestellten Tischen wurden Pfänder unterschiedlichster Art verkauft. Die schicksten jungen Damen verkauften und kümmerten sich ums Buffet, und am Tor baten große Plakate die Gäste herein. Das war bereits eine Institution, und die ganze Berliner Gesellschaft schob sich durch diese Salons. Der ganze Hof und die Prinzen pflegten auch dort zu sein und waren für die Berliner eine erhebliche Attraktion. Diese Veranstaltung musste für die Dame des Hauses mit einigen Kosten und Erschöpfung verbunden sein, aber den Nutzen davon hatten die Borromäerinnen aus der Stiftung meines Vaters (…) Von diesen Summen bauten sie nach und nach ihr großes Spital an der Großhamburgerstraße (…).[361]

Die Pflege der Künste war ein weiteres gewichtiges Anliegen der Radziwills. So berichtet Lano: „Fürstin Anton versammelte oft bei sich in der Winterzeit die Elite der Berliner Gesellschaft und bot ihren Gästen das Vergnügen, in ihren Salons die berühmtesten Künstler Deutschlands oder des Auslands zu hören, die in Berlin anzutreffen waren."[362] Lano erwähnt die jährlichen Besuche der Kaiserin

Augusta im Salon, die es sich trotz ihres schlechten Gesundheitszustandes nicht nehmen lasse, der Mutter des Fürsten Anton zum Geburtstag zu gratulieren.

Nach dem Tod Wilhelms I. und Friedrichs III. war die Beziehung der Radziwills zur kaiserlichen Familie – so Lano – nicht mehr so eng. Von nun an habe das Fürstenpaar mehr Zeit auf seinen Besitztümern in Nieśwież und Kleinitz verbracht. Die Briefe der Fürstin an General Robilant sprechen allerdings eine andere Sprache. Aus ihnen ist ersichtlich, dass die Anwesenheit Marie Radziwills in Berlin und insbesondere bei Hofe – zumindest bis zum Tod des Fürsten 1904 – an Häufigkeit nicht nachgelassen hat. Mit Wilhelm II. stand sie in einem vertrauten Verhältnis, auch nachdem Anton Radziwill seinen Dienst bei Hofe quittiert hatte.

An ihrem Geburtstag am 19. Februar pflegte die Fürstin einen Rout – einen größeren Empfang – zu geben, umrahmt von einem musikalischen Programm. Harry Graf Kessler, der gelegentlich bei den Radziwills verkehrte, hat seine Eindrücke von einer solchen Veranstaltung in einer Tagebuchnotiz festgehalten: „Berlin. 19.2.1895. Mit Bredow gefrühstückt. Bei der Fürstin Anton Radziwill zum Gratulieren (…) Abends Gesellschaft bei Anton Radziwills. Die Marchesi gesungen, Grünfeldt und die Kleeberg gespielt. Eine Satire auf die Gesellschaft, dass zu einem Rout Musik gehört, um den Menschen eine Gelegenheit zu geben, sich nicht unterhalten zu müssen."[363] Offenbar nahm Kessler, der in seinem Tagebuch nicht mit bissigen Bemerkungen über die Berliner Gesellschaft spart, Anstoß an einer Vermischung von Rout und musikalischer Soirée, obgleich es die Regel war, dass bei großen Routs Musik gemacht wurde.[364]

Fedor von Zobeltitz nimmt in seiner Gesellschaftschronik des Jahres 1898 ebenfalls Bezug auf eine Musikveranstaltung im Hause Radziwill, die offenbar anlässlich des Geburtstags der Fürstin stattfand. Am 25. Februar notierte er: „Besonders glänzend gestaltete sich die letzte musikalische Soiree in der Wohnung des Fürsten Anton Radziwill am Pariser Platz. Hier waren außer der Fülle aristokratischer Gäste Künstler und Künstlerinnen mit Einladungen beehrt worden, so die Maler Falat und Kossak, beides Polen von Geburt wie der fürstliche Gastgeber, ferner die französische Sängerin Madame Litoisse und eine spanische Klaviervirtuosin Senora Castellaro."[365] Bei solchen Anlässen wurde die strenge Exklusivität, die im Salon Radziwill gewahrt wurde, in dem in der Regel nur die Hofgesellschaft verkehrte, offenbar durchbrochen.[366]

Zu den französischen Besuchern Marie Radziwills gehörte auch die Gräfin Pauline de Pange. Sie hielt sich im Februar 1913 in Berlin auf und verkehrte in der Hofgesellschaft. Über Marie Radziwill schreibt sie:

Der interessanteste Salon ist der der alten Fürstin Radziwill, einer geborenen Castellane. Sie empfängt jeden Tag nach dem Diner, nach dem alten Brauch des Faubourg
Saint-Germain. Sie sitzt in einem Lehnstuhl in der Nähe des Kamins. Der ganze
im Gotha verzeichnete europäische Adel gibt sich bei ihr ein Stelldichein: die mediatisierten Fürsten, die Prätendenten ohne Königreich, die Diplomaten, die Staatsmänner, die hochrangigen Militärs (…) Man sagt, Kaiser Wilhelm erscheine dort
manchmal. Diese Versammlungen, wo alle Welt französisch spricht, vermitteln einen
guten Eindruck von dem, was einmal die zivilisierte Gesellschaft des 18. Jahrhunderts
gewesen sein könnte.[367]

Hier wird wie auch von anderen französischen Besuchern die bewusste Anknüp-
fung der Fürstin Radziwill an die Traditionen des royalistischen französischen
Adels als das Charakteristische ihres Salons hervorgehoben. Als geborene Castellane fühlte sie sich dazu ausersehen, die vornehmen Sitten und Gebräuche des
Faubourg Saint-Germain zu repräsentieren. Ihr Anspruch war es, wie Pauline de
Pange zu Recht betont, ihren Gästen eine Vorstellung von der Salonkultur des
18. Jahrhunderts zu vermitteln, wobei es ihr allerdings weniger auf die lebendige
Auseinandersetzung mit den Geistesgrößen der Zeit ankam als auf eine demonst-
rative Abschottung gegen nichthöfische Kreise.

Zur Abrundung des Bildes der Fürstin im Spiegel der zeitgenössischen Memoi-
ren- und Tagebuchliteratur soll die Salonnière und Schriftstellerin Marie von
Bunsen zu Wort kommen. Wie wenige kannte sie die mondänen Kreise des
Kaiserreichs und die Welt der literarisch-künstlerischen Salons. Sie hat darüber
ausführlich in mehreren Publikationen berichtet. Über Marie Radziwill schreibt
sie: „Sie war eher eine angenehme als eine hübsche Erscheinung gewesen, sie war
nicht groß, etwas rundlich, fesselte durch ihre Lebensart und durch ihre gewandte
Unterhaltungsgabe.“[368] Bunsen bestätigt, dass jedermann sich mit der Fürstin,
die immer Französin geblieben sei, in ihrer Landessprache unterhielt. Wie Cambon und Huret bezeugt sie, dass Marie Radziwill in ihrem Haus am Pariser Platz
jeden Abend empfing.[369]

„Von 9 Uhr an erwartete sie, in helle Seide gekleidet, mit ihren großen Perlen
geschmückt, handarbeitend, inmitten der französischen Möbel und Bildnisse des
18. Jahrhunderts [ihre Gäste]. Nach einer halben Stunde reichten die Diener Tee
und Gebäck, nach einer Stunde Orangeade, um 11 Uhr verabschiedete man sich.
Und zu dieser anspruchslosen Geselligkeit erschienen Damen und Herren in
großer Toilette.“[370] Da die Konversation nicht immer unterhaltsam war – die
Verfasserin vermerkt kritisch, die Fürstin habe es manchmal daran fehlen lassen,
ihre Besucher zum Gespräch zu animieren –, kam Marie von Bunsen mit Vorliebe
an den Abenden der Hoffeste zu ihr. Dann fand sie sie manchmal allein zu Hause
und unterhielt sich mit der „intelligenten, welterfahrenen“ Fürstin. „Wir ereifer-

ten uns über den Herzog von St. Simon und Frau von Maintenon und fanden uns in der Bewunderung über Frau von Sévigné, ihrer Ahnin.[371]

Marie von Bunsen findet die Fürstin in ihren Bemerkungen zwar scharfzüngig und ironisch, aber nicht boshaft. Sie habe die einnehmende Fähigkeit, sehr gewagte Aussprüche anderer, so die ihres Neffen Boni de Castellane, leicht und sicher vorzubringen. Wie Cambon und Huret ist Bunsen der Meinung, Marie Radziwill repräsentiere den „alten Stil". So gewissenhaft wie sie habe niemand die Höflichkeitsregeln befolgt, „waren auch Hunderte von Glückwunsch- oder Beileidsbriefen zu beantworten, sie beantwortete jeden, waren Besuche zu erwidern, so scheute sie nicht die Treppen. Immer ist sie zuvorkommend gewesen."[372]

Marie von Bunsen besuchte die Fürstin auch in ihrem Jagdschloss in Kleinitz, das in ungewöhnlichem Maße von ihr geprägt worden sei. Klug und erfolgreich habe sie ihr sehr beträchtliches Vermögen verwaltet. Ihr Lebenszuschnitt sei angemessen gewesen: fürstlich, aber vernünftig. „Fachmänner hätten schwerlich so zweckmäßig, so gefällig, so geschickt ein fast leerstehendes Schloß eingerichtet, den Wald gepflegt, die Gartenanlagen aus dem Nichts geschaffen."[373]

Das in den Erinnerungen von Zeitzeugen oftmals angesprochene Verhältnis Marie Radziwills zur Königin Augusta erscheint in der Schilderung Marie von Bunsens in etwas veränderter Perspektive. So sehr sie Augusta auch verehrte, stand sie ihr, wie den von Bunsen zitierten Äußerungen der Fürstin zu entnehmen ist, keineswegs unkritisch gegenüber. „,Die Königin Augusta', sagte sie, ,liebte es, gelegentlich die Märtyrerin zu spielen. Sie hatte etwas recht Gezwungenes dem Gatten gegenüber und fuhr zusammen, wenn er auf sie zukam (…) Sie war eine ,femme cérébrale', sehr kalt, im Grunde selbst als Mutter kalt. Auf jeden, der ihren Gatten politisch beeinflußte, war sie eifersüchtig, in der Politik wollte *sie* nur auf ihn wirken (…).'"[374] Als das Gespräch auf die gerade erschienenen Briefe Augustas an ihren Mann kam, habe die Fürstin ein gewisses Mitgefühl für Kaiser Wilhelm nicht verhehlen können. „Immer betonte die Gemahlin ihre Pflicht ihn zu ermahnen, ihm den rechten Pfad zu weisen. Immer wieder ertönten ihre bedauernd feststellenden Kassandra-Rufe.'"[375] Selbst die Art und Weise des Umgangs Augustas mit Bismarck fand den Tadel Marie Radziwills. „,Öfters habe ich selbst gesehen wie schlecht die Königin auch als Kaiserin Bismarck und dessen Frau behandelte. Man wunderte sich, daß diese es sich gefallen ließen.'"[376]

Obwohl die von Bunsen zitierten Äußerungen Marie Radziwills über Augustas Schwächen Zweifel an der Verehrung der Monarchin wecken könnten, lassen sie keine Schlüsse über etwaige politische Meinungsverschiedenheiten zu. Die Ergebenheit der Fürstin bewies sich gerade darin, dass sie trotz aller Animositäten im Verhalten der Kaiserin voll und ganz zu ihr stand und die gemeinsamen politischen Überzeugungen davon nicht berührt wurden.

In den zitierten Quellen wird die Zugehörigkeit der Salonnière Marie Radziwill zur französischen Kultur immer wieder betont. Während jedoch französische Zeugnisse nicht nur diese kulturelle Eigenart im Habitus der Fürstin hervorheben, sondern mit Genugtuung auch auf ihren Patriotismus verweisen, sprechen die nach dem Ersten Weltkrieg erschienenen deutschen Quellen stattdessen von Geheimnisverrat und „Deutschfeindlichkeit" (Bunsen) oder „Scheinpreußentum" (Wilke). Dagegen sieht der polnische Historiker Tadeusz Nowakowski, der ihre französischen und deutschen Bindungen nicht bestreitet, in Marie Radziwill vor allem die „Hauptinitiatorin der Repolonisierung der ‚verpreußten' Radziwillschen Linie".[377]

Für Gräfin Keller blieb Marie Radziwill immer Französin und Adolf von Wilke nennt sie gar eine „Vollblutfranzösin". Hutten-Czapski, der sich dankbar an sie erinnert, enthält sich solcher Wertungen. Er hält der Fürstin ihr ausgleichendes Wesen zugute und verweist auf ihre Stellung zwischen zwei Nationen. „Ihre französische Nationalität brachte sie in den beiden deutsch-französischen Kriegen in eine schwierige Lage, die sie aber mit großem Takt gemeistert hat (…) Den zweiten Krieg mit ihrem angestammten Vaterland billigte sie nicht und zog sich auf ihre Besitzung Kleinitz in Schlesien zurück."[378] Ohne nationalen Aplomb äußert sich der Herausgeber der „Briefe vom deutschen Kaiserhof 1889–1915", Paul Wiegler. „Die Fürstin empfindet, obwohl sie Französin bleibt, ein halbes Jahrhundert lang mit ihrer zweiten Heimat",[379] heißt es dort schlicht.

Die Lebenserinnerungen Marie Radziwills, die den Zeitraum von ihrer Geburt bis zum Jahr 1873 umfassen, enthalten nur wenige Hinweise auf andere Berliner Salons. Die junge Fürstin beklagte den Mangel an Konversationsmöglichkeiten und Charme in der preußischen Gesellschaft und das geringe Bildungsniveau der Frauen, das ein kultiviertes Salonleben erschwere.

> In Deutschland sind die Frauen meist wenig kultiviert. Die wenigsten besitzen Geist. Sie sind vorbildliche Familienmütter und hingebungsvolle Frauen, doch ohne Sinn für die Konversation. Politik existiert für sie nicht. Ihre Lektüre ist begrenzt auf die vermischten Nachrichten in den Zeitungen und auf ein oder zwei englische Romane im Jahr. Folglich viel Sittsamkeit, aber wenig Vergnügen. Ihr einziger Gesprächsstoff, abgesehen vom ordinären Küchengeschwätz, betrifft die Toilette.[380]

Marie Radziwill gab dieses Urteil über Frauen in Deutschland im Anschluss an eine Begegnung mit zwei adligen Damen, der Gräfin Thun und der Prinzessin Salm, ab. Da ihr Bekanntenkreis sich weitgehend auf Frauen aus dem Adel erstreckte, ist anzunehmen, dass mit ihrem Urteil vornehmlich Frauen dieses Personenkreises gemeint waren. Nur wenige Monate früher vermerkte sie in ihrem Tagebuch, dass sie sich durch die Lektüre historischer und religiöser Werke und ausgiebige Zeitungslektüre weiterbilde. Offenbar hatte sie bis auf wenige Ausnahmen in Hofkreisen keine weiblichen Gesprächspartnerinnen kennengelernt, die ihren intellektuellen Ansprüchen genügten.

Die junge Fürstin zog aus ihren Beobachtungen Schlüsse über den Zustand der Berliner Salons. Da die Männer sich nicht für neuesten Modeklatsch interessierten, sondern dies den Frauen überließen, würden sie sich in den Salons von ihnen absondern und ihre Gespräche untereinander führen. Auf diese Weise könne aber keine wirkliche Salonatmosphäre entstehen. „So etwas belebt keinen Salon. In Berlin besteht der typische Salon aus zwei Lagern: Im hinteren Teil des Zimmers sitzen die Damen. Die Männer nehmen am Fenster Platz. Es ist wie eine Demarkationslinie, die einen eigentümlichen Effekt erzielt."[381]

Marie Radziwill schildert die Situation der Berliner Salons in der frühen Bismarck-Zeit, so wie sie sie erlebte, ohne nähere Auskünfte darüber zu geben, welche Gastgeberinnen gemeint sind. Sie verkehrte in höfischen Kreisen und bezieht sich demnach auf jene Häuser, die dieses gesellschaftliche Spektrum widerspiegelten. Von ihrem Salon in der Wilhelmstraße ist in ihren Erinnerungen nicht die Rede.

Ergiebiger für die Rekonstruktion des Lebens im Radziwill'schen Salon als die „Souvenirs" sind die Mitteilungen der Fürstin in ihren Briefen an General Robilant. Sie setzen mit dem Jahr 1889 ein und geben somit einen Eindruck von der Endphase der Bismarck-Ära und der Ägide Wilhelms II.

Aus den Briefen lässt sich zunächst Näheres über die Aufenthaltsorte der Fürstin im Verlaufe des Jahres entnehmen. Die Monate November bis Mai / Juni hielt sie sich in der Regel in Berlin auf. Dann trat sie ihre Reise nach Nieśwież an, wo sie den Sommer auf ihren Gütern verbrachte. Im Herbst reiste sie meist nach Paris und besuchte hin und wieder Rochecotte, den Wohnsitz ihrer Mutter Pauline. Geschäftliche Interessen erforderten mehrere Reisen nach St. Petersburg. Weitere Aufenthaltsorte waren Rom, Venedig, Nizza und Wien. Das in Galizien liegende Schloss Łańcut, im Besitz ihres Schwiegersohns Roman Potocki, war ein weiteres Reiseziel, ebenso Mankiewicze. Nach dem Tod ihres Mannes im Dezember 1904 verbrachte sie nur noch den Sommer des folgenden Jahres in Nieśwież, danach wurde Kleinitz zu ihrem Lebensmittelpunkt außerhalb der Wintersaison.

Viele Persönlichkeiten, über die Marie Radziwill in ihren Briefen Auskunft gibt, traf sie, wie erwähnt, nicht nur des Abends, wenn sie in größerer Runde empfing, sondern auch tagsüber, um mit ihnen ungestört über politische Fragen sprechen zu können. Die Besuche Wilhelms II. und Auguste Victorias im Salon Radziwill, die jährlich – zumeist mehrmals – stattfanden, waren meist privater Natur, sei es um Glückwünsche auszusprechen oder ein vertrauliches Gespräch zu führen, das auch politische Fragen mit einschließen konnte.

Über einen Neujahrsbesuch des Kaisers berichtet die Fürstin am 5./6. Januar 1891: „Am 2., um einhalbfünf Uhr, öffnet sich meine Tür mit Getöse, mein Diener meldet mir den Kaiser. Ich eile in mein Vorzimmer und finde ihn schon auf der Treppe. Er wolle mir ein gutes Neues Jahr wünschen, sagte er, und mir direkt sein Beileid zum Tode meiner Mutter aussprechen, wozu er bis heute noch nicht gekommen sei. Ich ließ ihn in meinen gelben Salon eintreten. Kaum saß er, als er das Thema Rußland zu erörtern begann."[382] Gelegentlich nutzte Wilhelm II. den Salon Radziwill aber auch, um auf gleichsam neutralen Boden mit den Botschaftern der Großmächte zusammenzutreffen. So sagte er sich im Januar 1899 mit der Kaiserin bei den Radziwills zum Diner an und setzte die Botschafter Frankreichs und Englands, Marquis de Noailles und Lascelles[383], auf die Gästeliste. Zweck des Besuchs war die Erörterung der Kolonialpolitik. Wie Marie Radziwill schreibt, bot Wilhelm II. an, zwischen den beiden Staaten in der Faschodakrise zu vermitteln.[384]

Mitglieder der kaiserlichen Familie fanden sich bei der Fürstin hin und wieder zu den Soiréen ein. Die Teilnahme des Kaiserpaars am Konzert eines polnischen Pianisten im Palais Radziwill war eine besondere Auszeichnung.[385] Die Fürstin wiederum erschien häufig zu Bällen und Festen bei Hofe, oder sie war zum Déjeuner, Petit Diner oder Grand Diner bei Wilhelm II. und Kaiserin Auguste Victoria zu Gast. Einen ständigen Kontakt unterhielt sie auch zur Großherzogin Luise von Baden, der Tochter Kaiserin Augustas, in dem die enge Verbindung zur Mutter nach deren Tod eine Fortsetzung fand. Mit dem ehemaligen Kammerherrn Augustas, Bodo von dem Knesebeck, pflegte sie ebenfalls einen regelmäßigen Gedankenaustausch.

Wenn die Fürstin von Besuchen in ihrem Haus spricht, so nennt sie oft Anton Radziwill als Mitgastgeber. Sie stand also nicht allein einem Salon vor, sondern empfing in der Regel zusammen mit ihrem Mann die Gäste. Nach dem Tod des Fürsten – so lässt sich ihren Briefen entnehmen – ließen ihre Salonaktivitäten in Berlin nach. Kleinitz, wo sie immer mehr Zeit verbrachte, wurde zu einem Ersatzschauplatz des mondänen Lebens, denn auch dort hielt sie Hof. In ihrem Jagdschloss hatte sie oft benachbarte Gutsbesitzer oder Diplomaten auf der Durchreise zu Gast. Im Oktober 1905 berichtete sie von einem Besuch des ersten Sekretärs der russischen Botschaft in Berlin, Baron Kroupensky, und dem ersten Sekretär der deutschen Botschaft in Rom, Baron von Lancken-Wakenitz. Der normale Empfangstag in Kleinitz war der Sonntag. Zu ihren Besuchern zählten Prinz und Prinzessin Reuß, Prinz Heinrich und Prinzessin Margarete von Schönaich-Carolath und die Fürstin Natalie von Hatzfeldt-Trachenberg sowie ihr Vetter Graf Bonifaz von Hatzfeldt-Trachenberg.

Will man das politische Spektrum, das sich in der Gästestruktur ihres Salons nie-
derschlägt, präziser fassen, so ist eine Auswertung der Gästelisten unentbehrlich.
Genaue Angaben darüber sind jedoch schwer zu finden. Die „Souvenirs" und
Briefe Marie Radziwills und die Erinnerungen von Zeitgenossen ergeben nur ein
ungefähres Bild von der sozialen Zusammensetzung ihres Salons. Die vierbän-
dige Korrespondenz enthält ein Namensregister, das es erlaubt, die erwähnten
Personen zu identifizieren. Gleichwohl bleibt auch hier vielfach unklar, ob die
Begegnungen mit Repräsentanten des politischen Lebens sich in ihrem Salon am
Pariser Platz oder andernorts zugetragen haben.[386]

Die von Marie Radziwill in ihren Briefen an General Robilant genannten
Personen gehörten ganz überwiegend der politischen Sphäre an. Mit Künstlern
und Gelehrten hatte sie selten Umgang, was daran liegen mag, dass sie die deutsche Sprache nur unvollständig beherrschte. So waren es meist Gastauftritte
französischer Künstler, die von ihr vermerkt wurden, während sie das deutsche
Kulturleben weitgehend ignorierte. Besonders eng waren die Kontakte der Fürstin zur internationalen Diplomatie. Es existierte kein zweiter Berliner Salon
zwischen 1871 und 1914, in dem so viele Politiker und Diplomaten sich ein Stelldichein gaben. Für jeden in Berlin weilenden Botschaftsattaché war es der größte
Wunsch, von der Fürstin in den Kreis ihrer Gäste aufgenommen zu werden. Sie
traf sich mit den in Berlin akkreditierten Botschaftern und durchreisenden Politikern meist zum Déjeuner oder abendlichen Diner, bevor sie den Salon für ihre
Gäste öffnete.

Nur selten kommt die Fürstin in ihren Briefen direkt auf die Zusammensetzung
der Gästerunde in ihrem Haus zu sprechen. So heißt es zum Beispiel über einen
Besuch des österreichischen Außenministers Graf Goluchowski[387]:

„19. Januar 1897. Gestern gab ich ein Déjeuner für Goluchowski. Wir waren
zehn Personen und zwar: die beiden Szögyenyi, Lanza, Noailles, Lerchenfeld,
meine Kusine Fürstin Clary und Gatte und der Sekretär Goluchowskis."[388] Außer
Anton und Marie Radziwill waren demnach anwesend: Maria-Karl Fürst von
Clary und Aldringen und seine Frau Felicia, eine geborene Radziwill; der österreichische Botschafter Graf Szögyéni-Marich und Frau; der italienische Botschafter Graf Lanza, der französische Botschafter Marquis de Noailles; der bayerische
Bundesratsgesandte Graf Lerchenfeld-Köfering und der Ehrengast, der österreichische Außenminister Graf Agenor Goluchowski und sein Sekretär, dessen Name
nicht genannt wird. Die meisten dieser Gäste gehörten zu den Besuchern des
abendlichen Salons.

Hochbetrieb herrschte in den Räumen der Fürstin, wenn sie im November
aus Nieśwież oder Kleinitz nach Berlin zurückkehrte und die Saison begann. Am
13. November 1910 schrieb sie: „Es sind noch wenige Menschen in Berlin, aber
die wenigen haben es eilig, zu mir zu kommen und alle meine Soiréen sind gut

besucht. So etwas erscheint mir eigenartig nach der Ruhe in Kleinitz. Es kostet mich einige Anstrengung, wie gewohnt zu plaudern.“[389] Wenige Tage später notierte sie: „Ich sehe jeden Abend meine vertrauten Kreise.“[390]

Wenn von Marie Radziwills Berliner Salon die Rede ist, wird immer auf die Exklusivität dieser Einrichtung hingewiesen, auf die Vornehmheit der Gäste und das Überwiegen der Besucher aus Diplomatie und Politik. Gelegentliche künstlerische Programme können nicht über den Eindruck hinwegtäuschen, dass die Fürstin einem politischen Salon vorstand. Vergleicht man ihr Haus mit dem der Gräfin Marie Schleinitz, so fällt auf, dass Fürstin Radziwill das Charakteristische der französischen Salonkultur, nämlich Gäste verschiedenster Herkunft miteinander ins Gespräch zu bringen, weitgehend vermied. Ihr Salon stand nicht wie der der Gräfin Schleinitz bürgerlichen Talenten offen. Zu Repräsentanten des deutschen Bildungsbürgertums unterhielt sie keinen Kontakt. Insofern ist Marie von Bunsen Recht zu geben, wenn sie die Klage der Fürstin über fehlende Kommunikationsmöglichkeiten in der Berliner Gesellschaft und einen Mangel an Konversationskunst wenig überzeugend findet. Marie Radziwill mochte wohl an einem Austausch mit bedeutenden Repräsentanten des geistigen Berlin interessiert sein. Allerdings hätte sie deren Frauen wohl kaum in ihrem Salon geduldet. Die Männer wiederum entsprachen in ihrem Habitus meist nicht ihren Vorstellungen von Vornehmheit, Eleganz und „savoir vivre“.

Marie von Bunsen weist auf den Umstand hin, dass im Unterschied zu Paris und Rom berühmte Wissenschaftler in Berlin meist nur einen Salon aufsuchten, wenn auch ihre Frauen zugelassen waren. „Bekanntlich verkehren bei uns die Männer fast nur in den Häusern, in denen auch ihre Frauen eingeladen werden, und daher sind heutzutage in den Kreisen, von denen die alte Fürstin und der Botschafter sprachen, die geistig wertvollsten Elemente unvertreten.“[391]

Das Berliner Bildungsbürgertum blieb deshalb aus dem Radziwill'schen Salon verbannt, während es in anderen adligen Salons, die mit dem deutschen Geistesleben vertraut waren, hoch willkommen war. Angesichts seiner Fixierung auf die Hofgesellschaft und das diplomatische Korps und weitgehender Ignoranz dessen, was der Hausherrin als nicht vornehm galt, war das Haus Radziwill eigentlich kein typischer Repräsentationsort französischer Salonkultur, wie von Zeitzeugen immer wieder betont wird. Das französische Element fand seinen Ausdruck in der Haltung der Fürstin, den vollendeten Manieren, der ausgeprägten Höflichkeit und Liebenswürdigkeit einer großen Dame. Die ausschließliche Konzentration ihrer Interessen auf das Politische und die Belange des Adels zeigt jedoch die Grenzen ihrer Wirkungsmöglichkeiten. Kurt von Reibnitz, davon überzeugt, dass ein Salon, in dem sich nur Menschen einer Gesellschaftsklasse treffen, ohne Bedeutung sei, stellt denn auch 1928 in einem Rückblick auf die Salons der Vorkriegszeit fest: „Von dem Salon der Fürstin Anton Radziwill geborenen Gräfin

Castellane, die in ihrer schönen Wohnung im Hause des Ersten Garderegiments, Pariser Platz 3, allabendlich von zehn Uhr ab nur Hofgesellschaft empfing (…) spricht kein Mensch mehr."[392]

Will man ein Fazit über die Rolle des Salons Radziwill in der internationalen Politik ziehen, so muss erörtert werden, welche Handlungsmöglichkeiten Frauen des Hochadels in der Epoche des deutschen Kaiserreichs in dieser Sphäre offenstanden. In seinem Buch „Die Damenpolitik am Berliner Hof 1850–90" spricht Hermann Robolsky, ein engagierter Anhänger Bismarcks, von den Versuchen einzelner im Hintergrund wirkender Persönlichkeiten, gleichsam aus einer Grauzone heraus Einfluss auf die Regierungsgeschäfte in Preußen zu nehmen. Dies sei allerdings durch Bismarck und Wilhelm I. vereitelt worden. Dagegen habe „die Frauenpolitik am Berliner Hofe, von der man heute[393] fast gar nichts mehr hört, ihre schüchternen Anfänge aus der Zeit Friedrich Wilhelms IV. noch lange fortzusetzen und auszudehnen gesucht. Von einer Nebenregierung kann man da allerdings nicht sprechen, denn eine solche haben die Damen bei uns zu keiner Zeit erstrebt; auch nicht von einer Hintertreppen-Politik, denn die edlen Frauengestalten verschmähten die Schleichwege und die Intriguen."[394]

Offenbar stand dem Verfasser das Wirken politisch ambitionierter Frauen wie Kaiserin Augusta und Prinzessin Victoria vor Augen. Dennoch erkennt er auch ihnen keine politische Wirkungsmacht zu. Nie hätten preußische Fürstinnen die Schranken ihres „eigentlichen Wirkungskreises" durchbrochen. „Sie haben, von den echten Aufgaben des weiblichen Berufs ganz und gar erfüllt, nicht den Ehrgeiz besessen, eine politische Rolle zu spielen. Die Eugenien, Isabellen u.s.w. sind uns fremd geblieben."[395]

Robolsky zitiert im Weiteren Zeugen wie Roon und Bismarck, die über „Einmischungen" der Frauen in die Politik oder „weiblichem Widerstand" klagten.[396] Demnach gab es wohl doch Frauen, die „von den echten Aufgaben des weiblichen Berufs" nicht ganz und gar erfüllt waren und sich bemühten, ihren Wirkungskreis auszudehnen. Unter Wilhelm II. sollte sich dies ändern, wie Robolsky lobend erwähnt. Im Unterschied zu ihren Vorgängerinnen sei Kaiserin Auguste Victoria nicht von dem Ehrgeiz besessen, das politische Geschehen mitzubestimmen. Frauen wie Fürstin Radziwill, die über eine politisch-diplomatische Begabung verfügten und entschlossen waren, diese auch zu nutzen, besaßen deshalb seit der Regierungsübernahme durch Wilhelm II. in der Person der Kaiserin keine Gesprächspartnerin und Schutzpatronin mehr.

Marie Radziwills politischer Spielraum war jedoch selbst zu Lebzeiten Kaiserin Augustas und Anton Radziwills begrenzt. Ihre Großmutter, die Herzogin von Dino und Sagan, konnte sich noch als Beraterin Talleyrands, eines mächtigen Staatsmanns, profilieren. Nach dessen Tod versuchte sie, sich am preußischen

Hof eine Einflusssphäre zu schaffen. Sie besaß das Vertrauen Friedrich Wilhelms IV. und unterstützte Fürst Felix Lichnowsky, Mitglied des preußischen Herrenhauses und Abgeordneter in der Frankfurter Nationalversammlung, in seinen politischen Ambitionen. Marie Radziwills Aktionsradius war schmaler. Sie war nicht die Vertraute eines bedeutenden Ministers, sondern stand an der Seite des General-adjutanten Wilhelms I. Sie repräsentierte durch ihren Salon das Haus Radziwill, was zum Prestige ihres Mannes beitrug. Der Salon war ein Mittel, um im diplo-matischen Leben Berlins Gewicht zu erlangen. Es ist Marie Radziwill zweifellos gelungen, in diesem Rahmen Kontakte zu pflegen, neue zu knüpfen und einen Raum für politische Kommunikation zu schaffen. Die direkte Verbindung zu Kaiserin Augusta bot die Chance, im Interesse der französischen Diplomatie zu wirken, offenbar mit Erfolg, wofür die von Bismarck beargwöhnte Beziehung der Monarchin zum Botschafter Gontaut-Biron Zeugnis ablegt.

Marie Radziwill kannte nahezu jede wichtige politische Persönlichkeit in Berlin und pflegte einen engen Kontakt zu den dort ansässigen Botschaftern der europäischen Großmächte. Diese Verbindungen wurden über ihren Salon und durch regen Besuch in den Botschaften und ausgedehnten Briefverkehr mit Diplomaten aus aller Welt hergestellt. Bemerkenswert ist der Reichtum an Infor-mationen, der ihr auf diese Weise zugeflossen ist, und der sie in die Lage versetzte, höchsten Stellen Ratschläge zu erteilen. So fand ein häufiger Meinungsaustausch zwischen ihr und dem Kaiser statt, der sich ihr Verbindungsnetz zunutze machen wollte. Marie Radziwill war eine Diplomatin ohne Amt, eine Frau, deren Meinung gehört wurde, die sich aber keine politische Rolle anmaßte, wohl wissend, dass ein solcher Anspruch ihre Position in der Berliner Gesellschaft gefährden konnte. Direkte Einflussnahme auf den Monarchen oder die Regierung galt als illegitim in einer Zeit, in der sich „das Schwergewicht auch in Deutschland zunehmend zu den Parteien, zur Presse und zu den Parlamenten"[397] verlagerte und die kultu-relle Überlegenheit des Salons dem an Sachwissen orientierten Fachmann weichen musste.[398]

Dennoch blieben die politischen Konflikte nicht aus. Der von Bismarck betrie-bene Kulturkampf zeigt, dass die mit einem polnischen Adligen verheiratete überzeugte Katholikin zum politischen Reagieren genötigt wurde. Wenn Bismarck sich auch in diesem Konflikt durchsetzte, so bedeutete das Ende des Kulturkampfs jedoch keine Ausschaltung des Einflusses des Hauses Radziwill. Es war vor allem der Tod Augustas, der die politischen Handlungsmöglichkeiten der Fürstin schmä-lern musste, soweit diese sich mit den Interessen der Kaiserin überschnitten. Ein weiterer Einschnitt nicht nur in ihrem privaten, sondern auch in ihrem politischen Leben war der Tod Anton Radziwills.

Auf sich allein gestellt, blieb Marie Radziwill dennoch eine Autorität im dip-lomatischen Getriebe der deutschen Hauptstadt. Solange sie einen Salon führte, war sie in der Lage, sich nicht nur ständig über das politische Geschehen aus erster Hand zu unterrichten, sondern ihre Kenntnisse und Einschätzungen an die maßgeblichen Entscheidungsträger weiterzugeben und auf diese Weise Politik mitzugestalten. Die zunehmenden Spannungen in den internationalen Beziehungen vor Ausbruch des Ersten Weltkriegs, die mit einer Verschärfung der nationalen Gegensätze einhergingen, welche die Diplomatie nicht mehr zu mildern in der Lage war, brachte eine Kosmopolitin wie Marie Radziwill in eine schwierige Situation. Die internationale Gesellschaft des Hochadels, der sie angehörte, geriet in Gegensatz zu den Großeliten der einzelnen europäischen Staaten und wurde durch den Krieg schließlich in ihren Einflussmöglichkeiten massiv eingeschränkt.[399]

Für Marie Radziwill stand aber mehr auf dem Spiel: Der völlige Niedergang der Monarchien und der mit dieser Staatsform verbundenen Werteordnung. Sich selbst und ihresgleichen sah sie auf verlorenem Posten. Nicht nur die Staatenordnung, auch die Gesellschaften seien zutiefst durch Wohlleben und Luxusstreben der Eliten zerrüttet. Der Weltkrieg war nur die Konsequenz einer unaufhaltsamen Entwicklung zur Auslöschung des „alten Europa".

Im Folgenden werden weitere Salons vorgestellt, die über die spezielle Zielsetzung des Salon Radziwills hinausgingen oder ihm auf diplomatisch-politischem Feld erfolgreich Konkurrenz machten.

2. Patronin der Künste: Marie von Schleinitz

Ganz anders als der Radziwill'sche Salon war der Salon von Marie („Mimi") von Schleinitz-Wolkenstein (1842–1912). Die Gräfin stand zwar über ihren ersten Mann, Alexander von Schleinitz (1807–1885), den Minister des Königlichen Hauses, dem Kaiserhaus ebenso nahe wie Marie Radziwill. Ihr Interesse galt aber nicht der Politik, sondern den Künsten, vor allem der Musik Richard Wagners, dessen engagierte Patronin sie wurde. Der erste Salon Schleinitz existierte in Berlin von 1865 bis 1885. In dieser Zeit galt er vielen Beobachtern, auch aus dem Ausland, als *der* repräsentative Salon der Stadt. Der französische Botschafter Gontaut-Biron schreibt: „(...) die Baronin von Schleinitz ist durch die Anmut ihres Geistes, ihren Verstand, und ihre musikalischen Talente eine der hervorragendsten, wenn nicht die bedeutendste Erscheinung in der Berliner Gesellschaft."[400] Jules Huret, der den späteren Salon der Gräfin im Palasthotel kennenlernte, führt sie neben Marie Radziwill als ein Beispiel für ein geistvolles mondänes Leben in der Hauptstadt an[401] und Marie von Bunsen gesteht Gräfin Schleinitz zu, es sei ihr gelungen, im Palais des Hausministeriums „das beste Haus Berlins zu machen".[402]

Marie von Schleinitz war von anderer persönlicher Statur als Marie Radziwill. Sie war Preußin, aber zugleich Kosmopolitin. Als Tochter des preußischen Gesandten Ludwig August von Buch und seiner Frau Marie, geb. von Nimptsch, wurde sie in Rom geboren. Durch ihre Großmutter Léocadie von Nimpsch lernte sie als junges Mädchen die Pariser Gesellschaft kennen.[403] Später, nach den Berliner Jahren, in zweiter Ehe mit Graf Wolkenstein-Trostburg (1832–1913) verheiratet, wohnte sie in Petersburg und Paris, wo dieser österreichischer Geschäftsträger war.[404] Die letzten Jahre ihres Lebens verbrachte sie auf Schloss Ivano in Südtirol, die Wintermonate hielt sie sich stets in Berlin auf. Sie logierte dort im Palasthotel am Potsdamer Platz und empfing in ihren Appartements ihre Gäste. Über diese Zeit berichtet Helene von Nostitz: „Wieder hingen dort die roten Damaststoffe und ein gestochenes Bildnis Friedrichs des Großen, Ansichten seiner Potsdamer Schlösser ersetzten die Lenbachs. Die Gräfin saß lieblich wie immer, meist in grauem Crêpe de Chine drapiert, und lächelte fein hinter ihrer Lorgnette (…) Man las Goethe zusammen, und Knesebeck wußte immer die Wendung zu finden, die das Gespräch vertiefte."[405]

So wie die Fürstin Radziwill trotz aller Urbanität und kosmopolitischem Flair im Herzen eine Französin geblieben war, blieb Gräfin Schleinitz zeit ihres Lebens eine Preußin.[406] Marie von Bunsen, die in ihren späteren Jahren oft Umgang mit ihr hatte, bestätigt diesen Eindruck. „Bei ihrem langen Aufenthalt im Ausland, bei ihren zahllosen ausländischen Beziehungen hätte man einen kosmopolitischen Einschlag erwarten können. Im geraden Gegenteil war sie ausgesprochen deutsch. Oft hat sie die mannigfachen Vorteile des Berliner Lebens betont. ‚Wo', fragte sie mich, ‚gibt es anderswo diese geistige Anregung, dieses gehaltvolle Leben, diese wertvollen Menschen?'"[407]

Offenbar konnte Marie von Schleinitz die besonderen Qualitäten der geistigen Kultur in der preußischen Metropole ermessen, da sie viel in der Welt herumgekommen war und ihr Urteil auf genauer Kenntnis der Gegebenheiten in anderen Ländern beruhte. Gräfin Schleinitz stand mit dieser Auffassung übrigens nicht allein. Als die Herzogin Dorothea von Sagan 1840 nach langer Abwesenheit wieder einmal in Berlin weilte – sie hatte viele Jahre in Paris und London verbracht – machte diese Stadt auf sie zunächst einen trübseligen Eindruck, da Reichtum und Glanz fehlten. Als sie dann aber in das prächtige Wien reiste und den Wohlstand und die grandseigneurale Lebensart der Oberschicht betrachtete, vermisste sie doch sehr die geistige Kultur der preußischen Hauptstadt.[408]

Durch ihren ersten Mann, Alexander Freiherr von Schleinitz – er wurde 1879 in den Grafenstand erhoben – wurde Marie in politische Querelen hineingezogen, da dieser als Intimus der Königin und Kaiserin Augusta von Bismarck angefeindet wurde.[409] Zu den politischen Differenzen trat die gesellschaftliche Konkurrenz zwischen den Häusern Bismarck und Schleinitz. Bei den Bismarcks wurde die

Salongeselligkeit nur stiefmütterlich gepflegt. Der Kanzler und seine Frau Johanna „gaben nur Pflichtgeselligkeit. Einen Salon zu machen, war beiden unbequem. Sie wollten abends ihre Ruhe haben."[410]

Marie von Schleinitz bildete aber nicht wie die Fürstin Radziwill zusammen mit der Kaiserin eine Fronde gegen den Reichskanzler. Ihre Ambitionen lagen ausschließlich auf kulturellem Gebiet. Hier erwies sie sich als eine klassische Salonnière, der es darum zu tun war, Menschen unterschiedlicher sozialer, geistiger und politischer Couleur zusammenzubringen. Ihr Bestreben, ihren Salon, vom Goethekult abgesehen, vor allem in den Dienst eines Mannes, nämlich Richard Wagners, zu stellen, findet seine Entsprechung in dem Verhalten anderer berühmter Salonnièren der Vergangenheit. So widmete sich zum Beispiel Julie Récamier dem Dichter Chateaubriand und die Herzogin von Dino sah ihre Aufgabe und Pflicht darin, dem Politiker Talleyrand zur Seite zu stehen. Marie von Schleinitz war bereit, im Engagement für eine von ihr als wertvoll angesehene Sache, auch gegen die in ihren Kreisen vorherrschenden Auffassungen und Geschmacksnormen zu verstoßen. „Alles in allem wurde sie wie auf einem starken Strom vorwärtsgetragen von ihrem Temperament, von dem sie sich, wo Ziele auftauchten, die ihr erstrebenswert oder gar erhaben erschienen, über alle Bedenken fortreißen ließ. So riskierte sie während der Dreyfuß-Affäre in Paris für das, was sie als die Gerechtigkeit ansah, ihre gesellschaftliche Stellung; wie sie sie früher in Berlin unbedenklich gegen Bismarck eingesetzt hatte."[411]

Während Fürstin Radziwill auf gesellschaftliche Exklusivität achtete, öffnete Gräfin Schleinitz ihren Salon für nicht hoffähige Gesellschaftskreise. Sie ermöglichte den gesellschaftlichen Verkehr und geistigen Austausch zwischen Adel und Bürgertum und durchbrach die Schranken der abgeschotteten Hofgesellschaft. Zobeltitz notiert in seiner Chronik des gesellschaftlichen Lebens im Kaiserreich:

> Seit dem Tod des Grafen Alexander Schleinitz, des ehemaligen preußischen Haus-
> ministers, sind die großen Salons bei uns selten geworden, in denen sich Hof, erste
> Gesellschaft, Kunst, Wissenschaft und Literatur zu weitem und doch engem Kreise
> zusammenfinden. In der scharf bureaukratischen Luft der Hauptstadt hielt man bis
> zum französischen Feldzuge noch strenger als heute auf Absonderung der Kasten und
> auf standesgemäße Gliederung. Der *Schleinitzsche Salon* war eigentlich der erste, der
> mit seiner gesellschaftlichen Zusammensetzung eine Bresche in die Vorurteile legte,
> die gerade von einer bestimmten Partei des Hofadels – es war die sich um den Grafen
> Nesselrode gruppierende – mit großer Zähigkeit gepflegt wurden. [412]

Marie Schleinitz agierte als klassische Salonnière, indem sie ihren Salon nicht nur der Gesellschaft im höfischen Sinne offenhielt, sondern auch all denen, die sich auf künstlerischem und wissenschaftlichem Gebiete durch ihr Schaffen einen Namen gemacht hatten.[413]

Die Gräfin empfing jeden Abend bei Tee und Kuchen nach dem Theater, nach den Konzerten und Diners. Oft wurde musiziert. Wenn sie nicht selbst am Klavier saß, spielten prominente Pianisten wie Franz Liszt, Anton Rubinstein und Carl Tausig. Gelegentlich fanden auch größere Routs bei ihr statt. Kronprinz Friedrich Wilhelm und Kronprinzessin Victoria waren oft bei ihr zu Gast. Adolph von Menzel hat 1875 einen solchen Abend im Bild festgehalten. Auch Wilhelm I. erschien gelegentlich in ihrem Salon. Der Diplomat Bogdan Graf von Hutten-Czapski berichtet: „Eine besondere Rolle spielte in diesem Kreise der Kabinettsrat der Kaiserin, Bodo von dem Knesebeck. Durch seine Bildung und Gewandtheit beherrschte und belebte er die Konversation. Ich selbst, obwohl gänzlich unmusikalisch, brachte wenigstens einmal in der Woche den Abend im Salon von Mimi Schleinitz zu."[414]

Ohne das Engagement der Gräfin und ohne die unermüdliche Energie, die finanziellen Schwierigkeiten beiseite zu räumen, wäre Bayreuth, wie Wagner bekannte, wohl nicht zustande gekommen. Bernhard von Bülow schreibt: „Es gelang ihr, in ihrem Berliner Salon Bayreuther Patronatsscheine auch bei ganz unmusikalischen, aber zahlungsfähigen Persönlichkeiten zu placieren. Sie verstand es, den türkischen Gesandten zu überreden, zehn Patronatsscheine für den Sultan zu nehmen. Als mein Vater den Gesandten nachträglich frug, wie es ihm gelungen sei, den Padischah zu solcher Munifizenz für das deutsche Unternehmen in Bayreuth zu bewegen, erwiderte dieser unbefangen: ‚Ich habe dem Sultan geschrieben, daß es sich um ein Opernunternehmen in Beirut handle, und dafür hat er großmütig gegeben.'"[415]

Einer der Höhepunkte ihrer Aktivitäten im Dienste des Komponisten war der Vortrag Wagners im Palais Schleinitz am 17. Januar 1873 über seine Musikdramen, dem sich eine Rezitation aus der „Götterdämmerung" anschloss. Ein ausgewählter Personenkreis war anwesend, u. a. der Generalfeldmarschall und Abgeordnete des Reichstages Helmuth Graf von Moltke, die Diplomaten Lothar Bucher und Joseph Maria von Radowitz, der Politiker Rudolf von Delbrück, der Altertumsforscher Karl Richard Lepsius, der Physiologe und Physiker Hermann Ludwig Ferdinand von Helmholtz, der Schriftsteller Ernst Dohm, die Unternehmer Heinrich Friedrich Eckert und Bethel Henry Strousberg sowie der Bankier Gerson von Bleichröder.[416]

Durch ihre glänzende Erscheinung und den großzügigen aristokratischen Rahmen ihres Hauses war Marie von Schleinitz eine typische Repräsentantin der Salons des „zweiten Rokoko".[417] Das Hausministerium in der Wilhelmstraße 73, später Sitz des Reichspräsidenten, gleiche – so der Schriftsteller Ludwig Pietsch –

den alten französischen Adels-Hôtels „entre cour et jardin“.[418] Dank seiner Eleganz und Grandezza bringe der Salon der Gräfin etwas von der Atmosphäre des Pariser Faubourg Saint-Germain in die preußische Hauptstadt. Ein anonym erschienener Führer durch das vornehme Berlin der späten Bismarck-Zeit bestätigt rückblickend diesen Eindruck. Man könne behaupten, dass in dem Haus der Gräfin Schleinitz ein Salon entstanden sei, „worin das ‚bureau d'esprit‘ aus Frankreich vollkommen nachgebildet wurde.“[419]

Allerdings schränkt Ludwig Pietsch seine Aussage wieder ein, denn die Wilhelmstraße sei inzwischen – 1875 – von Neureichen erobert worden. In den 1850er-Jahren reihten sich dort noch fast ohne Unterbrechung Palais von Prinzen, Ministerien, Gesandtschaften und hocharistokratischen Familien aneinander. Mitte der 1870er-Jahre sei die Einheit des aristokratisch-diplomatisch-ministeriellen Charakters des betreffenden Teils der Wilhelmstraße längst aufgehoben.

„Verschiedene Finanzgrößen neueren Ursprunges haben sich dort Hotels gegründet, welche durch ihre Pracht und den künstlerischen Luxus ihrer inneren Einrichtung, theils auch schon durch den an ihren Façaden entfalteten Glanz und überreichen Schmuck die meisten jener bescheidener und einfacher gehaltenen Gebäude, architektonische Schöpfungen älterer, in ihren Mitteln beschränkterer Zeiten Berlin's und Preußens, gänzlich in Schatten stellen.“[420]

Nur drei der älteren Palais der Wilhelmstraße behaupteten auch den Sitzen der Finanzwelt gegenüber ihr unverlierbares Gepräge: das Palais des Prinzen Albrecht, das Hôtel Radziwill und das Palais des Königlichen Hausministeriums. Dieses sei – so Pietsch – dem Palais Radziwill in Anlage und Stil verwandt, „aber noch weiter, großräumiger und stattlicher (…).“[421] Es herrsche dort nicht die kalte, steife, frostige Vornehmheit des späteren Imperialstils. Der große, die ganze Tiefe des Mittelbaues einnehmende Hauptsaal mit dem Blick auf den Garten atme trotz seiner pompösen Verhältnisse ein trauliches Behagen nicht weniger als die kleineren Gemächer, Salons und Kabinette. Die vornehme äußere Umgebung gewinne aber erst ihren unvergleichlichen Reiz durch Gräfin Schleinitz. Man verehre in Marie Schleinitz nicht nur die Förderin der Künste, sondern schätze ihr Urteil in künstlerischen Fragen. Ihre Haltung entspringe der innersten Überzeugung und dem gründlichen ernsthaften Studium. Besonders im Klavierspiel habe sie es zur Meisterschaft gebracht. Auch Pietsch sieht es als das eigentümliche Verdienst des Salons Schleinitz an, dass die Hausherrin verschiedene gesellschaftliche Kreise bei sich versammle.

Die Herrin dieses Salons und Hauses steht mit den hervorragendsten Vertretern der Wissenschaft und Kunst, der lebendig schaffenden, vordringenden unserer Zeit, in nicht weniger nahen, geselligen Wechselbeziehungen, wie zu der Hof-Gesellschaft, welcher sie und ihr Gemal durch Geburt und Rang angehören. In den intimen

Soiréen, welche der Erbe der deutschen Kaiserkrone und seine hohe Gemalin gern und regelmäßig mit ihrem Besuche ehren, fehlen gleichzeitig selten auch Maler, wie Menzel, Richter, von Werner und, als er in Berlin verweilte, von Angeli, Bildhauer, wie Reinhold Begas, große, gelehrte Forscher und Bahnbrecher der Wissenschaft, wie Helmholtz (…) So scheint auch in diesem Salon jene Schranke verschwunden, die ehedem streng und unüberschreitbar Elemente der Gesellschaft, wie die hier in freiem, geistig angeregtem, heiter behaglichen Beisammensein vereinigten, von einander geschieden haben würde.[422]

Durch seine pariserische Eleganz rivalisierte der Salon der Gräfin Schleinitz mit dem Salon Radziwill, der sich seine Rolle als Gralshüter französischer Kultur nicht streitig machen lassen wollte.

Harry Graf Kessler, geboren 1868, dessen Tagebuchaufzeichnungen eine unschätzbare kulturhistorische Quelle für die wilhelminische Zeit darstellen, hat in seinen Erinnerungen der Person der Gräfin, die er in Paris kennenlernte, als Graf Wolkenstein dort Botschafter war, Relief verliehen. Er erblickte in ihr den Prototyp der großen Dame, eine Erscheinung, die unwiederbringlich der Vergangenheit angehöre:

Ich habe sie als Kind kaum oder nur flüchtig gesehen, nachher immer lieber und häufiger, weil sie in einer veränderten Welt, von Jahr zu Jahr fremdartiger wirkend, wie ein Sinnbild der von ‚Blut und Eisen‘, von Schwerindustrie und Militär verdrängten Goethezeit, für mich immer reizvoller und merkwürdiger wurde (…) Kaum schön, aber einen sicheren Bestand mädchenhafter Jugendlichkeit klug pflegend, erschien sie abends in einer Wolke von Spitzen und Tüll bei gedämpftem Licht in den Prunksälen ihrer Botschaft und begann mit den gerade Anwesenden fast ohne Übergang eine Konversation, die wie ein Kapitel aus den ‚Wahlverwandtschaften‘ anmutete.[423]

Über ihren Konversationsstil bemerkt Kessler: „Trotzdem lag ihr nichts ferner als das Lehrhafte; ihre Unterhaltung schillerte im Gegenteil bunt wie ein Schmetterling von geistreichen, etwas preziösen Bemerkungen und romantischen Einfällen, die noch den Duft Bettinas und Rahels verbreiteten.“[424]

In den Briefen und Erinnerungen Marie Radziwills wird Marie von Schleinitz-Wolkenstein nicht erwähnt. Es ist unwahrscheinlich, dass sie ihr nicht begegnet ist, denn beide verkehrten bei Hofe. Doch gab es offenbar kein Bedürfnis nach engerem Kontakt. Vielleicht spielte hier die Rivalität unter tonangebenden Damen der Gesellschaft eine Rolle, vielleicht waren es die verschiedenen Interessenssphären, die beide voneinander trennten. Die Habitués der Salons Radziwill und Schleinitz überschnitten sich zwar – so verkehrten z. B. Bülows, Bunsen und Hutten-Czapski in beiden Häusern – doch insgesamt gesehen waren die Berührungspunkte zwischen beiden Salonnièren zu gering, als dass es zu einem Austausch gekommen wäre.[425]

3. Mondäne Geselligkeit im Hause des Reichskanzlers: Der Salon Maria von Bülows

Als Marie von Schleinitz 1886 Berlin den Rücken kehrte, hinterließ sie im Salonleben der Stadt eine Lücke, die auch durch den Salon der Fürstin Radziwill nicht ausgefüllt werden konnte. Manche Beobachter meinten gar, es gebe seitdem in der Reichshauptstadt nur noch wenige Salons in des Wortes eigentlicher Bedeutung.[426] Die Verbindung von mondäner Eleganz und geistiger Kultur hatte im Hause Schleinitz eine unvergleichliche Qualität erreicht. Sieht man einmal von dem Salon der Gräfin Luise von der Gröben ab, der in den 90er-Jahren den Mittelpunkt für musikalische und literarische Veranstaltungen der Hofgesellschaft bildete[427], so sollte erst mit Bernhard und Maria von Bülow diese glanzvolle Tradition wieder aufleben. Bernhard von Bülow (1849–1929) – 1899 wurde er zum Grafen, 1905 zum Fürsten ernannt – und seine Frau Maria waren wie wenige andere befähigt, ein großes Haus zu machen. Es gibt in der umfangreichen Memoirenliteratur der Zeit zwar auch kritische Stimmen, die den Bülows eine gewisse Oberflächlichkeit und einen Hang zu schmeichlerischem Posieren vorhalten, doch kaum jemand bestreitet, dass sie über jeden Tadel erhaben waren, wenn es galt, Weltläufigkeit, Eleganz und erlesenen Geschmack in virtuoser Weise miteinander zu verbinden.

Seit der Übernahme des Amtes des Reichskanzlers durch Bülow im Jahr 1900 residierte das Ehepaar im ehemaligen Hôtel de Radziwill in der Wilhelmstraße. Maria von Bülow hatte bereits mit ihrem ersten Mann, Graf Karl Dönhoff, in Wien einen Salon geführt. Nach ihrer Heirat mit dem damaligen deutschen Botschafter in Rom, Bernhard von Bülow, trat sie auch dort als Salonnière hervor. In Berlin führte sie diese Geselligkeit fort, als ihr Mann 1897 Staatssekretär des Auswärtigen wurde. Sie verstand es, so wurde ihr von vielen Seiten bestätigt, in großem Stile zu repräsentieren.

Maria von Bülow (1848–1929), eine geborene italienische Prinzessin, war hochmusikalisch und eine Anhängerin Richard Wagners. Ihr Interesse galt außerdem der Kunst und Literatur. „Sie hatte Liszt zum Lehrer gehabt, kein Wunder, daß sie künstlerisch Klavier spielte. Ihren Kunstsinn hatte sie in den Ateliers von Makart und Lenbach gepflegt, ihre Weltanschauung beruhte mehr auf Goethe und Schopenhauer, als auf irgendeinem Italiener."[428] Neben der Wahrnehmung ihrer offiziellen Repräsentationspflichten empfing Fürstin Bülow in ihrem Haus Diplomaten, Presseleute und Künstler. Zu den Gästen ihrer Soiréen gehörten

Gerhart Hauptmann, Ernst von Wildenbruch, Hermann Sudermann, Ruggero Leoncavallo, Engelbert Humperdinck, Anton von Werner und Max Liebermann. Verschiedene Quellen berichten von der außerordentlichen Eleganz, der Souveränität und Gewandtheit im gesellschaftlichen Auftreten des Ehepaars Bülow, das es auf diese Weise verstand, für sich einzunehmen und das Ansehen des Amtsträgers zu stärken.

Gräfin Bülow hatte ein durchaus kritisches Verhältnis zur Berliner Gesellschaft. Über einen diplomatischen Empfang berichtete sie: „Eine Dame mußte ich bei Tisch zwischen zwei ungewöhnlich langweilige Herren setzen. Später entschuldigte ich mich bei ihr. Sie sah mich erstaunt an: Aber ich bitte Sie, ich saß doch zwischen zwei Exzellenzen!' – das genügte in Berlin.“[429] Das Palais des Reichskanzlers, das unter Bismarck, Caprivi und Hohenlohe viel von seiner Aura aus Radziwills Zeiten verloren hatte, erstrahlte seit dem Einzug der Bülows wieder in alter Pracht. Über einen Besuch bei den Bülows notierte Hildegard von Spitzemberg am 10. Mai 1901 in ihrem Tagebuch: „Untertags bei Gräfin Bülow, die in monatelanger, begeisterter Arbeit aus dem Hause Wilhelmstraße 77 mit Hilfe von Ihne und Nobelwasser sowie 240 000 M Moneten ein wirklich wunderschönes, geschmackvolles Palais gemacht hat, natürlich nicht wiederzuerkennen für die, welche die Behausung unter Bismarck als ärarischen Wartesaal 1. Klasse, dann unter Caprivi und Hohenlohe gesehen haben, die beide in unglaublicher Weise alles haben verkommen lassen.“[430] Unter Bismarck hatten offizielle Diners und politische Bierabende die eleganten Soiréen und ungezwungenen Konversationen ersetzt. Maria von Bülow, berichtet Helene von Nostiz, „verwandelte für kurze Zeit dies strenge, düstere Haus in einen römischen Palazzo mit roten Damaststoffen, auf deren Hintergrund sinnende Madonnen des Quattrocento träumten.“[431]

Auch Hutten-Czapski schildert in seinen Erinnerungen die Umwandlung, die seit Bülows Einzug mit dem Reichskanzlerpalais vor sich gegangen war.

Das früher so einfache Haus, das Bismarck mehr als Dienstwohnung wie als Heim betrachtet und in dem Hohenlohe keine wesentlichen Veränderungen vorgenommen hatte, ließ Bülow vollständig umgestalten. Das Arbeitszimmer Bismarcks im Erdgeschoß, das Caprivi als solches beibehalten hatte, wurde zu einer Art Bismarck-Museum umgewandelt, das frühere Geschäftszimmer von Bismarcks Adlatus Rottenburg zum Boudoir der Gräfin Bülow. Das monumentale Treppenhaus wurde erneuert und stark erweitert. Von den Wänden wurden die Stuckdekorationen heruntergeschlagen und durch Kalkstein freilich nur gemalt – ersetzt. Auch in den Säulen wurde das Gewicht auf Repräsentation und Dekoration gelegt. Es entsprach sowohl den Wünschen der Gräfin als dem Geschmack des Hofbaurats Ihne, dem die Umgestaltung übertragen wurde, das meiste in italienischer Renaissance zu halten, ein Stil, der hier wie beim Dom und bei der Staatsbibliothek angewandt wurde, aber im nordischen Berlin immer fremd bleiben muß.[432]

Mehr als für die Frau des Ministers des Königlichen Hauses Gräfin Schleinitz und die Gattin des Generaladjutanten des Kaisers Fürstin Radziwill gehörten für die Frau des Reichskanzlers die großen Empfänge zu ihren vornehmsten Pflichten. Der erste Empfang im neu hergerichteten Reichskanzlerpalais fand am 27. November 1900 statt, nachdem Graf Bülow sein Amt angetreten hatte. Während der Hausherr seine Gäste – es waren mehrere Hundert – im Vorsaal begrüßte, empfing seine Frau Maria zusammen mit ihrer Mutter Donna Laura Minghetti im roten Saal, einem prunkvollen Raum, den Ihne mit der Imitation einer schweren Kassettendecke ausgeschmückt hatte.[433] Die glänzende Ausstattung des Hauses wurde dem guten Geschmack der Hausherrin zugeschrieben.

Was Hutten-Czapski über die Eröffnung des Hauses berichtet, wird durch eine Darstellung ergänzt, die Zobeltitz von einem Empfang im März 1905 gegeben hat:

> Im Vorzimmer empfängt Graf Bülow seine Gäste; im Frack mit dem Bande des Schwarzen Adlers, strahlend vor Gesundheit und Liebenswürdigkeit, jedem einzelnen die Hand drückend, mit den meisten persönlich Bekannten auch noch ein rasches Begrüßungswort wechselnd. In dem Saale dahinter haben sich die Gäste bereits versammelt; den Mittelpunkt des bunten Hin und Her bildet die Gräfin in lichtkastanienbrauner Brokatrobe mit goldbestickten Bordüren, im dunklen Haar ein paar blitzende Brillantsterne. Dem Zauber, der von ihrer Persönlichkeit ausgeht, kann man sich schwer entziehen. Wie in ihrer anmutigen äußeren Erscheinung, so verleugnet sie auch in ihrem Sichgeben keinen Augenblick die Italienerin; sie ist ungemein lebhaft, aus dem klugen Auge sprüht ein unruhiger Geist, der Mund lächelt gern und weiß reizend zu lächeln. Auch sie begrüßt jeden einzelnen.[434]

In den folgenden Jahren sollte Maria von Bülow ihre überragenden gesellschaftlichen Talente bei vielen Gelegenheiten beweisen. So sehr ihr Mann selbst durch und durch Gesellschaftsmensch war und zu repräsentieren verstand, wurde von nicht wenigen Vertrauten der Familie die Gräfin als die eigentlich treibende und bestimmende Kraft in dieser Beziehung angesehen. So schreibt Hutten-Czapski: „Bülows Milieu, und nicht nur dies, auch er selbst, war wesentlich von seiner Frau bestimmt, von ihrem südlichen Charme, der romanischen Helligkeit und Lebhaftigkeit ihres Wesens, den Traditionen ihres Geschlechts."[435]

Doch nicht nur bei den großen offiziösen Empfängen machte Maria von Bülow eine glänzende Figur. Sie betätigte sich auch als Salonnière und schuf in ihrem

Palais einen erlesenen Zirkel. Bei kleinen, intimen Diners versammelte die Hausherrin fast jeden Abend ihre Freunde um sich und setzte damit die Tradition der
Radziwills fort.[436]

Anders als im Salon Radziwill zählten zu den Gästen Maria von Bülows jedoch
nicht nur Persönlichkeiten aus Hofgesellschaft und Diplomatie, sondern auch
Angehörige weniger exklusiver Gesellschaftsschichten, die von der Gastgeberin
wegen ihres Talents geschätzt wurden. So gelang es Gräfin Bülow nach Meinung
des Chronisten der Berliner Gesellschaft, Fedor von Zobeltitz, einen Salon zu
schaffen, der sich nicht nur mit dem der Radziwills messen konnte, sondern „der
dem unvergeßlichen Schleinitzschen Hause insofern ähnelt, als auch in ihm sich
neben den Vertretern der Geburtsaristokratie und des Schwertadels, neben der
hohen Beamtenschaft und den mehr oder minder ragenden Säulen des Parlamen-
tarismus die Vertreter von Kunst, Wissenschaft und Literatur zusammenfinden.“[437]
Anlässlich des Ausscheidens von Bülow aus dem Kanzleramt im Juli 1909 schreibt
Zobeltitz:

> Ich wiederhole: der große Reiz der Routs im Kanzlerpalais unter Bülow lag in der
> Mischung der Gesellschaft. Von hohen Fürstlichkeiten bis zur niedlichen kleinen
> Schauspielerin, die vielleicht gerade eine Rolle kreierte, von der man sprechen
> mußte, wenn man nicht ungebildet erscheinen wollte, war alles vertreten. Die
> Exklusivität fehlte durchaus; es ging ein demokratischer Zug durch diese Gesell-
> schaften – man streifte mit dem einen Ärmel einen Durchlauchtigsten und mit
> dem anderen den bourgeois gentilhomme, sah vor sich einen Zeremonienmeister
> und neben sich einen ganz Unzeremoniellen, der am Büfett den Hummer mit
> dem Messer bearbeitete und sich Mayonnaise auf die Hemdenbrust kleisterte.
> Und gerade diese gesellschaftliche Freizügigkeit im Hause des Fürsten mag seine
> Popularität begünstigt haben. Dazu kamen freilich auch seine große persönliche
> Liebenswürdigkeit und die seiner Gattin. Näher kennenlernen konnte man die
> beiden freilich nur in kleinerem Kreise, und wem dies einmal vergönnt worden
> war, der nahm Erinnerungen mit, die nicht zu den leicht vergeßbaren gehör-
> ten.[438]

Hildegard von Spitzemberg, die einem politischen Salon vorstand, zeigte für den
von Zobeltitz mit viel Lob bedachten „demokratischen Zug“ der Bülows weniger Verständnis. Dass Angehörige der „demi-monde“ dort wohl gelitten waren,
konnte von einer auf Einhaltung des guten Tons bedachten Gesellschaftsdame
kaum gebilligt werden. Besonders missfiel Baronin Spitzemberg die Ausdehnung
des Gästekreises auf Künstler verschiedener Couleur. So sehr sie auch die Verschö-
nerung der Räume der Reichskanzlei als Leistung der Hausherrin anerkannte, so
nahm sie doch Anstoß an bestimmten Personen, denen man im Hause Bülow

begegnete. Mit der äußeren Form habe auch der Menschentyp gewechselt, der dort verkehrte. „Bülow natürlich muß wie seine Vorgänger Beamte, Diplomaten, Parlamentarier sehen, die Gräfin jedoch umgibt sich vorzugsweise mit Kunstfexen und Künstlern, letztere oft zweifelhaften Genres."[439]

Freifrau von Spitzemberg meinte damit „ultramoderne" Künstler vom Schlage eines Richard Strauss, dessen Musik sie für ungenießbar erklärte.[440] Zudem sei den Bülows offenbar der Fürstenrang zu Kopfe gestiegen. Hildegard von Spitzemberg nennt ihren Schwiegersohn, den Diplomaten Hans von Wangenheim, als Zeugen für den Snobismus der Bülows. „Daß das Ehepaar, seitdem es gefürstet, sehr ‚groß' geworden, bezeugten schon im Winter viele der Besucher des Hauses – sonderbar, daß diese Klippe gerade so gefährlich schwer ohne Schwindel zu umschiffen ist, selbst für kluge und welterfahrene Leute."[441]

Aber auch schon vor dem Erwerb des Fürstentitels, der sicher bei einigen weniger Hochgestellten Neidgefühle erweckte, konnte sich Maria von Bülow nicht immer der Bewunderung durch die Berliner Gesellschaft sicher sein. Manche Salonnièren beanstandeten die Geziertheit ihres Auftretens und ihre mangelnde Offenheit. So schreibt Freifrau von Spitzemberg: „Ich, Gräfin Harrach und so manche andere Frau kommen mit ihr nicht vom Fleck; sie ist banal freundlich, weiß eigentlich außer von ihrer Musik vom hellichten Tag nichts, erfüllt aber in gewisser Hinsicht ihren Platz vortrefflich, d. h. sie macht ihrem Manne das Leben leicht und genehm; will sehr höflich und freundlich sein, hat entschieden viel Reiz und Grazie, und ist im übrigen ein verzogenes Glückskind (…)."[442]

Marie von Bunsen erzählt in ihren Erinnerungen von der theatralischen Art, in der sich Bernhard von Bülow in Szene setzte und der Bereitschaft der Fürstin, ihrem Gegenüber auf berechnende Weise zu schmeicheln. Mit auffallender Liebenswürdigkeit hätten sie sich um Literaten und Presseleute bemüht. Den Fürsten beschreibt Bunsen als ein „abgerundetes Kunstwerk", wie sie es noch nie erlebt habe.[443] Bei einem Auftritt Bülows im Reichstag fiel ihr auf: „Seine weltmännische Art, sein Äußeres, der tadellose Gehrock mit den seidenen Aufschlägen, die gepflegten, wohlgeformten Hände unterstützten seine gewichtigen und doch leichtgeschürzten Sätze. Besonders wirksam war seine Art, auf Zwischenrufe und Unfreundlichkeiten der Sozialisten einzugehen – schlagfertig, gelassen, von oben herab."[444]

Bunsens Porträt des Reichskanzlers erinnert an andere Politiker, die in der Mischung aus exquisiter Eleganz des Äußeren, Schlagfertigkeit in der Rede und schauspielerischer Gewandtheit im öffentlichen Auftritt Bülow ähnelten. Genannt seien Charles-Maurice de Talleyrand, Benjamin Disraeli und Felix Lichnowsky oder auch Bülows englischer Zeitgenosse Arthur Balfour, die in ähnlicher Weise agierten, um ihr Publikum zu verblüffen. Bülow war kein zugeknöpfter Diplomat, sondern ein agiler Gesellschafter, der gern seine Salons öffnete und auf seinen Routs das vielgenannte Tout-Berlin um sich sah.[445] Was die Fähigkeit zur Selbstinszenierung betraf, hatte Bernhard von Bülow in seiner Frau Maria eine kongeniale Partnerin. Beide bildeten ein glamouröses Paar. „Er, der kultivierte, vielbelesene Diplomat, der witzige Causeur, sie, die große Dame aus der alten sizilianischen Fürstenfamilie, die schon als junges Mädchen im Hause ihres Stiefvaters, des italienischen Ministerpräsidenten Marco Minghetti, gelernt hatte, einen politischen Salon zu machen."[446]

Kurt von Reibnitz, der mit diesen Worten die besonderen Qualitäten des Diplomatenpaars umrissen hat, kommt ähnlich wie Hildegard von Spitzemberg und Marie von Bunsen zu dem Urteil, dass Fürstin Bülow trotz Gewandtheit, Charme und Liebenswürdigkeit nicht von besonderer Prägung gewesen sei. Sie habe stets im Schatten ihrer dominanten Mutter, Donna Laura Minghetti, gestanden und keine Gelegenheit gefunden, eine Persönlichkeit zu werden. Die „vollendete Weltdame" – so Reibnitz – besitze keinen klaren, starken Geist. Selbst Bernhard von Bülow sei durch den formenden Einfluss seiner Frau und seiner Schwiegermutter verweichlicht. Es habe ihm in entscheidenden Situationen an Mut, Stehvermögen und Durchsetzungskraft gefehlt. „Das Tiefe, Gründliche des Deutschen, das sein Vater hatte, ‚die heilige Kraft', wie man ihn nannte, war verschwunden, es dominierte das Glänzende, Schillernde, die Phrase, das Schmeichlerische, Unwahrhaftige."[447]

Hier werden Eigenschaften aneinandergereiht, die wie Reibnitz meint, dem Deutschen fremd seien und vielmehr dem romanischen Charakter entsprächen. So sei Maria von Bülow auch nie Deutsche geworden. „Das Deutschtum war der Fürstin aufgezwungen, war oberflächlich, Tünche, im Grunde blieb sie Kosmopolitin, Italienerin."[448] Was als Tadel gemeint ist, ließe sich aber ebenso als Vorzug einer Frau verstehen, die eine „vollendete Weltdame" war und in eben dieser Eigenschaft in der wilhelminischen Gesellschaft zugleich faszinierte wie abstieß. Am treffendsten hat sie vermutlich ihre Freundin Cosima Wagner beschrieben: „Eigentlich halte ich sie des Unglücks unfähig, denn sie hat eine Naivität, welche wirklich etwas Antikes, durchaus Unchristliches an sich hat. Mich erfreute sie, ein vollkommenes Kunstwerk der Natur, und ihre anscheinende Unschlüssigkeit ist durch die sicherste, untrügsamste Linie der Notwendigkeit beherrscht."[449]

Cosima Wagner gebraucht hier dieselben Worte zur Beschreibung der Fürstin Bülow, die Marie von Bunsen für die Charakterisierung ihres Mannes verwendet. Ein „vollkommenes Kunstwerk der Natur" zu sein, bedeutet, dass die perfekte Durchformung des Habitus und ein sorgfältig einstudiertes Verhalten im Ergebnis dem Betrachter als etwas völlig Natürliches erscheinen. Das Künstliche wird für den vollendeten Gesellschaftsmenschen zur zweiten Natur.

Im Unterschied zu Bunsen und Spitzemberg, welche die gesellschaftliche Gewandtheit Maria von Bülows zwar anerkennen, ihre geistigen Fähigkeiten aber eher gering veranschlagen, setzt Cosima Wagner in ihrer Beurteilung der Fürstin andere Akzente. Offenbar stoßen hier zwei Kulturen aufeinander, die selbst in mondänen Kreisen die Wahrnehmungen der Beteiligten prägten. Was Spitzemberg und Bunsen als Falschheit und Oberflächlichkeit empfinden, wird von Cosima Wagner, die in Maria von Bülow die gewandte Weltdame zu schätzen weiß, anders bewertet. Aus ihrer Sicht besitzt Fürstin Bülow vielleicht nicht viel geistige Tiefe, aber umso mehr Kultur.

Marie Radziwill hatte Maria von Bülow in Rom kennengelernt. Dort stand sie auch mit ihrer Mutter Donna Laura Minghetti in Verbindung. In Berlin traf sie Maria von Bülow häufiger, nachdem ihr Mann Reichskanzler geworden war. Sie empfing sie allein oder zusammen mit ihrem Mann in ihrem Salon. Bereits als Bülow Staatssekretär des Äußeren war, fiel ihr die besondere rednerische Gabe des Politikers auf. Er liebe es durch Metaphern, Bilder und rhetorische Effekte zu beeindrucken. Eine gewisse Färbung in seiner Ausdrucksweise zeuge davon, dass er mit einer Frau zusammenlebe, die Esprit besitze und der romanischen Kultur entstamme.[450] Am 22. November 1900 berichtete die Fürstin von einem glanzvollen Parlamentsauftritt Bülows, dem seine Frau beigewohnt habe. „Seine Frau, die bei der Sitzung zugegen war, war voller Bewunderung, die sie nicht verbarg. Sie sagte, sie erkenne ihren Mann nicht wieder. Niemals hätte sie geglaubt, dass er eine derartige Eloquenz besitzen würde."[451]

Als Marie Radziwill im Herbst 1901 wieder ihren Salon öffnete, war die Frau des Kanzlers anwesend. Der Fürstin erschien sie sehr zerstreut, denn ihre Mutter verabscheue Friedrich von Holstein und das wecke böses Blut im Hause Bülow. Marie Radziwill ließ sich laufend von Maria von Bülow über interne Vorgänge im Kanzleramt und die Eindrücke des Kanzlers im Umgang mit Wilhelm II. unterrichten. Am 9. Juni 1904 vertraute ihr die Gräfin an, dass ihr Mann sein Amt nicht mehr lange wahrnehmen wolle. Hierbei spielten auch Religionsstreitigkeiten eine Rolle. Als Katholikinnen dachten beide Frauen auf diesem Feld ähnlich. „Vorgestern habe ich von der Gräfin Bülow Abschied genommen. Sie hat mich in ihrem Garten inmitten der blühenden Rosen empfangen. Sie erschien mir sehr verbittert und der Stellung ihres Mannes als Reichskanzler überdrüssig. Sie sagt, ihr Mann arbeite seit sieben Jahren wie ein Sträfling und ernte nur Undank. Die Protestanten besäßen keinerlei Toleranz und es gebe keine Möglichkeit, ihnen diese Idee nahe zu bringen angesichts der Eifersucht, die sie gegenüber den Katholiken hegten. Die Stellung, die diese sich verschafft hätten, brächten sie in Rage."[452]

Marie Radziwill hatte volles Verständnis für die Enttäuschung der Gräfin, denn das Amt des Reichskanzlers würde jeden zerreiben, der sich bemühe, es mit Verantwortung auszufüllen. Über Maria von Bülow erhielt die Fürstin auch Informationen über Helene von Lebbin, der Freundin Holsteins, zu der sie selbst keinen direkten Kontakt unterhielt.

Im Juli 1909 endete die Kanzlerschaft Bülows. Im April 1911 sah Marie Radziwill das Ehepaar Bülow in Rom und besuchte sie in der Villa Malta.

> Gestern abend dinierte ich bei den Bülows. Die Villa Malta ist durch die Fürstin sehr verändert, aber nicht verschönert worden. Nach meiner Meinung hat sie sie beschädigt. Das Diner mit zwanzig Personen war sehr angenehm. Bülow ist der charmanteste Plauderer, dem man begegnen kann. Er sprach mit mir über alles, und seine Urteile über die Deutschen und die Franzosen waren sehr bezeichnend. Er ist froh, in Rom zu sein, weit weg von geschäftlichen Sorgen, und sich ganz seiner Neigung zur Lektüre hingeben zu können. Er genießt es, sich in einem romanischem Land zu befinden, mit intelligenten Menschen, die ihn verstehen. Er hat niemals den Namen des Kaisers genannt und selbst eine Anspielung darauf vermieden. Er will nicht mehr nach Berlin zurückkehren. Er hat verstanden, dass es besser für ihn ist, sich fern zu halten. Dies alles ist ohne Bitterkeit gesagt. Frau von Bülow scheint davon sehr viel mehr gezeichnet zu sein. Sie hat den Sturz ihres Mannes stärker empfunden. Aber vielleicht versteht er es nur besser, sich zu verstellen.[453]

Marie Radziwill sollte die Bülows noch zwei Mal in Rom treffen. Dabei enthüllte sich ihr schließlich doch der Groll, den der Fürst über seine Entlassung empfand. Im Dezember 1914 begegnete sie Bernhard von Bülow das letzte Mal. Er war in Berlin zum Sonderbotschafter in Italien ernannt worden, um das Land im Dreibund zu halten. Er sei – so die Fürstin – sicherlich der beste Diplomat des Kaiserreichs. „Bülow, der diesen Krieg bedauert und das, was sich in unserer Politik aktuell ereignet, sagte mir, alles dies sei durch eine Folge von Ungeschicklichkeiten ohnegleichen entstanden.“[454]

4. Die Salons von Leonie Schwabach, Elise von Delbrück, Cornelie Richter und Helene von Lebbin

In Berlin stand Marie Radziwill außer mit Maria von Bülow noch mit anderen bekannten Salonnièren in Verbindung. Es waren dies Elise von Delbrück, Cornelie Richter, Leonie Schwabach und Hildegard Freifrau von Spitzemberg. Mit Leonie Schwabach unterhielt sie, wenn sie sich in Kleinitz aufhielt, einen regen

Briefwechsel, um sich auf dem Laufenden zu halten. Mit ihr war sie unter den Berliner Salondamen am engsten vertraut.

Leonie Schwabach (1845–1930), geb. Keyzer, war holländischer Abstammung. Sie heiratete den jüdischen Bankier Julius Leopold Schwabach (1831–1898), einen Vetter und Sozius des Privatbankiers Gerson von Bleichröder, des bedeutendsten Vertreters der jüdischen Hochfinanz in der Reichshauptstadt. Nach Bleichröders Tod wurde er Seniorchef der Bank. Seit den 1870er-Jahren führte Leonie Schwabach am Wilhelmplatz 7, im ehemaligen Hatzfeldt'schen Palais, einen Salon, der in der Berliner Gesellschaft in hohem Ansehen stand. Bei ihr verkehrten Politiker, Beamte, Männer der Wirtschaft, Diplomaten und Künstler. Sie war eine „grande dame" und verstand es, auch vom Adel anerkannt zu werden und „sich in der Hofgesellschaft mit Sicherheit und Eleganz zu bewegen."[455] Leonie Schwabach machte sich als Mäzenin einen Namen. Die Salonnière und Schriftstellerin Marie von Bunsen bestätigt ihre bemerkenswerte Gewandtheit, Klugheit und Eleganz, meint jedoch einschränkend, „geistreich konnte man sie nicht nennen."[456]

Leonie Schwabach war nicht nur mit der Fürstin Radziwill, sondern auch mit Aniela Fürstenberg, Helene von Lebbin und Hildegard von Spitzemberg befreundet.[457] In ihrer Korrespondenz mit Robilant erwähnt Marie Radziwill mehrere Salonbesuche bei Leonie Schwabach und zitiert aus ihren Briefen. Die Bankiersfrau informierte die Fürstin über politische Vorgänge und diplomatische Begebenheiten in Berlin, wenn diese sich außerhalb der Stadt aufhielt. Als Informationsquelle gab Leonie Schwabach häufig ihren Sohn Paul an. Dieser war ein bedeutender Akteur im internationalen Finanzgeschäft und englischer Generalkonsul und stand im Dienst der deutschen Außenpolitik.[458] Er wurde 1907 vom Kaiser wegen seiner Verdienste in den Adelsstand erhoben.

Da sie mit Helene von Lebbin, der Vertrauten Holsteins, befreundet war, konnte Leonie Schwabach Hintergrundinformationen über außenpolitische Vorgänge an die Fürstin weiterreichen. Im Juni 1909 berichtete sie über die Versuche, Kanzler Bülow abzulösen und ihn durch Bethmann-Hollweg zu ersetzen. Angesichts der beunruhigenden Vorgänge in Berlin unterbrach Marie Radziwill ihren Aufenthalt in Kleinitz. Sie besuchte Leonie Schwabach, um Näheres über die politische Lage zu erfahren.

Leonie Schwabach informierte ihre Freundin nicht nur über wichtige politische Vorgänge, sondern unterrichtete sie auch über den neuesten Gesellschaftsklatsch. Sie selbst, eine dem Bürgertum angehörende große Dame, fand nichts dabei, das Benehmen einer Monarchin als kleinbürgerlich zu qualifizieren. Am 10. Juni 1912 notierte Marie Radziwill: „Madame Schwabach hat mir geschrieben, dass der König von Bulgarien alle Welt in Berlin entzückt hat, während die Königin die Ausstrahlung einer vollkommenen ‚petite bourgeoise' besaß."[459]

In Kontakt stand Marie Radziwill auch mit einer anderen Berliner Salonnière, Elise von Delbrück (1840–1926), der Frau des preußischen Staatsministers Rudolph von Delbrück. In ihrem Haus trafen sich Persönlichkeiten aus Politik und Wissenschaft. Verbindungen bestanden zu den Salons von Cornelie Richter, Hedwig von Olfers, Anna vom Rath und Anna von Helmholtz.[460]

Marie Radziwill besuchte den Salon Delbrück im Januar 1899. Die Hausherrin beklagte sich über die Veröffentlichung der Memoiren Bismarcks, die voller Fälschungen seien, da Bismarck Briefe und Depeschen oftmals gekürzt wiedergebe und dadurch ihren Inhalt verzerrt habe. Dies betraf auch ihren Mann Rudolph von Delbrück, der sich gegen den Protektionismus des Reichskanzlers gewandt hatte.

Wie Elise von Delbrück und Leonie Schwabach gehörte auch die Salonnière Cornelie Richter (1842–1922) der gleichen Generation wie Marie Radziwill an. Sie war die Tochter des Komponisten und Berliner Generalmusikdirektors Giacomo Meyerbeer. Sie heiratete den Porträt- und Historienmaler Gustav Richter und führte seit etwa 1890 einen künstlerischen Salon, der bis 1914 große Ausstrahlung im Berliner Kulturleben besaß. Zu den Gästen gehörten die Salonnièren Gräfin Schleinitz-Wolkenstein und Gräfin Harrach, hohe Würdenträger des Hofes wie Bodo von dem Knesebeck und Graf Seckendorff und Persönlichkeiten aus Kunst und Kultur wie Harry Graf Kessler, Henry van de Velde und Hugo von Hofmannsthal.[461] Doch auch Politiker und Diplomaten wie Bernhard von Bülow, Heinrich von Schönaich-Carolath, Philipp Fürst zu Eulenburg, Baron Greindl, Graf Lerchenfeld, Joseph Maria von Radowitz und Axel Freiherr von Varnbüler waren bei ihr anzutreffen.[462]

Cornelie Richter war anders als die Fürstin Radziwill aufgeschlossen gegenüber neueren Richtungen in der Kunst und bot ihnen eine Plattform. Henry van de Velde, der im Februar 1900 auf Graf Kesslers Initiative drei Vorträge im Salon Richter hielt, schreibt über die Hausherrin: „Cornelia Richter führte in ihrem pompösen Haus ein fürstliches Leben. Auch sie war jüdischer Herkunft, einzige Tochter des Komponisten Meyerbeer und Witwe des berühmten deutschen Porträtmalers Gustav Richter (…) Die Pracht der Räume, wo sich alles zu einer Einheit von höchstem Geschmack und sicherstem Stilgefühl zusammenschloß, hatte etwas von genuesischen, venezianischen oder römischen Palästen."[463]

Zu der bereits erwähnten Salonnière Helene von Lebbin wahrte Marie Radziwill Distanz. Als sie im Januar 1903 den italienischen Botschafter Graf Lanza bei sich empfing und man auf den Geheimen Rat im Auswärtigen Amt, Friedrich von Holstein, zu sprechen kam, sei man sich – so berichtet sie – darüber im Klaren gewesen, dass Holstein alles in der Hand habe und selbst Bülow sich in bestimmten Belangen verpflichtet fühle zu tun, was Holstein verlange. „Auch muss man mit ansehen, wie sich hier alle Welt ihm zu Füßen wirft und wie man seiner alten Freundin, Frau von Lebbin, den Hof macht. Sie besitzt gewiss nichts Attraktives, weder körperlich, noch geistig."[464]

Helene von Lebbin (1849–1915) besaß um die Jahrhundertwende neben der Fürstin Radziwill und der Freifrau von Spitzemberg – sieht man von der Sonderrolle Maria von Bülows als Frau des Reichskanzlers einmal ab – den bedeutendsten politischen Salon in Berlin. Sie war die Frau eines hohen Regierungsbeamten im preußischen Innenministerium, der 1884 verstarb. Als Witwe führte sie ihren Salon mit zunehmender Resonanz weiter. Seit den 1890er-Jahren war er aus dem politischen Berlin nicht mehr wegzudenken. Als wichtigster Habitué galt Friedrich von Holstein, die „graue Eminenz" im Auswärtigen Amt. Aufgrund ihrer Verbindung zu Holstein hielt man Frau von Lebbin für sehr einflussreich, manche meinten, sie sei eine Intrigantin.[465] Für Marie von Bunsen war sie die „vielvermögendste Berlinerin"[466], in ihrem Wesen einfach und natürlich, „in ihrer Sprache, in ihrem Mangel an jeglicher Anmut charakteristisch berlinisch."[467] Holstein sah sie fast täglich. Er schickte ihr Rohrpostbriefe mit den neuesten Nachrichten aus dem Amt. So erfuhr sie Versetzungen, Anstellungen als erste.[468]

Der Auffassung Marie Radziwills, Helene von Lebbin besitze keine geistige Attraktivität, widersprechen eine Reihe von Zeugen, die sie näher kannten. Ihre körperliche Anziehungskraft mochte begrenzt sein, ihre geistige Ausstrahlung war jedoch beträchtlich. Hildegard von Spitzemberg lernte sie durch Klothilde von Wedel-Melchow, der Tante ihres Schwiegersohns Hans von Wangenheim, kennen. Am 13. Januar 1903 schrieb sie in ihr Tagebuch: „Dienstag frühstückte ich bei Tante Wedel mit Frau von Lebbin, der klugen und gebildeten aber recht ränkesüchtigen, mit allen Wassern gewaschenen Freundin Holsteins, der deshalb Bülows und Lichnowsky sowie alles, was vom Auswärtigen Amte direkt oder indirekt etwas will, sehr um den Bart gehen."[469]

Wenig später notierte Baronin Spitzemberg, dass ihr Frau von Lebbin noch etwas unheimlich vorkomme. Sie sei „riesig gebildet" und sehr gescheit, doch stehe sie zu sehr im Mittelpunkt und habe die snobhafte Neigung, sich ihrer vielen einflussreichen Bekanntschaften zu rühmen.[470] Als Hildegard von Spitzemberg im Januar 1906 die Vertraute Holsteins in ihrer Wohnung Am Karlsbad 27 besuchte, bemerkte sie in ihrem Tagebuch, in diesem kleinen Gartenhäuschen werde mehr große Politik getrieben als in manchem Ministerium.[471] Den Abgang Holsteins aus dem Auswärtigen Amt im April 1906 begrüßte Baronin Spitzemberg, denn es sei unerhört, dass „ein unverantwortlicher Mann in relativ nichtmaßgebender Stellung eigentlich allein die Politik leitete, und eben wegen dieser unklaren Stellung fortwährend in Konflikt geriet mit den berufenen hohen Beamten."[472] Andererseits sei Holstein der einzige Staatsmann alter Schule gewesen und trotz seiner unschönen Eigenschaften ein sehr bedeutender Mann. Für Baronin Spitzemberg war ihre Rivalin Frau von Lebbin ein Outsider, die viel mehr wisse als die Offiziellen, „davon manches herausläßt, mit anderem aber wieder komisch geheimnisvoll und falsch bescheiden tut, sehr schlau und doch dann wieder nicht schwer auszuhorchen, dazwischen eine Spur agent provocateur.“[473] Hildegard von Spitzemberg meinte, dass mit der Entlassung Holsteins Helene von Lebbin jede Bedeutung im politischen Berlin verlieren werde. Doch hier täuschte sie sich. Frau von Lebbin sollte eine vielgefragte Ratgeberin in politischen Angelegenheiten bleiben.

Im Hause Lebbin verkehrten neben Diplomaten und Staatsbeamten auch Gelehrte und Schriftsteller. Wenn Holstein sein Kommen ankündigte, wurde der Gästekreis auf wenige Vertraute begrenzt. Prominente Gäste waren u. a. die Reichskanzler Caprivi, Hohenlohe-Schillingsfürst und Bülow, der deutsche Botschafter in Paris Fürst Radolin, der Bankier Paul von Schwabach und der Mediziner Ernst von Leyden. Nach Holsteins Tod 1909 führte Helene von Lebbin ihren Salon weiter. Vermutet wurde, dass sie bei der Besetzung von Posten im Auswärtigen Amt und im diplomatischen Dienst ein Wort mitzureden hatte, was sie selbstverständlich nicht zugab. Petra Wilhelmy urteilt über den politischen Einfluss der Salonniére: „Meßbaren Einfluß hatte Helene von Lebbin auch zu Lebzeiten Friedrich von Holsteins nicht gehabt, doch sie wollte auch keine Politik treiben. Sie schuf einen politischen Salon. Es wurde über politische Fragen gesprochen, Diplomaten und hohe Beamte tauschten Meinungen aus, man nahm Stellung zu politischen Ereignissen. Das Gespräch über Politik, nicht politisches Handeln macht einen politischen Salon aus.“[474]

Dennoch wird man Helene von Lebbin nicht absprechen können, dass sie politischen Einfluss besaß, auch wenn dieser nicht messbar gewesen ist. Das Eigentümliche ihres Einflusses zeigte sich gerade in der inoffiziellen, informellen Rolle, die sie als Salondame inmitten eines Kreises von Berufspolitikern und Amtsträgern spielte. Sie brachte diesen Kreis zusammen und führte als Hausherrin Regie über die Zusammenkünfte. Sie wirkte im Hintergrund, wie es ihr als Frau zukam und stellte sich in den Dienst eines großen Mannes: der „grauen Eminenz“ Holstein. In diesem Sinne machte sie Politik.

Der Diplomat Hutten-Czapski, der Helene von Lebbin seit seiner Kindheit kannte, fand nach seinem Eintreffen in Berlin im Jahr 1892 gleich Zugang zum geselligen Verkehr in ihrem Hause. Sie habe, bezeugt er, durch ihren Umgang mit Holstein ungewöhnliches Wissen und Verständnis für die Aufgaben der deutschen Politik erlangt. Es sei nicht leicht gewesen, in den Lebbin'schen Zirkel Einlass zu finden. Mancher Botschafter habe sich vergebens darum bemüht. Hutten-Czapski bedauert, dass Hohenlohe, als er Reichskanzler geworden war, die Beziehungen zu ihr nicht aufrechthielt, „denn Frau von Lebbin hätte durch ihre weitverzweigten Beziehungen seine Politik in mancher Weise unterstützen können.“[475]

Frau von Lebbin war, wie bereits erwähnt, eng mit Leonie Schwabach befreundet, die Marie Radziwill über das Geschehen im Hause Lebbin auf dem Laufenden hielt. So erfuhr die Fürstin im Juni 1906 in Kleinitz Näheres über die Reaktionen Frau von Lebbins auf die Ablösung Holsteins. Im September 1908 berichtete ihr Leonie Schwabach von Indiskretionen aus dem Hause Lebbin, die das Verhältnis von Holstein und Bülow betrafen. Helene von Lebbin habe Gerüchte über den Inhalt von Unterredungen und Korrespondenzen zwischen den beiden Politikern in der Öffentlichkeit ausgestreut. Nach dem Tod Holsteins am 8. Mai 1909 schrieb Marie Radziwill an Robilant: „Es scheint, als habe Holstein alle seine Papiere seiner Freundin Frau von Lebbin überlassen, die darauf stolz ist und überall verbreitet: ‚Es ist meine Macht'. [Auf Deutsch] Bülow hat das einen solchen Schrecken eingejagt, dass er seine Bemühungen um diese sehr intrigante Frau verstärkt. Niemand zweifelt mehr daran, dass es ein Geheimnis zwischen Holstein und Bülow gibt.“ [476] Mit dem Geheimnis zwischen Holstein und Bülow waren offenbar intime Details aus der ersten Ehe der Fürstin mit Graf Dönhoff und über die Umstände der Scheidung gemeint.[477]

Aus der Bemerkung der Fürstin, Helene von Lebbin sei eine Intrigantin, lässt sich erkennen, dass sie in ihr eine politische Gegnerin sah, die Holstein in seinem verhängnisvollen Einfluss auf die Außenpolitik des deutschen Kaiserreichs unterstützte. Sie war zudem die Ratgeberin eines Mannes von politischem Gewicht, eine Rolle, die Marie Radziwill für sich selbst ersehnte, die ihr aber im Unterschied zu Frau von Lebbin im politischen Getriebe der deutschen Hauptstadt nicht vergönnt war.

5. Der politische Salon Hildegard von Spitzembergs

Eine andere Konkurrentin Marie Radziwills auf politischem Terrain war Hildegard Freifrau von Spitzemberg (1843–1914), in deren Haus sich die Anhänger Bismarcks versammelten. Ob Bismarck anwesend war oder nicht, er bildete stets den Mittelpunkt ihres Salons. Eine vergleichbare Fixierung auf einen „großen Mann“, der bewundert wurde und dessen Politik es zu unterstützen galt, gab es im Salon Radziwill nicht. Hildegard von Spitzemberg war keine naive Bismarck-Bewunderin. In ihren Tagebüchern findet sich manche kritische Bemerkung über den Kanzler, sein launenhaftes Wesen, seine Unversöhnlichkeit im Umgang mit politischen Gegnern.

Obgleich sie loyal zu Bismarck stand, pflegte Hildegard von Spitzemberg auch Umgang mit Salonnièren des Bismarck-kritischen Lagers. Im Kulturkampf nahm sie eine tolerante Haltung gegenüber den Katholiken ein und konnte damit Marie Radziwill für sich gewinnen. In ihrem Tagebuch berichtet sie von einem Besuch bei den Radziwills unmittelbar nach dem Rücktritt des Kanzlers im März 1890. Die Fürstin – so heißt es – befinde sich „in einem Riesenzorn über den jungen Kaiser."[478]

Baronin Spitzembergs Salon bestand seit Anfang der 1870er-Jahre und behauptete sich bis zu ihrem Tod im Januar 1914. Er umspannte somit wie der Salon Radziwill einen Zeitraum von mehr als vierzig Jahren. Von 1866, als Carl von Spitzemberg sein Amt als württembergischer Gesandter in Berlin antrat, bis zu seinem Tod 1880 erfüllte Baronin Spitzemberg ihre Pflichten als Repräsentantin ihres Mannes. Entsprechend agierte sie bei Hofe. Von Helene von Nostitz ist folgendes Porträt der Baronin überliefert: „Ihr klarer und scharfer Verstand, den man schon der hohen, fast männlichen Stirn ansah, verband sich mit süddeutscher Warmherzigkeit und Vitalität. Alle Schwäche und, so sehr sie in ihren schönen Briefen die Sprache beherrschte, alles Herumreden um die Dinge widerstrebte ihr; mit einer frischen und beinahe derben Gradlinigkeit sagte sie ihre Meinung, und die gleiche Offenheit erwartete sie von ihren Freunden (…)."[479]

Die Bekanntschaft mit Bismarck ging auf die Zeit zurück, als Carl von Spitzemberg noch Gesandter in Petersburg war. In Berlin wurde das Ehepaar Teil des engeren Freundeskreises der Bismarcks. „Im Hause Bismarck ‚intim', mit dem Fürsten und der Fürstin ‚befreundet' gewesen zu sein, gehörte bis ans Ende ihres Lebens zu ihrer Reputation in der Berliner Gesellschaft."[480]

Auch nach dem Tod ihres Mannes behauptete Hildegard von Spitzemberg ihren Rang in der Berliner Gesellschaft. Wilhelm I. besuchte sie häufig, mit den Bismarcks blieb sie eng verbunden. Ihr Haus war weiterhin ein Treffpunkt von Ministern, Reichstagsabgeordneten und Diplomaten und ein „Stützpunkt" für ihre württembergischen Landsleute. Als Bismarck 1890 aus dem Amt schied, war die Baronin nicht mehr so intensiv mit dem politischen Tagesgeschehen verbunden. Dennoch hielt sie sich – wie man ihrem Tagebuch entnehmen kann – durch verschiedene Informationskanäle auf dem Laufenden: „(…) durch die württembergischen Gesandten, die ihrem Manne im Amt folgten, durch andere, deutsche und ausländische, Angehörige des diplomatischen Corps, aus Regierungs- und Hofkreisen und von Personen des engeren Hofstaates."[481] Dazu gehörten auch ihr Sohn Lothar, der Kammerherr und Kabinettsrat der Kaiserin Auguste Victoria und ihr Schwager Hans Freiherr von Wangenheim, der Botschafter in Konstantinopel wurde. Außerdem hatte sie über Helene von Lebbin Kontakt zum Vortragenden Rat im Auswärtigen Amt, Friedrich von Holstein. Sie verkehrte ferner mit Alfred von Kiderlen-Wächter, der 1910 zum Staatssekretär des Auswärtigen Amtes berufen wurde – er stammte wie sie aus Württemberg – und mit dem auch in der Diplomatie tätigen Bankier Paul von Schwabach.

Hildegard von Spitzemberg hat über sechzig Jahre lang Tagebuch geführt. Die ersten Eintragungen machte sie 1853 als Zehnjährige, die letzten entstanden kurz vor ihrem Tod am 25. Januar 1914. Im Folgenden sollen das politische Denken, die Haltung zur Gesellschaft und die kulturellen Vorlieben der Baronin vorgestellt und korrespondierenden oder widersprechenden Einstellungen und Haltungen der Fürstin Radziwill gegenübergestellt werden.

Im Deutsch-Französischen Krieg 1870/71 erwies sich Baronin Spitzemberg als glühende Patriotin. Den Kommentaren ihres Tagebuchs ist zu entnehmen, dass der Wunsch nach nationaler Größe und einer Führungsrolle Deutschlands in Europa bei ihr keinerlei Befürchtungen aufkommen ließen, der Sieg über Frankreich und die Herstellung der deutschen Einheit könnten auch eine Kehrseite haben und politisch missbraucht werden.

Wenige Wochen nach Kriegsbeginn und den ersten Erfolgen der deutschen Truppen schrieb sie voller Genugtuung:

> Was muß aber der Gemütszustand der in Metz Eingeschlossenen, des Kaisers, der Pariser, jedes einzelnen Franzosen sein! Dieses seit achtzehn Jahren in Lüge und Liederlichkeit, in Übermut und Selbstüberschätzung, in Unwissenheit und Irreligiosität, in Eitelkeit und Hochmut aufgenährte Volk innerhalb vierzehn Tagen in sechs Schlachten geschlagen, die ‚unbesiegbare‘ Armee vernichtet, von seiner Höhe herabgestürzt in den tiefsten Abgrund des Unglücks, der Verzweiflung – das ist ein Anblick so überwältigend ernst, so furchtbar, daß einen selbst inmitten der gerechtesten, stolzesten Siegesfreude, ein Schauder überkommt vor dem göttlichen Strafgerichte, das über die Welt hereinbricht![482]

Hildegard von Spitzemberg deutete den Krieg zwischen den beiden Völkern als einen Kampf zwischen der dekadenten französischen Zivilisation und der aufstrebenden deutschen Kultur. Frankreich war für sie das Land der Leichtlebigkeit, der Genusssucht und eines falschen, morbiden Kosmopolitismus. Nach einer Begegnung mit dem schwedischen Gesandten in Berlin, Dué, der sein Mitempfinden für Frankreichs angesichts der bitteren Niederlage kundtat, schrieb sie:

> (…) dieser eingefleischte Pariser ist mir so recht der Typus für die große Mehrzahl der Herren und Frauen der kosmopolitischen haute volée: ihnen tuts um die Franzosen oder besser die Pariser leid als die Vertreter des eleganten Leichtsinns, des schöngeschmückten Lasters. Immer noch können sie's nicht glauben, daß der Ernst des Lebens mit eiserner Faust diesen verzärtelten Epikuräern über den Nacken kommt, immer noch sehen sie deren Bestrafung als zu hart an, immer noch gönnen sie uns ‚Barbaren‘ den Sieg nicht; das angebliche Marschieren der Franzosen ‚à la tête de la civilisation‘ spukt ihnen allen noch im Kopfe. Vom Geiste, der jetzt durch das deutsche Volk geht, hat keiner auch nur einen Hauch verspürt.[483]

Und sie fügt hinzu:

> Ich bin eine erklärte Feindin des starren Deutschtums, wie man es hier im Norden
> oft und vorzugsweise findet, das alles Französische als unmoralisch und teuflisch ver-
> dammt, den Pariser mit dem Franzosen identifiziert und dadurch nur seinen Mangel
> an allgemeiner Bildung und Urteil beweist; aber weit verhaßter sind mir diese fahlen,
> charakterlosen Weltbürger, besonders die deutschen darunter.[484]

Als die deutschen Truppen vor Paris standen, sprach sich die Baronin für die
Bombardierung der Stadt aus. Ein Jubelschrei werde in der Armee und ganz
Deutschland ertönen, „wenn die erste Vierundzwanzigpfünder in das übermütige
Babel hineinkracht!"[485] Am 31. Dezember notierte sie: „Unsterblicher Ruhm unserem Volke, das Wehen eines Geistes, wie er herrlicher und hehrer nicht gedacht
werden kann, die Wiedergeburt des deutschen Kaisertums – und daneben so unendlich viel Kummer, Elend, Tränen und Greuel!"[486]

Hildegard von Spitzemberg erkannte im Sieg über Frankreich einen Sieg des
überlegenen deutschen Geistes und der deutschen Bildung, die das ganze Volk
durchdrungen hätten.[487] Sie repräsentierte jenen Teil des deutschen Adels, der ins
nationale Fahrwasser einschwenkte und in den Aufwallungen des Krieges es für
nötig befand, seinen Kosmopolitismus als unzeitgemäße Hülle abzustreifen.

Dagegen hinderte Marie Radziwill ihre nationale Verbundenheit mit Frankreich
daran, in diesen Chor einzustimmen. Sie gehörte zudem – im Unterschied zu
Baronin Spitzemberg – dank ihres gesellschaftlichen Rangs als Fürstin zu der
„kosmopolitischen hautevolée" des europäischen Hochadels, für die die Feinheiten französischer Kultur selbstverständlich und unverzichtbar waren, selbst dort,
wo sie das Frivole streiften. Der Verhaltenskodex dieser hochmütigen Aristokratie schloss – im Gegensatz zu den Insinuationen der Baronin Spitzemberg – strenge
Religiosität und ein Beharren auf dem monarchischen Legitimationsprinzip sowie
einen kämpferischen Konservatismus, wenn ihre Privilegien bedroht waren,
keineswegs aus.

Das Sündenregister, das Hildegard von Spitzemberg der französischen Ober-
schicht unter Napoleon III. präsentierte, nämlich Liederlichkeit, Lügenhaftigkeit,
Übermut und Eitelkeit, hätte Fürstin Radziwill vermutlich unterschrieben. Die
Herrschaft des französischen Kaisers, eines Emporkömmlings, war ihr suspekt.
Bei aller Dekadenz, die auch sie in Frankreich beklagte, war Marie Radziwill
jedoch weit davon entfernt, die Überlegenheit der deutschen Kultur anzuerken-
nen und schon gar nicht hätte man sie davon überzeugen können, dass diese
Kultur kriegsentscheidend gewesen sein sollte.

Die von Baronin Spitzemberg eingenommene Haltung war zur Zeit des
Deutsch-Französischen Krieges keine Seltenheit. Zahlreiche Repräsentanten des

geistigen Lebens in Deutschland teilten ihre antifranzösischen Ressentiments. Friedrich Nietzsche, der die nationale Euphorie in Deutschland von der Schweiz aus beobachtete – er selbst hatte sich als Sanitäter den deutschen Truppen zur Verfügung gestellt –, erkannte in der Auffassung, die deutsche Kultur habe sich in diesem Konflikt als überlegen erwiesen, die typische Mentalität des von ihm verachteten „Bildungsphilisters". In seiner 1873 veröffentlichten ersten „Unzeitgemäßen Betrachtung" bezeichnet er dessen Auffassung als einen gefährlichen Wahn, der den Sieg in eine Niederlage verwandeln könne, „in die Niederlage, ja Exstirpation des deutschen Geistes zu Gunsten des ‚deutschen Reiches'".[488]

Nicht Bildung und Kultur, sondern moralische Qualitäten wie strenge Kriegszucht, natürliche Tapferkeit und Ausdauer, Überlegenheit der Führer und Einheit und Gehorsam unter den Geführten hätten – so Nietzsche – den Sieg herbeigeführt. Kultur als die Einheit des künstlerischen Stils in allen Lebensäußerungen eines Volkes sei auch nach dem Krieg immer noch im Besitz der Franzosen. „Inzwischen beachten wir, dass wir von Paris nach wie vor in allen Angelegenheiten der Form abhängen – und abhängen müssen: denn bis jetzt giebt es keine deutsche originale Kultur."[489] Die Verwechslung von militärischer Stärke mit kultureller Überlegenheit hafte der Gründung des zweiten Kaiserreichs als ein Geburtsfehler an.

Der Tagebuchchronik der Baronin Spitzemberg ist zu entnehmen, dass sie im Laufe der Jahrzehnte ihr Vertrauen in die Überlegenheit der deutschen Kultur mehr und mehr verlor. Anfängliche Begeisterung wich der Ernüchterung und Sorge um die Zukunftsfähigkeit des Reiches. Es schien, als habe Nietzsche mit seiner Befürchtung Recht behalten, der deutsche Geist sei zugunsten des deutschen Reiches „exstirpiert" worden. Dies betraf vor allem die politische Kultur der wilhelminischen Epoche. Das Regime Wilhelms II. belehrte Hildegard von Spitzemberg, dass Deutschland auf dem Wege war alles das, was sich unter Bismarck an Größe, Augenmaß, Genie im Politischen Ausdruck verschafft hatte, zu verspielen. Den gesellschaftlichen Modernisierungsprozess, den Deutschland in den Jahrzehnten vor und nach der Jahrhundertwende durchlief und der dem kulturellen Leben seinen Stempel aufdrückte, betrachtete sie mit Skepsis und Distanz.

Den Zeitmoden und modernen Erscheinungen in der Kunst stand sie ebenso ablehnend gegenüber wie Fürstin Radziwill. Verhängnisvoller noch erschien ihr, was auf politischem Felde geschah. Die von Wilhelm II. betriebene Politik – auch darin war sie sich mit Fürstin Radziwill einig – hatte Deutschland durch diplomatisches Ungeschick international isoliert. Was 1871 als Chance begriffen wurde – das vereinigte Deutschland als europäische Friedensmacht und zivilisierende Kraft auf der Basis „wahrer christlicher Gesinnung", getragen von einem das Volk durchdringenden neuen Geist –, dies alles wurde nun in Zweifel gezogen. Die

Konservativen trieben immer mehr „in die öde geistlose Reaktion" und die Liberalen würden immer mehr Radikale, beklagte sie.

Im Kulturellen erkannte Hildegard von Spitzemberg England eine Vorbildrolle zu. Am 24. November 1907 schrieb sie: „Es will mir immer fast weh tun, wie stark gerade unsere höchstkultivierten Männer bezaubert sind, wenn sie aus England kommen; ich sage absichtlich ‚kultiviert', denn die Überlegenheit eben in der Kultur ist es, die ihnen so auffällt und unser armes Deutschland so sehr in den Schatten stellt. Kultur in allem, Wohnung, Lebensführung, Erziehung, Weltanschauung und Weltkenntnis (…)."[490] Der deutsche Geist, wie er im Deutsch-Französischen Krieg zutage getreten sei und wie er herrlicher nicht habe gedacht werden können, hatte sich als Schimäre erwiesen. Kultur, betonte Baronin Spitzemberg nun, habe etwas mit Kultiviertheit, Lebensführung und Weltkenntnis zu tun, mit Weitblick und Toleranz. Es betrübe sie, „daß in einer Zeit, da auch unser Volk reicher, politisch mächtiger geworden denn je, wir einen Herrn haben, der das patriarchalisch-autokratische Wesen künstlich erhalten oder gar wieder auferwecken will, das lange tot ist in den Herzen seines Volkes, und damit nur Byzantinismus und Servilismus einerseits, Verdruß und vorerst noch passiven Widerstand großzieht. Es ist leider so wahr, was jene bei uns vermissen, die Großzügigkeit in allem!"[491] Zu offensichtlich war geworden, dass die politische und gesellschaftliche Kultur in Deutschland der seit der Reichsgründung erreichten äußeren Stellung nicht entsprach.

Die Baronin sah einen Zusammenhang zwischen dem oberflächlichen, dilettantischen, präpotenten Gehabe des Kaisers und seiner Neigung zum „snobhaften Protzentum" gegenüber den Milliardären aus Übersee.[492] Inbegriff des Snobs war für sie der reiche Amerikaner. Der Untergang des Luxusdampfers „Titanic" erschien ihr als ein Menetekel einer aus den Fugen geratenen Welt. So notierte sie am 17. April 1912: „Neben dem Mitleide kommt aber auch das Gefühl auf, daß solche Katastrophe auch eine Mahnung enthält, den sybaritischen Luxus, den amerikanischen Snobismus einzuschränken, der auf diesen Riesenschiffen herrscht und für die acht Tage Meerfahrt römische Bäder, Tennisplätze, Turnsäle, Kamelreiten usw. fordert".[493] Von Verführungen und Gefährdungen dieser Art sah Hildegard von Spitzemberg auch den Adel nicht verschont. Die Jugend sei von der Technik fasziniert und verfalle einem fadenscheinigen Kosmopolitismus. Was sie über den kultivierten englischen Gentleman alter Schule gesagt hatte, von dem in Deutschland nicht wenige Männer der Oberschicht fasziniert seien, erwies sich angesichts aktueller Tendenzen als rückwärtsgewandtes Wunschdenken. So heißt es am 19. Dezember 1913: „Sehr merkwürdig diese passionierte Richtung der adeligen Buben auf die Technik – Waldi [Varnbüler], Claus Bismarck, Bills Sohn, Felix Bethmann

u. a. träumen Tag und Nacht davon wie frühere Generationen von der Jagd, den Pferden und Hunden. Solcher Zeitgeist ist allmächtig, aber den altadeligen Traditionen widerspricht er, und für unser Empfinden hat er etwas Unmännliches, Unritterliches, vor allem etwas Kosmopolitisches an und in sich, das bei einem Kriege bedenklich werden könnte."[494]

Auch das Bildungsniveau und der gesellschaftliche Habitus adliger Frauen im beginnenden 20. Jahrhundert wurden von Baronin Spitzemberg nicht sehr hoch eingeschätzt. Als Gräfin Brockdorff, die Oberhofmeisterin der Kaiserin Auguste Victoria, sie ins Schloss einlud, um mit ihr über die Erziehung der Prinzessinnen zu sprechen, äußerte sie sich skeptisch zu den Fähigkeiten der herangezogenen adligen Frauen. Sie machten eine Ausbildung als Lehrerin nur, wenn sie durch Armut dazu getrieben würden, und infolge dieser Armut gravitierten sie zu einer Gesellschaftsschicht, die feine Lebensgewohnheiten und feinen Ton weniger kenne. „Ein puits de science aber zu sein genügt in diesem Falle keineswegs, sondern die Hauptsache ist eine dem Kinde imponierende Dame von feiner Sitte. Wie schwer zu finden!"[495] Hier kündigt sich ein Abgesang auf die große Dame an, die selbst in Adelskreisen durch die berufstätige Frau in den Hintergrund gedrängt wurde.

Wissen allein erschien der Baronin als unzureichend, zumal wenn es dabei nicht um Bildung im Sinne der Herausbildung der von ihr geschätzten gesellschaftlichen Formen und der Feinheiten des guten Tons ging. Sie gewann immer mehr den Eindruck, dass sich Halbbildung und Dilettantismus ausbreiteten. Unter Dilettantismus verstand sie nicht die adlige Neigung zur Vielseitigkeit jenseits fachlicher Spezialisierung, sondern ein Wissen ohne feste charakterliche Formung. So empfand sie schmerzlich „mehr und mehr das Unrichtige und Verderbliche der Vielwisserei (…)".[496] In ihrer Zeitdiagnose stimmte Hildegard von Spitzemberg im Prinzip mit Marie Radziwill überein. Beide waren davon überzeugt, dass für ihre Vorstellungen von Kultur, Lebensführung und Repräsentation, die an die Behauptung adliger gesellschaftlicher Privilegien gebunden waren und nach ihrem Verständnis den adligen Habitus ausmachten, in der Zukunft kein Platz mehr sein würde.

6. Bildungsbürgerliche Geselligkeit: Der Salon der Anna von Helmholtz

Der Salon von Anna von Helmholtz ist ein Beispiel dafür, dass Eleganz und „savoir-vivre" kein Privileg des Adels waren. Die Society überschnitt sich wie in Paris mit Teilen des vermögenden Bürgertums, sofern dessen Angehörige bei Hofe verkehrten. Der Salon Helmholtz ergänzt insofern das Bild, das von den führenden

Salondamen adliger Herkunft gezeichnet wurde, die allesamt – sieht man einmal von Helene von Lebbin ab – als große Damen betrachtet wurden.

Anna von Helmholtz (1834–1899) hatte ihre ersten Eindrücke von den Usancen der guten Gesellschaft in Paris empfangen und bei ihrer Tante, Mary Clarke-Mohl, in der Rue du Bac „die Technik des Salons gelernt."[497] Ihr Berliner Salon, den sie jeden Dienstabend für Besucher öffnete, war eine Mischung aus Hofgesellschaft, Künstler- und Gelehrtenwelt. Neben den Wissenschaftlern Ernst Curtius, Richard Lepsius, Theodor Mommsen, Leopold von Ranke und den Malern Adolph von Menzel, Gustav Richter und Anton von Werner erschienen die gräflichen Ehepaare Schleinitz und Usedom, berühmte Salonnièren wie Marie von Olfers, Diplomaten und Politiker. Der Autor eines Buches über „Die grosse Dame", Freiherr von Reibnitz, – er rechnet sie ausdrücklich zu dieser Kategorie –, der sie als junger Student kennenlernte, berichtet: „Bei der Zusammensetzung ihres Salons legte Anna keinen Wert auf Namen. Geist und Kultur bedeuteten ihr alles, eine äußere Stellung nichts."[498]

In manchen Kreisen Berlins wurde der Frau des 1883 geadelten Physikers Helmholtz der Vorwurf gemacht, sie habe sich als „grande dame" inszeniert und damit „über das Leitbild der bescheidenen, zurückhaltenden Professorenfrau hinweggesetzt",[499] ja schlimmer noch, die „eng gezogenen Grenzen des normalen Professorenverkehrs"[500] gesprengt. Marie von Bunsen schreibt über Anna von Helmholtz' Neigung, eine gemischte Gesellschaft bei sich zu empfangen: „Von den Professoren-Kollegen wurde das wenig gebilligt; daß die beste Geselligkeit stets eine ‚gemischte' ist, war ihnen ungeläufig. Bei Helmholtzens einen Frack anziehen zu müssen, dort auf Kammerherren und Grafen, ja, auf den Prinzen Max von Baden stoßen zu können, ging ihnen auf die Nerven."[501] In der Tat behagte Anna Helmholtz die Form der Geselligkeit nicht sonderlich, die unter deutschen Gelehrten gepflegt wurde, wo man es vorzog, unter seinesgleichen zu bleiben. So schrieb sie an ihren Vater: „Wir haben uns einen Abend in der Woche festgesetzt, an dem wir zu Hause sind. Es ist die bequemste Art für vernünftige Menschen, die sich mit einer Tasse Tee und etlichen Butterbröten begnügen. Die Gelehrtenkreise haben hier, wie an kleineren Universitäten, die große Unsitte der langen Soupers – was wohl von einer sozialen Unbeholfenheit herrührt – so daß sie sich erst dann sicher fühlen, wenn sie ihre Gliedmaßen unter einem Tische verankert haben."[502]

Eine andere Berliner Salonnière, Sabine Lepsius (1864–1942), die seit den Neunzigerjahren bis etwa 1910 in ihrem Haus eine anspruchsvolle literarisch-künstlerische Geselligkeit pflegte, bestätigt, dass Anna von Helmholtz nie den „Weltton" außer Acht ließ. Trotz aller Ungezwungenheit achtete sie auf gute Formen als Zeichen innerer Disziplin. „Mit ihrem ausgesprochen ästhetischen Sinn und der instinktiven Abneigung einer ‚grande dame' gegen alles Philisterium wußte Frau von Helmholtz ihrer Geselligkeit Schwung und Haltung zu geben, und den widerspenstigsten Typen einen gewissen Stil aufzuzwingen, was ihr von minder Bevorzugten als Snobbismus ausgelegt wurde."[503]

Anna von Helmholtz verkörperte wie Sabine Lepsius das Selbstbewusstsein des deutschen Bildungsbürgertums, das seinen Anspruch auf Vertiefung der Salonkultur anmeldete. Sabine Lepsius, hier als Zeugin aufgerufen, macht einen Unterschied zwischen den französischen mondänen Salons und den deutschen geistigen Kreisen. In Deutschland verstehe man unter Salons nicht nur jene Gesellschaften galanter Konversation, deren Atmosphäre von Grazie, Geist, Galanterie und Gesprächskunst geprägt sei. Vielmehr sei etwas Schwerwiegenderes gemeint, nämlich ein „verstehender Kreis", der durch seine Rezeptionskraft und enthusiastische Resonanz auf bedeutende Menschen im innerlichsten Sinne ermutigend und inspirierend wirke. Lepsius spricht von genialen Menschen, denen der Beherrscher eines solchen Kreises diesen dienstbar machen möchte.

Sie wendet sich gegen „Klassensalons", deren Exklusivität sich auf Äußerlichkeiten beschränke, „während die Toleranz gegen Unbildung ins Ungemessene geht."[504] Der Takt dieser meist aristokratischen Kreise sei ein rein gesellschaftlicher, ohne Ehrfurcht vor großen Ideen und Ingenien. Der dem „Klassensalon" gegenüberstehende „Libertinistensalon" wiederum sei gekennzeichnet durch die Herabsetzung jeder Tradition und Sitte und einen Mangel an Haltung. Erst aus dem aristokratischen Stil des Klassensalons und der geistigen Regsamkeit des Libertinistensalons ergebe sich der „wahre Salon". Von der bürgerlichen Geselligkeit könne man indes behaupten, sie besitze keine einzige Ingredienz, die für eine gesteigerte Salongeselligkeit unentbehrlich sei.

In diesem Sinne war für Sabine Lepsius der Helmholtz'sche Salon ein glänzendes Vorbild. Hier stand ein bedeutender Mann im Mittelpunkt, dessen Ehefrau nicht allein in der Rolle aufging, ihm dienstbar zu sein. Sie selbst war kraft ihrer geistigen Beweglichkeit und Ausstrahlung eine Persönlichkeit und „grande dame". Anna von Helmholtz, deren Salon bis zu ihrem Tod 1899 bestand, sah sich einer „Geistesaristokratie" zugehörig, die sie als der Geburtsaristokratie ebenbürtig empfand.[505]

Die Berliner Gesellschaft, vor allem die Hofgesellschaft, kannte nur schematische Zuordnungen nach Klassenherkunft und vorhandener gesellschaftlicher Position. „Sie erkannte nicht die Persönlichkeit, sie hätte sie auch nicht geschätzt, sie schätzte nur den Typ."[506] Hermann von Helmholtz selbst war es, der seine Frau dazu ermutigte, den „normalen Professorenverkehr" ins Mondäne hin auszudehnen. „Er hatte Sinn für gesellschaftliche Kultur, außerdem hielt er die äußere Anerkennung der Wissenschaft, also auch die Adelsverleihung und den Verkehr bei Hof, für richtig."[507]

Während Frauen hochadliger Herkunft auch unabhängig von ihrer persönlichen Ausstrahlung von der Hofgesellschaft als große Damen betrachtet wurden, weil ihre Herkunft ihnen dieses Prädikat sicherte, hatte es Anna von Helmholtz schwer, sich gegen das herkömmliche Standesdenken zu behaupten.

Will man ermessen, ob Salondamen bürgerlicher Herkunft in der Berliner Gesellschaft als große Damen wahrgenommen wurden, so ist die uneingeschränkte Hoffähigkeit als ein entscheidendes Kriterium anzusehen. Sie allein garantierte die Zugehörigkeit zur Society des zweiten Kaiserreichs und gab den Damen die Aura von Vornehmheit, Größe und gesellschaftlichem Rang. Hinsichtlich ihrer Vornehmheit und ihres gesellschaftlichen Prestiges konnten mit Fürstin Marie Radziwill nur Frauen der gleichen Rangstufe konkurrieren. Frauen, die zur Familie des Monarchen gehörten, sowie die weiblichen Angehörigen des Hochadels waren nach gängiger Meinung selbstverständlich große Damen, selbst wenn sie durch Eigenwilligkeiten und Bizzarerien wie die Fürstin Mechthilde Lichnowsky von sich reden machten oder durch Verstöße gegen die Etikette wie Fürstin Daisy von Pless Aufsehen erregten. Für bekannte Salonnièren wie Gräfin Schleinitz und Fürstin Bülow oder auch für Marie von Bunsen galt dieser Status ebenfalls uneingeschränkt. Diese adligen Damen hatten gegenüber eleganten Frauen aus dem Bürgertum meist den Vorteil einer Erziehung, die die Fähigkeit zum Repräsentieren und gewandtem Auftreten in der Gesellschaft zum wichtigen Prinzip erhob. Frauen bürgerlicher Herkunft oder auch Schauspielerinnen und Kokotten, mit dem Ehrgeiz ausgestattet, in der großen Welt zu reüssieren, mussten sich diese Qualifikationen erst aneignen, wobei angeborene Schönheit, Anmut und Intelligenz als Persönlichkeitsmerkmale zweifellos ein beträchtliches Kapital darstellten.

Mit Ausbruch des Ersten Weltkriegs kam das Salonleben in Berlin zum Erliegen. Es war das Ende einer Epoche, in der adlige und großbürgerliche Frauen eine Institution geschaffen hatten, die ihnen eine Einflusssphäre sicherte, die nach dem Krieg durch andere Formen der Öffentlichkeit ersetzt werden sollte. Der Salon und die Frauen, die für die mit dieser Einrichtung verbundene Art und Weise der Repräsentation einstanden, konnten sich ohne eine lebendige Adelskultur, die ihnen Rückhalt gab, nicht länger behaupten. Was den sozialen Typus der „großen Dame" im Einzelnen charakterisiert und welchen historischen Wandlungen er unterworfen ist, soll nun am Beispiel der Fürstin Radziwill und anderer Repräsentantinnen dieser Spezies näher betrachtet werden.

IV. Die großen Damen der internationalen Society

Das Wort „Dame" impliziert die Vorstellung von Distinktion. Die Dame verkörpert ein soziales Ideal, das im Bereich des „savoir-vivre" angesiedelt ist.[508] Begriffe wie „grande dame" oder der korrespondierende Begriff „grandseigneur" entziehen sich einer präzisen Definition, da sie mit Ideen und Werten aufgeladen sind, die durch ihre Unschärfe Raum für vielfältige Gedankenverbindungen bieten.[509] Im Mittelalter wurde das Wort „Dame" in Frankreich als Bezeichnung für die Frau eines Seigneurs benutzt und kennzeichnete einen hohen Rang in der feudalen Gesellschaft. Es wies auf eine Frau hin, die dem Adel angehörte. Die Dame besaß eine Vielzahl von sozialen und moralischen Qualitäten. Sie musste sich in den guten Manieren auskennen und der guten Gesellschaft angehören. Schließlich wurde die höfische Dame zu einer verehrungswürdigen Ikone. Sie zeichnete sich durch ähnliche Eigenschaften aus wie der von Baldassare Castiglione in seinem Traktat „Il Libro del Cortegiano" beschriebene Hofmann: durch Anmut, Ungezwungenheit, Diskretion und Mäßigung der Affekte. Sie musste natürlich erscheinen. Die Hofdame „muß klug und gebildet sein, künstlerische und literarische Interessen besitzen, zu repräsentieren verstehen. Sie soll die Kunst einer diskreten und liebenswürdigen Geselligkeit meistern (…) Die sublimste Aufgabe der Frau (…) ist eine vollendete Harmonie zwischen ihren Worten, ihrer Schönheit und der Grazie ihrer Bewegungen."[510]

Die Bezeichnung „grande dame" war ursprünglich den Angehörigen der „grand monde", der exklusivsten Schicht der Gesellschaft, vorbehalten. Innerhalb dieses Gesellschaftskreises bezog sie sich vornehmlich auf Frauen des Hochadels. In Pierre Larousses „Grand Dictionnaire universel" von 1865 ist zu lesen: „Ehrentitel, der vornehmen Frauen verliehen wird: Große Dame. Hohe Dame."[511] Als Beispiel für eine „grande dame" wird von Larousse Madame de Sévigné genannt. Zum Begriff „Dame" findet sich die Eintragung: „Früher wurde der Titel ,Dame' nur Frauen ersten Ranges zugebilligt."[512]

Das Bewusstsein einer besonderen Rangstellung veranschaulicht ein Brief der aus Russland stammenden Fürstin Dorothea von Lieven an den französischen Minister Guizot vom 25. September 1837: „In meinem Land, Monsieur, bin ich eine sehr große Dame, die erste Dame dank meines Ranges, meiner Stellung im Palast, ja mehr noch, da ich die einzige Dame des Kaiserreichs bin, der man einräumt, dass sie in einer vertrauten Beziehung zum Kaiser und zur Kaiserin steht. Ich gehöre zur Familie."[513]

Dem Deutschen Wörterbuch von Jacob und Wilhelm Grimm von 1860 ist zu entnehmen, das französische Wort „dame" sei in der zweiten Hälfte des 17. Jahrhunderts in Deutschland eingeführt worden. Es sei zu dieser Zeit anrüchig gewesen. Heutzutage – d.h. Mitte des 19. Jahrhunderts – sei das Wort zu vollen Ehren gelangt und bezeichne „eine angesehene, vornehme Frau".[514] Das Wort „große Dame" ist bei Grimm nicht eigens nachgewiesen.

Im Verlauf des 19. Jahrhunderts hat sich das soziale Spektrum erweitert, für das der Begriff der „grande dame" Geltung beanspruchte. Mit dem Einflussverlust des Adels löste er sich schließlich weitgehend von der sozialen Herkunft. Das Dahinschwinden der „großen Welt" machte den Begriff vielfältiger verwendbar. Wie wir in den folgenden Kapiteln zeigen werden, reichten oftmals bislang als unzureichend betrachtete Eigenschaften wie Prominenz, Glamour, modisches Flair, um einer Frau den Ehrentitel „grande dame" zukommen zu lassen. In der Gegenwart hat der Bedeutungsgehalt des Wortes weiter an Unschärfe hinzu gewonnen.[515]

1. Marie Radziwill – eine exemplarische „grande dame"

In Bezug auf Frauen des Adels, die der Generation der Fürstin Radziwill angehören, ist bei der Verwendung des Wortes „grande dame" der zeitliche Hintergrund – die Epoche tiefgreifender sozialökonomischer und industriell-technischer Umwälzungen und des Vordringens bürgerlich-bürokratischer Herrschaftsformen seit der zweiten Hälfte des 19. Jahrhunderts – zu beachten. Dabei konnte der Adel in Deutschland seine Position in der politischen Verwaltung, im Militär und in der Landwirtschaft weitgehend behaupten. Die Ethik des mondänen Lebens beruhte für adlige Frauen auf strikter Abgrenzung von anderen sozialen Gruppen, einem ausgeprägten Sinn für soziale Trennlinien und Hierarchien. Sie gründete auf dem Bewusstsein der Exklusivität und des Andersseins.[516] Es sind vor allem drei Faktoren, welche die Identität der Angehörigen des Adels begründen. Zunächst das Alter der Familie und die Verpflichtung gegenüber den Vorfahren. Als Abkömmlinge alter Familien sind die Adligen Glieder einer Kette, welche die Familientradition geschmiedet hat. Der zweite Faktor der Identitätsbildung ist der Glaube an die Vornehmheit, die sich auf Ideale wie Anmut, Schlichtheit und Einfachheit im Verhalten stützt. Diese manifestieren sich in den Gesten und in der Sprache und dem Hang, das Anderssein durch die äußere Erscheinung zum Ausdruck zu bringen. Das dritte Element ist der Anspruch sich auszuzeichnen sowie die Überzeugung von der eigenen seinsmäßigen Vortrefflichkeit und

Überlegenheit.[517] Für die Adligen verbindet sich mit der Fiktion des adligen Blutes die Vorstellung, einer menschlichen Kategorie höherer Art anzugehören. Sie sind der Überzeugung, „ihre Gruppe sei der wertvollste, unersetzlichste und zugleich der aktivste und wohltätigste Teil des Sozialkörpers, er sei in gewissem Sinne die raison d'être der Gesellschaft."[518] Diese Merkmale adliger Identität werden durch eine entsprechende Erziehung unterstützt, die das Werk der „Aristokratisierung"[519]der Person vervollständigt.

Worauf stützte Marie Radziwill ihre Überzeugung, sie sei seinsmäßig den in der gesellschaftlichen Hierarchie unter ihr angesiedelten Personen überlegen? Der Grund dafür waren die glorreiche Vergangenheit der Familien Castellane und Radziwill und ihr eigener Rang als Fürstin. Symbolisches Kapital bezog sie von ihren illustren Vorfahren Madame de Sévigné, Fürst Charles-Maurice de Talleyrand, Marschall Boniface de Castellane, der Herzogin Dorothea von Sagan und den namhaftesten Repräsentanten der Familie Radziwill. Sie alle hatten sich nach Überzeugung der Fürstin durch persönliche Ruhmestaten ausgezeichnet. Nimbus und Größe ihrer Vorfahren bildeten eine Ressource, die ihr Denken und Verhalten lebenslang bestimmten.

Das Attribut „grande dame" war im Fall Marie Radziwills zunächst eine Übertragung dieses Herkunftskapitals auf die eigene Person, unabhängig davon, was sie selbst an „Größe" aufzuweisen hatte. Dass Ethisches und Ästhetisches in diesem Typus eine Einheit bildeten, meinte nichts anderes, als dass die Normen und Werte der hochadligen Gesellschaftskreise vorbildlich zum Ausdruck gebracht und zum Beispiel in der traditionsreichen Institution des Salons für ihresgleichen sichtbar gemacht wurden.

Einen Salon zu führen war ein unentbehrlicher Bestandteil vornehmer Lebensführung adliger Frauen und der Beweis für die Zugehörigkeit zu einem exklusiven Milieu. Für eine „dame de qualité" zeugte es von gutem Ton, ihren „jour" zu haben, an dem sie ihre Gäste empfing.[520] Der Salon stellte ein soziales Kapital dar, über das eine Adlige verfügen musste, um gesellschaftliches Prestige zu erlangen.

Aus der Sicht der Fürstin Radziwill konnte nur diejenige als eine „grande dame" gelten, die dem gleichen Zirkel angehörte. Für jene, die mit ihr Umgang hatten, war sie wie ihre Großmutter Dorothea von Sagan der Inbegriff einer großen Dame, da sie alle Anforderungen an diesen Typus erfüllte: Würde und Überlegenheit; Anmut, Schlichtheit und Einfachheit im Umgang mit ihren Freunden und den Gästen ihres Hauses; souveräner Umgang mit der Sprache und ein dieser Sprache abgewonnener Esprit; Treue zu den überlieferten Traditionen des Hochadels im Allgemeinen und ihrer Familie im Besonderen; Anspruch auf Vortrefflichkeit in ihren Handlungen durch Akte der Mildtätigkeit und Leutseligkeit gegenüber jenen, die in der gesellschaftlichen Hierarchie weit unter ihr standen.

In der zweiten Hälfte des 19. Jahrhunderts gab es noch eine lebendige Adelskultur und ein reich entfaltetes Salonleben, die dem Typus der „grande dame" eine Daseinsgrundlage ermöglichten. In Frankreich hatte die Dritte Republik, die das zweite napoleonische Kaiserreich ablöste, die Geselligkeitsform des Salons nicht zerstören können. Im Gegenteil. Die Belle Époque schuf der großen Dame ein neues Wirkungsfeld. Allerdings änderte sich die Zusammensetzung der Society mit einschneidenden Folgen für die Physiognomie ihrer weiblichen Repräsentantinnen. Die „grande dame" musste sich neu erfinden, nicht nur im republikanischen Frankreich, sondern auch in den monarchisch regierten Staaten England und Deutschland.

Marie Radziwill war als Angehörige des französischen Hochadels von der Veränderung der Stellung der Frau in der „großen Welt" in besonderer Weise betroffen. Ihr soziales Umfeld änderte sich und damit die Kompetenz, die wahren Qualitäten einer Dame ihres Typs würdigen zu können. Für das Verständnis ihrer gesellschaftlichen Rolle in Berlin und der Art und Weise, wie sie sich in der Hofgesellschaft des wilhelminischen Kaiserreiches als große Dame behauptete, ist ein Blick auf die Entwicklung dieses Typs in ihrem Herkunftsland aufschlussreich.

2. Die „grandes dames" des Tout-Paris: Pauline von Metternich, Mélanie de Pourtalès, Prinzessin von Sagan

Die Zugehörigkeit zur „großen Welt" – basierend auf Müßiggang und demonstrativem Aufwand in der Lebensführung – war in Frankreich zur Zeit der Restauration und der Julimonarchie durch Geburt und Reichtum geregelt. Der Hochadel besaß nach wie vor entscheidenden Einfluss auf das mondäne Leben. Während zur Restaurationszeit die „große Welt" – repräsentiert durch die Habitués der adligen Salons – und der Königshof noch eine Einheit bildeten, kam es unter der Julimonarchie zur Abspaltung des ultra-royalistischen Teils der „monde" – des Faubourg Saint-Germain – vom Hof des Bürgerkönigs. Die Transformation der „monde" zum Tout-Paris, ein Wort, das die neue soziale Zusammensetzung der mondänen Kreise der französischen Hauptstadt markierte, hatte Folgen für die Bedeutung des Begriffs der „grande dame".[521] Die große Welt hatte eine neue Gestalt angenommen und ihre Grenzen ausgedehnt. Der Hof bildete nicht mehr ihr Zentrum. Die Öffentlichkeit prägte mehr und mehr das elegante Leben.

Die „grande dame" sei in Frankreich eine Figur der Vergangenheit, beklagten selbst Angehörige der jüngeren Adelsgeneration wie die Gräfin Marie d'Agoult (1805–1876). Der allgemeine Zustand der Sitten, die Fragilität der großen Vermögen, der Triumph der Parvenüs und das von ihnen dominierte Milieu des Tout-Paris habe der großen Dame, „jener köstlichen Blüte adligen Müßiggangs" (Agoult), die Existenzgrundlage entzogen. Weder die privilegierte Bourgeoisie unter Louis-Philippe, noch ein Kaiserhof ohne Ancienität wie der Napoleons III, der eher kosmopolitisch als französisch ausgerichtet sei, besäßen – so Marie d'Agoult – das Geheimnis bzw. die Gabe, welche die „grande dame française" während zweier Jahrhunderte als Königin der Eleganz in Europa erscheinen ließ.[522]

Dagegen hält Marie Romieu in ihrem 1858 erschienenen Buch „La femme au XIXe siècle" an der Bezeichnung „grande dame" für Frauen ihrer Zeit fest. Sie unterscheidet die großen Damen der Aristokratie und der Finanzwelt. „Die große Dame der Finanzwelt, die faktisch erst unter Louis Philippe aufgetaucht ist, und die heutige große Dame, deren Namen uns an die Glanzzeit des Kaiserreichs erinnern, decken sich gewissermaßen. Beide sind elegant und reich, beide haben den etwas künstlichen Reiz, den allein die Gewohnheit der großen Welt geben kann. Die große Dame des Faubourg Saint-Germain zeigt einen aristokratischeren Typus. Sie ist im vollen Sinne des Wortes eine große Dame, von einem Schlage, der sich anderswo nicht findet."[523] Im Unterschied zur Gräfin d'Agoult, die mit dem Begriff der großen Dame hohe Kultur und aristokratische Dignität verbindet, zeichnet sich bei Marie Romieu eine Aufweichung der Gütekriterien ab. Die Autorin repräsentiert eher die bürgerliche Öffentlichkeit mit ihren Vorstellungen von Eleganz und Stil.[524]

Das Schicksal der „grande dame" unter der Julimonarchie dokumentiert die Erzählung Balzacs „Autre Étude de Femme" von 1842. Einer der Protagonisten des Werks, Henri de Marsay, erklärt, warum die „grande dame" in Frankreich nahezu ausgestorben sei. Ihr Niedergang sei auf die revolutionären Veränderungen der Vergangenheit zurückzuführen. Die Öffentlichkeit in Gestalt der Presse habe das Erbe der Salondame angetreten. „Wir werden in Frankreich keine große Dame mehr sehen, aber es wird geraume Zeit elegante Frauen geben, die von der öffentlichen Meinung in das weibliche Oberhaus geschickt werden und die für das schöne Geschlecht das sind, was in England der Gentleman ist."[525]

Die elegante Frau – die „femme comme il faut" – ist für Balzac die große Dame im Zeitalter bürgerlicher Herrschaft. Sie gehöre zwar zur „bonne société", doch stehe sie moralisch dem Bürgertum nahe. Während die „grande dame" im „gentilhomme" ihr männliches Gegenstück finde, korrespondiere die „femme comme il faut" mit dem Gentleman.[526] Damit war ein erster Schritt getan, das aristokratische Herkunftsprivileg infrage zu stellen, denn ein Gentleman konnte in England auch jemand sein, der nicht von adliger Geburt war, wenn er die Eigenschaften dieses Typs erfüllte.

Kann das Werk Balzacs als ein Spiegel für die große Welt der Restaurationszeit und des Bürgerkönigtums gelten, so dokumentiert das Romanwerk Prousts den Wandel und Niedergang dieser gesellschaftlichen Formation in der Zeit der Dritten Republik.[527] Inbegriff einer „grande dame" in „À la recherche du temps perdu" ist die Herzogin von Guermantes. Im ersten Band seines Romanzyklus schildert der Autor einen Besuch der Herzogin, damals noch Fürstin des Laumes, bei Madame de Saint-Euverte. „Mit Absicht wählte sie, um besonders eindringlich die schlichte Haltung einer wahrhaft großen Dame zu demonstrieren, einen kleinen, lehnenlosen Sitz."[528] Von der Haltung der Herzogin von Guermantes unterscheidet sich das Auftreten der Madame Swann, einer ehemaligen Kokotte, deren Eleganz nicht schlicht, sondern auffallend ist. Andererseits handelt es sich beim Umgang mit der Schlichtheit, wie Proust ausführt, um ein Rollenspiel. „Eine große Dame sein heißt die Rolle einer großen Dame spielen, und das heißt zu einem Teil Schlichtheit spielen. Es ist dies ein Spiel, das sehr teuer wird, um so mehr als Schlichtheit nur unter der Bedingung bewundert wird, daß die anderen wissen, man könnte auch anders als schlicht sein, man sei nämlich überaus reich."[529]

Das Attribut der großen Dame ist im Fall einer hochadligen Frau unabhängig vom Alter der Person. So urteilt Swann über die Herzogin von Guermantes: „Ihr Geist hat etwas Kantiges bekommen. Alles war damals weicher, als sie noch eine ganz junge große Dame war."[530] Als Eigenschaften einer „grande dame" nennt der Erzähler: Schlichtheit, Anmut, Eleganz, Esprit, Liebenswürdigkeit, Leutseligkeit sowie als soziale Voraussetzungen Reichtum und hohen gesellschaftlichen Rang.

Auch Frauen, die einen ausländischen Namen ohne ersichtliches Adelsprädikat tragen, können große Damen sein. So heißt es über Madame Standish, die Geliebte des Prinzen von Wales, sie sei „eine ebenso große Dame (…) wie die Herzogin von Doudeauville."[531] Dagegen meint Doktor Cottard, der die bürgerliche Sichtweise repräsentiert, über Madame Verdurin, die 35 Millionen besitzt, zu einem Gesprächspartner: „Ich will ihnen den Unterschied sagen: Madame Verdurin ist eine große Dame, die Herzogin von Guermantes wahrscheinlich ein armer Schlucker."[532] Umgekehrt urteilt Baron de Charlus über eine bei Madame Verdurin verkehrende Madame de Molé, es sei grotesk, „(…) wenn so ein kleiner bürgerlicher Frosch sich aufblasen will, um jenen beiden großen Damen [der Herzogin und der Fürstin von Guermantes] ähnlich zu sein, die auf alle Fälle immerhin die unvergleichliche Distinktion ihrer Rasse zeigen".[533] Hier wird das Attribut der „grande dame" ausschließlich dem Adel von Geblüt reserviert.

Der Niedergang der „grande dame" alten Stils wird sichtbar am Aufstieg Madame Verdurins zur Fürstin von Guermantes. „Ein gewisses System von aristokratischen Vorurteilen, von Snobismen, das ehemals automatisch von dem Namen Guermantes alles fernhielt, was mit ihm nicht in Einklang stand, hatte zu funktionieren aufgehört."[534]

Proust beschreibt eindringlich den sozialen Wandel, der es dem Geburtsadel immer schwerer machte, seine Exklusivität zu behaupten. Der aristokratische Snobismus funktionierte nicht mehr, wo die Notwendigkeit bestand, in den Geldadel einzuheiraten, um den gewohnten Lebensstil aufrechterhalten zu können. Die vornehme Welt war bereit, sich zu deklassieren. Die Federn der Abweisungsmaschinerie waren erschlafft und zerbrochen. „Wie eine altersschwache große Dame hatte der Faubourg Saint-Germain nur noch ein schüchternes Lächeln für unverschämte Domestiken, die in seine Salons eindrangen (…)."[535]

Für Proust ist die „grande dame" in der Regel adliger, vorrangig hochadliger Herkunft. Herzoginnen, Fürstinnen, Prinzessinnen sind per se große Damen. Sie gehören zur großen Welt, ihr gesellschaftlicher Rang und ihr Prestige sichern ihnen diesen Status. Damen, die der Sphäre des Faubourg Saint-Germain nicht angehören und zu den Salons der aristokratischen Welt keinen Zutritt erhalten, bleibt das Prädikat „grande dame" vorenthalten. In dem Maße jedoch, wie sich die große Welt wandelte, ihre Exklusivität einbüßte und neue Bewertungsmaßstäbe sich durchsetzten, konnten Frauen bürgerlicher Herkunft, die wie Madame Verdurin in den Adel einheirateten, den Status einer „grande dame" erlangen. Damit war freilich die traditionelle aristokratische Sicht auf dieses Phänomen aufgegeben worden. Es war nicht mehr der Geburtsadel, der das Attribut „grande dame" verlieh, sondern, wie sich schon zu Balzacs Zeiten angekündigt hatte, die bürgerlich geprägte Öffentlichkeit.

Zu den Personen der damaligen mondänen Welt, die in Prousts Werk für die Darstellung des Typs „grande dame" Pate standen, gehörten u. a. die Gräfinnen Élisabeth Greffulhe, Laure de Chévigné, Dolly de Castellane, Mélanie de Pourtalès und Emmanuela Potocka, die Marquisen de Brantes und d'Hervey de Saint-Denis, die Herzoginen de Luynes und d'Uzès und die Prinzessinen von Sagan, Soutzo und Bibesco.

Mehrere dieser Frauen fanden Aufnahme in das Werk von Claude Vento „Les Grandes Dames aujourd'hui" (1886). Es hat wohl mit dem Zeitpunkt des Erscheinens dieses Buches zu tun, dass nicht die Gräfinnen Greffulhe und Castellane an der Spitze der Galerie großer Damen zu finden sind, sondern die Fürstin Metternich, die Gräfin Pourtalès und die Prinzessin von Sagan.

PAULINE VON METTERNICH

Wenn es einen Namen gebe, der sich mit den Vorstellungen von Anmut, Eleganz, Charme und Esprit verbinde, schreibt Vento, so sei es der der Fürstin Pauline von Metternich (1836–1921). Dank ihrer habe das Fin de siècle den raffinierten Geschmack der großen Damen früherer Zeiten wiederentdeckt.[536] Die Frau des österreichischen Botschafters Richard von Metternich war künstlerisch und modisch begabt. Alles, was sie auf diesem Gebiet tat, war beispielgebend. Sie empfing in ihrem Salon Schriftsteller, Maler, Musiker, Politiker und – Modeschöpfer. Es war nicht ihr geringstes Verdienst, dass der Couturier Charles Frederick Worth in Paris zu Ehren kam.

Um zu reüssieren, benötigte Worth die Protektion einer „grande dame" der Pariser Society. Diese durfte sich nicht scheuen, als avantgardistisch in der Wahl ihres Schneiders betrachtet zu werden. In Fürstin Metternich fand Worth eine Dame der Gesellschaft, die das Exzentrische nicht fürchtete. Vento schreibt: „Man warf ihr vor, sie sei exzentrisch und extravagant. Exzentrisch, ja: aus Hass gegen das Banale. Extravagant, nein: aus Abscheu vor dem Vulgären und Unschicklichen."[537] Dank Fürstin Metternich und der Kaiserin Eugénie legte Worth den Grundstein zu seiner Karriere als Begründer der Haute Couture. Alle mondänen Frauen, die elegant erscheinen wollten, begaben sich in sein Atelier in der Rue de la Paix. Bis 1850 waren es Frauen, die Frauen bekleideten. Es gab zwar immer noch Modistinnen und große Schneiderinnen. Doch nun wurde der Schneider zum Diktator des Geschmacks und zum Schiedsrichter der Toilette der großen Dame.[538]

Die Macht des Couturiers illustriert ein von Anny Latour zitierter Artikel eines anonymen Autors, der auf Worth anspielt: „„X. läßt sich nicht leichter als ein Minister sprechen (…) Man hat hier große Damen gesehen, die, bis die Reihe an sie kam, mit einem Phlegma warteten wie ein Kammerdiener im Vorzimmer. Von Zeit zu Zeit geht X. an ihnen vorbei, gibt ihnen ein Zeichen, weiter zu warten und verschwindet dann auf die artigste Weise (…) Das ist Macht, das ist Autokratie! Den großen Damen möge es erlaubt sein, sich mit ihrer Arroganz zu schmücken und die Frauen zu verachten, die nicht ihrer Welt angehören. Aber um zu jenem zu gelangen, der den Zauberspruch für ihre Eleganz und ihre Schönheit besitzt, deponieren sie ihre Arroganz im Vorzimmer oder wenigstens an der Kasse.'"[539]

Die Fürstin Metternich liebte erlesene Kleidung, „die sowohl ausgefallen als auch der Inbegriff von Geschmack und Würde war."[540] Sie ließ sich von Worth die fantasievollsten Kleider für Maskenbälle und Hoffeste anfertigen und setzte die neuesten Trends im zweiten napoleonischen Kaiserreich.[541] Sie trug dazu bei, dass die Krinoline aus der Mode kam und „führte den kurzen, weiten, graziös aufgebauschten Rock ein."[542]

Pauline von Metternich eilte der Ruf einer „ambassadrice de plaisir" voraus. Sie betätigte sich vor Gästen Napoleons III. in dessen Herbstresidenz in Compiègne als Regisseurin von Charaden, sie sang Couplets, trat in Balletts auf und gab sich burschikos.[543] Prosper Mérimée schrieb über sie an seine Freundin, Gräfin Manuela de Montijo: „Die Fürstin Metternich ist eine ziemlich bizarre Komposition aus verwöhntem Kind, Lorette, großer Dame, germanischer Albernheit und Gepflogenheiten der großen Welt."[544]

Pauline von Metternich war nicht nur eine Dame von Welt, sondern eroberte sich neue Freiräume. „Sie ließ sich von berühmten Halbweltdamen einladen und nahm an Herrenabenden teil; ihre Aufmachung und ihre verblüffenden Manieren – sie rauchte dicke Zigarren bei Hofe – prägten den Begriff ‚Cocodette', kleine Schwester der berühmten Kokotten."[545]

Während die Kokotten („cocottes") im zweiten Kaiserreich hochrangige Kurtisanen waren, die außerhalb ihres Kreises gesellschaftlich nicht geachtet wurden, waren die „cocodettes" meist Frauen von hoher Geburt mit Zugang zum Hofe, die durch ihren lockeren Lebenswandel Aufmerksamkeit erregten. Moralisch wurden sie in der Öffentlichkeit deshalb oft mit den Kokotten auf eine Stufe gestellt. Latour schreibt:

> „Kopierte die Demimondäne die distinguierte Haltung der Weltdame, so wollte diese wiederum die gefährlichen Konkurrentinnen mit deren eigenen Mitteln schlagen. Für diese Damen, die sich in der Rolle gefielen, einen frivolen Ton anzuschlagen und koketter zu sein, als es in vornehmen Salons üblich war, erfand man den Ausdruck ‚Kokodetten'. Mehr noch als der bürgerlichen Welt gehörten die Kokodetten dem Hofe an, ja, es gab sogar Zeiten – gegen Ende des Zweiten Kaiserreiches – , in denen sie hier geradezu den Ton angaben. Manche Aristokratin, wie die Komtesse Pourtalès, die Prinzessin Sagan, die Marquise Gallifet und sogar die Metternich nannten sich selber Kokodetten."[546]

Fürstin Metternich förderte Jacques Offenbach und ermöglichte eine Aufführung von Wagners „Tannhäuser" in Paris. Der Offenbach-Biograf Siegfried Kracauer schreibt: „Sie ist nicht schön, sie ist schlimmer', pflegte man von Pauline Metternich zu sagen. Nicht so, als ob man ihr verübelt hätte, daß sie gern und glänzend Theater spielte, den Cancan tanzte und sich überhaupt in Extravaganzen gefiel, aber Tatsache war, daß sie vor keiner Offenherzigkeit zurückscheute und eine Ungezwungenheit entfaltete, zu der sie nur die Sicherheit der großen Dame berechtigte."[547]

Diese Sicherheit verdankte Fürstin Metternich ihrer Herkunft und ihrer sozialen Stellung bei Hofe. Wenn Extravaganz bedeutet, wie Vento meint, gegen Anstand und Schicklichkeit zu verstoßen, so war Pauline Metternich sicherlich extravagant. Sie war es zweifellos nicht, wenn damit ein Hang zum Vulgären verbunden ist. Waren ihre exzentrischen Neigungen auch damals für eine Dame unerhört, so wurden sie hingenommen, solange sie dabei nicht aus dem Rahmen fiel. Diesen Rahmen legte die öffentliche Meinung fest, und die schien das Verhalten der Fürstin eher zu faszinieren als moralisch abzustoßen. Wenig Verständnis fand sie dagegen in den ultrakonservativen Kreisen des Faubourg Saint-Germain. Für die „gens du monde" alten Schlages, die weder die Tuilerien noch Compiègne aufsuchten, war der Kaiserhof zu sehr von der Halbwelt durchdrungen. Man kritisierte die Sitten der Palastdamen, die sich in ihrem Verhalten den großen Kokotten annäherten. Doch solange Fürstin Metternich bei Hofe in Gunst stand, konnte sie sich über das Naserümpfen der Wächterinnen traditioneller Anstandsnormen hinwegsetzen.

Ein Beispiel für die Zwänge, denen Frauen der guten Gesellschaft unterworfen waren, liefert eine Episode bei der Uraufführung von Offenbachs Operette „Die schöne Helena". Helena wird darin als Frau von Welt gezeigt, die sich nach Abwechslung sehnt und fast bereit wäre, das Dasein einer Kurtisane zu führen. „‚Wir haben unrecht daran getan, der Premiere beizuwohnen', sagte Fürst Metternich beim Verlassen der Variétés zu seiner Frau. ‚Unser Name wird in allen Zeitungen stehen, und es ist nicht angenehm für eine Frau, gewissermaßen offiziell in einem solchen Stück gewesen zu sein.'"[548]

Nach dem Zusammenbruch des Kaiserreichs 1871 kehrte die Fürstin nach Wien zurück, wo sie nun Cercle hielt. Sie starb 1921 im hohen Alter von 85 Jahren. Einen Eindruck von der Haltung der Fürstin in ihren letzten Lebensjahren vermittelt die Schilderung von Helene von Nostitz:

Als wir die Fürstin Metternich in ihrem Palais, ‚entre cour et jardin' nach Pariser Muster, besuchten, erinnerte ihre Art zu empfangen an eine Audienz. ‚Elle portait les frais de la conversation', und wie ein Kunstwerk baute sie diese Stunde auf. Sie setzte sich vor einen kleinen Tisch, auf dem einige geschmackvolle Kleinigkeiten, Dosen und Miniaturen, standen. Ein schwarzes anliegendes Kleid mit weißen Manschetten, faßte auch ihren Hals eng ein. In dem Gesicht, das geistreich und bewegt keine bestimmten Züge trug, leuchtete immer wieder der rote Mund mit den breiten Lippen (…) Sie ist eben noch eine dieser ‚grandes dames', die zu konversieren verstehn.[549]

MÉLANIE DE POURTALÈS

Nachdem Fürstin Metternich Paris verlassen hatte, dominierte die mit ihr befreundete und von ihr protegierte Gräfin Mélanie de Pourtalès (1836–1914) das
Feld der Eleganz.[550] Sie behauptete sich in dieser Rolle bis zu den Anfängen der
Dritten Republik. Sie war wie Fürstin Metternich eine der besten Kundinnen des
Couturiers Worth. Zusammen mit dieser betätigte sie sich im höfischen Kreise
als Schauspielerin und förderte die Musik Richard Wagners. Zu den Besuchern
ihres Salons gehörten nicht nur jene Frauen des Faubourg Saint-Germain, die
sich weigerten, einen Fuß in die kaiserlichen Salons zu setzen, sondern auch der
bonapartistische Adel, Intellektuelle und Diplomaten. Der Gästekreis war gesamteuropäisch. Die Gräfin achtete jedoch darauf, dass ihre Besucher sich nicht
zu sehr mischten.[551] Sie ebnete jungen Schriftstellern den Weg in die mondänen
Kreise. Auch der junge Proust fand Zugang zu ihrem Zirkel.[552] Ihre Diners sollen
ein glänzender Reflex der Tafelrunden des 18. Jahrhunderts gewesen sein. Wegen
ihrer exzentrischen Neigungen zählten manche Stimmen in der Presse die Gräfin
neben der Fürstin Metternich, der Marquise de Galliffet und der Princesse de
Sagan zu den „cocodettes" des zweiten Kaiserreichs.[553]

Für Boni de Castellane, selbst ein Exzentriker großen Stils, war sie dagegen
ein Musterbeispiel aristokratischer Eleganz: „Die Gräfin Edmond de Pourtalès,
eine Dame von unvergänglicher Schönheit und eine der blendendsten Frauen
ihrer Zeit, herrschte im wahrsten Sinne des Wortes über Paris. Sie war unter dem
Kaiserreich hoch angesehen. Ihre Intimität mit der Fürstin Metternich ist legendär geworden. Niemand war wohlwollender als sie. Ihr Name Mélanie erinnerte
an Reispuder, Eleganz und Veilchenparfüm (...) Kaiser und Könige, Milliardäre
und Staatsmänner, Künstler und Gelehrte bildeten ihre Gesellschaft, in der man
gerne schwieg, um sie reizende Geschichten mit viel Geist erzählen zu hören."[554]
Dass diese Kunst, geistvoll zu unterhalten, nicht immer mit Begeisterung aufgenommen wurde, illustriert eine von George D. Painter kolportierte Anekdote,
Gräfin Pourtalès sei dafür berüchtigt, „daß sie bei jedem Besuch in der Oper die
ganze Vorstellung hindurch ununterbrochen redete, so daß Charles Haas, den sie
einmal einlud, in ihre Loge zu kommen, sanft zur Antwort geben konnte: ‚Ja,
ich käme sehr gerne, in *Faust* habe ich Sie noch nie gehört.'"[555]

Im Kreise junger hübscher Frauen des zweiten Kaiserreichs verstand sich Gräfin Pourtalès auf die Kunst zu gefallen. Sie besaß, wie Vento schreibt, jene besondere Gabe einer ganz großen Dame, „deren Gewandtheit sich auf alles erstreckt,
auf materielle Dinge ebenso wie auf solche des Innenlebens."[556] Alle Einzelheiten
ihres Lebens von der äußeren Erscheinung bis zur Einrichtung ihres Hauses waren
harmonisch aufeinander abgestimmt. Dieses Prinzip der Harmonie war den
Gesellschaftsköniginnen des 18. Jahrhunderts entlehnt, deren Allüren Frauen wie

Gräfin Pourtalès in ihrer Gegenwart wieder zum Leben erwecken sollten. Als die junge Herzogin von Marlborough, eine geborene Vanderbilt, auf ihrer Hochzeitsreise 1895 in Paris Station machte, erkannte sie in der Gräfin den Prototyp einer großen Dame.[557]

PRINZESSIN VON SAGAN

Die dritte in der Phalanx der „grandes dames", deren Wirkungsradius sich vom zweiten Kaiserreich bis in die Belle Époque erstreckte, war die Prinzessin von Sagan (1839–1905). Sie gehörte mit Pauline von Metternich und Mélanie von Pourtalès derselben Generation an wie Marie Radziwill. Mit dieser war sie durch ihre Ehe mit Boson de Talleyrand-Périgord, dem Sohn des Herzogs Napoléon-Louis von Sagan, verwandt. Boson trug seit 1845 den deutschen Titel eines Prinzen von Sagan. Die Tochter des Barons Florentin Seillière, eines schwerreichen Bankiers, wurde somit Prinzessin von Sagan. Der Prinz verlieh ihr seinen klangvollen Namen, und sie brachte als Mitgift ein stattliches Vermögen in die Ehe. Jeanne Seillière gehörte nun zur großen Welt, ja zu den vornehmsten Kreisen des Pariser Faubourg Saint-Germain. Nach dem Tod ihres Vaters erbte die Prinzessin 1873 das Hôtel de Sagan – das frühere Hôtel de Monaco – in der Rue Saint-Dominique, wo sie durch ihre luxuriösen Feste und Bälle Aufsehen erregte und wie ihr Neffe Boni de Castellane die Dritte Republik durch feudalen Prunk illuminierte. In dieser Rolle übertraf sie alle Konkurrentinnen. Den Höhepunkt ihrer gesellschaftlichen Aktivitäten bildeten die Maskenbälle, die sie in den 1880er-Jahren veranstaltete und an denen führende Vertreterinnen des Pariser „gratin" wie die Vicomtesse Greffulhe, die Princesse de Léon, die Marquise de Galliffet, die Gräfin de La Rochefoucauld, die Gräfin Potocka und ausländische Hoheiten wie der Prinz von Wales und der König von Griechenland teilnahmen. Die mondäne Presse zollte der Prinzessin von Sagan Beifall. Der Reporter des „Gaulois" schrieb am 3. Mai 1882: „Es ist sicherlich die Prinzessin von Sagan, welcher der Preis der höchsten Eleganz gebührt. Niemand empfängt wie sie und niemand versteht es besser, sich zu kleiden. Alle, die sie am Montagabend gesehen haben, aufrecht an der Schwelle ihrer Salons stehend, welche kaum ihresgleichen in Paris haben, werden sicher meiner Meinung sein!"[558]

Bei einem der Feste, als sie den Prinzen von Wales zu Gast hatte, empfing sie ihn an der Treppe ihres Palais. Ihre Kleidung hatte sie ganz auf das Kostüm der Prinzessin von Wales abgestimmt. „Zwischen pyramidenartig aufgeschichteten Blumen beugten sich die Gäste auf der Galerie vor wie auf einem Fresco von Tiepolo, damit ihnen nichts von der Szene entging. Auf diese Weise zollten sie der taktvollen Art Bewunderung, in der sich ihre Gastgeberin gekleidet hatte, um

mit der Prinzessin von Wales zu harmonieren: Sie trug einen diamantenen Hals-
reif und ein einfach geschnittenes Kleid, bestickt mit Jett."[559] Am 2. Juni 1885 fand
ein Ball statt, von dem ganz Paris sprach und der als „Bal des Bêtes" in Erinnerung
blieb. Die Gäste sollten in Tierkostümen erscheinen. Auf der Einladungskarte
hieß es: „Es wird gebeten, nach Buffon ein Kostüm oder einen Kopf auszuwäh-
len."[560] Der Bruder der Gastgeberin, Raymond Seillière, der dem Ball präsidierte,
war im Stil des berühmten Naturforschers gekleidet und hielt einen Band seiner
„Histoire Naturelle" in der Hand. Die ganze Tierwelt war vertreten: Libellen,
Schmetterlinge, Schwalben, Ibisse, Pelikane usw. Die Prinzessin erschien als Pfau.[561]
Aus einem überdimensionalen Bienenkorb schwärmte das ganze Ballett der Oper
hervor.

Während der Prinz von Sagan als Dandy und „arbiter elegantiarum" den Ton
angab, dominierte die Prinzessin in der Frauenmode. Sie galt als eine der bestge-
kleideten Frauen von Paris. Sie lancierte neue, gewagte Moden und war eine der
treuesten Kundinnen von Charles Worth. Er entwarf ihre Ballkleider, so auch das
Pfauenkostüm, das allen Glanz des Ancien Régime wieder aufleben ließ. Zeitgenossen der Achtzigerjahre, die in den mondänen Kreisen verkehrten, erschien sie
als legitime Erbin der Traditionen des Wiener Kongresses und der Eleganz des
zweiten Kaiserreichs. Mehr noch. Sie besaß, wie der Schiedsrichter der Mode
André de Fouquières lobend erwähnt, in höchstem Maße das „Je ne sais quoi"
des 18. Jahrhunderts."[562]

Claude Vento, der der Prinzessin in seiner Galerie großer Damen der zweiten
Hälfte des 19. Jahrhunderts einen prominenten Platz einräumt, will von einer
Nähe Jeanne Seillières zu den „cocodettes", jenen Luxusfrauen der Oberschicht,
die in ihrer Aufmachung die Nähe zu den Kokotten nicht scheuten, nichts wissen. Es gebe zwar in der degenerierten Gesellschaft der Dritten Republik zahlreiche „cocodettes" und „gommeuses"[563], die das Zepter der Eleganz hochhielten.
Doch die Prinzessin von Sagan sei eine der wenigen, die es verstanden, „grandes
dames" zu bleiben.[564]

Die Frau des Prinzen von Sagan sei zwar bürgerlicher Herkunft, doch von
Natur wie keine andere dazu ausersehen, die Krone einer Prinzessin zu tragen.
Für Vento ist sie ein Beweis dafür, dass es Frauen gibt, die nicht durch Herkunft,
sondern durch ihre „Rasse" zu Repräsentantinnen der Eleganz bestimmt sind.
Hinzu komme die Formung, die ihr der Grandseigneur Boson de Sagan ange-
deihen ließ. Ihre Verschwendungssucht sei zweifellos ein Laster. Doch teile sie
dieses mit dem Prinzen.

Wie andere Damen der mondänen Welt ging auch die Prinzessin von Sagan
in das Werk Prousts ein. Der junge Dichter begegnete ihr das erste Mal auf der
Seepromenade von Trouville, wo sie die Sommer in ihrer Villa Persane verbrachte.

Ihn beeindruckte ihre „unbeschreibliche Eleganz", die einer vergangenen Epoche entstammte.[565] Neben der Fürstin Alice de Monaco stand sie Modell für die Fürstin von Luxemburg.[566]

3. Die großen Kokotten und die Neuerfindung der „grande dame"

Die drei porträtierten Angehörigen des Hochadels entsprachen zu ihrer Zeit einem modernen Bild der „grande dame". Sie gaben sich nicht damit zufrieden, Wächterinnen alter Traditionen und moralischer Normen zu sein. Sie gehörten auch nicht dem ultraroyalistischen Kreisen an, die das zweite napoleonische Kaiserreich verachteten. Vielmehr gingen sie mit der Zeit und drückten ihr ihren Stempel auf. Sie waren Trendsetterinnen in der Mode, glänzten durch originell inszenierte Bälle, waren sich nicht zu fein, aktiv am Theaterleben und Variététreiben teilzunehmen. Ihr manchmal sehr eigenwilliges Verhalten brachte sie in die Nähe der großen Kokotten, die ihnen zum Verwechseln ähnelten.[567] Doch es blieb ein wesentlicher Unterschied: Die Fürstin Metternich, die Gräfin Pourtalès und die Prinzessin von Sagan waren durch ihre Herkunft von den großen Kokotten durch eine breite Kluft getrennt. Mochten sie auch durch ausgefallene Kleidung und bizarre Vergnügungen miteinander konkurrieren, so waren sie doch durch die Zugehörigkeit zur guten Gesellschaft vor Sanktionen geschützt. Der Vorwurf, sie seien „cocodettes", ließ sie ungerührt. In den zitierten zeitgenössischen Quellen wird stets betont, dass ihr Status als „grandes dames" durch ihre Adelszugehörigkeit unangefochten blieb. Von einer „Verbürgerlichung" dieses Typus konnte keine Rede sein, eher von einer Offenheit gegenüber den neuen Tendenzen in Kunst und Mode und den Errungenschaften des zivilisatorischen Fortschritts.

Vor diesem Hintergrund kündigte sich ein Wandel im Frauenbild an. Dies zeigte sich vor allem in der Macht der Mode. Schlichtheit und Einfachheit, welche den Habitus der großen Dame von früher ausmachten, waren in einer Zeit des kolossalen Reichtums der Oberschicht dem demonstrativen Luxus gewichen. Die von Worth eingekleideten Damen überboten sich gegenseitig an Raffinement und Delikatesse. Der Hunger nach dem Außergewöhnlichen diktierte auch in den Kreisen der Aristokratie den Lebensstil. „Die Gesellschaft zelebriert sich selbst in einem unaufhörlichen Hin und Her von Jagden, Spielen, Festen, Bällen, Pferderennen, Theater- und Opernbesuchen. Ein Gastgeber versucht den anderen zu übertreffen, jeder sucht nach einem noch raffinierteren, noch geistreicheren Einfall für den Anzug, die Equipage, die Tischdekoration und das Kostümfest; und dies alles mit dem einzigen Ziel, zu schauen, zu schmecken, zu riechen, zu hören, sich zu freuen und zu vergnügen, der eigenen Eitelkeit zu frönen, sich selbst zum Genuss zu sein."[568] Die große Dame musste Konzessionen an den Geist der Zeit machen, wollte sie nicht gänzlich an gesellschaftlichen Einfluss verlieren.

Das Aufkommen der großen Kokotten, die die „grandes dames" aus Adel und Großbürgertum oftmals in den Schatten stellten, ist ein Phänomen, das bereits im 18. Jahrhundert in Gestalt der Mätressen in Erscheinung trat. Es begleitet die Kulturgeschichte der Dame und erreichte im ausgehenden 19. Jahrhundert, in der Belle Époque, im Zuge der Neuformierung der großen Welt einen neuen Höhepunkt.[569] Proust hat diesem Typus in der Figur Odettes, die den wohlhabenden Weltmann Swann heiratet, Kontur verliehen. Neben ihr gewinnt die reiche Bürgersfrau, die die Dame von Welt spielen will, an Gewicht. Über den Lebensstil der vornehmen Dame aus der Finanzwelt schreibt Marie Romieu: „„In den höchsten Schichten besteht die Rolle der Frau lediglich darin, zu bezaubern und zu verführen. Sie hat keine anderen Pflichten zu erfüllen als die sogenannten Geselligkeitspflichten. Besuche, die sie empfängt oder erwidert. Ausgänge und Geselligkeit füllen ihre ganze Zeit aus; sie hat weder Zeit dazu, die Hausfrau zu spielen, außer indem sie die Honneurs in ihrem Salon macht, noch Familienmutter zu sein. Ihre Leute werden von einem Hausmeister oder einer Hausdame geleitet; ihre Kinder haben Gouvernanten und Lehrerinnen.""[570]

Die „Löwinnen" (Aretz) und Berühmtheiten des Zweiten Kaiserreichs waren jedoch die Frauen der Halbwelt, der „demi-monde".[571] Einige von ihnen besaßen jene „Aristokratie der Rasse", die der Schriftsteller Arsène Houssaye als entscheidendes Attribut einer „grande dame" bezeichnet. Die alte Geburtsaristokratie hatte in einer Zeit der Umschichtung der Eliten endgültig das Privileg eingebüßt, darüber zu entscheiden, wer dieses Gütesiegel für sich beanspruchen konnte.[572] Eine der berühmtesten Demimondänen, die als ein Beispiel für diesen Frauentypus gelten kann, war Thérèse Pauline Lachmann (1819–1884), die den Marquis de Païva-Araujo und später Graf Henckel von Donnersmarck heiratete, einen unermesslich reichen schlesischen Magnaten, der in Paris diplomatische Dienste versah. Als „La Païva" ging sie in die französische Kulturgeschichte ein. Ihre Rolle als große Kokotte spielte sie im zweiten Kaiserreich, flankiert vom Luxusstreben einer Generation von Neureichen und Parvenüs. In ihren neu erbauten Stadtpalais hielten die arrivierten Halbweltdamen Hof und umgaben sich mit „hommes d'esprit". Die Païva besaß eines der schönsten und elegantesten Häuser von Paris, gab erlesene Diners und empfing in ihrem Salon bedeutende Künstler und Schriftsteller. Sie war nicht nur eine sich ihrer körperlichen Anziehungskraft bewusste Abenteurerin. Sie war intelligent und belesen und beherrschte mehrere Sprachen.[573] Sie besaß Sinn für die bildenden Künste und die Musik und verfügte über ein außergewöhnliches Geschäftstalent. Der Dichter Théophile Gautier sagte über sie: „Diese Frau hat immer einen Kompass unter ihrem Kopfkissen."[574]

Obwohl sie sich durch Brillanz und Geschmack mit Frauen der großen Welt messen konnte, lebte die Païva am Rande der guten Gesellschaft, ohne jemals hoffen zu können, von ihr akzeptiert zu werden. Der ganze Ehrgeiz dieser Kurtisane von Rang[575] war darauf gerichtet, den Status einer Demimondänen zu verlassen und selbst Teil der Aristokratie zu werden. Diesen Traum sollte sie schließlich durch Einheirat in den portugiesischen bzw. preußischen Hochadel verwirklichen.

Wie zahlreiche Damen der großen Welt gehörte die Païva zur Klientel des Couturiers Worth. „Thérèse war eine Kundin, um die er sich besonders kümmerte, denn er erkannte ihre außergewöhnlichen Eigenschaften. Sie besaß das vornehme Benehmen einer Aristokratin von Geburt, im Unterschied zu vielen Frauen adliger oder nichtadliger Herkunft und vielen anderen leichtfertigen Frauen, die im Allgemeinen ziemlich gewöhnlich waren.“[576] Sie wusste den Wert der Toilette zu schätzen. Geld zählte für sie nicht und Worth konnte sich auf üppige Aufträge verlassen. Die große Kokotte präsentierte seine erlesensten Kreationen.

Ihren ersten Salon unterhielt die Païva in der Rue de Provence, danach residierte sie in einem „hôtel particulier“ an der Place Saint-Georges. „Mit Hilfe Gautiers fiel es ihr leicht, zu ihren Diners angesehene Schriftsteller anzuziehen. Man liebte diese geistvolle Gastgeberin. Arsène Houssaye erklärte sie zu einer großen Dame und verkündete ihr Lob.“[577]

Außer Houssaye und Gautier traf man bei ihr die Schriftsteller Alexandre Dumas, Sainte-Beuve, Baudelaire und die Gebrüder Goncourt, den Maler Delacroix, Komponisten und Musiker wie Richard Wagner und Hans von Bülow, den Politiker Thiers und zahlreiche ausländische Diplomaten. Die elegantesten Dandys des Jockey-Clubs frequentierten ihr Haus.[578] „Femmes du monde“ mieden jedoch ihren Salon. Der Historiker Jacques Chastenet schreibt: „In Wirklichkeit wird trotz des großen Aufwands, den die Païva betreibt und des Platzes, den sie heute in der Pariser Chronik einnimmt sowie des Lärms, den die kleinen Zeitungen ihretwegen entfachen, nicht nur die geringste Herzogin, sondern auch nicht die geringste echte Baronin jemals die Schwelle des Hôtels der Place Saint-Georges überschreiten.“[579] Der Kaiserhof machte hier keine Ausnahme. Die Teilnahme an einem Empfang in den Tuilerien oder bei Prinzessin Mathilde war ausgeschlossen.

An dieser Randstellung sollte sich auch nichts ändern, als sie 1866 ein prächtiges Palais an den Champs-Élysées errichten ließ, in dem sie Tout-Paris um sich versammelte. Von den Damen der guten Gesellschaft wurde sie weiterhin geschnitten. Die in ihren Urteilen nicht immer zimperlichen Gebrüder Goncourt stellen in ihrem Tagebuch der Hausherrin und dem Hausherrn Graf Henckel von Donnersmarck ein vernichtendes Zeugnis aus:

Freitag, den 24. Mai 1866. Gautier, der in diesem Augenblick der *maestro di casa* ist, stellt uns der berüchtigten Païva in ihrem legendären Palais an den Champs-Elysées vor. Sie empfängt uns in einem kleinen Gewächshaus. Eine alte bemalte und geschminkte Kurtisane, mit dem Aussehen einer Provinzschauspielerin, lächelnd und mit falschem Haar. Den Tee trinken wir im Speisezimmer, das mit all seinem Luxus und seiner Überladenheit in einem Renaissance-Stil von schlechtem Geschmack kaum anders aussieht als ein sehr reiches Kabinett in einem großen Restaurant, als ein Salon der Provençalen (…) Man spürt die Kälte auf diesen prächtigen, mit Kristall überladenen, von der Feuersbrunst der Lüster erhellten Tisch herabsinken, die schreckliche Kälte, wie sie bezeichnend für die Häuser von Dirnen ist, die die Dame von Welt spielen (…).[580]

Der Hausherr sei „eine stumme, häßliche und gezierte deutsche Persönlichkeit (…) ein Geck aus Borussien, der mit seinem Mittelscheitel auf dem Schädel und dem dummen Lächeln seiner Millionen das Fest beherrscht."[581] Die Goncourts waren häufig bei der von ihnen so sehr verachteten ehemaligen Kurtisane zu Gast und ließen es sich an ihrer Tafel wohl ergehen wie viele andere Literaten. Ihr Salon wurde der führende neben dem der Prinzessin Mathilde, obwohl sie – wie die Goncourts behaupten – mit ihrem Reichtum protzte und um sich eine Marmorkälte verbreitete, „als eine Frau, der es an Erziehung zur Liebenswürdigkeit gebricht, die kein Taktgefühl erworben hat".[582]

Das Urteil der Goncourts über den Salon der Païva und die Abkanzelung ihrer Person als Karikatur einer großen Dame sind in ihrer Schroffheit nur verständlich vor dem Hintergrund ihrer Zeitkritik: eines alles brandmarkenden Pessimismus und elitären Dandyismus. Hinzu kommt eine „obstinate Misogynie".[583]Auch an den Damen der großen Welt ließen sie kein gutes Haar, denn diese Welt war für sie längst in Hässlichkeit versunken. Über die „grandes dames" des zweiten Kaiserreichs schrieben die Goncourts anlässlich eines Rennens im Bois de Boulogne:

Da ist die Fürstin Metternich mit einer Trompetennase, Lippen wie ein Nachttopfrand, sehr bleich; sieht aus wie eine wirkliche Maske aus Venedig auf einem Gemälde von Longhi; eine Madame de Pourtalès, semmelblond und zufällig nicht sehr häßlich; die Fürstin Poniatowska, eine grimassierende Blondine; sieht aus wie eine Katze, die Milch schleckt; die Fürstin de Sagan, eine Lorette dieser großen Welt, mit ihrer gebrochenen Hakennase sieht sie wie eine große Ziege aus (…) Das also ist die Welt, die schöne Welt, die große Welt! All das ist dirnenhaft! Keinerlei Distinktion, kein Anzeichen, kein Charme einer wirklich anständigen Frau. Toiletten und ein Genre, die beweisen, daß es keine gute Gesellschaft mehr gibt.[584]

Von der Gesellschaft des Hochadels – so scheint es – trennte die Païva nur ein kleiner Schritt. Doch selbst nachdem sie 1871 den Grafen Guido Henckel von Donnersmarck geheiratet hatte, blieb die Kluft zur großen Welt bestehen. Ihr Salon gewann nun über das Literarisch-Künstlerische hinaus eine politische Dimension. Ihr Ziel war es, nach dem Deutsch-Französischen Krieg eine Wiederannäherung zwischen Frankreich und Deutschland zu bewirken.[585] Sie unterstützte die Bemühungen ihres Mannes, Kontakte zwischen dem Führer der republikanischen Partei Léon Gambetta und Bismarck zu knüpfen. Nachdem dieses Projekt 1878 scheiterte und ihre Situation in Paris prekär wurde – man verdächtigte das Ehepaar der Spionage – ließ sie sich mit ihrem Mann auf Schloss Neudeck in Oberschlesien nieder, wo sie 1884 starb.[586]

Ob die großen Kokotten den Status großer Damen einnahmen, wird je nach Standpunkt unterschiedlich beurteilt. Während Kurt von Reibnitz in seinem 1931 erschienenen Buch „Die grosse Dame" neben so unterschiedlichen Persönlichkeiten wie Rahel Varnhagen, Bettina von Arnim, Kaiserin Augusta und Cosima Wagner auch die Païva zu dieser Kategorie von Frauen rechnet, berücksichtigt Claude Vento in seinem 1886 publizierten Werk „Les Grandes Dames d'aujourd'hui" ausschließlich Frauen des Hochadels. Diese Sicht teilt auch André Germain. Im Kapitel „Grandes et petites Dames" seines Buches „La Bourgeoisie qui brûle" (1951) werden im Rückblick auf die ersten Jahre des 20. Jahrhunderts nur Frauen des Hochadels zu den großen Damen gezählt, die großen Kokotten in diesem Zusammenhang jedoch gänzlich übersehen.

Weniger strikt urteilt Consuelo Vanderbilt Balsan, die Tochter des amerikanischen Eisenbahn-Tycoons William Vanderbilt, die 1895 den Herzog von Marlborough heiratete. Als sie um diese Zeit Paris und Monte Carlo besuchte, entging ihr nicht, dass die großen Damen des Faubourg bezüglich Schönheit, Eleganz, Geist und Charme mit den Damen der Halbwelt wetteiferten. In einer der großen Kokotten, Liane de Pougy, sah sie alle Eigenschaften einer „grande dame" vereinigt, die sie schließlich durch Heirat mit dem rumänischen Fürsten Ghika geworden sei.[587] Für die Kokotte wie für die Millionärserbin war offenbar die Aufnahme in den Hochadel der ultimative Schritt, um von der Öffentlichkeit als große Damen wahrgenommen zu werden. Dies hieß jedoch nicht, dass die tonangebenden Society-Damen einer geadelten Kokotte Zugang zu ihren Salons gewährten. Wie das Beispiel der Païva zeigt, bedeutete die Nobilitierung nicht immer das Eintrittsbillet für die große Welt.

Das darf nicht darüber hinwegtäuschen, dass die Unterschiede sich in den Lebenswelten verwischt hatten. So war der Tagesablauf einer Demimondänen ganz der einer großen Dame. „Die ersten Stunden des Nachmittags wurden zur Pflege des Körpers verwendet. Die elegante Demimondäne empfing, wie die

Dame der großen Welt, die Friseuse, den Friseur, die Manikure, die Weißnäherin, Schneiderin und Modistin, bestellte bei jener einige entzückende Dessous, bei dieser ein neues Kleid, einen Hut, einen Schal etc., unterhandelte mit dem Juwelenhändler über ein Schmuckstück, das ein freigebiger Liebhaber verehren wollte oder sollte."[588] Die Halbweltdamen besaßen gegenüber den „femmes du monde" den Vorteil, dass sie sich zur Vervollkommnung ihrer Schönheit kosmetischer Mittel bedienen konnten. Für Frauen der guten Gesellschaft wurde es für unschicklich gehalten, durch Make-up ihr Aussehen zu verschönern. Jede Extravaganz der Mode galt als ein Zeichen schlechten Geschmacks.[589]

Mochte der von Halbweltdamen betriebene Aufwand auch Damen des Faubourg Saint-Germain suspekt erscheinen, so glich doch ihr Auftreten in der Öffentlichkeit dem wirklicher Damen der Gesellschaft. Sie unterwarfen sich allen Anforderungen des eleganten Lebens und beugten sich den Regeln des Snobismus. Sie kannten sich wie die „anständigen" Gesellschaftsdamen im Gesetzbuch der zeitgenössischen mondänen Vorschriften vorzüglich aus. Eine Halbweltdame ersten Ranges musste „ein Auto, einen Phaeton oder einen Dogcart lenken können (…) der Mode halber englisch radebrechen können, um mit ihren Dienstboten die englischen Redensarten austauschen zu können (…)."[590] Sie musste sich einige Begriffe von allen Sportarten aneignen, sich einen Anschein von Esprit geben, „sich mit angemessenem Komfort umgeben und sich Nippsachen und Möbel anschaffen, die nicht allzu parvenümäßig aussehen."[591] Wie die Damen der guten Gesellschaft empfingen die Demimondänen in der Oper „in ihrer Loge ihre Freunde und Verehrer, ließen sich wie Herzoginnen und Marquisen die Hand küssen und unterhielten sich mit den Kavalieren, als wären sie nichts anderes gewöhnt als die Konversation eines vornehmen Salons."[592]

War erst einmal der gesellschaftliche Aufstieg durch Einheirat in den Adel oder das Großbürgertum vollzogen und besaßen sie das geistige Format, um einen Salon zu führen, blieb den Halbweltdamen die gesellschaftliche Anerkennung nicht versagt, auch wenn diese zumeist auf das männliche Geschlecht begrenzt blieb. Zu diesen Königinnen der Eleganz gehörten nicht wenige Bühnenstars, unter ihnen die Schauspielerinnen Réjane und Pasca.[593]

Für die Goncourts war es schockierend, erleben zu müssen, dass hochadlige Damen sich mit Schauspielerinnen umgaben. Als Prinzessin Mathilde im Februar 1889 die berühmte Adélaide Pasca bei sich zu Gast hatte, notierte Jules Goncourt: „Dass Schauspielerinnen zu den Soiréen von Hoheiten eingeladen werden, kann ich akzeptieren. Aber zum Diner? Da geht mir die Intimität zwischen Fürstinnen und Komödiantinnen zu weit."[594] Dieses Votum änderte nichts an der fortschreitenden Vermischung von guter Gesellschaft, mondänen Literaten und Bühnenstars.[595]

In der Belle Époque traten berühmte Frauen aus dem Theatermilieu und der „demi-monde" nicht nur in Konkurrenz mit den großen Damen alten Stils, sie gaben mehr und mehr den Ton an und waren Vorreiter neuer Modestile. Die mondänen Frauen des Adels und des Großbürgertums sahen sich unter Zugzwang und bemühten sich, ebenso verführerisch elegant zu erscheinen.[596] Dies zeigte sich auf dem Rennplatz von Longchamp oder anderen mondänen Orten, wo sich die Vertreterinnen der Halbwelt und der großen Welt begegneten. Diese strengten sich bei solchen Aufeinandertreffen an, jenen zu gleichen, sodass sie kaum von ihnen zu unterscheiden waren.[597] Die soziale Distanz blieb insoweit gewahrt, als die Damen der Halbwelt bei den Rennen nicht zu den Tribünen zugelassen wurden. „Wenn ein Herr eine Demimondäne trotzdem zur Tribüne brachte, riskierte er, die Mitgliedschaft in seinem Klub zu verlieren."[598]

Die Ethik des Mondänen drückte sich in der überlegenen Nonchalance der Manieren und der Anmut der Bewegungen aus. Die Halbweltdamen bewiesen vollendeten Geschmack, um den die „wirklichen Damen" sie beneideten. „Sie sind äußerst vornehm, nie kommt ein zweideutiges Wort von ihren Lippen (…) Diese Halbwelt ist gewissermaßen führend in Dingen der Eleganz, obwohl es die Dame der Gesellschaft nicht gern zugesteht. Und doch ist die Demimondäne meist die Bahnbrecherin einer neuen Mode."[599]

Die Unterscheidung zwischen Damen der Gesellschaft und Damen der Halbwelt erwies sich im Übergang zum 20. Jahrhundert mehr und mehr als fragwürdig. Die Grenzen zwischen „monde" und „demi-monde" wurden in einer Zeit, in der prominente Akteure des Theaters und der Mode an öffentlichem Ansehen gewannen und die internationalen Schauplätze des eleganten Lebens sich einem breiteren Publikum öffneten, fließend.

Die sogenannte Halbwelt bestand großenteils aus „modernen Hetären" (Aretz) und attraktiven Bühnenstars. Gemeinsam war ihnen, dass sie nicht den Oberschichten der Gesellschaft entstammten und einer Tätigkeit nachgingen, die als sittenwidrig oder frivol eingestuft wurde. Die „wirklichen Damen" der „guten" oder „vornehmen" Gesellschaft verloren aber an Boden, da ihre materielle Basis ins Wanken geriet. Der Kitt, der die große Welt zusammenhielt, wurde brüchig und damit das herkömmliche Bild der Dame und der „grande dame". Bestimmte Verhaltenseigenschaften, die die Ethik des mondänen Lebens ausmachten und exklusiv auf den Adel begrenzt waren, wurden durch die fortschreitende Demokratisierung und Liberalisierung der Gesellschaft von einzelnen, die außerhalb dieser Gruppe standen, angeeignet und souverän gegen die alte Elite zur Persönlichkeitsprofilierung genutzt.

Zudem funktionierte die „Abweisungsmaschinerie", wie Proust es nannte, nicht mehr. Weltläufige Kurtisanen wie die Païva, die Tänzerinnen Caroline Otéro

und Liane de Pougy und elegante Schauspielerinnen wie Gabrielle Réjane und
Adélaide Pasca ließen sich auf die Dauer nicht mehr ausschließen oder margina-
lisieren.

Die hier für Frankreich beschriebene Entwicklung machte auch vor der Gesellschaft des zweiten deutschen Kaiserreichs nicht halt, in der die Klassen strenger
voneinander geschieden waren. Noch Mitte der 1890er-Jahre waren auf einem
Wohltätigkeitsball zugunsten der Genossenschaft deutscher Bühnenangehöriger,
der im Berliner Hotel Kaiserhof stattfand, „Damen der Gesellschaft" nicht zugegen, da sie den gesellschaftlichen Kontakt mit Schauspielerinnen mieden.[600] Doch
selbst wenn Bühnenangehörige, seien es Schauspielerinnen oder Sängerinnen, in
der Gesellschaft verkehrten, war ihnen bewusst, dass sie nur auf wenig Verständnis hoffen durften und eigentlich nicht dazu gehörten.[601] Dies sollte sich bald
ändern. So kommt der Gesellschaftschronist Fedor von Zobeltitz 1897 zu der
Einschätzung, dass sich die gesellschaftliche Stellung des Bühnenkünstlers grundlegend gewandelt habe. Er gehöre nicht mehr, wie ehemals, zum „fahrenden
Volk", vor dem man die Türen schließe. Er sei gesellschaftsfähig geworden. Deutsche Hochadlige suchten sich nicht selten ihre Ehegefährtinnen aus dem Reich
Terpsichores.[602] Die Kurtisanen dagegen – so Zobeltitz – seien in Berlin weniger
elegant als in Paris. „Wir sind nun einmal anders, sind nüchterner, prosaischer
und sind viel solider; zu einer Rundfahrt im Bois gehören die Tausendfranken-
jägerinnen, die das Bild schmücken helfen; aber im braven Berlin machen die
Priesterinnen unserer lieben Frau von Milo viel zu schlechte Geschäfte, um auf
Gummi rollen zu können."[603]

Der Bedeutungswandel, dem der Begriff der „grande dame" Ende des 19. Jahrhunderts in Frankreich unterlag, fand seinen Niederschlag nicht nur in der Bel-
letristik, sondern auch in den Journalen der mondänen Welt. Repräsentativ für
dieses Genre ist die Zeitschrift „La Grande Dame. Revue Mondaine Cosmopolite". Das seit 1893 monatlich erscheinende Journal setzte sich zum Ziel, die elegante Frau in den europäischen Metropolen zu porträtieren. Dabei bildete das
französische Muster den Maßstab. Die Zeitschrift offerierte ihren Lesern in einer
Redaktionsmitteilung zur ersten Ausgabe eine Definition der Eleganz. Es handle
sich dabei weniger um die Art, sich zu kleiden und einzurichten, als um eine
bestimmte Art zu denken, zu empfinden und zu leben. Eine Frau könne die Toilette geringschätzen und sich dem raffinierten Luxus der Koketterie verweigern
und dennoch ein Muster an Anmut und gutem Geschmack abgeben. Man sei
aristokratisch durch die Art der Konversation und die ganze Haltung. Mehr als
Schönheit mache der Sinn für das Erlesene den Charme einer Frau aus.[604]

Als ein Beispiel für eine „grande dame" jener Zeit wird – wie schon in dem einige Jahre zuvor erschienenen Buch von Claude Vento – die Prinzessin von Sagan genannt. Sie halte, schreibt der Fürst von La Rovère, seit fast zwanzig Jahren das Zepter der Eleganz und des Mondänen in ihren Händen. Niemand besäße mehr Würde als sie. Ihre bürgerliche Herkunft – sie war, wie wir hörten, die Tochter eines reichen Bankiers – spiele in einer Zeit der Dominanz des Geldes keine Rolle mehr. Viele Adlige von Geburt hätten in die Finanzaristokratie eingeheiratet. Die Prinzessin von Sagan sei sowohl im Faubourg Saint-Germain wie in den Tuilerien, dem Sitz der Republik, zuhause. Sie stehe an der Spitze der französischen Aristokratie. „Ihre Exzentrizitäten sind nichts anderes als die Fantasien einer großen Dame."[605]

Auch der Schriftsteller und Journalist Arsène Houssaye ist der Auffassung, dass es in der Dritten Republik noch große Damen gebe. Die Herkunft allein garantiere indes nicht mehr die Zugehörigkeit zu dieser Spezies. Man werde als große Dame geboren, so wie man als Dichter auf die Welt komme. Es sei nicht immer nötig, von adliger Abstammung zu sein. Die „grandes dames" seien fast immer Frauen von besonderer Rasse, wenngleich einige aus einfachen Verhältnissen stammten.

Das in der Zeit der Julimonarchie beklagte Auftreten von Frauen der „demimonde" in den Salons, die bestrebt waren, sich den Nimbus großer Damen zu verschaffen, war ein halbes Jahrhundert später, wie Houssaye bezeugt, zum Normalfall geworden. Kokotten als auch Schauspielerinnen betraten als „grandes dames" die Szene. Im Ringen um die Anerkennung standen sich nunmehr die ehrwürdigen Repräsentantinnen des alten Geburtsadels des Faubourg Saint-Germain, die durch ihren Reichtum glänzenden Vertreterinnen des neuen Adels und die glamourösen Lebenskünstlerinnen der „demi-monde" gegenüber.

Houssaye meint, dass der Niedergang der „grandes dames" ein vorübergehendes Phänomen gewesen sei. Der ungeheure Luxus in der Belle Époque habe einen Wiederaufstieg dieses Typs ermöglicht, allerdings auf breiterer sozialer Grundlage. Es bleibe dabei, dass der Geburtsadel für die Inthronisierung einer „grande dame" nach wie vor eine besondere Rolle spiele. Die Tochter einer großen Dame des Adels nehme aber nicht mehr selbstverständlich den Rang ihrer Mutter ein, wenn es ihr an Anmut und Schönheit mangele. Es sei nicht einzusehen, dass eine Frau, die alle Gaben einer „grande dame" auf sich vereine – Anmut, Schönheit und Esprit – nur deshalb nicht als eine solche anerkannt werde, weil sie nicht aus adligem Hause stamme. Wenn die Schauspielerin Rachel einen Salon betrete, so erscheine sie als eine große Dame, während die anwesenden Prinzessinnen wie Theaterprinzessinnen aussähen. „Die großen Damen sind fast immer Töchter von Rasse. Einige von ihnen sind indes plebejischer Herkunft und ernten ihre goldenen Ähren von reinem Weizen inmitten eines Roggenfeldes."[606]

Ähnlich wie Houssaye sieht es der „Prince d'Aurec", der dem Umstand Rechnung trägt, dass es im modernen Paris keine vornehme Gesellschaft mehr im althergebrachten Sinne gebe. Das elegante Leben werde von einem Amalgam von Leuten verschiedenster Herkunft repräsentiert. Die Usancen der mondänen Welt hätten ihr vormals gültiges Regelwerk eingebüßt. Die Traditionen des Faubourg Saint-Germain verflüchtigten sich von Jahr zu Jahr.[607]

Die in der Zeitschrift „La Grande Dame" schreibenden Autoren – sie tragen meist einen Adelstitel – sind davon überzeugt, die „grande dame" könne trotz aller sozialen und politischen Umwälzungen und dem Eindringen neureicher Ausländer in die Pariser Salons weiterhin ein Lebensrecht beanspruchen. Balzac habe sich geirrt, als er schrieb, es gebe keine großen Damen mehr, sondern nur noch die „femme comme il faut", denn nicht die Aristokratie der Geburt sei entscheidend, sondern die der Rasse, das heißt: eine angeborene, durch Erziehung allenfalls perfektionierte Haltung und Noblesse.[608] Beides sei gepaart mit Esprit und dem Sinn für äußerste Verfeinerung.

Versucht man, Bilanz zu ziehen, so erweist sich, dass der zwischen Schriftstellern und mondänen Journalisten ausgetragene Meinungsstreit über die „grande dame" in Frankreich im Fin de siècle keine eindeutigen Schlüsse zulässt. Die Behauptung, es gebe diesen Typus noch, wenn auch zum Teil losgelöst von seiner ursprünglichen adligen Basis, wird konterkariert von Stimmen aus den Kreisen des Faubourg Saint-Germain, die seinen Niedergang beklagen. Aus dieser Sicht handelt es sich um einen Etikettenschwindel, wenn eine reiche Bürgerin durch Einheirat in die Aristokratie sich den Titel einer großen Dame anmaßt.

Auch kritischen Stimmen war jedoch nicht entgangen, dass die Neuzusammensetzung des Adels Folgen für Charakter, Status und Physiognomie der großen Dame und die Kultur des Salons hatte. Eleganz und Lebensführung der mondänen Kreise veränderten ihr Erscheinungsbild. Die „Kultur" als Lebensform nahm einen neuen Charakter an. Es bestand kein festes, beständiges System von Werten und Normen mehr, alles war in ständiger Veränderung begriffen. Die Neureichen drängten auf Anerkennung durch die Geburtsaristokratie. Diese wurde ihnen zuteil, wenn sie sich Sitten und Manieren, Lebensführung und Anschauungsweise des alten Briefadels aneigneten.

Der Soziologe Robert Michels schrieb 1913: „Auf diese Weise besteht also eine Art von Selbstverteidigung des alten Adels: er prägt den neuen Schichten der Aristokratie, kraft seines alten, ewig jungen Prestiges und der Eleganz und Sicherheit seiner Lebensformen, seinen Stempel auf und läßt sich von ihm neues Geld und neues Blut zuführen."[609]

Eine ähnliche Entwicklung wie in Frankreich stellte Michels für Deutschland fest. Ökonomisch trete der Adel an die zweite Stelle, wo eine moderne Industrie aufgekommen sei. Die Namen der Offiziere der preußischen Garderegimenter vor dem Ersten Weltkrieg ließen erkennen, dass die großen Familien des preußischen Grundbesitzes und der preußischen Beamtenschaft noch vollständig vertreten waren. Michels verweist jedoch darauf, dass durch ständige heterogene Heiraten der Geburtsadel nicht mehr – wie er sich ausdrückt – den gleichen anthropologischen und moralischen Typus bilde. Der Graf Itzenplitz von 1913 sei nur noch zu einem Achtel der Graf Itzenplitz von 1820. Der Adel existiere zwar noch in den gleichen Familien, aber die Mütter entstammten seit mehreren Generationen nicht der aristokratischen, sondern der demokratischen Gesellschaftssphäre. Der Adel sei nicht mehr eine ethnisch, sondern nur noch eine sozial differenzierte Klasse.

4. Die „great ladies" der Londoner und New Yorker Society: Dorothy Nevill, Adeline Cardigan, Francis Warwick, Mary Jeune, Caroline Astor

Die großen Damen der Berliner Gesellschaft standen nicht nur in ständigem Austausch mit Paris. Auch London blieb ein Orientierungspunkt für Sitten und Gebräuche der großen Welt. Mit dem Übergang zum 20. Jahrhundert machte sich zudem mehr und mehr der amerikanische Einfluss in Gestalt des vordrängenden Geldadels im Gesellschaftsleben bemerkbar.

In der spätviktorianischen und edwardianischen Zeit büßte der englische Adel seine Vormachtstellung in Wirtschaft und Politik ein und überließ den schwerreichen Repräsentanten des Kapitals in Industrie und Finanz das Feld, zu denen nicht wenige südafrikanische Millionäre und amerikanische Plutokraten gehörten. Bis 1914 verlor der Adel in sämtlichen gesellschaftlichen Einflussbereichen bis auf den Hof und die Diplomatie seine beherrschende Rolle. Für die gesellschaftliche Stellung der Frauen des Hochadels sollte diese Entwicklung nicht ohne Folgen bleiben. Die Londoner Society wurde mehr und mehr vom Geld regiert. Dies beeinflusste auch den Lebensstil der Oberschichten. Es war eine Zeit des exzessiven Konsums und exorbitanten Luxus, der hemmungslosen Vergnügungssucht und ostentativen Verschwendung. Gräfin Cardigan stellte resigniert fest: „Das Geld hat das Sagen. Herkunft und Erziehung bedeuten nichts mehr!"[610] Neureiche erhielten vermehrt Zutritt zum Hof. Während Mitte des Jahrhunderts neun von zehn bei Hofe eingeführte junge Frauen adliger Abstammung waren, war es fünfzig Jahre später nur noch jede zweite.[611]

Der Hof hatte aufgehört, ein Garant der Exklusivität zu sein. Der Prinz von Wales, seit 1901 König Edward VII., ebnete den Angehörigen der Plutokratie den

Weg in die Society. Nicht wenige Häuser des traditionsreichen englischen Adels
sahen sich aus ökonomischen Gründen zu Konzessionen gezwungen. Eheliche
Verbindungen zwischen Aristokratie und Finanzkapital waren kein Tabu mehr.
Hier erwies sich die alte Geburtselite zum Zwecke des Machterhalts als sehr
flexibel. „Durch eine Neuauffrischung des Adels und die Bereitschaft, Einkommen
zu akzeptieren, das nicht dem Grundbesitz entstammte, festigte sie ihre Position
als gesellschaftliche Elite und bewahrte sich viel von ihrer Herrschaft über das
Leben der Nation.“[612] Träger großer Namen heirateten amerikanische Millionen-
erbinnen[613] Mitglieder alter Adelshäuser zögerten nicht, Ehen mit Schauspielerinnen einzugehen und schlugen damit eine Brücke zur „demi-monde“.

Indem der Adel Bürgerlichen und Angehörigen des Theatermilieus den Zutritt
zur Society ermöglichte, verlor er die Definitionsmacht über die Regeln des guten
Tons. Neureiche bestimmten den Stil des Gesellschaftslebens. Die Society hörte
auf, eine große Familie zu sein. Waren es noch 1870 fünfhundert Familien, die
diesem Zirkel angehörten, so erhöhte sich ihre Zahl bis zum Vorabend des Ersten
Weltkriegs auf etwa viertausend.[614] Die gute Gesellschaft verlor an Exklusivität
und Kohärenz und splitterte sich in verschiedene Gruppierungen auf, die miteinander konkurrierten.

Tonangebend für das Highlife war der Marlborough House Set oder „smart
set“ um den Prinzen von Wales, der von Parvenüs dominiert wurde. Wie Repräsentantinnen der alten Society berichten, wurden Menschen von Geist in diesem
Kreise von Leuten, die Gewitztheit im Geldverdienen besaßen, kaum geschätzt.[615]
War es früher ein Zeichen von Taktlosigkeit, über Geld zu sprechen, so wurde es
nun zur Selbstverständlichkeit, sich über Aktien und Vorgänge an der Börse
auszutauschen. Lady Dorothy Nevill, eine führende Gesellschaftsdame, schreibt:
„Ein völlig neuer Typ des Reichen ist der erfolgreiche Spekulant, der plötzlich
durch eine glückliche Fügung in Häusern willkommen geheißen wird, in denen
man ihm früher kaum gestattet hätte, sich in der Gesindestube aufzuhalten.“[616]
Doch trotz des zunehmenden Gewichts der Plutokratie hatte sich der Charakter der Londoner High Society um 1900 nicht vollständig geändert. Das
Prestige des alten Landadels war ungebrochen. Es waren seine Stadthäuser im
Westend der Hauptstadt, in denen die großen Empfänge und Bälle stattfanden.
Auch die führenden Gastgeberinnen, die großen Damen der Gesellschaft, entstammten dem alteingesessenen Landadel. Um in ihrer Rolle anerkannt zu werden, benötigten sie Vorzüge wie Schönheit, Charme und geistige Beweglichkeit.
Insbesondere jene besondere Mischung aus Geist und Witz, die im Englischen
„wit“ genannt wird, war unerlässlich, um im Salon zu brillieren und die Gäste
zu unterhalten.

Wenn die Society keine Einheit mehr bildete, so war dies nicht zuletzt eine
Folge des lockeren Lebenswandels des Prinzen von Wales. Die traditionsbewuss-

ten Damen des Adels nahmen Anstoß an der Verletzung moralischer Standards und der Aufweichung herkömmlicher Anstandsregeln, während es auf der anderen Seite große Damen gab, die sich der Etikette entzogen und durch exzentrisches Verhalten und sexuelle Freizügigkeit von sich reden machten. Wie in Frankreich zeichnete sich auch in England ein Generationsgegensatz ab. Jüngere Frauen wie Diana Manners, die spätere Lady Cooper, und Nancy Cunard, Tochter des Gründers der Cunard-Line, bäumten sich gegen das tradierte Frauenbild in den Oberschichten auf. Dies zeigte sich schon in ihrem äußeren Erscheinungsbild. Sie benutzten ausgiebig kosmetische Mittel und begaben sich dadurch aus der Sicht der Angehörigen der älteren Generation in die Nähe von Schauspielerinnen und anderen Protagonistinnen der „demi-monde".[617]

Auch die wachsende Zahl amerikanischer Debütantinnen erregte Kritik, aber auch Neid und Missgunst bei den Damen des alten Adels. Diese hielten an strengen Etiketteregeln fest. Die mit dem Herzog von Marlborough verheiratete Consuelo Vanderbilt berichtet von der Tante ihres Mannes, der Marchioness of Lansdowne: „Ich entnahm ihren Gesprächen, dass eine englische Lady durch, wie mir scheint, stumpfsinnige Restriktionen eingeengt war. Es hieß, man dürfe nicht allein am Piccadilly oder in der Bond Street spazierengehen, noch im Hyde Park ohne Begleitung sitzen; man dürfe nicht in einer Droschke gesehen werden und nur in einem reservierten Abteil reisen." [618] Eine englische Lady musste sich wie die adlige Dame auf dem Kontinent genauestens in der Geschichte ihrer Familie und deren Verzweigungen auskennen. Von der neunzehnjährigen Herzogin von Marlborough wurde erwartet, dass sie sich mit dem Anstand einer großen Dame bewegte und alles Jugendliche von sich abstreifte.

DOROTHY NEVILL UND ADELINE CARDIGAN

Eine große Dame der älteren Generation war Lady Dorothy Nevill (1826–1913), eine Institution im Gesellschaftsleben Londons mit dem Nimbus eines Orakels.[619] In ihren Erinnerungen beklagt sie den Zerfall der guten Gesellschaft. Die alte englische Society sei ein exklusiver Gesellschaftskörper gewesen, dessen Mitglieder sich durch Rang, Intellekt oder Witz auszeichneten. Wer gut zu reden verstand, beherrschte den Salon und den Dinnertable. Eine Gesellschaftsdame musste ihre Fähigkeiten in diesem Rahmen unter Beweis stellen. Die Teilnehmer dieser der geistreichen Konversation ihren Platz einräumenden Gesellschaft waren „Ladies und Gentlemen im wahren Sinne des Wortes."[620] Dorothy Nevill formuliert einen Anspruch, den eine wirkliche Dame erfüllen musste, wenn sie den Ton angeben und ihren Gästen ein kultiviertes und raffiniertes Vergnügen ermöglichen wollte. Geld war in diesen Kreisen kein Thema. Das Geldverdienen überließ man einer anderen Klasse.[621]

Die große Dame von früher gehörte einem geschlossenen Zirkel an. Sie unterwarf sich einer despotischen Etikette. So schreibt Nevill: „Zum Beispiel hätte man es als ungehörig empfunden, wenn eine vornehme Dame ohne einen ihr folgenden Diener ausgehen würde (…). Die Benutzung einer Droschke kam für eine Lady nicht in Frage. Omnibusse waren ein absolutes Tabu, was heutzutage keineswegs mehr der Fall ist."[622] Die industriellen Umwälzungen hätten dazu geführt, dass ein Mob von reichen Plebejern in die Salons eindrang. „Seitdem hat eine nicht geringe Zahl dieses Mobs Titel erlangt und ist davon überzeugt, sie repräsentiere die alte Aristokratie Englands."[623] Nevill spricht den Neureichen nicht jegliche Verdienste ab. Sie erkennt an, dass sich viele von ihnen sozial und mäzenatisch hervortaten. Für eine Salondame alten Stils wie Lady Nevill ist vor allem der Verlust an Konversationskunst zu beklagen, eine Kunst, die voraussetzte, dass die Kreise, in denen sie gepflegt wurde, über viel Muße verfügten. In der exklusiven Gesellschaft von früher fanden brillante Köpfe Zutritt, selbst wenn sie nicht dem Adel entstammten. „Ein brillanter Plauderkünstler genoss bestimmte Vorrechte und wenn er sprach, waren andere zufrieden, ihm zuzuhören. Heute sprechen die Leute nicht mehr: sie schwatzen."[624]

Lady Nevill war zu ihrer Zeit eine vielbewunderte Salondame, deren Parties in Mayfair alle Berühmtheiten in London anzogen. Der „smart set" um den Prinzen von Wales war in ihren Augen dagegen wenig distinguiert. Das Wort „smart" – früher nur in der Dienerschaft gebräuchlich – sei ein Indiz für die Oberflächlichkeit dieses Kreises. Sie könne sich nicht vorstellen, schreibt sie, „was die großen Damen früherer Tage gedacht und gesagt haben würden, wenn ihnen jemand vorgestellt worden wäre und man ihnen auf eine Nachfrage hin geantwortet hätte: ‚Sie ist ziemlich smart!'"[625] Das Adjektiv „smart" sei geeignet, ein Küchenmädchen in seiner Sonntagskleidung zu beschreiben, aber nicht eine Lady oder einen Gentleman. Die Mitglieder des „smart set" seien durchaus harmlos in ihrer Art, sich die Zeit zu vertreiben. Sie fielen weniger durch Geist auf, als durch ihre Begabung, Geld anzuhäufen. Die sogenannte fashionable Gesellschaft der Gegenwart könne Kultur und Klugheit nichts abgewinnen, es sei denn beides sei mit reichlich Geld gepaart, lautet ihr nüchternes Resümee.

Lady Nevill verschloss nicht die Augen vor den Wandlungen, die in ihren Kreisen die Rolle der Frauen betrafen. Es habe zwar auch in der Vergangenheit bedeutende Gastgeberinnen und „grandes dames" gegeben, die Einfluss auf die gesellschaftlichen Belange nahmen, doch in der Gegenwart sei dieser Einfluss erheblich gewachsen. Das Selbstverständnis der Frau als schwaches und empfindliches Wesen, das die viktorianische Zeit prägte, sei einem neuen Selbstbewusstsein gewichen. Die Mode führt Nevill dabei als einen wichtigen Indikator an.[626]

Sie zwinge freilich eine junge Dame von hoher Geburt zu beträchtlichen Ausgaben, die sie im Unterschied zu den neureichen Frauen weniger leicht tätigen könne. Dem neuen modebewussten Frauentyp kann Lady Nevill nur wenig abgewinnen. Die moderne Kleidung sei zwar oft der Gesundheit zuträglicher als die Kostüme früherer Zeiten, die Sünde der Gegenwart liege aber in der Extravaganz. Typisch für das moderne Zeitalter sei der Kosmopolitismus. Es ist für Lady Nevill eine offene Frage, ob das Eindringen der Amerikaner in die englische Gesellschaft negativ zu bewerten ist. Ohne Zweifel sei jedoch in den letzten Jahrzehnten ein Niedergang der guten Sitten eingetreten.

Dorothy Nevill führt dies auf die Eile und Geschäftigkeit zurück, untrennbar von einer Zeit der Telefone und der Automobile. Mehr jedoch sei der plebejische Hintergrund derjenigen dafür verantwortlich zu machen, die ohne feste Traditionen aufgewachsen seien. „Aufwendige Kleidung und eine luxuriöse Umgebung können nicht vollkommen Gefühle auslöschen, die von einem Abkömmling der Slums herrühren."[627] Lady Nevill macht der alten Aristokratie und der von ihr repräsentierten Society den Vorwurf, sie habe in den Achtzigerjahren den Neureichen ohne Ansehen der Person Tür und Tor geöffnet. Man hätte mehr Vorsicht walten lassen müssen und nur jenen Zutritt zu den Salons des West End gewähren sollen, die über die nötigen gesellschaftlichen und habituellen Fähigkeiten verfügten, welche die alte regierende Klasse Englands auszeichneten. „Angelockt von der Vorstellung materiellen Nutzens verzichtete die ‚Society' auf jede Diskriminierung, mit dem Ergebnis, dass es sie heute im alten Sinne nicht mehr gibt, während die Eroberer so ziemlich freie Bahn haben und die alten englischen Familien vollständig in den Hintergrund drängen."[628]

Obgleich durch ihre Extravaganz am Hofe Queen Victorias in Ungnade gefallen und durch ihren Lebenswandel den auf Etikette bedachten Kreisen des Hochadels suspekt, teilte die der gleichen Generation wie Lady Nevill angehörende Gräfin Adeline Cardigan (1824–1915) deren Kritik an dem Eindringen der Neureichen in die gute Gesellschaft.[629] Die Zeit des Salons – so schreibt sie in ihren 1909 erschienenen Erinnerungen – sei vorbei. Die heutigen großen Empfänge und die dort anwesende gemischte Gesellschaft hätten nichts mehr mit dieser Institution zu tun. Die Rolle der Gastgeberin sei in einer Zeit, in der verschwenderische Ausgaben und fieberhafte Suche nach Vergnügungen das Gesellschaftsleben dominierten, nicht mehr gefragt. Gräfin Cardigan wendet sich dagegen, dass die Gesellschaft mehr und mehr in die Restaurants drängt, statt in ihren Privathäusern die Geselligkeit zu pflegen. So sehr der englische Hof unter Edward VII. auch glänze und zweifellos großzügiger und toleranter geworden sei, so habe er doch alle Exklusivität verloren. Der moralisch intransigenten verstorbenen Königin hält die Gräfin zugute, dass die Society intakt blieb. Die Prachtentfaltung unter ihrem Sohn Edward sei durch fragwürdige Allianzen mit dem Geldadel erkauft.

FRANCES WARWICK UND MARY JEUNE

Auch eine andere Society-Dame, Gräfin Frances („Daisy") Warwick (1861–1938), obgleich mehr als eine Generation jünger als Lady Nevill, sparte nicht mit Kritik an dem Auftauchen der Neureichen in der englischen Gesellschaft. Freilich war sie nicht von den heiligen Rechten ihres Standes überzeugt und für Veränderungen aufgeschlossen. So wie sie früher in der Welt der Mode und der glänzenden Parties zu Hause war, fand sie später in der Politik ihre Heimat. Sie wurde Sozialistin und schloss sich der Labour Party an.

In ihrer Jugend war Frances Maynard, die Lord Brooke, den späteren Earl of Warwick, ehelichte, eine von vielen Männern umschwärmte Schönheit. In den Achtzigerjahren wurde sie die Mätresse des Prinzen von Wales. Von den zwei führenden Gesellschaftskreisen, die im ausgehenden 19. Jahrhundert die Londoner Society beherrschten – dem ultrakonservativen, exklusiven Kreis um Queen Victoria und dem vergnügungssüchtigen Zirkel des Prinzen von Wales –, bevorzugte Gräfin Warwick den letzteren.[630] Die Mitglieder dieses von Lady Nevill beargwöhnten Marlborough House Set zeigten sich öffentlich im Hyde Park, wo die tägliche „Society Garden Party"[631] stattfand. Gräfin Warwick ist sich mit anderen Beobachtern darin einig, dass in diesem Kreis Intellektuelle und Literaten wie überhaupt geistige Schärfe und Witz kaum auf Anerkennung rechnen konnten. „Als Klasse schätzten wir Geistesschaffende nicht (…) Wir akzeptierten, dass Bilder gemalt, Bücher geschrieben und das Gesetz exekutiert werden sollten. Wir erkannten auch an, dass es eine gewisse Schicht von Leuten geben müsse, deren Arbeit darin bestand, solche Dinge zu tun. Doch wir sahen nicht ein, warum ihre Leistungen ihnen unsere Anerkennung einbringen sollte (…)."[632] Man war vergnügungssüchtig und extravagant und wollte nicht zum Nachdenken angeregt werden.[633]

In der Tradition der französischen Salonkultur stand eine andere Gesellschaftsdame, Lady Jeune, die spätere Lady St. Helier. Mary Jeune (1849–1931) empfing in ihrem Salon Intellektuelle, Künstler und Politiker, unabhängig von ihrer Klassenzugehörigkeit. Zu den prominenten Besuchern gehörten die Schriftsteller Thomas Hardy, Matthew Arnold, Robert Browning und Oscar Wilde wie auch die Schriftstellerin Mary Ward und die geistreiche Jennie Jerome Churchill. Mary Jeune war als Journalistin tätig und setzte sich sehr kritisch mit den plutokratischen Tendenzen in der Society auseinander. Der Ton in der guten Gesellschaft werde weiter von den Frauen bestimmt. Diese hätten sich soweit emanzipiert, dass sie im Unterschied zu ihren Müttern ein völlig freies, unkonventionelles Leben führten. Die erhöhten Lebenshaltungskosten hätten viele Töchter des Adels in die Mittelklassen einheiraten lassen. Geld sei nun der Schlüssel zum Erfolg in der smartesten Londoner Society geworden. „Wenn wir ein Gesellschaftsjournal aufblättern, in dem die eleganten Ereignisse der Woche verzeichnet sind, so enthält die Liste der exklusivsten und glänzendsten Veranstaltungen nicht die des englischen Hochadels, sondern solche einer Schar von Leuten – unter ihnen zahlreiche Ausländer – von denen man vor dreißig Jahren nichts außerhalb ihrer Provinzorte gehört hätte. In ihren Häusern drängen sich Prinzen und Prinzessinnen und die anerkannten Häupter der einst – und es ist noch nicht lange her – exklusivsten Gesellschaft Europas." [634]

Lady Jeune beklagt den moralischen und kulturellen Niedergang der englischen Society. Sie selbst gehörte zwar nicht zu den Kreisen um Queen Victoria, die sich jeglicher Öffnung der guten Gesellschaft verschlossen. Vielmehr trug sie durch ihren Salon zu einem Abbau der Standesschranken bei. Ihr entging freilich nicht die fortschreitende Kommerzialisierung des Highlife und die damit unvermeidlich verbundene Beeinträchtigung einer anspruchsvollen Konversationskultur.

Gräfin Warwick und Lady Jeune gehörten im Unterschied zu Lady Nevill zu einer Generation, in der auch Angehörige der adligen Oberschicht an der allgemeinen Emanzipationsbewegung der Frau teil hatten. Sie entfernten sich von dem herkömmlichen Familienideal und erlaubten sich Freiheiten, die für den gesetzteren Frauentyp der viktorianischen Zeit undenkbar waren. Dazu gehörte für die jüngeren von ihnen das Rauchen, die selbständige Benutzung moderner Fortbewegungsmittel und die aktive Ausübung des Sports.[635] Frauen des Adels sollten zwar mit der Zeit gehen, dabei jedoch nicht die Regeln des Anstands außer Acht lassen, mahnte die Zeitschrift „The Lady". In einer Ausgabe des Jahres 1893 heißt es: „Es ist für jeden gut, dass es Regeln gibt, durch die die Gesellschaft – heute ein so großer und komplizierter Mechanismus – zusammengehalten wird und die gewährleisten, dass sie so leicht und reibungslos funktioniert (...) Sie ändert sich sehr schnell und man muss mit ihr Schritt halten oder man fällt auf. Keine Dame möchte Aufmerksamkeit erregen oder ins Gerede kommen, oder sie ist keine Dame." [636]

Das Auseinanderdriften der Society in verschiedene Gruppierungen und die Auflockerung der Sitten trugen dazu bei, dass sich die Grenzen zur „demi-monde" verwischten. Diese wurde als ein zwielichtiges soziales Milieu wahrgenommen, „dass ohne Kontrolle durch die Etikette existierte."[637] Berühmte Schauspieler hatten zwar auch in der viktorianischen Zeit Zugang zu den höchsten Kreisen. Doch blieb dieses meist ein Verhältnis der Patronage. Nach der Hofetikette war es Schauspielern ebenso wenig wie Kaufleuten gestattet, bei Hofe zu erscheinen. In Einzelfällen erwies sich die Etikette jedoch als flexibel. Gegen Ende des Jahrhunderts hatte sich die Situation grundlegend gewandelt: „(…) Theaterleute wurden in die größer gewordene Gesellschaft kraft eigenen Rechts und in großer Zahl aufgenommen."[638] So sah man bei der Herzogin von Sutherland an Freitagen eine gemischte Gesellschaft aus Tänzern, Schriftstellern, Musikern und Tagesschönheiten, die in viktorianischen Tagen niemals zugelassen worden wäre. Allerdings wurde diese Gesellschaft von konservativen Kreisen gemieden.[639]

Gutaussehende Frauen, meist aus dem Umkreis des Prinzen von Wales, wurden als „professional beauties" berühmt, ein Ausdruck, der nicht auf Kurtisanen, sondern auf „women of fashion" gemünzt war, deren Fotos in den Geschäften auslagen. Einige von ihnen gehörten zur Nobility.[640] An der Spitze dieser Berühmtheiten stand die von den höchsten Kreisen der Aristokratie umworbene Lillie Langtry.[641] Sie entstammte einer Pfarrersfamilie und heiratete in den irischen Landadel ein. In London fand sie als viel bewunderte Schönheit Anschluss an die „fashionable world", wurde in die Society eingeführt und machte als Schauspielerin Karriere. Große Damen der Society übernahmen ihren Stil, sich zu kleiden und zu schmücken. Sie wurde schließlich auch von Queen Victoria empfangen.[642]

Die Karriere Lillie Langtrys zeigt, dass ein Kreis von Frauen, der vormals als Halbwelt deklariert und streng gemieden wurde, Anschluss an die große Welt gefunden hatte. Frauen dieses Milieus führten wie in Frankreich das Leben großer Damen und wurden auch als solche von maßgeblichen Kreisen der alten Aristokratie goutiert.

CAROLINE ASTOR

In den Vereinigten Staaten gab es keine Geburtsaristokratie wie in Europa. Die amerikanische Verfassung sah eine adlige Titelvergabe nicht vor. Die Idee der Aristokratie war eine Metapher für eine elitäre Gruppe, die sich durch einen hohen sozialen Status, ein entsprechendes Prestige, gemeinsame Rituale und ein ausgeprägtes Zusammengehörigkeitsgefühl von anderen unterschied. In der Praxis galt auch in diesen Kreisen die Weitergabe des erworbenen Status durch Vererbung.[643] An der Ostküste des Landes hatte sich im letzten Drittel des 19. Jahrhunderts eine Geldelite etabliert, die ihre soziale Stellung durch einen luxuriösen Lebensstil zur Schau stellte. Ihr öffentliches Prestige verdankte sie der Berichterstattung in der Presse, die ihre Leser über das Privatleben der Superreichen informierte. Wie in Europa rivalisierten in den USA die alte „Aristokratie" und der neue Geldadel miteinander und beanspruchten die „Society" zu repräsentieren. Die alte „Aristokratie" wollte nicht mit jenen Neureichen verwechselt werden, über die in der Presse berichtet wurde.[644]

Tonangebend über lange Zeit war die Astor-Familie, zu der sich die Familie Vanderbilt gesellte. Die Periode am Ausgang des 19. Jahrhundert ist als „gilded age", als vergoldetes Zeitalter, in die amerikanische Sozialgeschichte eingegangen. Vertreter amerikanischen Reichtums fanden Zugang zur High Society in Europa, insbesondere in England und Frankreich. Dollarmillionärinnen waren begehrte Objekte auf dem Heiratsmarkt. Um von der alten einheimischen Geldelite anerkannt zu werden und bei ihresgleichen Prestige zu erlangen, war der Erwerb eines Adelstitels für Neureiche ein ersehntes Ziel. Für den Prinzen von Wales war es schwer verständlich, warum die unermesslich reichen Vanderbilts von der alten New Yorker Society erst akzeptiert wurden, nachdem ein Mitglied ihrer Familie in den englischen Adel eingeheiratet hatte.[645] Die Heirat der achtzehnjährigen Consuelo Vanderbilt mit dem 9. Herzog von Marlborough, die 1895 in New York stattfand, symbolisierte die Fusion von Geld und gesellschaftlicher Distinktion.[646] Die öffentliche Resonanz dieses Ereignisses dokumentiert den zunehmenden Einfluss der Presse auf die Imagebildung der sich neu etablierenden internationalen Society.

Auch in New York existierte eine Scheidelinie zwischen altem und neuem Geld. Das Etikett „The Four Hundred" bezeichnete die Reichsten der Reichen.[647] Es geht auf eine Erfindung des New Yorker Arbiter elegantiarum Ward McAllister zurück. Harry Graf Kessler, der 1892 Amerika bereiste und sich längere Zeit in New York aufhielt, schreibt: „Die Patrizier nahmen nicht Notiz und lächelten, wenn man Mac Allisters Liste erwähnte. Die Altreichen schmollten, aber kurz; dann fühlten sie sich ganz wohl im Rampenlicht, trotz der Parvenüs, die mit nach vorn kamen. Die Hauptsache war, das breite Publikum glaubte: ihm galten die ‚Vierhundert' fortan unbestritten als ‚die Gesellschaft', die ‚American Aristocracy', über deren Unternehmungen und Pläne, Reisen, Sportveranstaltungen und Feste, Heiraten, Scheidungen und Skandale es Tag für Tag durch seine Zeitungen unterrichtet sein wollte."[648] Die durch Luxus und Eleganz auftrumpfende Society ersetzte in der demokratischen Republik den Hof. Die Elite selbst betrachtete sich in ihrer Stellung als auserwählt, verdankte sie diese doch dem Erfolg im Geschäftsleben.

Kessler verkehrte in den besten Kreisen der Stadt und erhielt Anschauungsunterricht im Benehmen der Reichen und tonangebenden Damen der Gesellschaft. Diese waren auf Exklusivität bedacht und wahrten die Etikette. Ihre Reputation erreichten sie mithilfe der Presse. An der Spitze jener 400 Personen, die, ausgewiesen durch Reichtum, Vornehmheit und familiären Rang, die New Yorker Aristokratie bildeten, stand Caroline Schermerhorn Astor (1830–1908), die einer reichen Kaufmannsfamilie entstammte und 1853 den Multimillionär William Backhouse Astor jun. heiratete. Sie war die unbestrittene Gesellschaftskönigin, der Prototyp der amerikanischen „grande dame" und der Inbegriff des aristokratischen New York. Sie diktierte zusammen mit McAllister der Hautevolee die Regeln und empfing auf ihren Bällen in New York und Newport einen ausgewählten Personenkreis.[649]

Graf Kessler lernte Mrs. William Astor durch Vermittlung McAllisters kennen, der mit den „Gesellschaftsmatronen" zynisch und jovial redete „wie mit Kollegen in einem Aufsichtsrat."[650] Er stellte Kesser mit den Worten vor: „,Helloh, Count, ich will Sie mit Mrs. Astor bekannt machen. Mrs. Astor, ich wünsche, daß Sie Count Kessler kennenlernen! Nun, Mann, tanzen Sie mit ihr; ich sage Ihnen, das macht sich gesellschaftlich bezahlt.' (Und Mrs. Astor laut zuflüsternd) ,Mrs. Astor, he is a good dancer and a Count!'"[651]

Nicht das Amüsement stand in dieser Gesellschaft der Reichen und Schönen im Vordergrund, sondern das Vorwärtskommen. Die Society war eine glänzend aufgemachte Filiale der Wall-Street. In ihr gab es keine reichen Müßiggänger, die sich Zeit zur Verfeinerung ihres Genusses nahmen. Der Unterschied zu den Verkehrs- und Geselligkeitsformen der europäischen High Society, wo Zeit und Muße noch geschätzt wurden, war fundamental. Man könne sich – so Kessler – keinen größeren Gegensatz vorstellen als den zwischen der Atmosphäre in der damaligen New Yorker Gesellschaft und der in den gleichzeitigen Pariser Salons. Dort glänzten Frauen und Männer gleichermaßen. In New York standen die Frauen im Mittelpunkt, die Männer blieben in ihrem Schatten, da Galanterie und Konversationskunst unbekannt waren oder nicht beherrscht wurden. Was faszinierte, war der fabelhafte Luxus. Dem europäischen Besucher erschienen die amerikanische Society und die sie repräsentierenden Frauen denn auch als ein einziger Goldfischteich.

Mrs. Astor, schrieb die New York Times anlässlich ihres Todes am 30. Oktober 1908, sei „„während der letzten zwanzig Jahre die anerkannte Führungsfigur der Society [gewesen], die mit nahezu absoluter Macht im Guten wie im Bösen über das Schicksal derer gebot, die Unterstützung von ihr erhofften. Ihre Besucherliste war der Index der Auserwählten. Sie regierte mit starker Hand. '"[652] Die Gesellschaftskönigin gebot nicht nur über die Regeln des Benehmens, sie entschied auch darüber, wer zur Society zugelassen oder von ihr ausgeschlossen wurde. In den Augen ihres Beraters McAllister war sie „eine grande dame, die darauf wartete, als konstitutionelle Monarchin gekrönt zu werden."[653]

Selbst wenn Caroline Astor sich in ihrem Habitus und ihrem Auftreten mit den großen Damen der englischen und französischen Society messen konnte, so verfügte sie doch nicht über eine Institution, die in Europa das soziale Terrain dieses Frauentyps bildete: den Salon. Der amerikanische Soziologe C. Wright Mills schreibt: „Von seltenen Ausnahmen abgesehen, hat es in den Vereinigten Staaten niemals Frauen gegeben, die echte Salons führten, in dem Sinne, daß diese Salons – wie in Europa – künstlerische und geistige Zentren gewesen wären oder auch nur sein sollten. Die Empfangsräume der berühmtesten amerikanischen Gesellschaftsdamen wurden in der Regel eher von geistlosen und langweiligen Männern als von witzigen oder schwärmerischen Intellektuellen bevölkert."[654] Die großen Damen der amerikanischen Society veranstalteten Bälle und arrangierten vorteilhafte Ehen für ihre Töchter. Die Publizität, über die sie verfügten, sei – so Wright Mills – eher beschränkt gewesen. In den Jahren nach dem Ersten Weltkrieg, als die großen Massenkommunikationsmittel auf den Markt drängten, sei die kurze Zeit ihrer Herrschaft endgültig erloschen. Doch schon 1908, als Caroline Astor starb, war der Typus der großen Dame, wie sie ihn exemplarisch verkörperte, nicht mehr gefragt. Showstars und Mannequins begannen, die gesellschaftliche Bühne zu erobern und machten der „grande dame" alten Stils den Rang streitig.

In den USA war die in Europa immer wieder vorgebrachte Klage über den Niedergang der Society mit entsprechender zeitlicher Verschiebung ebenfalls zu hören. Cleveland Amory zitiert eine Gesellschaftsdame mit den Worten:

> Die Gesellschaft ist absolut nichts mehr – oder sie ist weniger als nichts, denn sie ist nur noch ein Schlagwort in den Zeitungen. Die einzigen Leute, die wissen, was das Wort bedeutet, gebrauchen es nicht, denn es bedeutet nichts mehr. In früherer Zeit war die Gesellschaft exklusiv und hatte ihre unvergleichlichen Vorzüge. Heute gehört jeder dazu oder niemand. Wie auch immer: Es macht keinen Unterschied, denn es ist heute alles eine Frage der ‚vergoldeten Verslumung', wie ich es nennen würde![655]

Für den mit einer feiner Witterung für Zeitumschwünge ausgestatteten Amerika-Besucher Graf Kessler kündigte sich bereits Ende des 19. Jahrhunderts in New York ein neues Zeitalter an, geprägt von Hast, Geschwindigkeit und Lebensgier. Mehr noch als Reichtum und Luxus charakterisiere dieses Gesellschaftsleben seine Intensität. Es sei darauf eingerichtet, die Nachtstunden zwischen zwei gehetzten Arbeitstagen restlos auszunutzen. Vielleicht gebe es zahlenmäßig nicht mehr Gesellschaften, Diners, Empfänge, Bälle als in der Season in London oder im Fasching in Berlin. Aber „das Gefühl, mit dem Frauen, Mädchen, Männer, Jungens sich abends in diese Vergnügungen stürzten, war ein anderes als in dem damals noch so behäbigen und seiner selbst sicheren Europa."[656] Das Jazz-Zeitalter kündigte sich an.

5. Die große Dame als Topos der deutschsprachigen Literatur und Publizistik

Der internationale Diskurs über das Schicksal der großen Dame fand im deutschen Sprachraum ein Echo. 1907 veröffentliche der österreichische Schriftsteller Richard von Schaukal „Leben und Meinungen des Herrn Andreas von Balthesser", ein Buch über Dandys, Literaten und Snobs. Der Autor sah sich in der Tradition Jules Barbey d'Aurevillys und Oscar Wildes und kleidete seine pointierten Bemerkungen in die Form von Aphorismen und Aperçus. Ein Kapitel des Werks ist der Dame gewidmet. Es schließt an die in Frankreich geführte Diskussion an. Die Dame sei eine „virtuelle Vollkommenheit". Dame könne man nicht werden, aber sie sei an keine Kaste gebunden, denn es komme hin und wieder vor, dass sich unter Schauspielerinnen Damen fänden.[657] Dennoch verkündet Schaukal: „Die ‚große' Dame ist vor allem Aristokratin. Zu ihrer ‚Größe' gehört nicht nur ein ‚großer' Titel, sondern auch der unsichtbare Kronreif der Geburt (…) Nicht die Stellung, nicht der Name, nicht der Reichtum, sondern alles zusammen erst ergibt die große Dame – und zwar dann, wenn sie in ihrer Persönlichkeit die Musik dazu hat."[658] Ergänzend heißt es: „Man wird ebensowenig eine große Dame, wie man ein Grandseigneur wird (…) und sicherlich, wenn eine große Dame ihr Geld einbüßt, ihre Besitzungen verkauft, ihre Juwelen verpfändet, ihre Pferde losschlägt, ihre Lakaien entläßt, ist sie entthront."[659]

Die Dame brauche eine gewisse materielle Grundlage, die es ihr erlaube, ihr Leben zu stilisieren. Das entscheidende Charakteristikum sei jedoch die Persönlichkeit. Die natürliche Anlage zur Dame sei von Geburt an gegeben. Schaukal ist der Auffassung, dass bei der Entwicklung dieser Anlage der Adel einen Vorteil gegenüber anderen Klassen besitze. Da die Dame sich nur in Gesellschaft entwickeln könne, hänge für ihre Existenz viel davon ab, ob die familiäre Umgebung, in der sie heranwachse, ihren Talenten und Anlagen förderlich sei. Eine privilegierte gesellschaftliche Stellung, ein großer Name und Reichtum erwiesen sich als Vorteil. Aber alles dieses reiche nicht, wenn das „gewisse Etwas", die Persönlichkeit, fehle.

Schaukal trägt in seinen Betrachtungen zur Dame den gesellschaftlichen Tendenzen der Epoche Rechnung. Zum Zeitpunkt der Entstehung des Buches bestand in Österreich zwar noch ein intaktes Adelsmilieu, doch war auch hier das Bild der großen Dame – das Beispiel Pauline von Metternichs weist darauf hin – im Wandel begriffen. Wenn Schaukal den Akzent auf die Persönlichkeit der Trägerin dieses Ehrentitels legt, so stimmt er mit dem oben erwähnten französischen Schriftsteller Arsène Houssaye überein, der ebenfalls das Talent und die persönlichen Anlagen für wichtiger hält als die vornehme Geburt.

Die Klassenungebundenheit der großen Dame betont auch Margarete von Suttner. 1913 erschien in der Zeitschrift „Elegante Welt" ihr Beitrag „Die Dame". Die
prägnante Definition lautet: „‚Eine Dame' ist ein weiblicher ‚gentleman'"[660] Ein
Gentleman sei wie die Lady gleich vornehm in Denkungsart, Benehmen und
Kleidung. Ein ausgesuchtes Kostüm von seltener Machart sei aber keineswegs
obligatorisch. So werde das Wort „Dame" oft fälschlich benutzt, um eine elegant
gekleidete Frau zu bezeichnen. „Eine Dame kann durchaus Dame sein, – sogar
‚Grande dame' – und modisch wertlose Kleider und Hüte und eine ebensolche
Frisur tragen, und sie kann Kleidungsstücke allerelegantester Qualität anziehen
und eine fleischgewordene Beleidigung des Typus Dame sein."[661] Ebensowenig
wie man Dame werde, weil man ein feines Kleid trage, habe das verbriefte Recht,
eine Krone zu tragen, Einfluss darauf. Man werde nur von innen nach außen
Dame, niemals aber auf dem umgekehrten Wege. „Die ethische Stufe, auf der
eine Frau steht, entscheidet in erster Linie darüber, ob sie eine Dame sein kann,
nicht die ästhetische – und nur dort, wo sich die beiden gleich hoch stehend,
die Waagschale halten, kann sich der Typus ‚Dame' zur Vollkommenheit ausbil-
den."[662]

Um die erforderliche ethische Stufe zu erreichen, brauche es eine gute Dosis
Verstand und Herzensgüte, wenn diese nicht in sehr sorgfältiger, den ganzen
Körper durchgestaltender Bildung Ersatz finde. Unter Ethik versteht Suttner ein
bestimmten Maximen und Normen verpflichtetes Verhalten. So könne zum
Beispiel eine Frau mit rohen Instinkten und geringer Intelligenz unmöglich eine
Dame sein. Sie müsse vielmehr ihre Instinkte und Leidenschaften kontrollieren.
Suttner steht mit diesen Bemerkungen in der Tradition der höfischen Ethik, die
über Jahrhunderte in zahlreichen Ratgebern des vornehmen Benehmens fixiert
worden ist. Der Gentleman und die Dame müssen sich wie der Hofmann beherrschen können. Ihr Benehmen darf dennoch nicht steif erscheinen, vielmehr ist
es geprägt von ungezwungener harmonischer Eleganz.

Wie der Soziologe Eric Mension-Rigau gezeigt hat, handelt es sich hier um
eine „mondäne Ethik", die auf strikter Beachtung sozialer Rangstufen beruht.[663]
So ist unnachsichtige Härte gegenüber Personen, die gegen diese Klassenethik
und ihre Regeln aufbegehren, mit den Maximen der Herzensgüte und Leutseligkeit durchaus vereinbar. Resümierend spricht Suttner von den „zahllosen Subti-
litäten"[664], die sich zu dem Begriff „Dame" zusammensetzen.

Die Konkurrenz, die der großen Dame alten Typs im Fin de siècle erwächst,
registriert auch Harry Graf Kessler. Wie kaum ein anderer war er mit den mondänen Zirkeln in den europäischen Hauptstädten vertraut. Über mehrere Jahrzehnte beobachtete er das gesellige Treiben der Oberschichten und hielt seine
Eindrücke sorgfältig in seinen Tagebüchern fest. Im Rückblick auf das letzte
Drittel des 19. Jahrhunderts schreibt er in seinen Erinnerungen „Gesichter und

Zeiten" über die Frauen seiner Kindheit: „Aus tausend Einzelheiten, die nur einer eigen waren, erwuchs die Eleganz der Frau dieser siebziger und achtziger Jahre, das, was sie, ob Große Dame oder Kokotte, in ihrem Bereich zur Königin machte und (…) deren ‚Charme', die aus vielen Kleinigkeiten sich herausdestillierende Quintessenz ihrer Weiblichkeit, durch seine Intimität völlig anders als die steife, protzige Hoffart der nachfolgenden wilhelminischen Jahrzehnte bis zum Krieg und die standardisierte Schönheit Amerikas auf Phantasie und Sinne wirkte."[665]

Zu den großen Damen, die Kessler in seinen Erinnerungen heraufbeschwört, gehören neben seiner Mutter Alice Kessler, Marie Schleinitz-Wolkenstein, Frau von Kékulé, eine berühmte Schönheit, und eine namentlich nicht genannte exzentrische Pariser Verwandlungskünstlerin. In diesem Milieu fand Kessler, dessen Vater, ein Bankier, frisch geadelt worden war, seine weiblichen Idealbilder. Sie tragen dem Umstand Rechnung, dass auch Kokotten, selbst wenn ihnen von Adelsseite die Anerkennung als „grande dame" versagt bleibt, in die höchste Kategorie weiblicher Eleganz aufsteigen können, wenn sie über die sich aus „tausend Einzelheiten" zusammensetzende Kultiviertheit und Raffinesse verfügen.

In der deutschsprachigen Literatur sind die große Dame adliger Herkunft und der standesherrliche Grandseigneur eher ein seltener Topos.[666] In Hugo von Hofmannsthals Komödie „Der Schwierige", ganz dem Wiener Adelsmilieu verhaftet, wird einer um Fassung ringenden Gräfin Antoine Hechingen von ihrem Ehemann attestiert, sie besitze die bizarre, fantasievolle Natur einer „grande dame" des achtzehnten Jahrhunderts, während ihre Gegenspielerin Gräfin Helene Altenwyl, die sich von Konventionen nicht beirren lässt und mehr charakterliche Größe besitzt, im Verhältnis zu dem Mann, den sie liebt, als emanzipierte moderne Frau erscheint, für die die Titulierung „grande dame" obsolet geworden ist.[667]

Eine von Spuren des Verfalls gezeichnete Welt des Adels offenbart sich im Werk des aus Kurland stammenden Dichters Eduard von Keyserling, den man einen „Fontane in Moll" genannt hat.[668] Von der Lebens- und Denkweise adliger Frauen und einem sich ankündigenden Generationskonflikt legt der Verfasser in seiner Erzählung „Fürstinnen" (1917) Zeugnis ab. Die Fürstin Adelheid von Neustatt-Birkenstein, die nach dem Tod ihres Mannes die Regierungsgeschäfte an dessen jüngeren Bruder abgibt und sich auf ein Landgut im Osten des Reiches zurückzieht, ist wie andere Frauen ihres Standes eine Dame von Welt, mochte sie ihr Leben auch abseits des Hofes in der Provinz zubringen. Sie war in höfischer Manier erzogen waren. „Als ich jung war", so berichtet sie, „stand ich mit dem Leben wie mit einer Gouvernante und später wie mit einer Oberhofmeisterin."[669] Auch auf dem Lande folgt das Leben der Fürstin den Vorschriften der Etikette. Die Ritualisierung des Tagesablaufs – die intensive Pflege der Geselligkeit mit Gutsnachbarn bei strikter Einhaltung der Regeln des guten Tons und die pflichtgemäße Wahrnehmung von herrschaftlichen und repräsentativen Aufgaben – verbindet sich bei ihr mit dem Bewusstsein, von alters her einer auserwählten Schicht anzugehören. Die Welt der großen Dame – das ist die Großfamilie des Adels, das sind die Orte, an denen sich diese privilegierte Schicht ein Stelldichein gibt: der Hof, das Landschloss und die vornehmen Bäder. Noch in der provinziellen Enge findet sich ein Echo dieser Welt. Keyserling erzählt von einer in Standesdenken erstarrten Kaste, die sich dadurch jeder Vitalität beraubt.

Indes erlaubt das Leben auf dem Lande eine gewisse Linderung des Zwangs. Angesprochen auf die Hofetikette und das durchorganisierte Leben der Menschen dieses Milieus antwortet Fürstin Adelheid: „Sehen sie (…) mir kamen diese Leute alle vor wie kostbare Dinge, die immer in einem Etui stecken. Ich war auch einmal solch ein Wesen, das nie aus einem Etui herauskam. Nun, jetzt bin ich aus dem Etui herausgenommen worden, das ist vielleicht unrecht, aber es tut wohl.“[670] Ihre Töchter, die Prinzessinnen von Neustatt-Birkenstein, bleiben gleichwohl dem gesellschaftlichen Zwang ausgesetzt. Sie werden standesgemäß verheiratet, um Titel und Besitz sicher zu stellen.[671] Ebenbürtigkeit, standesgemäße Lebensführung und Besitzstandswahrung waren die Hauptmotive adliger Heiratspolitik. Allein die jüngste träumt von einem erfüllten Leben und hegt den Wunsch, ihren eigenen Weg zu gehen.

Die Reaktion der Fürstin auf ein solches Anliegen verweist auf das Schicksal, das eine Dame von Welt erwartet. „Ihren eigenen Weg gehen? Wie kann eine Prinzessin ihren eigenen Weg gehen? Ihr Weg ist ihr vorgeschrieben, sie läuft wie auf Schienen, und kommt sie von denen ab, dann ist sie verloren.“[672] Die Vorstellung, dass junge Damen ihres Kreises sich entwickeln wollen, ist der Fürstin und ihren adligen Freundinnen fremd.

Eine Gegenwelt der Natürlichkeit und Spontaneität verkörpert das Mädchen Britta, die Tochter einer Frau des niederen Adels. Aus der Sicht der auf Etikette bedachten Damen höheren Ranges fehlt es ihr an Erziehung. Sie selbst weiß, dass sie keine Dame ist wie ihre Mutter. Wären sie in der Stadt geblieben, so würde sie vielleicht eine Weltdame geworden sein, doch das Leben auf dem Lande hat diesen Dressurakt unterbrochen. „Mama ist eine Dame von Welt; wenn sie in den Stall zu den Schweinen geht, sieht es aus, als machte sie eine Visite“.[673] Als Autorität in Fragen der Schicklichkeit tritt eine Schwägerin der Fürstin, Prinzessin Agnes, mit Kammerjungfer und Hofdame auf den Plan. Sie beklagt, dass keiner mehr die Lasten des Standes tragen wolle. „Heutzutage spricht eine jede von der Stimme ihres Herzens. Wir hatten auch Herzen, als wir jung waren, aber es war von ihnen nicht die Rede. Heute spricht eine jede von ihrem Herzen, als sei es ein Generalleutnant, dem gehorcht werden muß.“[674] Statt ihrem Herzen zu folgen, empfiehlt die Prinzessin, die erfahren hat, dass die Fürstin sich wiederverheiraten will, den Verzicht. Der jungen kränkelnden Prinzessin Marie rät sie, sich nicht Träumen hinzugeben, sondern sich der Wohltätigkeit zu widmen. Damit ist ein wichtiger Bezirk umschrieben, der der Dame von Welt für ihre Entfaltung gegeben ist, in dem sich religiöse Motive und traditionelle patriarchalische Verhaltensweisen vermischen. Freilich ist das Bild des Landadels, das Keyserling zeichnet, nicht ohne Weiteres mit dem des städtischen oder höfischen Adels gleichzusetzen. Eine Dame der höfischen Gesellschaft oder eine solche, die einen Salon führt, bewegt sich in einem Milieu, das einen anderen Wirkungskreis eröffnet. Dennoch bleibt auch sie, von wenigen Ausnahmen abgesehen, in den Konventionen ihres Standes befangen.

Die Dame von Welt oder die große Dame – so zeigt sich hier – ist ein adliges Erziehungs- und Züchtungsprodukt. Von Gouvernanten und Hauslehrern unterrichtet, bereitet sie sich auf die vorherbestimmte Rolle an der Seite ihres Mannes als Hüterin der Familie, Gutsherrin oder Repräsentantin des Hauses vor, eine Rolle, die keinen eigenen Weg vorsieht.[675] Ihr Handlungsspielraum erweitert sich, wenn sie einen Salon führt und sich damit einen neuen Horizont erschließt. Hier kann sie über die Standesrepräsentation hinaus ihre Persönlichkeit entfalten, eine Chance, die freilich immer an die strikte Beachtung der Etikette gebunden ist. Denn letztlich gilt es, das Ansehen der Familie und des Hauses zu wahren und die soziale Position des Adels in der Gesellschaft zu sichern.

Abb. 1   Bildnis der jungen Fürstin Marie Radziwill

Abb. 2   Bildnis der Fürstin Marie Radziwill (1890)

Abb. 3   Der „Salon des Petites Réunions" im Palais Radziwill in Berlin

Abb. 4   Der „Salon des Grandes Réunions" im Palais Radziwill in Berlin

Abb. 5   Gebäude Pariser Platz Nr. 3. Der Salon Marie Radziwills befand sich in der Beletage.
Im Erdgeschoss logierte die Casino Gesellschaft

Abb. 6
Freifrau [ab 1879 Gräfin] Marie
von Schleinitz. Gemälde von
Franz von Lenbach, 1873

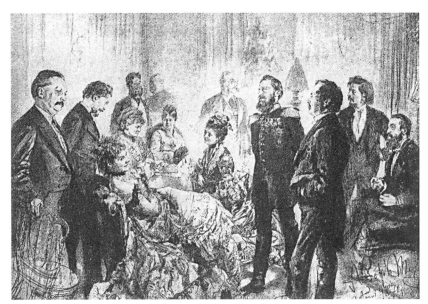

Abb.7   Abendgesellschaft bei Frau von Schleinitz. Zeichnung von Adolph von Menzel, 1875.
Zu den illustren Gästen der Hausherrin (dritte von links) zählen u. a. Kronprinzessin Victoria
und Kronprinz Friedrich Wilhelm (Bildmitte)

Abb. 8
Daisy Fürstin von Pless,
1897. Das Foto zeigt die
Fürstin als Königin von
Saba auf einem Devonshire-
House-Ball

Abb. 9   Musiksalon im Haus von Felicie und Carl Bernstein, um 1908

Abb. 10   Anna von Helmholtz, geb. von Mohl. Gemälde von Wilhelm Füssli, 1869

Abb. 11 Marie von Bunsen

Abb. 12   Mechtilde Fürstin Lichnowsky, 1921

Abb. 13   Helene von Nostitz, Ende der 30er Jahre

Abb. 14   Sabine Lepsius. Als Braut gemalt von Reinhold Lepsius

Abb. 15   Eduard Thöny, Berliner Eleganz beim Corso, 1910

Abb. 16 Matinee. Gemälde von Adolph von Menzel, 1884

Abb. 17
Fürstin Pauline von Metternich.
Gemälde von Franz Xaver Winter-
halter, 1860

Abb. 18
Gräfin Mélanie de Pourtalès.
Gemälde von Franz Xaver Winter-
halter, 1857

Abb. 19 Liane de Pougy. Schauspielerin und Kurtisane, um 1900

Abb. 20   Caroline Schermerhorn Astor. Gemälde von Emile Auguste Carolus-Duran, 1890

V. Marie Radziwill und die neue Generation der großen Damen

Die Veränderungen des Weiblichkeitsbildes, die sich im letzten Drittel des 19. Jahrhunderts in Frankreich und England, vor allem aber in den USA, vollzogen, konnten auch an einer Angehörigen des traditionsbewussten Hochadels wie Marie Radziwill nicht spurlos vorübergehen. Sie lebte zwar in Berlin, wo sie als Repräsentantin französischen Formbewusstseins wahrgenommen wurde. Doch die ständigen Aufenthalte in Paris und der Verkehr in den vornehmen Kreisen dieser Metropole des Luxus und der Mode konfrontierten sie mit den neuesten Trends in der Kunst weiblicher Selbstrepräsentation. Marie Radziwill kannte die meisten der hier beschriebenen „grandes dames", die in Paris als Königinnen der Eleganz gefeiert wurden. Allerdings stand sie nicht in direkter Konkurrenz mit den glänzenden Sternen der Society. Ihr Wirkungsfeld war nicht Paris, sondern Berlin. Hier musste sie sich als „grande dame" präsentieren, durch überlegene Lebensart und Kultur ihren Führungsanspruch unter Beweis stellen.

Als Angehörige einer der ältesten Familien des Faubourg Saint-Germain verkörperte Marie Radziwill den konservativen Typus der großen Dame, der auf die neuen Herausforderungen, sich auf dem Feld der Eleganz zu behaupten, eher mit strikter Ablehnung reagierte. Wie keine andere repräsentierte sie den Stil des Ancien Régime. Unter den adligen Frauen des wilhelminischen Deutschland galt sie als die Bannerträgerin der Tradition. Marie Radziwill war nicht dafür bekannt, dass sie eine neue Mode lancierte. Auch trat sie nicht als Förderin neuer Entwicklungen in der Kunst hervor. Jegliche Exzentrik lag ihr fern. Luxuriöse, aufwendige Bälle im Stil der Prinzessin von Sagan hat sie in Berlin nicht veranstaltet. Die Grenzüberschreitungen einer Pauline von Metternich waren gegen ihre Natur. Sie fühlte sich der Tradition verpflichtet und reagierte reserviert, wenn jüngere Frauen sich nicht konform verhielten, sondern allzu sehr mit dem Neuen kokettierten.

In ihrem Stilkonservatismus glich Fürstin Radziwill der von ihr bewunderten Kaiserin Augusta, unter deren Einfluss sie stand. Nicht nur Marie Radziwill, sondern auch andere aus Frankreich kommende Besucher des deutschen Kaiserhofs waren von der Vorliebe der Kaiserin für französische Traditionen angetan. Sie liebte den französischen Hof des 18. Jahrhunderts, die französischen Salons und die französische Sprache. Sie lebte, wie Jules Laforgue schrieb, in einer Traumwelt und hatte ihre Schwierigkeiten mit der Parvenügesellschaft des deutschen Kaiserhofs, an dem die Mittelmäßigkeit überwog. Für ihren französischen Vorleser verkörperte die Kaiserin vollendet den Begriff der großen Dame „wie diejenigen ihn schätzen, die in Gedanken in den Salons des großen Jahrhunderts und in denen des letzten leben."[676]

Laforgue sah in Augusta eine vom Spleen des Jahrhunderts angekränkelte „grande ennuyée" mit dem Raffinement des Artifiziellen, in dem sich das Extravagante mit Formstrenge paarte.[677] Marie Radziwill betrachtete die Kaiserin weitaus nüchterner. Doch mag ihr eigenes Verständnis von einer großen Dame sich teilweise mit dem Bild decken, das Laforgue von Augusta gezeichnet hat, wenn man von dem Hang zur Extravaganz absieht. Marie Radziwill besaß zwar Verständnis für derartiges Gebaren, aber offensichtlich nur, wenn es von männlichen Angehörigen ihrer Familie an den Tag gelegt wurde. So erklärt sich ihre besondere Zuneigung zu ihrem Neffen Boni de Castellane. Ihre Toleranz gegenüber den Allüren dieses Dandy-Aristokraten ist ein Indiz dafür, dass Marie Radziwills Konservatismus nicht so intransigent war, um nicht Abweichungen vom Verhaltensideal des „honnête homme" zuzulassen. Ihr engagiertes Eintreten für Boni im Scheidungskonflikt mit Anna Gould zeigt, dass sie sich gegen den Einfluss des amerikanischen Geldadels verwahrte und deren Repräsentantinnen verachtete.[678] Es ist zu bezweifeln, dass sie in der angeheirateten Gräfin Anna de Castellane eine „grande dame" erblickte. Hier trat ihr Adelsdünkel offen zutage. Boni de Castellanes Dandyallüren waren ebenso wie die des Prinzen Boson von Sagan in den Augen Marie Radziwills durch ihren herrischen Aristokratismus gerechtfertigt. Sie waren zwar Dandys, aber doch vor allem Aristokraten. Sie waren strikt monarchisch gesinnt und stolz auf die Geschichte ihres Hauses. Hier spielte auch die Familienloyalität eine Rolle, die Marie Radziwill Eskapaden der beiden – die Lust des Dandys zu gefallen, indem er missfällt – mit Nachsicht betrachten ließ. Exzentrisches Verhalten weiblicher Mitglieder ihrer Familie wurde von ihr dagegen scharf getadelt.

Im Kreis ihrer Familie erwuchs Marie Radziwill neben der Prinzessin von Sagan in ihrer Kusine und späteren Nichte Dolly de Castellane eine weitere Rivalin als „grande dame". Selbstverständlich wären noch andere Mitglieder des Familienclans zu nennen, die aufgrund ihrer sozialen Position auf diese Rolle Anspruch erheben konnten. Doch in der Pariser und Berliner Gesellschaft war es vor allem Dolly von Fürstenberg, die spätere Comtesse de Castellane, die die erforderlichen Qualitäten auf sich vereinigte. Bei ihr vollzog sich eine Wandlung des herkömmlichen adligen Frauenbildes. Sie war nicht wie Marie Radziwill eine strenge Hüterin althergebrachter Konventionen, sondern versuchte eine Balance zwischen

Konformismus und Originalität zu finden. Sie erfüllte damit das wesentliche Kriterium, das Balzac der modernen eleganten Frau, der „femme comme il faut", der Nachfolgerin der großen Dame seiner Zeit, als typische Eigenschaft zuschrieb.

1. Eine deutsch-französische „grande dame":
Dolly de Castellane

Dorothée („Dolly") de Talleyrand-Périgord war die Tochter von Napoléon-Louis de Talleyrand-Périgord, Herzog von Talleyrand, Valençay und Sagan und Pauline de Castellane. Geboren 1862, war sie 22 Jahre jünger als Marie Radziwill. Sie heiratete 1881 Fürst Carl Egon IV. von und zu Fürstenberg. Während der fünfzehnjährigen Dauer der Ehe lebte sie in Berlin und spielte eine hervorragende Rolle in der Hofgesellschaft. In ihrem Palais verkehrte Wilhelm I., der oft unerwartet des Nachmittags zum Tee bei ihr erschien. Bei allen Hoffestlichkeiten wurde sie besonders ausgezeichnet.[679] Wie Maria Małgorzata Potocka berichtet, wetteiferte ihr Haus mit dem Georg Radziwills und seiner Frau Maria Rosa. „Wenn die einen eine Fête gaben, so sagte man, mussten die anderen sie beim nächsten Mal übertrumpfen."[680] Und der Autor eines Buches über das vornehme Berlin des zweiten Kaiserreichs teilt mit, dass Dolly von Fürstenberg den Ton in der „jeunesse d'orée" angab: „Für die junge Welt sind der Erbprinz von Fürstenberg und seine Gemahlin eine große gesellschaftliche Ressource. Ihr Haus wird als das besteingerichtete Berlins geschildert, welches sie mit großer Liberalität, namentlich dem jüngeren Theile der Gesellschaft offen halten."[681]

Die Fürstenbergs residierten, wenn sie sich nicht gerade auf ihrem Schloss in Donaueschingen aufhielten, in der Wilhelmstraße 23. Adolf von Wilke, einer der Besucher des Hauses des Erbprinzen, der den Rang eines Rittmeisters bekleidete, erzählt von seinen Eindrücken: „Die Erbprinzessin ‚Dolly' war eine der reizendsten jungen Frauen des altwilhelminischen Hofes, klug, eine vorbildliche ‚grande dame' und doch vollkommen natürlich, frei von jeder Affektation."[682] Sie besaß nicht das, was man ein regelmäßig schönes Gesicht nennt, aber ihre lebhaften Augen, die vollen roten Lippen vermittelten einen Ausdruck von Lebensfreude. Dolly war musikalisch begabt und wurde von der berühmten Sopranistin Lilli Lehmann im Gesang unterrichtet.[683] Französischen Beobachtern fiel das Germanische ihrer Erscheinung auf. Sie wird als „Walküre" beschrieben, deren Schönheit von statuarischer Art sei.[684] „Sie war eine majestätische germanische Schönheit und hatte das herablassende Gehaben deutscher Fürstinnen beibehalten. Man nannte sie ‚Gräfin Jean', und nach einem Ausspruch von André Germain sah sie aus, ‚als wäre sie jeweils gerade von einem Besuch bei Wotan zurückgekommen.'"[685]

Im Unterschied zu ihrer Kusine Marie Radziwill beherrschte Dolly das Deutsche wie das Französische gleichermaßen perfekt. Obgleich in der großen Welt überall Französisch gesprochen wurde, hatte Fürstin Fürstenberg durch ihre Kenntnis der deutschen Sprache Zugang zur geistigen Kultur des Landes und konnte sich deshalb später, als sie in Frankreich lebte, als Vermittlerin zwischen den beiden Kulturen auszeichnen.

Zwei Jahre nach dem Tod Carl Egon von Fürstenbergs heiratete sie 1898 ihren Vetter, den Grafen Jean de Castellane. Sie stellte damit eine neue Verbindung zwischen den beiden Häusern Talleyrand-Périgord und Castellane her und stärkte den Kastengeist des Familienclans. Jean de Castellane war der Neffe Marie Radziwills. Dolly wurde somit die Nichte der Fürstin. Wilke schreibt über den Wechsel der Adligen nach Paris: „Der Berliner Hof, die Berliner Gesellschaft verloren viel, als das Portal des Hauses Wilhelm-Straße 23 sich nicht mehr gastlich öffnete und die deutsche Fürstin ‚Dolly' Fürstenberg eine ‚Comtesse Jean de Castellane' wurde. Wie ihr Vater mit dem Takt eines Grandseigneurs von Geblüt in Berlin nur der Vasall der Krone Preußens, der Herr des Lehensfürstentums Sagan sein wollte, so erfüllte sie pflichttreu die Obliegenheiten einer preußischen Offiziersfrau."[686]

Für ihre Stellung als Salonnière in der großen Welt versprach die Übersiedlung Dolly de Castellanes nach Paris einen Gewinn an Einfluss. Sie führte dort einen großen Salon in der Überzeugung, dass die „grandes dames" noch die Macht besäßen, die Geschicke der Staaten durch ihre Informationspolitik zu beeinflussen. In ihrem Stadtpalais verkehrten Politiker, Diplomaten, Gelehrte und Künstler und ausländische Besucher von Rang. Die Salonhistorikerin Laure Rièse schreibt: „Bei ihr verkehrte alle Welt, Adel, Genies und selbst ‚Schauspielerinnen hatten dort Ellenbogenfreiheit."[687] Ihr vorrangiges politisches Bemühen war es, eine Wiederannäherung zwischen Deutschland und Frankreich zu Wege zu bringen. Dem diente ihr guter Kontakt zum Kaiser. Bis zu Beginn des Ersten Weltkrieges traf sie Wilhelm II., wenn sie sich zu ihrem jährlichen Besuch in Berlin aufhielt. Ihren politischen Aktivitäten sollte jedoch kein Erfolg beschieden sein. Der Historiker Gustave Schlumberger schreibt: „Es gab einige sehr schöne, sehr gut besuchte Zusammenkünfte. Doch bald führten die Tagesereignisse, vor allem die Affäre Dreyfus, die in vollem Gange war, zu Reibereien, so dass der politische Salon der schönen Madame *Dolly* schnell zerfiel."[688]

Dennoch blieb ihr Ruf als eine der großen Damen von Paris unangetastet. Ihr Schwager Boni de Castellane, ein traditions- und herkunftsbewusster Lebemann, dessen Mutter, eine geborene Le Clerc de Juigné, ebenfalls einen Salon führte, machte Dolly das Kompliment: „Jemand gab über meine Mutter und meine Schwägerin, die Comtesse Jean de Castellane, folgendes Urteil ab: ‚Die Erstere sieht wie eine Herzogin aus und die zweite wie eine Großherzogin.'"[689] Castellane folgert daraus, es gebe offensichtlich einen Unterschied zwischen diesen beiden

Kategorien von Damen: die eine sei vollkommen Französin, die andere wirke mehr international. Seine Schwägerin war für ihn das Musterbeispiel einer Kosmopolitin. Darin unterschied sie sich wie Marie Radziwill signifikant von anderen adligen Damen in Deutschland und Frankreich, die nicht in gleichem Umfange auf internationale Verbindungen zählen konnten, sondern ihre nationale Verwurzelung nie aus dem Auge verloren.

Kritik wie in Deutschland an Marie Radziwill, als in ihren „Souvenirs" und den Briefen an General Robilant zu lesen war, wie sehr sie im Ersten Weltkrieg mit Frankreich gelitten hatte, hat es umgekehrt in Frankreich auch an Dolly de Castellane gegeben. Allerdings sollte sie der nationale Groll erst später treffen, als sich ihr Kosmopolitismus in einer fragwürdigen Haltung gegenüber dem Dritten Reich niederschlug.[690]

Ihre große Zeit hatte die Gräfin Castellane in der Belle Époque. Als „grande dame" und Salonschönheit wurde sie für andere Frauen, so zum Beispiel für die Gräfin Élisabeth Greffulhe, Prousts Herzogin von Guermantes, zur Konkurrentin um die Führungsrolle in der Pariser Gesellschaft.[691] Die „Comtesse Jean" war eines der Vorbilder für die Prinzessin von Guermantes in Prousts Romanwerk. Dessen Biograf Painter schreibt: „Die eifersüchtige Mme Greffulhe verwechselte sie mit Vorliebe mit ihrer weniger strahlenden Halbschwester; als Montesquiou sich einmal darüber beklagte, daß die Comtesse Jean auf einem seiner Feste gefehlt habe (…), da erkundigte sich Mme Greffulhe auf vernichtende Weise: *Welche Mme de Castellane?*"[692]

Eine Rivalität bestand aber auch zwischen Dolly de Castellane und Marie Radziwill, seitdem beide in der Berliner Hofgesellschaft verkehrten. Ein Streit entzündete sich anlässlich der Herausgabe des Nachlasses ihrer Großmutter, der Herzogin Dorothea von Sagan. Dolly publizierte 1908 die „Souvenirs", Marie folgte 1909–1910 mit der vierbändigen „Chronique de 1831 à 1862". Da Dolly das Originalmanuskript der „Souvenirs" eigenwillig bearbeitet hatte, reagierte Marie Radziwill mit Empörung. Sie warf ihr vor, sie wolle den Eindruck erwecken, sie besitze ein Monopol auf die Papiere ihrer Großmutter. Die Rivalität der beiden Gralshüterinnen der Tradition ihres Hauses wurde von Angehörigen der Familie Castellane gefürchtet. Da sie sich häufiger im Sommer auf Schloss Rochecotte aufhielten, galt es, ein Zusammentreffen der beiden großen Damen zu vermeiden. Die Gräfin Stanislas de Castellane schrieb an ihren Schwager Boni de Castellane: „Dolly kündigt an, daß sie in acht Tagen eintreffen wird. Deine Mutter sagt mir, daß Tante Radziwill, sich auf ihre alten Löwinnentatzen zurückziehend, ihren Elan nunmehr darauf konzentriert, diesen Herbst auf Rochecotte loszustürzen. Es würde das Zusammentreffen von Blitz und Donner unter demselben Dach sein. Ich flehe den Himmel an, uns vor dieser Katastrophe zu bewahren."[693]

Im Unterschied zu Marie Radziwill war Dolly de Castellane weniger exklusiv in der Auswahl der Gäste ihres Salons. Sie empfing auch Schauspielerinnen und schlug damit einen Bogen zur „demi-monde". Auf diese Weise trug sie dem Zeitgeist Rechnung und zollte dem Wandel Tribut, dem das Bild der „grande dame" unterworfen war. Die Gräfin Castellane gehörte einer Generation von Frauen an, die sich nicht darauf beschränken wollten, die alten Traditionen und Normen des Adels zu verteidigen und vor den Neuerungen des Alltagslebens ihre Augen nicht verschlossen.

2. Die „grande dame" als Junggesellin: Marie von Bunsen

Marie Freiin von Bunsen (1860–1941) stellt einen Sonderfall dar. Sie wurde in London als Tochter des liberalen Mitglieds des preußischen Abgeordnetenhauses und des Reichstags Georg von Bunsen geboren. Ihre Mutter war Engländerin und entstammte einer alten Quäkerfamilie. Ihr Großvater war der Diplomat und Gelehrte Christian Josias von Bunsen.[694] Sie wuchs in Berlin im Umkreis der „ungewöhnlich geschliffenen Kultur" (Bunsen) ihres Vaters auf, verbrachte aber viele Monate ihrer Kindheit in England. Sie wurde von Gouvernanten in klassischer Literatur, Geografie und Geschichte unterrichtet, besuchte in England eine höhere Töchterschule und das Queen's College. In ihrem Berliner Elternhaus lernte sie die wissenschaftlichen Größen der Stadt kennen. Im Kreis um die Kaiserin Friedrich trat sie in Kontakt mit der Pädagogin und Frauenrechtlerin Helene Lange. Da ihr in Preußen ein Studium nicht offenstand, absolvierte sie das Lehrerinnenexamen. Mit achtzehn Jahren wurde die junge Adlige in die Berliner Hofgesellschaft eingeführt und sammelte ihre ersten Erfahrungen in der großen Welt.

Marie von Bunsen blieb unverheiratet. Sie wurde Malerin und Schriftstellerin und verbrachte ihr Leben mit Reisen, Gesellschaften, Besuchen, Sport und Theater. In der Berliner Gesellschaft nahm sie eine Sonderstellung ein. Sie blieb nach jeder Richtung unabhängig und stellte für manche nach Selbständigkeit strebende Frau ihrer Gesellschaftsschicht ein Vorbild dar.[695] Allerdings beteiligte sie sich weder direkt an der Frauenbewegung noch an dem Kampf für das Frauenstimmrecht. Nach dem Ersten Weltkrieg engagierte sie sich in der Deutschen Demokratischen Partei, bekannte sich aber als Monarchistin. In ihrem Buch „Zeitgenossen die ich erlebte" schreibt sie nicht ohne Genugtuung: „Auf einigen kleinen Nebengebieten habe ich jedoch den Frauen wohl etwas genutzt. Ich war die erste, geraume Zeit über die einzige unverheiratete Dame, der, ohne ein Amt, noch eigentlichen Beruf, in der Berliner Welt die Stellung einer verheirateten Frau eingeräumt wurde."[696]

Marie von Bunsen war finanziell unabhängig und konnte sich deshalb ein ungebundenes Leben nach ihrem Geschmack leisten. Es war in ihrer Zeit ungewöhnlich, dass eine Frau allein die größten deutschen Flüsse entlang ruderte, um „dann vielleicht irgendwo ans Ufer [zu steigen], um als große Dame bei den Grafen Schaffgotsch oder auf anderen Herrensitzen als Gast weiterzuleben".[697] Lange Reisen führten sie nach Japan, China und Kambodscha. Von der Society wurde sie gleichsam als „weiblicher Junggeselle" akzeptiert.

Marie von Bunsen betrachtete sich als Norddeutsche, kaum jedoch als Preußin und schon gar nicht als Berlinerin. Das „Berliner Wesen" blieb ihr fremd. Dennoch lebte sie gern in der Stadt. Kein Ort in Deutschland konnte ihr gleich viel bieten. Ihre englischen und deutschen familiären Wurzeln führten bei ihr nicht zu einem inneren Zwiespalt. Sie habe, bekennt sie, die Doppelnationalität innerlich bekämpft. „Ich versuchte, ohne die mir durch England zuteil gewordenen Werte zu verlieren, die ruhige, feste Linie zweifelloser Volksgemeinschaft zu erringen."[698] Sie fühlte sich, ungeachtet ihrer kosmopolitischen Wurzeln, verpflichtet, sich für die deutsche Kultur einzusetzen. Darin war sie Marie von Schleinitz verwandt. Sie misstraute deutschen Schriftstellern, die alles Ausländische als das Interessantere und Anziehendere betonten. Sie dagegen habe immer „mit der Feder die selbstverständliche Gleichberechtigung der *Deutschen Kultur* hervorgehoben."[699] Marie von Bunsen wurde aufgrund ihrer englischen Bindungen zu einer engen Vertrauten der Kaiserin Friedrich. Sie sah in ihr eine tragische Figur. Die Kaiserin habe sich zwar mit Deutschland tief verbunden gefühlt, nicht aber mit Preußen. Zu sehr sei sie trotz ihrer hervorragenden Verstandeskräfte von ihrem Temperament und ihren Leidenschaften beherrscht worden.

Bunsen beklagte den Mangel an tonangebenden Frauen in der Berliner Gesellschaft. Selbst in der Welt der Finanz, der Kunst und Literatur und der Wissenschaft sei ihre Zahl dünn gesät. Auch der Typus der geistreichen Jüdin sei nahezu ausgestorben. Zu den Ausnahmen zählte sie Marie Radziwill, Marie von Schleinitz, Anna von Helmholtz und Gräfin Harrach. Nach dem Tod von Anna von Helmholtz im Jahr 1899 sei Helene von Harrach die vielleicht bedeutendste Frau der Berliner Welt. Für dieses Qualitätssiegel seien weniger Eigenschaften wie Schönheit, Eleganz und Vornehmheit, Zuvorkommenheit und Güte ausschlaggebend. Maßgebender für das Wesen einer bedeutenden Frau sei eine selbst erworbene Gedankenwelt und ein persönliches Urteil. Dieses bewunderte Marie von Bunsen an Gräfin Harrach. „Auf sie hätte Carlyle, der rauhe, aber tiefblickende Bauernsohn sein lobendes Wort über das ‚hohe Kunstwerk' einer Dame der Gesellschaft anwenden können."[700]

Um 1900 – Marie von Bunsen war inzwischen vierzig Jahre – entschloss sie sich, selbst „ein Haus zu machen". Ihr Domizil lag in der Königin-Augusta-Straße, in der Nähe des Tiergartens. Sie empfing in einer Gartenhauswohnung im ersten

Stock. Der Salontermin war kein „jour fixe", zu dem jeder einmal zugelassene Habitué spontan erscheinen konnte. Sie versammelte stattdessen um sich einen exklusiven, in seiner Zusammensetzung wechselnden, von ihr persönlich ausgewählten Kreis, der sich zum sonntäglichen Frühstück bei ihr einfand.

Ihr Konzept lautete: „Bei meinem mannigfach gearteten Verkehr erstrebte ich Mischungen verschiedener Kreise. Einige, meinte ich, sollten sich immer kennen, einige sich immer erst kennenlernen. Bequemer ist es, die gleiche Schicht zusammenzubitten, unvergleichlich lohnender ist es aber, neue Beziehungen zu vermitteln."[701] Da Marie von Bunsen nur eine kleine Runde bei sich empfing, mussten – wie einer ihrer Besucher, der Schriftsteller Oscar A. H. Schmitz, schreibt – „die Gäste gut kontrapunktiert werden. Jedes ihrer Sonntagsfrühstücke war in dieser Hinsicht ein Kunstwerk. Eine Exzellenz oder ein großer aristokratischer Name, der sich nicht mit einem hohlen Kopf oder einer trockenen Seele verband, gab der Veranstaltung Glanz, darum gruppierten sich ein paar kleinere Kronen, sowie geistreiche Leute und die eine oder andere hübsche Frau."[702] Marie von Bunsen, die „die Kompositionslehre der Geselligkeit aus dem Grund verstand"[703], verbinde – so Schmitz – die Vorzüge einer englischen Lady mit denen einer deutschen Dame, der die geistigen Dinge mehr eine Herzenssache seien als einer „gesellschaftlichen Engländerin". Schmitz denkt hierbei vor allem an die Salondame, die als Vermittlerin in Erscheinung trat und nicht an die produktive Schriftstellerin. In seinem Urteil über den Salon stimmt Schmitz im Übrigen mit Sabine Lepsius überein, die der Auffassung war, dieser sei in Deutschland weniger eine mondäne als eine geistige Einrichtung.

Der Salon Marie von Bunsens war nicht auf Repräsentation und Prachtentfaltung angelegt, sondern ein anspruchsvoller Gesprächskreis, für den die Bewirtung eine Nebensächlichkeit darstellte. Die Gastgeberin war wohlhabend, aber nicht reich.

> Bei vernünftiger Einteilung langten meine Mittel, das, worauf es mir ankam: geschmackvoller Hausrat, Geselligkeit im eigenen Haus, Kleider, die mich auch in eleganten Kreisen nicht bedrückten, Reisen, Theater, die wichtigsten Bücher, gelegentliche Künstlerzeichnungen, Schmucksachen und echte Spitzen konnte ich mir leisten. Das Haushalten ist mir nie schwer gefallen, und wenn auch bescheiden, habe ich doch herrschaftlich gelebt. Köchin und Jungfer standen mir zur Verfügung, haben mich sorgfältigst bedient; nie habe ich mir einen Schuh zugeknöpft, einen Schleier umgebunden. (Erst in der Nachkriegszeit kam mir der Gedanke, daß ich eigentlich etwas verwöhnt gewesen sei.)[704]

Die Salondame Marie von Bunsen porträtiert Kurt von Reibnitz in seinem Buch „Die grosse Dame". Sie sei eine der wenigen Persönlichkeiten ihrer Zeit gewesen,

die über eine universelle Bildung verfügten. Reibnitz erkennt in ihr nicht nur
die feinsinnige Schriftstellerin und Aquarellistin, sondern „die Dame der großen
Welt, die seit über drei Jahrzehnten in Berlin einen kleinen, aber außerordentlich interessanten Salon macht (…).“[705] Dieser bestand auch nach dem Kriege
weiter, nur hatte er seinen Standort von der Kaiserin-Augusta-Straße in die Cor-
neliusstraße verlegt. Als Reibnitz von Marie von Bunsen im Frühjahr 1909 zum
Frühstück gebeten wurde, waren der Dichter Richard Voß mit Frau, Prinz und
Prinzessin Schönaich-Carolath und der Direktor der Nationalbank Stern mit
Frau anwesend. Die Hausherrin habe – so Reibnitz – das Gespräch meisterlich
beherrscht. Reibnitz zeigte sich von der Gestalt der Gastgeberin beeindruckt. „Sie
war damals achtundvierzig Jahre, eine große, herrliche Walkürenerscheinung mit
wundervollen blauen Augen, einer Fülle dunkelblonden Haares und einer Stimme, die bezauberte und bannte. Für eine Engländerin hätte sie niemand, für eine
Nordländerin jeder gehalten. Nordländisch war auch die Kühle ihres Wesens, die
menschliche Unnahbarkeit.“[706]

Aus der Schilderung von Reibnitz ergibt sich das Bild einer großen Dame
„sublimiertester Kultur“, die über ein hohes Maß an Disziplin und Selbstkontrolle
verfügte, sich souverän in höchsten Kreisen bewegte, aber auch den Mut besaß,
gegen den Strom zu schwimmen. Allerdings wusste Marie von Bunsen immer,
den guten Ton zu wahren. In ihren moralischen Vorstellungen, so gesteht sie in
ihren Erinnerungen, habe sie allerdings dazu lernen müssen. Dem Wunsch von
Frauen ihres Kreises, sich auszuleben und Liebschaften einzugehen, bringe sie
Verständnis entgegen, sofern Diskretion und Verantwortungsgefühl gewahrt
blieben. „Ist eine Dame wirklich eine Dame, so hält sie auf makellosen Ruf, auf
besten Ton, beste Haltung; kein Gerede darf ihren Namen, den Namen ihres
Gatten, ihrer Eltern trüben. Das ist ihr Ehrenstandpunkt. – Unrecht erschiene
es ihr, Anstoß zu erregen, ein fragwürdiges Beispiel zu geben, denn wo sie sicher
zu gehen vermag, könnten andere ausgleiten, ins Unglück geraten.“[707] Äußerlich
sei die wilhelminische Hofgesellschaft tugendhaft korrekt gewesen. Doch selbst
die gefürchtete Oberhofmeisterin Gräfin Brockdorf habe Kompromisse geschlossen, sofern nur der Schein gewahrt blieb.

Marie von Bunsen starb 1941. Kurz vor ihrem Tod erhielt sie zur Teestunde
Besuch von der Frauenrechtlerin und Herausgeberin der Zeitschrift „Die Frau“
Gertrud Bäumer. Diese schreibt in ihrem Nachruf auf die Freundin, der entscheidende Eindruck ihrer Persönlichkeit bleibe die Souveränität ihres Wesens. „Sie
war der unabhängigste Mensch, der mir begegnet ist – frei von allen Vorurteilen
und Befangenheiten, gleichgültig gegen jede bloße Konvention – gerade weil ihr
Wesen und ihr Lebensstil in höchstem Maße das hatten, was man Form nennen
kann.“[708] Dieses Formbewusstsein sei ganz und gar geistig bestimmt. Marie von
Bunsens gesellschaftliche Sicherheit – so Bäumer – war nur das Instrument, mit

dem sie eine tiefer begründete Überlegenheit leicht und anmutig handhabte.
Bäumer greift in ihrem Porträt der Schriftstellerin den Topos der großen Dame
auf, denn dieses Wort fiele dem Besucher ihrer kleinen geselligen Veranstaltungen
sofort ein. Doch „diese Konturen füllten sich mit dem Gehalt eines großen
Menschen, an dem nichts unecht, unlebendig und unfruchtbar war."[709] Das Wort
„große Dame", das im konventionellen Sinne eine Gesellschaftsdame bezeichnete,
bedurfte offenbar einer Präzisierung. Für Gertrud Bäumer handelt es sich dabei
um eine Frau, die sich durch geistige Größe und Unabhängigkeit auszeichnet
und ihr Leben unter das Gebot der Selbstbildung stellt.

Zu den wichtigen Schriften Marie von Bunsens gehört das Buch „Die Frau
und die Geselligkeit" (1916).[710] Es hat die Form eines Breviers, in dem die Verfasserin für die Kultur des Salons wirbt, ohne ausdrücklich den Begriff „Salon" zu
verwenden. Wie Sabine Lepsius bevorzugt sie das Wort „Kreis". Im Mittelpunkt
dieser Art von Geselligkeit stehe immer eine Frau, hier habe sie ihren ureigensten
Wirkungskreis, hier übe sie Macht und unersetzlichen Einfluss aus. Die Salongeselligkeit sei kein Vorrecht der höheren Stände, sondern alle gebildeten Kreise
kämen in Betracht. Marie von Bunsen verkennt jedoch nicht den Vorteil einer
überlieferten Familienkultur. „Immerhin gab es früher auf diesem Gebiet unbe-
streitbare Vorrechte des Adels, und noch heute zeigen viele seiner Vertreter eine
besondere Vollendung, Sicherheit und Leichtigkeit im Verkehr. Noch gilt bis zu
einem gewissen Grad das Rousseau'sche Wort von jener ‚Feinheit des Taktes, die
man nur in der Erziehung der großen Welt erwirbt.'"[711]

Die „große Welt" sei in der Gegenwart kein homogener Kreis mehr. Sie decke
sich nicht mehr mit dem Gotha-Kalender. Auch seien die vornehmsten Kreise
nicht immer Vorbilder einer gehobenen Geselligkeit. Für Marie von Bunsen ist
die beste Gesellschaft im gebildeten Patriziat zu Hause. In ihm seien viele aristokratische Namen, auch solche neuester Prägung vertreten. Kulturträgerin bleibe
in jedem Fall die Oberschicht. „Nicht von alten Familien als solchen, aber von
den oberen Schichten, werden auch in der, manches verschiebenden Zukunft
einfachere Kreise gesellig beeinflußt werden. Irgend eine wegen ihrer guten Formen bekannte Frau Generalkonsul, Gräfin, Frau Professor oder Geheimerrätin
wird auch fernerhin – oft vollständig ahnungslos – intelligente, geschmackvolle
Kleinbürgerinnen im Ton beeinflussen."[712] Marie von Bunsen konnte zu dem
Zeitpunkt, als sie dies niederschrieb, nicht ahnen, dass das Kaiserreich wenige
Jahre später zerfiel und die Oberschichten sich neu formierten. Der Adressat ihrer
Schrift, das gebildete Patriziat, sollte von diesem Wandel nicht unberührt bleiben.

Bunsen wendet sich gegen den in Deutschland vorherrschenden Kastengeist.
Es sei die Aufgabe der Gastgeberin, diesen immer von neuem zu durchbrechen.
Eine gemischte Gesellschaft, eine wohltemperierte Geselligkeit sei das Ziel. So
könnten sich beim Geheimrat der ostelbische Agrarier und der Großindustrielle

zu beiderseitigem Nutzen begegnen. Bunsen zitiert die Herzogin Dorothea von Sagan, die Großmutter Marie Radziwills, die eine solche Mischung der Gäste in ihrem Salon bevorzugte: „Ich verlange nichts Besseres, ich vertrage mich trefflich mit sehr verschiedenen Menschenarten, solange sie nicht den gesunden Menschenverstand und den guten Geschmack beleidigen."[713]

Kulturgeschichtlich betrachtet, sei die Stellung der deutschen Frau weniger vorteilhaft als im übrigen zivilisierten Ausland. Die zivilisatorische Rückständigkeit habe dazu geführt, dass sich die gesellige Kultur weniger harmonisch und weniger reich entwickelte. Seit der Weimarer Zeit und der Frühromantik sei jedoch die kulturstiftende Rolle der Frau ins öffentliche Bewusstsein getreten. Einzelnen Frauen dieser Epoche spricht Marie von Bunsen Genialität zu, auch wenn sie nicht immer wirkliche Damen gewesen seien. „Oft waren es, wenn auch der Geburt nach, doch dem Wesen nach keine Damen. Genialität wird jedoch nicht immer die leisen aber wertvollen Eigenschaften der wirklichen Dame ersetzen. Als Ausnahme ist Genialität eine anfeuernde Kraft, – als Beispiel, als Typus verhängnisvoll, hingegen braucht man als Typus die Dame im besten Sinne des Wortes."[714] Wenn zum Beispiel Hedwig von Olfers auch weniger genial gewesen sei als Rahel Varnhagen oder Bettina von Arnim, in deren Häusern sie verkehrte, so sei sie doch harmonischer und könne deshalb eher als Vorbild dienen. Eine „Dame im besten Sinne des Wortes" war nach Auffassung Bunsens Anna von Helmholtz, das Musterbeispiel einer perfekten Gastgeberin. „Sie hatte eine umfassende, ganz persönliche Bildung, ein wundervolles Verständnis für alles Große und Schöne, und dazu gesellte sich eine ungewöhnliche menschliche Kenntnis, fein gegliederte Würdigung der Einzelwesen, eine kluge Hilfsbereitschaft, ein herzliches Wohlwollen."[715]

Wie wir sahen, stand Marie Radziwill in Konkurrenz mit anderen Damen der Gesellschaft, die ihr in Eleganz und Konversationskunst kaum nachstanden. Im Vergleich mit Anna von Helmholtz, Marie von Bunsen und Sabine Lepsius zeichnete sich Fürstin Radziwill weniger durch profunde geistige Bildung als durch eine verfeinerte Kultur aus, die ihr in der Berliner Gesellschaft und in einem „Ausländerei treibenden Deutschland" (Bunsen) einen besonderen Nimbus garantierte. Als Enkelin der Herzogin von Sagan, die vielen in den oberen Kreisen der deutschen Hauptstadt noch ein Begriff war, trat sie gleichsam in die Fußstapfen ihrer Großmutter. Sie profitierte von dem Ansehen, dass die Herzogin in der Hofgesellschaft genossen hatte und fügte diesem Kredit noch das erhebliche symbolische Kapitel hinzu, das ihr durch die Familie Radziwill zugeflossen war.

So sehr das französische Fluidum des Salons der Fürstin auch manchen der Gäste bezauberte, so hatte es doch den Hauch von Vergangenem. Es schien so, als sei die Zeit stehengeblieben. Marie Radziwill war kaum bereit, die Impulse der Gegenwart in der Mode, in Kunst und Literatur, in Philosophie und Wissenschaft aufzunehmen und zum Bestandteil der Konversation in ihrem Salon zu machen. Als „grande dame" schottete sie sich gegen den Zeitgeist ab und ergab sich damit ihrem Schicksal, von der gesellschaftlichen Bühne früher oder später abtreten zu müssen und von zeitgemäßeren Repräsentantinnen dieses Typs verdrängt zu werden. Vermutlich wäre sie auch als eine große Dame bewundert worden, hätte sie länger gelebt, doch der Erste Weltkrieg war eine Zäsur, der ihr die gewohnten Existenzbedingungen abschnitt. Eine große Dame konnte man nun nur noch sein, wenn man bereit war, sich zu verändern, mit der Zeit zu gehen, statt sich mit Verachtung gegen sie zu wenden.

Der Salon Radziwill hatte bis zum Tod der Fürstin 1915 Bestand. In ihren letzten Lebensjahren spürte sie, so lässt sich ihren Briefen entnehmen, dass der Typus der großen Dame, den sie verkörperte, zum Aussterben verdammt war. Mit dieser Wahrnehmung stand sie nicht allein. Im nächsten Kapitel soll untersucht werden, wie dieser Auflösungsprozess, der ebenso als Vorgang der Entstehung von etwas Neuem verstanden werden kann, von den Beteiligten wahrgenommen und bewältigt wurde.

VI. Der Niedergang des Salons und das „Aussterben" der großen Dame

In den Neunzigerjahren des 19. Jahrhunderts gab es in Berlin noch eine Reihe von Salons, deren Gastgeberinnen vor 1815 geboren waren und noch die geselligen Kreise des Biedermeier kennen gelernt hatten. Wilhelmy-Dollinger spricht in ihrem Buch über die Berliner Salons von den „Teerunden der großen alten Damen".[716] Dazu zählten zum Beispiel Hedwig von Olfers und Fanny Lewald. Der folgenden Generation von Salonnièren, von der bereits die Rede war, wurde um die Jahrhundertwende bewusst, „daß Pflichtgefühl, Takt und echte Vornehmheit im gesellschaftlichen, aber vor allem auch im politischen Leben auszusterben drohten."[717] Hierfür waren nicht zuletzt der protzige und eitle Stil und das steife Gebaren Kaiser Wilhelms II. verantwortlich zu machen, die auf die Atmosphäre bei Hofe abfärbten. Die Zahl der Salons verringerte sich indes nicht. Auffallend war eine immer ausgeprägtere Auffächerung der Berliner Gesellschaft, d. h. ihrer gehobenen Schichten, ein Phänomen, das zur gleichen Zeit – wie wir sahen – in Paris und London zu beobachten war. Die gebildeten künstlerischen und literarischen Kreise wurden immer unübersichtlicher. Durch die fortschreitende Emanzipation der Frau, die Berufstätigkeit von Salonnièren und dadurch bedingte veränderte Interessen, die Bildung von Vereinen und Klubs[718] und die sich in diesem Rahmen entwickelnde Geselligkeit stellte sich die Frage, ob der Salon und die ihn in besonderer Weise repräsentierende Figur der „grande dame" noch eine Zukunft hatte.

1. Die soziale Ungebundenheit der Dame

Eine Antwort auf diese Frage gibt Sabine Lepsius in ihrem bereits zitierten Aufsatz über das Aussterben des Salons. Nur vordergründig seien Zeitmangel, zu große Ausdehnung der Großstädte, Verkehrsschwierigkeiten und andere mechanische Veranlassungen für diesen Niedergang ausschlaggebend. Der Hauptgrund sei das tägliche Bemühen der führenden Schicht, „anstelle der Tradition, die sie verhöhnen, die Sensation setzen zu wollen."[719] Der Geselligkeit fehlten die traditionellen Sitten und der Stil, von den äußerlichsten Gewohnheiten bis zu den intimsten.

Die Stilunsicherheit zeige sich auch in der Gesprächstechnik, in dem Mangel an Sprachkultur. Aus dem Bemühen, originell und sensationell zu erscheinen, entstehe die Stilkonfusion. Der Salon drohe, sich in ein Restaurant zu verwandeln.[720]

Wenn Sabine Lepsius auch den mondänen Salon französischer Prägung nicht zum Muster des Salons in Deutschland erheben will, so möchte sie doch den „Weltton" nicht missen, der einen wahren Salon auszeichne. Damit ist eine Verbindung von Stilsicherheit und Gewandtheit im Umgang miteinander, von hoher Gesprächskunst und geistiger Kultur gemeint, wie sie in ihren Augen Anna von Helmholtz und Felicie Bernstein beispielhaft verkörperten.[721] Der ästhetische Sinn, der alle diese Elemente eint, sei verloren gegangen. Wenn Lepsius die Ersetzung des Sinns für die Tradition durch die Tagesaktualität und das sensationell Neue beklagt, so heißt das nicht, dass sie sich den modernen Strömungen in Kunst und Literatur verschließt. Ihre Kritik richtet sich vielmehr gegen die Verrohung der Sitten, gegen die mechanischen Zwänge des Alltagslebens, die die „Gemeinsamkeit geistiger Intensität" nicht mehr zulasse.

Ein entscheidender Grund für den Niedergang der Salonkultur sei jedoch der Mangel an Frauen, die im Salon ihre Berufung sehen würden. Frauen, deren geistige Produktivität sich früher im Gespräch erschöpfte, ergriffen einen Beruf, weil es nicht immer lohnend sei, den Umweg zur Idee über einen Menschen zu machen. „Sie ziehen es oft vor, sich der Idee ohne Vermittlung hinzugeben."[722] Die moderne Frau – gemeint ist die Frau der begüterten und gebildeten Oberschicht – begnüge sich nicht mehr damit, sich in den Dienst einer genialen männlichen Persönlichkeit zu stellen, sondern sie wolle selbst unmittelbar geistig produktiv sein.[723] Die Konsequenz sei freilich eine grundlegende Veränderung im Verhältnis zwischen den Geschlechtern. Galanterie und Koketterie blieben auf der Strecke. Der Kavalier gehöre der Vergangenheit an. „Die Galanterie des Mannes ist im großen und ganzen entartet (…) Darauf antwortet die vornehme Frau durch das Zurückhalten der sie und andere ursprünglich so beglückenden Eigenschaft natürlicher Koketterie."[724] Die Koketterie sei in der Gegenwart durch erotisch aufreizende Kleidung ins Äußerliche verkehrt worden und damit für die vornehme Frau zum Tabu geworden. Trotz der Vielzahl der Einwände schließt Sabine Lepsius eine Zukunft des Salons nicht ganz aus. Ihre Hoffnung gilt einem Typus Frau, welcher „vor allem außer dem Takte der Sinne den der Seele besitzt, der dazu gehört, Zentrum eines Kreises nicht im Sinne des Hervortretens, sondern des *Strahlenbrechungspunktes* zu sein."[725]

Sabine Lepsius schrieb diesen Aufsatz 1913. Der Erste Weltkrieg und der Zusammenbruch des deutschen Kaiserreichs sollten an einer traditionsgebundenen Institution wie dem Salon nicht spurlos vorüber gehen. Auf die Frage von Lepsius, ob der Salon und mit ihm die Dame, die in ihm ihre Berufung sieht, noch eine Zukunft habe, antwortete Paula von Reznicek mit ihrem 1928 erschienenen

Brevier „Auferstehung der Dame". Die politisch-gesellschaftlichen und technisch-zivilisatorischen Veränderungen, die sich in den Zwanzigerjahren Bahn brachen, hatten das Bild der Frau grundlegend verändert. Für Reznicek bedeutet dieser Wandel jedoch nicht, dass der Typus „Dame" seine Daseinsberechtigung verloren habe. Reznicek setzt auf den Widerstand von Frauen, die sich als Damen behaupten oder eine solche werden wollen. Dieser Frauentypus zeichne sich durch Selbstbeherrschung, Instinktsicherheit, Individualität und Vornehmheit aus. „Wenn die Welt von Ihnen sagt: ‚Eine vornehme Frau' – dann – sind Sie in der Tat: die auferstandene Dame unserer Tage!"[726] In Anspielung auf den Verlust aristokratischer Privilegien stellt Reznicek fest, eine wirkliche Dame sei nicht arm. Sie komme mit Wenigem aus. Sie habe immer ihren Kreis, der ihr beistehe, immer ihre Freunde, die ihr helfen.

Im Unterschied zu früher sei die Kokotte keine ernsthafte Rivalin der Dame mehr. Sie sei eine Vorkriegserscheinung. „Wenn sie aber, die ehernen Fesseln der Konvention durchbrechend, sich Geltung errungen hatte, konnte die ‚grande amoureuse' in ihrer Stellung in die Nähe des Mittelpunktes unserer Gesellschaft rücken – der ‚grande dame'. Beide haben im Krieg und nachher ihre Krisen durchgemacht, aber nur die Dame ist aus dem Niedergang wieder auferstiegen. Die Kurtisane aber hat das Schicksal zum Sterben verurteilt. Die Spezies verschwindet vom Tummelplatz der Sensationen (…)".[727]

Reznicek meint, dass der besondere Habitus der verführerisch erscheinenden Kokotte im Frauentypus der Gegenwart, der sich souverän aller Freiheiten äußerer Selbstdarstellung bediene, hinfällig geworden sei. Was die Dame früher von der Kokotte in Auftreten, Kleidung, Ton und Bewegungsfreiheit unterschied, sei verschwunden.

> Gibt es noch eine Grenze, die nicht berührt oder sogar überschritten wird, nicht ladylike wäre? Tages- und Nachtzeiten bieten kein Bollwerk mehr. Man trifft die Gattin des Industriellen ebenso wie die selbständige Tochter des Justizrats oder die junge Schauspielerin und Meisterin des Sports in den mondänen Nachtlokalen, mitunter nicht einmal nur in größerem Kreis am Arm ihres Gatten (…) Nur der erfahrene Routinier, die Spürnase der wirklichen Frau von Welt vermag Talmi von Echt zu unterscheiden (…) Die Bereiche gehen mitunter ineinander über – in Badeorten, Rennplätzen, in Weltstädten und Expreßzügen. Die stillschweigend legitimierte Illegitime hat mitgeholfen, der Konkurrenz der Kurtisane das Lebenslicht auszublasen (…) Fürstinnen können Fürstinnen sein oder nur scheinen, distinguierte Amateure sich als Professionells entpuppen – heute kann der (oft unverschuldete) Ruf des ‚Freidenkertums' eine Dame nicht mehr so ganz vernichten wie ehedem – zumindest wehrt man sich nicht ostentativ dagegen.[728]

Man lebe im Zeitalter des betont Körperlichen, der intensiven Sportpflege, der nivellierenden Entwicklung der Kleidermode und der erotischen Emanzipation der Frau. Angesichts der von ihr beschriebenen Einebnung der Unterschiede zwischen den verschiedenen Frauentypen besitzt Paula von Rezniceks These von der „Auferstehung der Dame" allerdings wenig Überzeugungskraft. Die vornehme Frau als Musterbeispiel der Dame bleibt in ihrer Darstellung in ihren Konturen unscharf. Wenn die Klassendifferenzen sich verwischen und die Verhaltensweisen in der großen Welt sich von denen der Boheme und Halbwelt kaum noch unterscheiden, verliert auch der Begriff der Vornehmheit seinen ursprünglich abgrenzenden Sinn. Die von Reznicek genannten Charakteristika der Dame – Selbstbeherrschung, Instinktsicherheit und Individualität – finden sich in der Nachkriegszeit nicht mehr nur bei Angehörigen der alten Oberschichten. Sie sind klassenunabhängig geworden.[729] Die Dame hat keinen festen sozialen Ort mehr. Exemplare dieses Typs sind nunmehr in allen Schichten der Gesellschaft anzutreffen.

2. Die Durchsetzung eines neuen Frauentyps

Im Folgenden sollen weitere zeittypische, uns heute mitunter kurios anmutende Stimmen zu Wort kommen, die über die Situation der Dame vor und nach dem Ersten Weltkrieg Auskunft geben. Der Schriftsteller und Lebemann Oscar A. H. Schmitz widmet sich in seinem erstmals 1910 erschienenen „Brevier für Weltleute" dem Thema der Ritterlichkeit. Ihr Gegenstand sei die Dame, „jener eigenartige Typus der europäischen Sitte, eine Mischung von Schutzbedürftigkeit und Herrlichkeit."[730] Wenn die Ritterlichkeit im Schwinden sei, so liege es daran, dass der Typus der Dame seltener werde. Die Frauenemanzipation habe zur Entstellung dieses Typus beigetragen. Man könne die Früchte der Emanzipation nicht ernten und gleichzeitig Ritterlichkeit einklagen, denn nur eine vollkommene Dame dürfe vollkommene Ritterlichkeit erwarten. „Wird der stillschweigende Vertrag, daß Männer und Frauen keine Wettbewerber sein sollen, im mindesten angezweifelt, so muß naturgemäß an Stelle der Galanterie das Kriegsgesetz des Daseinskampfes treten."[731] Galanterie gegen den Gegner sei Schwäche, Lächerlichkeit und Dummheit.

Schmitz beklagt, dass sich das Eigentümliche des Typus Dame in der Gegenwart auf den Feldern des Geistigen, Ethischen und Ästhetischen verwische. Eine Frau, die selbst beanspruche, auf dem Gebiet des logischen Denkens produktiv zu sein, handele gegen ihre weibliche Natur, denn weibliche Klugheit bestehe unabhängig von Lernen und Wissen. Einer unerbittlich logisch argumentierenden Frau gegenüber versage die männliche Ritterlichkeit. Auf moralischer Ebene stelle die Frau, die ihre Schamhaftigkeit und ihre Passivität im Werben um den Mann aufgebe, ebenfalls eine Entartung der Dame dar. Auf ästhetischem Gebiet sieht Schmitz in den Geschmacklosigkeiten einer auffallenden Kleidung eine Hürde für ritterliches Benehmen des Mannes. Die emanzipierte Frau wünsche, die Ritterlichkeit abzuschaffen und an ihre Stelle dieselbe Höflichkeit zu setzen, mit der der Mann dem Manne begegne. Doch diese bloße Höflichkeit ohne ritterlichen Schutz würde – so Schmitz – die Frauen der gleichen Härte aussetzen, wie sie im Umgang zwischen Männern nicht selten üblich sei.

Im Gefolge des Ersten Weltkriegs beobachtet Schmitz in der ganzen Welt eine zunehmende Uniformierung. Die neuen Moden hätten alle individuellen und Standesunterschiede verwischt. Wie Paula von Reznicek ist auch Schmitz der Ansicht, die früheren Unterscheidungsmerkmale genügten nicht mehr, um zu erkennen, ob man eine Dame, eine Kokotte, eine Angestellte, eine Gelehrte oder eine Künstlerin vor sich habe. Es scheine sich ein Einheitstyp herauszubilden, der von allen diesen Typen etwas besitze. „Viele Damen erwerben, haben studiert, wechseln die Liebhaber, wobei die äußeren Vorteile oft eine größere Rolle spielen, als Herz und Sinne, und alle haben dieselben Lebensgewohnheiten (…) Manchmal saß ich mitten in dieser Welt und stellte mit Erstaunen fest, daß es seit dem Kriege tatsächlich ein Europa gab und daß Amerika dazu gehört."[732]

Dass sich in Berlin wie auch andernorts die Grenzen zwischen der großen Welt und der sogenannten Halbwelt verwischten, war nicht nur ein Phänomen der Nachkriegszeit. Schon vor dem Krieg war den Gesellschaftschronisten nicht verborgen geblieben, dass sich ein neuer Frauentyp durchgesetzt hatte, in dem sich Züge früher scharf voneinander getrennter weiblicher Sozialcharaktere vermengten. Fedor von Zobeltitz hat diesen Typus im Westen der Reichshauptstadt ausgemacht. So registriert er im Juni 1914 eine Verschiebung der „großen Promenade" Berlins von den Linden zur Tauentzienstraße und dem Kurfürstendamm hin. Die dort flanierenden Damen ergeben für den Chronisten ein verwirrendes Bild:

Im Westen beginnt das große Flanieren so etwa um 5 Uhr nachmittags. Vor fünfzehn Jahren war das noch eine stille und sehr vornehme Gegend, in der stille und vornehme Leute wohnten. Heute hat hier der Leichtsinn Einzug gehalten. Goldfliegen und Schmetterlinge herrschen vor, und auch Nachtfalter gibt es zuhauf. Es ist natürlich sehr amüsant, aber Puritaner und Moralbeschwerte werden mit Recht die Nase rümpfen. Ernsthaftere Leute können auch ihre Studien machen: Sittenstudien natürlich. Das Tauentzien-Girl ist keine Romanerfindung: es existiert wirklich. Wenn man die halbwüchsigen Mädel Arm in Arm durch die Straße schlendern sieht, mit kecken Blicken die Vorübergehenden musternd, halb Göhre, halb Dirne, der Typus der Demi-Vierge, dann kann man schon an

unserer Erziehung der höheren Töchter ein wenig irre werden. Es ist in der Tat
nicht recht begreiflich, daß Eltern ihren Backfischen erlauben, sich schutzlos,
wenn auch nicht hilflos, unter das elegante Gesindel zu mischen, das dieser Promenade ihre charakteristische Färbung gibt. Zuweilen weiß man auch wirklich
nicht, ob bei dieser und jener Maid sich die Grenzlinien nicht schon bedenklich nähern, die Welt und Halbwelt trennen. Es liegt das an dem ganzen Sich-
geben der jungen Damen, an ihrem Gehaben, an Miene und Geste, auch an
der Toilette (…) Wenn Mädchen der sogenannten guten Gesellschaft das Bein
bei jeder Bewegung bis zum Knie zeigen, so gehört dazu immerhin ein befrem-
dender Mangel an Schamgefühl (…) die Damen im Schlitzrock und mit der
weitgehenden Dekolletage sind um Himmels willen keine Frauenzimmer aus
den Nachtlokalen, sondern gehören guten Familien an. Und gerade das ist das
Skandalöse…".[733]

Den Amerikanismus im täglichen Leben beklagt auch Marie von Bunsen, die in
der Nachkriegszeit ihren um die Jahrhundertwende gegründeten sonntäglichen
Salon beibehielt und bis zum ihrem Tod 1941 weiterführte.[734] 1928 schreibt sie,
selbstverständlich sei die deutsche Geselligkeit weder ausgestorben, noch stehe
ihr Ende bevor. Allerdings werde die „edelste, wertvollste und lohnendste Geselligkeit, jene, die geistig-künstlerische Mittelpunkte schafft, jene der Salons, um
ein umfassendes Wort zu gebrauchen (…), heute vergebens gesucht und schmerzlich vermisst."[735] Bunsen verweist auf die geselligen Kreise von Gräfin Schleinitz
und Anna von Helmholtz, die Geschichte geworden seien. Es gebe keine Häuser
mehr, deren Gastfreundschaft „im wahren Sinn Kulturwerte zusammenfaßt und
fördert."[736] Dies treffe nicht nur auf Berlin, sondern ebenso auf Paris, London
und Rom zu. Die Ursachen lägen durchsichtig zu tage: „Neben der Kriegs- und
Inflationskatastrophe, die Überhastung, der Amerikanismus unseres Daseins, das
unruhige Reise- und Abwechslungsbedürfnis, das Zunehmen der Gasthofgesel-
ligkeit, der Klubs, die Leidenschaft für allen Sport (…)."[737] Ein weiterer Grund
für den Niedergang der Geselligkeit seien die maßlos gestiegenen Ansprüche der
Bewirtung, Ausdruck der Eitelkeit und des falschen Ehrgeizes. „Möge die Eitelkeit nicht durch die gebotenen unerhörtesten Artischocken, sondern durch den
Ruf eines stets angeregten Tischgespräches befriedigt werden."[738] Die Symptome
eines Niedergangs der Salonkultur seien jedoch schon vor dem Ersten Weltkrieg
erkennbar gewesen. So sei es – schreibt sie in ihrem 1916 erschienenen Buch „Die
Frau und die Geselligkeit" – schon Ende des 19. Jahrhunderts nicht mehr üblich
gewesen, täglich abends zu empfangen. Dennoch, so hofft Marie von Bunsen,
würden verständnisvolle Frauen auch in Zukunft an die alte Salontradition an-
knüpfen und neue gesellige Formen entwickeln, die sie an die nächste Generation
weitergeben.

Die Klage über das Aussterben der Salonkultur und den Verlust von Kulturwerten bleibt in den Zwanzigerjahren nicht unwidersprochen. Nicht nur Paula von Reznicek glaubt an die Auferstehung der Dame. Auch der Journalist Peter Fries wendet sich gegen eine Auffassung, die die Existenz der Dame an eine gesellschaftliche Formation bindet, die höfisch geprägt ist und vom Adel dominiert wird. Er dehnt diesen Begriff auch auf Frauen des Wirtschaftsbürgertums aus, die einen Salon führen, eine vor dem Ersten Weltkrieg – so der Autor – unvorstellbare Grenzerweiterung. Fries spricht diesen Frauen, die in den Palästen der Großindustrie und der Banken regieren, die Qualität großer Damen zu. Sie beherrschten in ihren Salons meisterlich die fürstliche Kunst unverbindlicher Liebenswürdigkeit. Im Unterschied zur adligen Dame fehle den Frauen des Großbürgertums jedoch die Legitimität, „die ehedem selbst der kleinsten Prinzessin einen unnachahmlichen Glanz verlieh. Denn dieser Glanz stammte aus dem tausendjährigen Glauben der Völker, daß königliches Amt von Gottesgnaden wäre."[739] Offenbar war die Öffentlichkeit nicht mehr bereit, sich von diesem Glanz blenden zu lassen und jenes schon von Balzac wahrgenommene Vorurteil zu pflegen, eine Frau des Hochadels sei immer eine große Dame. Waren aus der Binnenperspektive des Adels bestimmte Eigenschaften erforderlich, um einer Frau ein solches Gütesiegel zuzuerkennen und gab es aus dieser Sicht klare Indikatoren, um zu ermessen, wer dazu gehörte und wer nicht, hatte sich nach dem Zerfall dieser gesellschaftlichen Formation das Bild gewandelt. Fries schreibt: „Seit die großen Damen der Gesellschaft nicht mehr wie einst durch den Hof in die vorderste Reihe der Beachtung geschoben werden, sucht das Volk andere Ideale und findet sie dort, wo der Dame von je der schärfste Wettbewerb erwuchs: im Theater, im Tanz, im Film."[740]

Die Dame alten Typs ist so gesehen längst nicht mehr stilbildend und in der Öffentlichkeit tonangebend. Ihre Stelle nehmen die Berühmtheiten des Show-Business ein. Sie machen der Dame der Society den Rang streitig. Sie treten in ihre Fußstapfen, denn die große Welt ist längst in ihre Einzelbestandteile zerfallen. Die moderne Frau der Gegenwart hat sich von ihrer Rolle im Schatten des Mannes emanzipiert. Sie ist berufstätig, nimmt in ihrem Erscheinungsbild selbst zuweilen maskuline Züge an und ist sportlich gestählt. Was die neue Frau kennzeichnet, ist – so Fries – die Tatkraft. Der Wille zu wirken, etwas zu leisten, verbinde die verschiedenen Verkörperungen dieses Frauentyps. „An diesem Ideal arbeiten alle mit. Die große Dame mit ihrer Weltklugheit und ihrem Sinn für Tradition. Die Künstlerin mit ihrem Temperament. Die Sportdame mit ihrem unbestechlichen Gefühl für Leistung. Die berufstätige Frau mit ihrer Gewissenhaftigkeit."[741] Die Trennlinien, die früher die große Dame deutlich von anderen Frauen unterschieden, sind durchlässig geworden. Fries hebt die positiven Seiten dieser Entwicklung hervor. Die kulturellen Kosten der Emanzipation, wie sie

Schmitz, Lepsius und Bunsen in Rechnung stellen, bleiben in seiner Bilanz jedoch unerwähnt.

3. Die Dame, die keine Dame sein will: Mechtilde Lichnowsky

War Marie von Bunsen als unverheiratete Frau und Schriftstellerin schon ein Sonderfall unter den Salonnièren der spätwilhelminischen Zeit, so steht Mechtilde Fürstin Lichnowsky beispielhaft für eine Frau des Adels, die nicht mehr bereit ist, die Rolle einer großen Dame zu spielen. Mit Recht bezeichnet Petra Wilhelmy-Dollinger sie als eine Schlüsselfigur für die Problematik des „Aussterbens" des Salons.

Mechtilde Lichnowsky (1879–1958), eine geborene Gräfin Arco-Zinneberg, kam auf Schloss Schönburg in Niederbayern zur Welt. Sie besuchte eine Klosterschule und verkehrte in ihrer Jugend in den gebildeten Kreisen der Münchener Gesellschaft. Dort lernte sie den späteren Psychiater Wilhelm Schenk Freiherr von Stauffenberg kennen, dem sie wesentliche geistige Anregungen verdankte. 1904 heiratete sie den Fürsten Karl Max von Lichnowsky und verbrachte viel Zeit auf dessen schlesischen Besitzungen. Auf Schloss Grätz in Österreich-Schlesien empfing sie 1910 Hugo von Hofmannsthal. In diese Zeit fällt auch die Freundschaft mit dem Philosophen Hermann Graf Keyserling. 1911 unternahm sie mit ihrem Mann eine Bildungsreise nach Ägypten. 1912–1914 begleitete sie ihn auf seinen Botschafterposten in London und führte dort ein großes Haus. Mechtilde Lichnowsky besaß eine starke künstlerische Begabung. Nach ihrem literarischen Debüt 1912/13 – ein frühes Werk war anonym als Privatdruck erschienen – und dem Ende des gesellschaftlichen Intermezzos in London widmete sie sich ganz dem Schreiben. Zu ihrem engsten Freundeskreis gehörten Karl Kraus und Annette Kolb. Sie veröffentlichte eine Vielzahl von Werken, die unter Literaturkennern hohe Wertschätzung genießen. Mäzenatisch trat sie als Förderin von Rainer Maria Rilke und Johannes R. Becher hervor. Nach dem Tod ihres Mannes 1928 lebte sie auf ihren Schlössern in Kuchelna und Grätz oder in Südfrankreich. Im Berliner Westen besaß sie ein 1908 erworbenes Haus in der Buchenstraße, zwischen Lützowplatz und Nollendorfplatz.[742] 1937 ging sie mit Major Ralph Harding Peto eine zweite Ehe ein. Die Zeit des Zweiten Weltkriegs verbrachte sie als englische Staatsbürgerin unter Hausarrest in Deutschland. Ihre Schriften wurden konfisziert. Nach dem Kriege lebte sie bis zu ihrem Tod 1958 in London.

Mechtilde Lichnowsky schien durch Herkunft und Ehe und ihre Rolle in der Hofgesellschaft geradezu prädestiniert, die große Salontradition von Marie Radziwill, Marie von Schleinitz und Maria von Bülow fortzusetzen. Ihr Berliner Haus stand Gästen aus Kunst, Literatur und Politik offen und auch auf ihren Schlössern

empfing sie ihre Freunde. Eine rechte Salongeselligkeit wollte jedoch nicht gedei-
hen. Die Hausherrin weigerte sich entschieden, die Rolle einer großen Dame und
Salonnière klassischen Stils zu übernehmen. Mechtilde Lichnowsky war modern
eingestellt und sah ihre Berufung in der Literatur und nicht in der gesellschaftlichen Repräsentation oder der Vermittlung traditioneller Kulturwerte. Sie war
leidenschaftlich an Kunst und Dichtung interessiert.

Die Sprache faszinierte sie und auf diesem Gebiet wollte sie produktiv sein.
In ihrem ersten Buch „Götter, Könige und Tiere in Ägypten" schreibt sie: „Ich
fühle mich so stark, daß ich Unmögliches leisten könnte. Ich könnte stundenlang
bewegungslos am gleichen Flecke in der Sonne stehen – ich könnte wie ein Pferd
einen Wagen ziehen, ich würde auf jeden Wink des Kutschers achten – ich spüre
in mir eine außergewöhnliche Fähigkeit, schwierige Probleme zu lösen."[743]

Die mit ihrer hohen Stellung verbundenen gesellschaftlichen Verpflichtungen
empfand sie dagegen als Belastung, da sie ihr bei der Entwicklung ihrer Persönlichkeit Fesseln auferlegten. In der Berliner Hofgesellschaft musste diese nach
Unabhängigkeit strebende Adlige bald anecken. Daisy von Pless erinnert sich:
„Bevor ich Berlin verließ, ging ich noch einmal zu Hofe. Fürstin Lichnowsky war
dort; sie ist schön, und ich habe sie gern, aber ich weiß, daß die Hofleute sie nicht
lieben. Sie finden sie wahrscheinlich ungezogen, weil sie fast zu natürlich ist; sie
kümmert sich nicht im mindesten um irgend jemand oder irgend etwas."[744] Ein
Beispiel für „ungezogenes" Verhalten ist eine Szene, von der Kurt von Reibnitz
berichtet. „Als Fürst und Fürstin Lichnowsky im Winter 1905 jung verheiratet
zum erstenmal im kleinen Kreise beim Kaiserpaar zu Tisch geladen waren, trennten sich nach dem Essen Damen und Herren. Die ersteren gruppierten sich um
die Kaiserin, die Oberhofmeisterin Gräfin Brockdorff und einige andere Damen
des preußischen Hochadels. Da sich aber die junge, sprühend lebhafte Fürstin
langweilte, wippte sie abwechselnd mit ihren Füßen, deren Fußspitzen sie eifrig
betrachtete. Entsetzen der Gräfin Brockdorff und aller Höflinge."[745]

Unkonventionelles Verhalten, Originalität und Exzentrik stellten in der Berliner Hofgesellschaft einen Verstoß gegen die Etikette dar und passten nicht zum
Bild einer großen Dame. Im gesellschaftlichen Leben der preußischen Metropole
sah Mechtilde Lichnowsky – wie Wilhelmy-Dollinger schreibt – nur erstarrte
Formen ohne Inhalt.[746] Das Verhalten auf höfischem Parkett, das den dort Auf-
tretenden ein hohes Maß an Selbstkontrolle und -verzicht abverlangte, empfand
sie als unecht und verlogen. Der Typus der „femme du monde" war mit ihrem
Wesen unverträglich, insbesondere die in Berlin vorherrschende, mit Steifheit
und übertriebener Förmlichkeit gepaarte Variante. „Ich kann Weltmenschen
nicht vertragen. Den Weltstandpunkt!!! Die Oberflächlichkeit, die Lüge, die
Posen! Diese Erfrischung, wenn man einmal zufällig mit einem Menschen …
zusammenkommt, wo alles *echt* ist; wo man nach seinem Herzen reden kann!"[747]

Als Karl Max Lichnowsky 1912 den Botschafterposten in London übernahm, lernte die Fürstin ein anderes, weniger von Konventionen eingeschnürtes gesell-schaftliches Umfeld kennen. Am 14. März 1913 teilt sie ihrer Schwester Helene mit: „„Ich glaube ich schrieb Dir schon, daß die hiesigen Menschen aller Kate-gorien nicht so steif und was ich provinziell nenne sind, als in Berlin. Acht Jahre war ich in Berlin und bin immer angedurchlaucht worden.'"[748] In London, in Carlton House Terrace, an der Seite ihres Mannes, bewies sie, dass sie es verstand, ein großes Haus zu machen. Die deutsche Botschaft war ein Ort, an dem sich nicht nur Politiker und Diplomaten, sondern auch Schriftsteller und Künstler ein Stelldichein gaben. Zu ihren Gästen zählten Carl Sternheim, Harry Graf Kessler, Hermann Graf Keyserling, George Bernard Shaw und Rabindranath Tagore. Kurt von Reibnitz berichtet: „Der große Name, der Reichtum und Lebens-stil des Fürstenpaares gefällt der englischen Gesellschaft (…) Schon nach der ersten season 1913 haben der Fürst, die Fürstin eine feste und gute Stellung."[749]

Allerdings hatte Fürstin Lichnowsky in ihrer Position als Frau und Repräsen-tantin des Botschafters viel mit den von ihr wenig geschätzten „Weltmenschen" zu tun. Die in diesen Kreisen übliche Art der Konversation konnte ihren Ansprü-chen an geistige Auseinandersetzung nicht genügen. Gleichwohl bewegte sie sich mit Geschick in der Londoner Society und lernte täglich neue Salonmenschen kennen.[750] Sie bewahrte aber eine innere Distanz und sah sich selbst weniger als „femme du monde", denn als „femme de lettres". In dieser Absetzbewegung zeigte sich das Unabhängigkeitsstreben der ihren eigenen Weg suchenden jungen Frau. Die Prägung durch Hofgesellschaft und Society und das Leben als Dame von Welt sollte sich für die Künstlerin Mechtilde Lichnowsky als ein schwer zu über-windendes Hindernis erweisen.

Nach dem Ersten Weltkrieg scharte sich in Berlin während der Wintersaison ein Kreis von Malern, Dichtern und Theaterleuten um sie, ohne dass daraus wie bei Marie von Bunsen eine elitäre Salongeselligkeit mit festen Terminen erwuchs.[751] Zu „Damen" wie Freiin von Bunsen wahrte Fürstin Lichnowsky Distanz. Wenn sie von Bunsens Salon spricht, ist nur von „Teeplaudereien" die Rede.[752]

Die Schriftstellerkollegin hatte es nicht als unziemlich empfunden, ihre Rezen-sion des Ägypten-Buches von Mechtilde Lichnowsky mit dem Titel „Fürstinnen auf Reisen" zu versehen. Lichnowsky schreibt dazu in dem Kapitel „Bunsenwahr-heiten" ihres 1924 erschienenen Buchs „Der Kampf mit dem Fachmann": „(…) der Titel war entweder eine unsachliche Konzession an ein Spießerpublikum oder eine unfreiwillige Snobeinstellung, wahrscheinlich aber doch das Ergebnis eines vielleicht aus künstlerischen Rücksichten eingenommenen Kammerzofenstand-punktes."[753] Anstoß nahm Lichnowsky auch an Bunsens Rezension ihres Romans „Geburt" (1921), die unter dem Titel „Das neue Buch der Fürstin Lichnowsky" erschien. Sie schreibt: „Streng genommen hat der Kritiker sich nicht um das

Zivilverhältnis des Autors zu kümmern; so hat die Angabe meines Autornamens ohne ‚Beschönigung‘ durch Titulaturen zu erfolgen.“[754]

Für Mechtilde Lichnowsky ergab sich das Problem, dass sie als schreibende Fürstin in dieser Rolle nicht ganz ernst genommen wurde. In manchen Rezensionen wurde sie als plaudernde Dame bezeichnet, als wäre beides, die Herkunft aus dem Hochadel und die professionelle Schriftstellerin, unvereinbar. Aus dieser bornierten Sicht konnte es eine große Dame, die es gelernt hatte zu repräsentieren und die Konversation in ihrem Salon zu lenken, in der Literatur nicht weiterbringen als zu einem Plauderton. Ihr Biograf Holger Fließbach bemerkt über die Reaktion auf die 1954 erschienene Neuauflage des Romans „Geburt“: „Die Rezensionen, die das Buch bekam, zeigten, daß die in Schwang gekommenen Rezeptionsclichés bereits so dominant geworden waren, daß eine auch nur unvoreingenommene, geschweige denn adäquate Lektüre des Buches nicht mehr möglich war. Der einmal etablierte Jargon der Kritiker reproduzierte nur immer dieselben Floskeln: man rühmte den Roman als ‚geistreich‘, ‚vielseitig‘, ‚echt fraulich‘, man konstatierte den ‚Plauderton (!!) einer Dame der großen Welt von 1910: eigenwillig und nicht selten skurril (!), doch voll Esprit‘.“[755] In einem Brief Lichnowkys an den Germanisten Max Stefl ist zu lesen, es sei wirklich langweilig „ewig für eine ‚plaudernde Dame‘ gehalten zu werden.“[756] Und sarkastisch formuliert sie an anderer Stelle: „Tatsächlich zöge ich es vor, einem wohlerzogenen Hund mehr zu gleichen als seiner selbst wohlerzogenen Herrin, falls sie unter der Rubrik DAME stehen sollte.“[757]

Die Tradition eines seigneuralen Dilettantismus, die es dem Adligen gestattete, sich auf verschiedenen künstlerischen Gebieten zu erproben, ohne jemals auf einem Gebiet Professionalität anzustreben, überlebte in nachadliger Zeit als ein gegen ihn gerichtetes Vorurteil. Die Entscheidung für eine professionelle künstlerische Tätigkeit wurde ihm nicht abgenommen, wenn er Namen bzw. Titel und aristokratischen Lebensstil beibehielt.

Mechtilde Lichnowsky war aber nicht nur eine Angehörige des Hochadels. Sie war eine Frau, die beanspruchte, in der männlichen Domäne der Literatur Fuß zu fassen. Was sie an dem Begriff „Dame“ störte, war, wie Holger Fließbach betont, „ein gewisser manipulierender Effekt, mit dem er die Aufmerksamkeit geschickt auf das lenkt, was für die weibliche Künstlerin oder Intellektuelle irrelevant ist: auf ihr Geschlecht.“[758] Zur Etikettierung als Dame passt, dass der Autorin attestiert wird, sie sei geistreich und witzig, originell und einfallsreich. „An dieser Stelle ist offensichtlich der Übergang zum Cliché des ‚Plauderns‘ möglich; die beiden Begriffsfelder überdecken sich teilweise.“[759]

Dass Literatur „notierte Plauderei“[760] sein kann, ohne an Wert zu verlieren, hatte allerdings schon Oscar Wilde bewiesen. Der in England überlieferte Sinn für höhere Konversationskunst verhinderte in diesem Fall eine Abqualifizierung des Autors, der freilich kein Adliger war, als „plaudernder Herr".

In Verbindung mit einer Dame wird die Qualität des Leichten und Spielerischen dagegen bei gewissen Rezensenten zum Indiz für Oberflächlichkeit. So war über Mechtilde Lichnowsky nichts häufiger zu lesen als die Floskel von der „plaudernden Dame". In der Tat geht es hier weniger um die soziale Zuschreibung als um den antifeministischen Gehalt des Begriffs „Dame".[761] Von Hofmannsthal, Rilke und Kraus, die in aristokratischen Kreisen verkehrten, wurde sie indes nicht nur als Gastgeberin und Gönnerin, sondern auch als Künstlerin geschätzt. Für sie blieb die Dichterin gleichwohl die „verehrte Fürstin" und große Dame, auf deren Schlössern sie es sich gut sein ließen. Mit zunehmendem Alter wurde Mechtilde Lichnowsky besonders häufig das Epitheton „grande dame" zuteil.[762] Die Verwendung des Begriffs war nun nicht mehr abwertend gemeint. Man verstand darunter „so etwas wie eine First Lady der deutschen Literatur".[763]

Mechtilde Lichnowsky vermied das Adelsprädikat auf den Titelblättern ihrer Bücher. Eine Distanz zu ihrer Herkunftsschicht und einer von dieser beanspruchten feudalen Lebensweise kam damit jedoch nicht zum Ausdruck.[764] Sie war keine Außenseiterin ihres Standes wie Franziska zu Reventlow, die mit ihrer Familie gebrochen hatte und in der Münchner Boheme „eine experimentierfreudige Künstlerexistenz" lebte.[765] Lichnowskys gesellschaftliche Beziehungen zu anderen Menschen, auch zu Künstlerkollegen, blieb zweifellos durch den Überlegenheitsstatus der Fürstin bestimmt.[766] Allerdings zögerte sie nicht, die traditionellen Geschlechterrollen infrage zu stellen. Ihre Freundin Annette Kolb verblüffte sie, in dem sie bei ihr als Mann verkleidet erschien.[767]

Mechtilde Lichnowsky weigerte sich, eine Salondame zu sein. In dieser Rolle hätte sie die Konversationskunst schätzen müssen, in der die Salonnière ihre Befähigung beweisen muss. Fürstin Lichnowsky hatte die Konversation in den höfischen und diplomatischen Kreisen, in denen sie verkehrte, jedoch als Verweigerung echter Kommunikation empfunden. Konversation, wie sie in diesem Milieu verstanden wurde, bedeutete glänzende, aber an der Oberfläche verbleibende Unterhaltungskunst. Die Kunst zu plaudern, also Wichtiges gleichsam spielerisch zu präsentieren und Unwichtigem ironisch Gewicht zu verleihen, die Vermeidung jeder Tiefe und pedantischen Gelehrsamkeit im Gespräch, konnte einer künstlerisch und intellektuell anspruchsvollen Person wie Fürstin Lichnowsky nicht genügen.[768]

Dass Höflichkeit, Artikuliertheit des Ausdrucks, Gewandtheit, Nonchalance, Witz und geistige Beweglichkeit bei dieser Art der Gesprächsführung von den Teilnehmern erwartet wurde und Langeweile um jeden Preis vermieden werden sollte, konnte den nach geistiger Vertiefung des Gesprächsinhalts verlangenden Gast nicht entschädigen.[769]

Mechtilde Lichnowsky empfand die Konversation, die am Berliner Hofe betrieben wurde, als steif und inhaltsleer. In London machte sie Bekanntschaft mit geistreichen Causeuren aus Politik und Diplomatie. Dennoch blieb ihr Verlangen nach intensiver geistiger Auseinandersetzung ungestillt. So kam es zu einer Abkehr von ihrem aristokratischen Milieu. Befriedigend und ihrer Entwicklung förderlich fand sie dagegen den Austausch mit geistigen Kapazitäten wie Karl Kraus und Hermann von Keyserling. Die Pflege der Salongeselligkeit hätte ihr zudem den Verzicht auf eigene geistige Produktivität abverlangt, zumindest aber eine Aufteilung der geistigen Energien bedeutet.

Marie von Bunsen hat versucht, beides – die Rolle der Salonnière und der produktiven Schriftstellerin – miteinander zu verbinden. Mechtilde Lichnowsky ging einen anderen Weg. Sie mochte zwar nicht auf die Lebensweise einer Frau des Hochadels verzichten, die auf Schlössern und Landgütern residierte und selbstverständlich alle noch vorhandenen Privilegien für sich in Anspruch nahm.[770] Doch emanzipierte sie sich vom kulturellen Konservatismus ihres Herkunftsmilieus. Sie suchte einen eigenen Weg sich auszudrücken und eine Literatur zu schreiben jenseits der geläufigen Etiketten. Politisch hielt sie Abstand zu deutschnationalen Wertvorstellungen, für die sich andere adlige Repräsentantinnen wie Marie von Bunsen und Helene von Nostitz empfänglich zeigten. Ihre Sensibilität für die Sprache ließ Mechtilde Lichnowsky die Rohheit der nationalsozialistischen Propaganda durchschauen. Bis zu ihrem Lebensende blieb die Fürstin eine große Dame, mochte sie selbst sich auch anders sehen. Die Definitionsmacht darüber besaß nicht sie, sondern die Öffentlichkeit. Und auch ihre Freunde wollten auf die „verehrte Fürstin" nicht verzichten.

4. Die Selbstbehauptung der großen Dame: Helene von Nostitz

Nach dem Ersten Weltkrieg ging die Zahl der Salonnièren deutlich zurück. Eine der wenigen Repräsentantinnen „alter" Salongeselligkeit in den Zwanzigerjahren war Helene von Nostitz (1878–1944), die im Unterschied zu Mechtilde Lichnowsky in sich alle Tugenden einer klassischen Salondame versammelte. Sie war die Tochter des preußischen Offiziers Conrad von Beneckendorff und von Hindenburg, eines Vetters des Feldmarschalls und späteren Reichspräsidenten Paul von Hindenburg. Ihre Mutter Sophie war die Tochter eines hannoveranischen Standesherrn, des Grafen und später in den Fürstenstand erhobenen Georg Münster von Derneburg und seiner russischen Frau Alexandrine, einer geborenen Fürstin Galitzin. Helene von Hindenburg wurde in Berlin geboren und – wie in ihren Kreisen üblich – von Gouvernanten erzogen. Sie bewies ein besonderes Talent für das Klavierspiel, das Zeichnen und Malen. Zu ihren prägenden Jugenderlebnis-

sen gehörten Besuche bei ihrem Großvater Graf Münster in Paris, als dieser dort
deutscher Botschafter war. Er hielt streng auf die Etikette und unterwies seine
Enkelin in den Gebräuchen der großen Welt.[771]

In ihrem Buch „Aus dem alten Europa" (1924) schildert sie Begegnungen mit
Personen aus dem Pariser Faubourg Saint-Germain, die jedem Proust-Leser bekannt
sind, wie der Gräfin Greffulhe, Boni de Castellane, Robert de Montesquiou und
der Prinzessin von Sagan, die sie an „das alte, eigentlich schon gestorbene Frankreich"[772] erinnerten. Sie besuchte den Kreis von Marie Gräfin Wolkenstein, die
damals in Paris lebte, wo ihr Mann österreichischer Geschäftsträger war. In Berlin war die junge Helene von Hindenburg Ende des 19. Jahrhunderts Zeugin
einer glanzvollen Salonkultur. Dagegen blieben ihr die erstarrten Formen der
Hofgesellschaft fremd. Ihr Sohn Oswalt von Nostitz schreibt: „Die Tochter aus
gutem Hause wurde damals nicht zur Frauenrechtlerin, änderte nicht ihre Lebensgewohnheiten, aber sie nahm immer stärker Anteil an dem Aufbegehren ihrer
Generation gegen den Konformismus einer alternden Epoche und war aufgeschlossen für Zukunftsträchtiges."[773] Helene war lebhaft und willensstark, von
großer Ursprünglichkeit und Unbekümmertheit, unternehmerisch und durch-
setzungsfähig.[774] Statt oberflächlicher Geselligkeit bevorzugte sie anregende Gespräche über die neuen künstlerischen und literarischen Bestrebungen. Zu ihren
Freunden zählten Harry Graf Kessler und Eberhard von Bodenhausen, die Begründer der Zeitschrift „Pan". 1904 heiratete sie den damaligen Legationssekretär der
sächsischen Gesandtschaft und späteren sächsischen Kultusminister Alfred von
Nostitz-Wallwitz, der zum Freundeskreis Kesslers gehörte. Die nächsten Jahre
verbrachte sie in Dresden, Weimar, Auerbach im Vogtland, Leipzig und Wien.
Nach dem Ersten Weltkrieg kehrte das Ehepaar nach Berlin zurück. Dort führte
Helene von Nostitz seit Mitte der Zwanzigerjahre in der Maaßenstraße zwischen
Lützowplatz und Nollendorfplatz einen Salon, den Reibnitz den „geistigsten Salon
der Reichshauptstadt" nennt.[775] Diese Geselligkeit fand später bis zu ihrem Tod
1944 in Zehlendorf in der Goethestraße ihre Fortsetzung. Auch dort versammelte
sich ein kosmopolitischer Kreis, ein Typ des Deutschen, der viel in der Welt
herumgekommen war.[776]

Helene Nostitz war mit einer Reihe bedeutender Künstler befreundet, denen
sie in ihrem Erinnerungsbuch ein Denkmal setzt. Zu ihnen gehörten Rodin,
Hofmannsthal, Rilke und Theodor Däubler. In ihrem Salon in der Maaßenstraße
entwickelte sich eine Geselligkeit mit vielen Gesichtern. Hier verkehrten zahlreiche Zelebritäten: Diplomaten, Schriftsteller und Journalisten unterschiedlicher
Couleur.[777] Dass mitunter sehr heftig diskutiert wurde, bezeugt Kessler: „Ich sagte,
als von der aushöhlenden Wirkung der Berliner Gesellschaft gesprochen wurde,
in Paris bewege man sich von Salon zu Salon, in Berlin komme ich mir immer
vor, als ob ich von einer Volksversammlung in die andere gehe."[778]

Harmonischer verliefen – wie Oswalt von Nostitz berichtet – die musikalischen Zusammenkünfte. Zu den Habitués des Hauses zählten der Dirigent Oscar Fried, der Cellist Enrico Mainardi und der junge Pianist Claudio Arrau. Die Beköstigung hielt sich in einem bescheidenen Rahmen.

Ein junger Freund, Richard Hertz, der durch Helene von Nostitz Zutritt zu mondänen Kreisen erhielt und später in den diplomatischen Dienst trat, übte Kritik an Helenes Stellung innerhalb der großen Welt. Den Hintergrund bildete die Erfahrung, die Hertz während seiner Anwesenheit in Wilhelmshagen nahe Berlin machte, wo Alfred von Nostitz eine sozial-karitative Einrichtung, die „Soziale Arbeitsgemeinschaft", leitete. Hertz warf Helene vor, sie sei trotz aller zur Schau getragenen Mildtätigkeit „Weltdame' geblieben und ‚kokettiere mit dem Elend'."[779] Die Angegriffene erwiderte auf diesen Vorwurf: „„Diese Frau ist mondän!' mit diesem Ausspruch ist sie aus dem Kreis der wirklich fühlenden Menschen verbannt … Sie gehört zu den seelisch Ausgestoßenen. ‚Mondän' stammt von ‚Monde', ‚Welt' und ist ein Begriff, der in allen Zeiten, die Stil hatten, mit Stolz betont wurde … Die selbstverständliche Élégance gewisser Epochen erstreckt sich auf alle Stände, und in diesem Sinne war auch der Schuster Hans Sachs mondän. Wenn man will, beruht die Kraft der größten weltlich-göttlichen Institution, der katholischen Kirche, auf dieser Mondänität."[780] Das Wort bezeichnet nach ihrem Verständnis die Freude an der Buntheit und Fülle des Lebens, zu der auch erlesene Kleidung gehöre. Dagegen wende sich der Philister, der jede leichte Geste als frivol abstemple. Wenn aber die Welt wieder zu einem Stil erwachen solle, dürfe die Bewegung, die sie als mondän bezeichne, nicht fehlen.

Der unveröffentlichte Text war eine Vorübung für ihr Erinnerungsbuch „Aus dem alten Europa", in dem sie den Stil, die Atmosphäre und die Mentalität der Gestalten einer versunkenen Epoche heraufbeschwört. Bemerkenswert an ihrer Einlassung gegenüber Richard Hertz ist die Ausdehnung des Begriffs des Mondänen auf alle Gesellschaftsschichten, obwohl die Kreise, in denen sie verkehrte, sich nahezu ausschließlich auf die „große Welt" und das gebildete Bürgertum beschränkten. Es war dies eine Welt des Adels und der sublimen Kunst, die sich im Salon ein Stelldichein gab, und das repräsentierte, was man mondäne Gesellschaft nannte. Kessler, Rilke und Hofmannsthal waren entweder selbst adliger Herkunft oder bevorzugten den Umgang mit der Welt des Adels, in der jene gediegene Atmosphäre herrschte, deren Verlust Helene von Nostitz mit Wehmut erfüllte.

In ihrem Buch spart sie nicht mit Worten, die das Kostbare, Unvergleichliche im Habitus dieser auserwählten Menschenschar hervorheben. Die Rede ist von der „Grazie des Grandseigneurs" Graf Münster, der „unnachahmlichen Grazie und Kultur" einer Gräfin Greffulhe. Wir begegnen den Windhunden des Grafen

Münster, die noch von denen Friedrichs des Großen abstammten, in denen „das Äußerste an Zucht und Rasse erreicht" sei. Wir erfahren etwas von dem Stil, der auch in großen Häusern zu versinken drohe. Exemplarisch – so Helene von Nostitz – sei dieses Stilgefühl bei den Franzosen ausgebildet. Es sei erfasst von einer Vollendung an innerer und äußerer Grazie und Sicherheit, die für sie Kultur bedeute. Was sie in ihrer Erwiderung an Richard Hertz zu Papier brachte, kleidete sie in ihrem Buch in die Worte: „Ist es doch eine der Erfüllungen unseres Daseins, daß wir im vollendeten Maße unseren ureigensten Ausdruck finden und so diese kurze Spanne im wahren Sinne des Wortes zu einem Kunstwerk gestalten, dessen Inhalt nicht immer Dichtung, Musik oder Malerei zu sein braucht; denn Kunst ist in ihrer umfassendsten Bedeutung Rhythmus, Vollendung, Kraft und Beherrschung jeglichen Stoffes."[781] So kann Helene von Nostitz über Gestalten wie den Oberzeremonienmeister Bodo von dem Knesebeck und Oberhofmeister Graf Götz von Seckendorff, die sie im Umkreis der Salonnière Helene Gräfin von Harrach kennenlernte, sagen, sie bekämen, retrospektiv betrachtet, ein „zeitgeschichtliches Gepräge in ihrer Abgeklärtheit, die die Dinge und die Welt nie nah berührte, sondern alles im Spiegel einer verfeinerten Kultur sah und die Tragik des Lebens oft in ein Zitat zusammenfaßte, das immer außerordentlich gewählt war."[782]

Bodo von dem Knesebeck war in Helenes Elternhaus in der Roonstraße oft zu Gast. Doch einen getreulichen Eindruck von seiner Persönlichkeit erhielte man – so die Verfasserin – erst in seinen eigenen Räumen. Hier verdichtete sich alles zu einer Atmosphäre erlesener Vornehmheit. Zwischen den Stühlen, den Büchern und Bildern spüre man „die kultivierte Feinsinnigkeit des Besitzers, mit diesem Etwas von ,grand monde' im ernstesten Sinne des Worts, das einen subtilen geistigen Duft verbreitete."[783]

Die Porträts von Zeitgenossen, die der Verfasserin nahestanden, sind stets in ein Dämmerlicht von Melancholie und Wehmut getaucht. Entscheidend für ihr Urteil, ob ein Leben gelungen ist, ist Stil. Mochte der Pariser Décadent und Dandy Robert de Montesquiou auch charakterlich fragwürdig, mochte er nicht ohne Rachsucht und Tücke sein. Er besaß doch immer Stil. Die Skizze dieses außergewöhnlichen Ästheten mündet in den Worten: „Ja, eine Wehmut kommt über mich, wenn ich an das Versinken dieser Gestalt denke. Es ist, als ob solch eine Erscheinung eine leichte anmutige Beweglichkeit auslöste, die nun nach seinem Fortgang aufhört, um uns zu sein. Diese Bonmots werden nicht mehr gesagt, diese komplizierten verschnörkelten Gesten werden nicht mehr ausgedacht; denn so wenige suchen ihr Leben, wenn nicht phantastisch und tief, so doch wenigstens graziös zu gestalten und es szenisch aufzuführen."[784]

Helene von Nostitz liebte das Erlesene, Feinnervige, Vornehme und Exklusive. Solche Dispositionen und Mentalitäten fand sie vornehmlich im Adel, aber auch unter feinsinnigen Bürgern. Sie nahm diese Welt als die wirkliche Welt wahr. Was sich außerhalb dieser Sphäre ereignete, entzog sich weitgehend ihrer Wahrnehmung. Es reichte nicht an sie heran. Es wäre nur zu sehr geeignet gewesen, das Gefühl des Aparten, Vergeistigten und Exquisiten zu zerstören. Es desavouierte ihre Kunst, den Alltag zu überhöhen und zu verklären.[785] Obwohl es den Anschein haben mochte, führte sie jedoch nicht eine in Watte verpackte Existenz. So erging sie sich nicht in einer Haltung der Trauer angesichts des Zusammenbruchs einer aristokratischen Gesellschaft, die die traditionellen Kulturwerte repräsentierte. Vielmehr bewahrte sie sich ein Vertrauen in die Gegenwart.[786]

Ihre hohe Kultur hinderte Helene von Nostitz indes nicht, sich in den Anfangsjahren des Dritten Reiches zum nationalsozialistischen Staat zu bekennen. Sie unterzeichnete im Oktober 1933 eine Loyalitätserklärung von 88 Schriftstellern an den Reichskanzler Adolf Hitler. In ihrem 1938 erschienenen Buch „Berlin. Erinnerung und Gegenwart" rühmt sie die architektonischen Leistungen des Dritten Reiches.[787] Oswalt von Nostitz betont dagegen in seiner Biografie, dass seine Mutter nie nationalistisch dachte. Sie habe ihr National- und Heimatgefühl nicht als Gegensatz zu ihrer Weltverbundenheit und ihrem Europäertum empfunden, sondern als dessen notwendige Ergänzung. Er räumt ein, dass sie der nationalsozialistischen Bewegung gegenüber zunächst aufgeschlossen war. Den „Tag von Potsdam", das Treuegelöbnis, das Hitler am 21. März 1933 für Hindenburg ablegte, kommentierte sie mit den Worten: „Alles was schlicht und gut ist in unserem Volke, fand seinen Ausdruck an diesem Tage.'"[788] Einschränkend fügte sie hinzu: „Diese Volksbewegung ist allerdings für die Dauer für kompliziertere Naturen mit wahrer Kultur nicht angebracht. Ich glaube indessen, daß wir unserem Volke diese Opfer bringen und uns um unsere wirkliche Welt im stillen Kämmerlein kümmern müssen, wo unsere Gedanken und Gebete diejenigen erreichen, die in Wahrheit zu uns gehören!'"[789]

Der NSDAP trat Helene von Nostitz nicht bei. Es gab Vorbehalte. Ihre Loyalitätsadresse an den Führer war so gesehen eine Konzession an die das Dritte Reich tragende Massenbewegung mit der Einschränkung, dass auf Dauer diese Herrschaftsform für Menschen mit wahrer Kultur nicht akzeptabel sei. In ihren Worten spiegelt sich die Haltung aristokratischer Überlegenheit und Überheblichkeit, die dem Volk das Seine zugesteht, aber zugleich Abstand zu wahren weiß. Die „wirkliche Welt", um die man sich im Privaten zu kümmern habe, die Welt des Guten und Schönen, bleibt jenseits der Welt des Alltäglichen angesiedelt.

Im Laufe der Dreißigerjahre wurde die Einstellung von Helene von Nostitz gegenüber den „Parteileuten" immer skeptischer. Spätestens in der Progromnacht im November 1938 erkannte sie – wie Oswalt von Nostitz schreibt –, dass sie einer

Illusion erlegen war.[790] Alfred von Nostitz hatte schon 1933 verbittert geäußert: „„Früher diktierten die Gebildeten den Ungebildeten, heute diktieren die Ungebildeten den Gebildeten'."[791]

Das Ehepaar hielt auch während der Nazi-Diktatur seine Salongeselligkeit aufrecht. Trotz finanzieller Bedrängnisse und den schwierigen Zeitumständen ließ sich Helene von Nostitz nicht davon abringen, ein „Haus zu machen" und einen geistigen Mittelpunkt mit internationalem Flair zu schaffen. Einer ihrer Besucher, der Historiker Johann Albrecht von Rantzau, der seine Erinnerungen unter dem Pseudonym Joachim von Dissow publizierte, erkennt diese Leistung um so mehr an, als sich in Deutschland bedeutende Persönlichkeiten nicht gern zu Gesellschaftszwecken verwenden ließen. Rantzau denkt dabei an Wissenschaftler, Gelehrte und große Künstler, die man nicht ernst nehme, wenn sie in mondänen Kreisen verkehrten. Deshalb sei dem Salon Nostitz auch nur ein mäßiger Erfolg beschieden. Rantzau bestätigt damit die besonders in Kreisen von Wissenschaftlern vorherrschende Meinung, Salongeselligkeit sei oberflächlich und an ihr teilzunehmen zieme einem geistigen Menschen nicht. Der berühmte Historiker Friedrich Meinecke – so Rantzau – „soll es seinem nächsten Fachkollegen sehr verdacht haben, daß dieser das eine oder andere Mal einer Einladung in das Haus Nostitz gefolgt ist."[792] Rantzau, selbst häufiger Gast der Hausherrin, hält diese Distanzierung freilich für übertrieben, denn immerhin hätten sich bei Nostitz außer manchen Schaumschlägern und Mitläufern des kulturellen Lebens auch angesehene Persönlichkeiten aus Literatur, Musik, Theater, Wirtschaft und Politik eingefunden. Auch sei der Gastgeberin keineswegs nur am Umgang mit Prominenten gelegen. Ihre geistige Vitalität habe sie vielmehr mit möglichst vielen Kreisen, Gruppen und Richtungen in Berlin Kontakt suchen lassen. Helene von Nostitz war demzufolge nicht nur eine auf Exklusivität bedachte „grande dame", sondern eine von geistiger Neugier, großzügiger Unbekümmertheit und „einem oft kindlich anmutenden Idealismus" (Rantzau) angetriebene Frau, die selbst den Kontakt zu Sozialdemokraten nicht scheute. „Mit Vorliebe ließ sie sich die Adressen von Schriftstellern und Künstlern geben, die dem Vernehmen nach in ärmlichen Umständen oder doch in bürgerlich spießigen Wohnungen lebten. Dort drang sie dann ein, um den geistigen Funken dieser Geistesschaffenden aufzudecken und ihn durch Zuführung von Luft aus der ‚großen Welt' zur Flamme aufzublasen."[793]

5. Eine Ehrenrettung der „grande dame"

Auch im Salon Sombart in der Humboldtstraße im Grunewald war Helene von Nostitz häufig zu Gast. Nicolaus Sombart, Sohn von Corina und Werner Sombart, dem bedeutenden Nationalökonomen und Soziologen, widmet Helene von Nostitz in seinen Erinnerungen „Jugend in Berlin 1933–1943" ein eigenes Kapitel. Es ist eine Huldigung an eine der „wenigen großen Damen der deutschen Gesellschaft, die in sich die Attribute hoher Abkunft und hoher Kultur vereinigte (…)".[794] Er habe – so schreibt der 1923 geborene Autor – in ihr einen Hauch von dem verspürt, „was man die ‚große Welt' nennt, die sie noch gekannt hat, vor dem Ersten Weltkrieg, zu der sie gehörte. Es gab diese Welt schon in meiner Jugend längst nicht mehr. Sie war versunken (…)."[795]

Sombart hat dem Typus der großen Dame am Beispiel von Helene von Nostitz eine eigene Abhandlung gewidmet. Dieser Typus sei nicht zu trennen von der spezifischen Kultur einer kleinen Personengruppe, als „selbstverständlicher, konstitutiver, verinnerlichter Bestandteil ihrer Lebenshaltung, ihres Lebensstils, ihres Lebensgefühls".[796] Man müsse vor aller Katalogisierung, Klassifizierung und Interpretation vor allem von den Personen sprechen, die diese Kultur repräsentierten. Durch die Darstellung des Lebens einer großen Dame – Sombart bezieht sich auf die Biografie von Oswalt von Nostitz über seine Mutter – werde eine Vorstellung davon vermittelt, „wie ‚Kultur' als Habitus, als Lebenspraxis, als Kommunikation von Menschen in einer gehobenen, exklusiven gesellschaftlichen Sphäre funktionierte."[797] Sombart verweist darauf, dass Helene von Nostitz mehr zur europäischen als zur deutschen Gesellschaft gehörte. Sie habe die provinzielle Enge des ostelbischen Adels hinter sich gelassen. Sie sei in Rom, Paris und London ebenso zu Hause gewesen wie in Weimar, Dresden oder Berlin. Sie beherrschte vier Sprachen in Wort und Schrift, wurde von Gouvernanten erzogen und war als junges Mädchen schon weit gereist. „Ja, sie war eine ‚große Dame'. Damit ist eine Position und Funktion bezeichnet. Eine ‚große Dame' ist selber ein Produkt der ‚Kultur', die sie tonangebend repräsentiert und organisiert: als Existenzform, als gesellschaftliche Instanz, als Zentrum eines Wirkungskreises, als Mittlerin von Menschen und Ideen setzt sie die gültigen Maßstäbe."[798] Sie sei der höchste Ausdruck weiblicher Macht. Man finde den Typus in England und Paris, wo er das gesellschaftliche Leben präge. In Deutschland sei er eine Seltenheit. In Preußen, nach Bismarck, eigentlich ausgestorben.

Helene von Nostitz schrieb ihre Bücher mit Spontaneität und Unbefangenheit in der besten Tradition eines „seigneuralen Dilettantismus" (Sombart). Ihre eigentliche Begabung aber sei das vertrauliche, intime Gespräch mit bedeutenden Männern wie Rodin, Kessler, Hofmannsthal und Rilke. „Alles Ausnahmemenschen, die wie sie zutiefst einem aristokratischen, europäischen Kulturideal verpflichtet waren."[799] Helene von Nostitz besaß – in den Worten Sombarts – Format. „Sie war nicht nur eine große Dame, sondern ein großer Charakter."[800] Sombart verschweigt in seiner Eloge allerdings, dass die von ihm verehrte Frau dem Führer treueste Gefolgschaft gelobte, und dass sie es noch in ihrem Berlin-Buch für

nötig hielt, Hitler und Göring Anerkennung zu zollen. Die anfängliche Gläubigkeit gegenüber den Zielsetzungen des Nationalsozialismus lässt das, was Sombart
über die Kulturstandards der großen Dame Helene von Nostitz zu berichten
weiß, in einem merkwürdigen Zwielicht erscheinen.

Bei der Erfassung des Typus der „grande dame" – darin ist Sombart beizu-
pflichten – geht es um die Rekonstruktion der gesellschaftlichen Sphäre, in der
eine bestimmte Kultur „die Grundbefindlichkeit, der konstitutive Code, das
Kommunikationsmedium einer *cultural community* war, die Lebenswelt einer
privilegierten Kategorie von Menschen, der *happy few*."[801] Ihre Inhalte, Formen
und Rituale, ihre Begriffe von Schönheit, Anmut und Eleganz, ihre Vorstellung
von der Größe und Würde des Menschen gehörten zu einer höfisch-aristokratischen
Lebenswelt, die „mit der gesellschaftlich-geschichtlichen Wirklichkeit der Epoche
nicht mehr in einem realen Zusammenhang stand, trotzdem aber noch einmal
eine späte Blüte erlebte, weil die Herren der neuen Wirklichkeit, die bürgerlichen
Klassen, keine eigenen Kulturstandards zu entwickeln vermochten, die sich mit
den alten hätten messen können".[802]

Diese Aussage gilt für die Zeit vor dem Ersten Weltkrieg, als Adel und Bürgertum mit einander rivalisierten. Mit dem Ende des wilhelminischen Kaiserreichs
war die höfisch-aristokratische Lebenswelt erloschen oder auf Reste zusammengeschmolzen. Die große Dame hatte ihr angestammtes Wirkungsfeld eingebüßt.
Das demokratische Umfeld der Weimarer Republik war kein fruchtbarer Boden
für eine elitäre Daseinsgestaltung.[803] Wie das Beispiel Helene von Nostitz zeigt,
verbürgten auch die höchsten Kulturstandards keine Immunität gegen völkische
Verlockungen. Es erwies sich, dass die Werte der großen Dame – Anmut, Eleganz,
Schlichtheit, Liebenswürdigkeit und Esprit – keinen Schutz gegen den Einbruch
des Barbarischen boten, wenn es die Wiederherstellung nationaler Größe verhieß.

In dem Verfasser von „Jugend in Berlin" lebt eine unstillbare Sehnsucht nach
der großen Welt. Darin fühlt er sich Proust verbunden. Doch in der Schilderung
der „grand monde" ist dieser illusionsloser als Sombart. Er zeigt die Barbarei
hinter der Fassade des schönen Lebens. Von der Kultur der aristokratischen Welt
ist zwar auch der Verfasser der „Recherche" eingenommen, doch entlarvt er
zugleich die geistige Beschränktheit ihrer Protagonisten, die Verflachung des
Schönheitssinns und des künstlerischen Geschmacks. Ihre hohe Kultur bewahrte
sie nicht vor einem militanten Antisemitismus, wie die Dreyfus-Affäre offenbarte.

Sombart erwähnt in seinen Jugenderinnerungen Ludwig Curtius, den Direktor des Deutschen Archäologischen Instituts in Rom, mit dem Helene von Nostitz befreundet war. In dessen unter dem Titel „Torso" veröffentlichten nachge-
lassenen Schriften findet sich ein Porträt der „grande dame" mit einer Notiz zu
ihrem Buch über das alte Europa. Curtius schreibt:

Wenn die heutige Jugend dieses Buch liest, so erscheint ihr dies alte Europa als verlorenes Paradies von lauter Glanz und Herrlichkeit. Dies war es aber nur zum Teil. Denn da ich vieles von dem, was Helene von Nostitz schildert, oder wenigstens viel Ähnliches erlebt habe, so sei jener Jugend doch gesagt, die Fälle, in denen das Erlebnis der geschilderten Feste, Empfänge und Begegnungen ganz rein war, blieben selten (…) Die alte europäische Aristokratie, deren erlesenen Typus etwa jener Fürst Münster darstellte, war schon vor dem ersten Weltkrieg in voller Auflösung begriffen, und viele Feste, wie sie die neue reiche Bourgeoisie unternahm, hatten bei allem äußeren Glanz das Kainsmal des künstlich Gewollten an sich. Wir alle, die wir damals jung waren, wußten, gleichgültig ob in Paris oder London oder München, daß das alles eigentlich vorbei war.[804]

Sombart zeigt sich von diesen Einwänden unbeeindruckt. Allen Schwächen und Fragwürdigkeiten, aller Scheinhaftigkeit zum Trotz bleibt für ihn die große Welt der Maßstab aller höheren Kultur, alles dessen, was Menschen möglich sei, wenn sie zu höheren Existenz- und Ausdrucksformen emporstrebten. In ihrem letzten Stadium, in dem diese Kultur ins Maskenhafte verfallen und ihre Agonie nicht mehr aufzuhalten sei, finde bei ihren Adepten eine merkwürdige Vertauschung statt. „So war die höchste Kultursphäre eine Welt des Scheins, der man mit dem Bewusstsein angehörte, dass der Schein das ‚Wahre‘ sei, zu dem es eine Alternative nicht gab, außer seiner Zerstörung. Man hielt um so entschlossener daran fest, als man doch fühlen konnte, dass etwas Kostbares, Einzigartiges, Unersetzliches vor dem Untergang, der ihm drohte, zu retten sei.“[805] Helene von Nostitz ist die poetische Chronistin dieser Welt des schönen Scheins, die das „Kainsmal des künstlich Gewollten“ in sich trug.

6.　Die letzten Berliner Salons: Edith Andreae und Corina Sombart

Bevor die Nazi-Diktatur ihr Zerstörungswerk verrichtete und die jüdische Bevölkerung, einschließlich ihrer führenden Schicht, zur Emigration zwang oder ermorden ließ, wurde die Kultur einer verfeinerten Geselligkeit – sieht man einmal von Helene von Nostitz, Marie von Bunsen, Corina Sombart und den Botschaftsresidenzen ab – vom jüdischen Großbürgertum repräsentiert. Jede zweite oder dritte der großen Villen im Grunewald, war in jüdischem Besitz. Nicolaus Sombart erinnert sich: „Hier residierte das jüdische Patriziat – zu dem nicht nur die *Haute Finance Juive* gehörte, sondern auch eine Familie wie die Walter Benjamins – in Palästen, im Vergleich zu denen Häuser wie das unsere zu bescheidenen Einfamilienhäusern verzwergten. Mit dem ‚Dritten Reich‘ ging diese Welt zugrunde.“[806]

Der Salon von Edith Andreae (1883–1952), der Schwester des Politikers Walther Rathenau und Frau des Bankiers Fritz Andreae, residierte in der Kronberger Straße im Grunewald. Für den in der Nachbarschaft aufwachsenden Sombart war das Haus der Andreaes mit seinem Innenhof, seiner Galerie, dem säulengeschmückten Konzert- und Ballsaal und der Vielzahl bibliophiler Kostbarkeiten der „Inbegriff des vornehmen Hauses schlechthin.“[807]

> Es war einer der Mittelpunkte der großen Berliner Gesellschaft, bis die national-sozialistische Zerstörungswut dem allen ein Ende setzte. ‚Herr Andreae' spielte in meiner Jugend eine ganz besondere, wichtige Rolle. Er repräsentierte Reichtum und Kultur in ihrer vollkommenen Verbindung; der einzige Deutsche dieser Kategorie, den ich in so großer Nähe und Vertrautheit erlebt habe. In seiner diskreten und unostentativen Art setzte er einen absoluten Maßstab. Es war ein Zeichen seiner Generosität, daß er die Freundschaft, die er für meine Mutter empfand, auch auf ihren Sohn ausdehnte. Ich durfte immer einen Moment hereinschauen, wenn er da war, dann plauderte er ein wenig mit mir, fragte nach meinen Arbeiten und zeigte mir ein schönes Buch, das er mitgebracht hatte. Mich faszinierte die gelassene Ruhe, die von ihm ausging. Ich durfte auch in die Kronberger Straße kommen, wo er mir seine Sammlungen vorführte, immer in einer Attitüde ungespielter Bescheidenheit, so, als wollte er sagen, daß er es gar nicht verdiene, im Besitze so vieler Kostbarkeiten zu sein, aber er liebe sie nun einmal.[808]

In ihrem Erinnerungsbuch „Auf der Schwelle zwischen Gestern und Morgen" schildert Ursula von Mangoldt, geborene Andreae, die Geselligkeit im Hause ihrer Eltern. Sie, die jüngste Tochter, erlebte die große Welt der Gesellschaften in ihren Ausklängen, von deren Blütezeiten ihre Eltern noch Zeugnis ablegen konnten. Bei Empfängen im Hause Andreae führte die Hausherrin Regie. Edith Andreae pflegte die Gäste, die bei ihr zum Diner erschienen, „nach Kultur" statt nach „Amt und Würden" zu platzieren. Ursula von Mangoldt erinnert sich:

> Sie überlegte sich, wer kann zu wem passen und wer sich mit wem gut unterhalten; das war ihr Leitmotiv. Sie fragte niemals nach Protokoll oder Etikette. Die Eltern luden Wirtschaftler, Künstler, Diplomaten und Freunde aus freien Berufen ein, so wie es ihnen unterhaltend und fruchtbringend erschien. An der Tafel wurde dann auch laut und intensiv gesprochen, und man hatte meist das Gefühl, daß die Tischordnung gelungen war. Stellte meine Mutter fest, daß sich ein Gast gelangweilt hatte, so tat sie nach Tisch ihr Bestes, um diesen selbst zu unterhalten oder mit anderen bekannt zu machen.“[809]

Zu den Besuchern des Hauses gehörten die Bankiers Mendelssohn, Rothschild und Schwabach. Die reiche jüdische Finanzaristokratie hatte in der Weimarer Republik den Adel mehr und mehr in seiner repräsentativen gesellschaftlichen Rolle abgelöst. Ursula Andreae nahm vor ihrer Heirat mit Hans Karl von Mangoldt 1927 mit ihrer älteren Schwester an zahlreichen Festen der Berliner Gesellschaft teil, die, wie sie bezeugt, sehr stilvoll waren. „Bei sehr eleganten Gesellschaften standen hinter jedem Stuhl Diener mit weißen Handschuhen und strenger Miene, die mich oft störten, weil sie mich an der Unmittelbarkeit der Unterhaltung hinderten."[810]

Neben den Repräsentanten der Finanzaristokratie waren es vor allem die Botschaften, die, wie Sombart in „Jugend in Berlin" schildert, im gesellschaftlichen Leben Berlins den Ton angaben. So waren auch ihre Vertreter bei Festen im Hause Andreae prominent vertreten. Neben den großen Empfängen und Diners gab es jeden Sonntag ungezwungene Einladungen zu einem „jour fixe", an dem kommen konnte, wer wollte. Zu den Gästen gehörten die Schriftsteller Thomas Mann und Frau Katia, geborene Pringsheim, eine enge Freundin Edith Andreaes; André Gide, als er sich in Berlin aufhielt; Gerhart Hauptmann, Hugo von Hofmannsthal, Rainer Maria Rilke, Hermann Sudermann, Fritz von Unruh, Karl Wolfskehl, Frank Wedekind und Karl Vollmoeller.[811] Zu den Musikern, die den Salon frequentierten, zählten der Pianist Edwin Fischer, der Komponist Ferruccio Busoni und der Dirigent Wilhelm Furtwängler; zu den bildenden Künstlern Georg Kolbe, Lovis Corinth, Olaf Gulbranson, Reinhold Lepsius und Melchior Lechter. Auch berühmte Naturwissenschafler wie Einstein, Planck und Haber und der Indologe Glasenapp erschienen zu den Sonntagnachmittagen. Unter den Politikern ist besonders der frühere Reichspräsident Ebert zu nennen.

Eine der Besucherinnen des „jour fixe" war Marie von Bunsen, die ihre Eindrücke in ihrem Erinnerungsbuch „Zeitgenossen die ich erlebte" schildert:

Zu der wertvollsten Berliner Geselligkeit rechne ich die Sonntagsnachmittage bei den Andreaes in ihrem schönen Grunewaldhaus. Ein ausgesuchter, aber bunt gemischter Kreis, Neueingeführte aber auch ein alter Stamm. Zwei Mittelpunkte: das Ehepaar ist sehr verschieden. Der in der großen Bankwelt viel vermögende Fritz Andreae ist einer der beliebtesten Menschen, die ich kenne. Ebenso klug und gütig als natürlich. Frau Edith Andreae, Walther Rathenaus Schwester ist die intellektuellste Frau Berlins. Sie wird von einigen gefürchtet, von allen bewundert. Ein scharfer männlicher Geist mit hinzukommendem Fraueninstinkt. Ihre geistigen Interessen erstrecken sich vor allem auf indische Philosophie und auf Grenzgebiete des Okkulten. Dies ist bekannt, aber wenige wissen, wie persönlich sie sich im stillen um Notleidende kümmert.[812]

Eine weitere Schilderung des Salons Andreae verdanken wir Kurt von Reibnitz, der in seiner Darstellung der Berliner Nachkriegsgesellschaft drei Lager unterscheidet: die Salons des alten Regimes, die der Republik und die neutralen Häuser der jüdischen Hochfinanz, wo sich beide Parteien trafen. Als das führende Haus der Hochfinanz bezeichnet Reibnitz das von Paul von Schwabach in der Tiergartenstraße, in dem Tout-Berlin verkehrte. Das zweite Haus war das des Direktors der Dresdner Bank, Herbert M. Gutmann, das wie das Haus Schwabach jeden Sonntag in der Saison seinen Stammgästen offenstand. Das Haus Andreae gehörte – so Reibnitz – zusammen mit den Salons Schwabach und Gutmann zu den Stätten, in denen sich alte und neue Gesellschaft trafen.

> Hausherr ist Fritz Andreae, Seniorchef des Bankhauses Hardy & Co., Hausherrin Frau Edith Andreae, geborene Rathenau, die einzige Schwester Walthers, eine der klügsten Frauen Berlins. Sie empfängt jeden Sonntag nachmittag und läßt dann häufig Musik machen. Daneben geben Herr und Frau Andreae im Winter große Routs mit wissenschaftlichen Vorträgen. So sprach dort vor einigen Wintern einmal Leo Frobenius, der Freund Wilhelms II. Da gerade an diesem Abend die Fürsten und Fürstinnen Henckel und Lichnowsky, vor allem aber Graf Arnim-Muskau, first gentleman of Prussia, und seine Gattin Gäste des Hauses Andreae waren, sprach die Welt zwischen Tiergartenstraße und Kurfürstendamm noch wochenlang von diesem Abend.[813]

Die Salongeselligkeit des Hauses Andreae erreichte ihren Höhenpunkt in den Zwanzigerjahren und hielt sich bis in die ersten Jahre der Nazi-Zeit. Dann dünnte der Gästekreis aus. Sombart berichtet von einem Besuch bei Edith Andreae 1938 in der Königsallee, im Hause ihres Bruders, nachdem die Familie das Haus in der Kronberger Straße aufgeben musste. 1939 emigrierte sie in die Schweiz. Dort ist Fritz Andreae 1950 gestorben. Edith Andreae verstarb zwei Jahre später.

Einen der letzten Berliner Salons repräsentierte Corina Sombart (1892–1971). Die Sombarts waren eine Professorenfamilie, die in den reichen jüdischen Häusern verkehrte. Sie lebten wie auch einige Literaten, die im Grunewald-Bezirk wohnten, zwar nicht luxuriös, aber in einem selbstverständlichen Wohlstand, was repräsentative Räumlichkeiten und entsprechendes Hauspersonal einschloss. Corina Sombart, geborene Leon, entstammte selbst angesehenen Akademikerkreisen. Sie führte seit den Zwanzigerjahren einen Salon, in dem Künstler und Gelehrte, aber auch Diplomaten ein- und ausgingen. Die Tee-Nachmittage im Hause Sombart waren hochgeschätzt. Ihre Gäste wählte die Hausherrin nicht nach Prominenz, sondern nach Qualität aus. Der Sohn berichtet: „Es wäre ihr nicht in den Sinn gekommen, einen *non-valeur* in ihr Haus zu ziehen. Er hätte sich in diesem

Kreis auch vollkommen deplaciert gefühlt. Ein neues Element mit einer gewissen Aura von Berühmtheit und Erfolg, von Genie mußte allerdings immer wieder dafür sorgen, die Spannung des Kreises zu erneuern."[814]

Wie bei den Andreaes nahm die Besucherzahl seit 1933 ab und schmolz schließlich auf einen kleinen Kreis von Stammgästen zusammen. Da Werner Sombart zwar zu den Nazis elitäre Distanz hielt, aber auch kein erklärter Gegner des Regimes war, konnte sich der Salon seiner Frau ähnlich wie der Salon Nostitz bis in die Vierzigerjahre hin halten. Zu den Habitués gehörte der bekannte Staatsrechtler Carl Schmitt. „Er verkehrte jetzt [1940] wieder in unserem Hause nach einer Zeit der Verbannung, die damit zusammenhing, daß mein Vater seine Rolle als Theoretiker des Führerstaates und als Befürworter der nationalsozialistischen Gewaltherrschaft mißbilligte. Ende der dreißiger Jahre erfuhr man, daß er innerlich und politisch Abstand von der braunen Pest genommen hatte, und so erschien er wieder auf den *Jours* meiner Mutter."[815]

Corina Sombart empfing zum Tee, zum Diner oder zu größeren Routs, zu denen fünfzig bis sechzig Personen erschienen. Zu den prominenten Gästen gehörten außer Carl Schmitt Hermann Graf Keyserling, André Germain, Bruno Goetz, Helene von Nostitz, der junge Sergiu Celibidache – rumänischer Herkunft wie die Herrin des Hauses – sowie Fritz und Edith Andreae. Offenbar war es möglich, in der vergifteten Atmosphäre des Dritten Reiches noch längere Zeit eine großbürgerliche mondäne Geselligkeit aufrecht zu erhalten. Der Preis war die Ausklammerung des Politischen als Gegenstand des geistigen Austauschs. „Grunewald war in der Hitler-Zeit eine apolitische Enklave, in der es jedes Jahr stiller wurde."[816] Schließlich brachte der Krieg auch in diesen Kreisen das gepflegte Miteinander zum Erliegen. Die Zeit des vornehmen Berlin war abgelaufen.

Ausblick

Schon vor dem Ersten Weltkrieg stand die höfisch-aristokratische Lebenswelt mit den geschichtlichen Tendenzen der Zeit nicht mehr in einem realen Zusammenhang. Doch solange in Deutschland das Kaiserreich existierte, hatten die adligen Eliten einen wesentlichen Anteil an der politisch-bürokratischen Macht, wenn ökonomisch auch das Bürgertum dominierte. Im Bereich kultureller Repräsentation gab der Adel nach wie vor den Ton an. In England und Frankreich waren die mondänen Koterien – die Welt der Salons und des Highlife – indes bereits von der Plutokratie durchsetzt, während sich dieser Prozess im wilhelminischen Kaiserreich verzögerte. Doch auch hier ging der Geburtsadel eine Liaison mit dem Geldadel ein. Dies ließ die Stellung der großen Dame nicht unberührt. Die Begriffe von Schönheit, Anmut und Eleganz, die um 1900 in den mondänen Kreisen in Geltung waren, hatten längst neue Bedeutungen angenommen. Der Wechsel vom Pferd zum Auto symbolisierte den beginnenden Abstieg des Adels.[817] Er blickte nun nicht mehr auf andere, die nicht seiner sozialen Sphäre angehörten, vom hohen Ross herab, sondern ging zu ihnen ein horizontales Beziehungsverhältnis ein.

Der Eintritt in das Zeitalter der Beschleunigung brachte den Adel um die Muße und die Unbekümmertheit gegenüber dem Zeitablauf. Die Abschaffung der Adelsprivilegien nach dem Weltkrieg, der Verlust an politischem Einfluss und ökonomischer Potenz hatten Folgen für die adlige Lebensführung. Der an den Adel gebundene Stil der Salongeselligkeit und Konversation war nicht mehr länger aufrechtzuerhalten.

Weitere Gründe für den Niedergang der Salonkultur wie der aufkommende Massensport, die Zunahme der Reisetätigkeit und die neuen Kommunikationsmedien sind bereits genannt worden. Auch für viele Künstler war der Salon nicht mehr der Ort, an dem sie sich auszeichneten. Ihr Unabhängigkeitsstreben kam in Räumlichkeiten wie Cafés und Kneipen besser zur Geltung, „von wo aus mittels Massenmedien Extravaganzen und Skandale nun weit effektiver für die Bekanntmachung des Namens sorgten."[818]

Dass die Zeit der großen Dame alten Stils abgelaufen war, wurde in der Publizistik der Weimarer Republik wiederholt festgestellt. So spricht Kurt von Reibnitz ihr die Zukunftsfähigkeit in einem sachlichen, rationalisierten, erschöpften, neurasthenisch-schnelllebigen Deutschland ab. Auch die historisch-geografischen Koordinaten hätten sich geändert. Berlin liege in den Zwanzigerjahren nicht mehr im kulturellen Bannkreis von Rom, Paris und Wien. Die Stadt sei in das amerikanische Zeitalter eingetreten. „Einige behaupten, es sei die amerikanischte Stadt Europas."[819]

Ein weiterer Faktor, der zur Schwächung der Salonkultur beitrug, war der Verlust einer kosmopolitischen Orientierung. Stattdessen zeigten einige Salonnièren und Chronisten des mondänen Lebens die Neigung, ins nationale Fahrwasser abzugleiten. Fedor von Zobeltitz beklagte 1906 in seiner Gesellschaftschronik den Mangel an Vaterlandsliebe im Bildungsbürgertum und führte dies auf den verhängnisvollen Einfluss der Sozialdemokratie zurück. Die Untergrabung des Nationalgefühls und des Respekts vor der Autorität schade dem monarchischen Gedanken. „Das monarchische Empfinden ist äußerlich geworden."[820] Zobeltitz warnte vor einem „entnationalisierenden Kosmopolitismus".[821] Seine Kritik richtete sich jedoch nicht nur gegen bürgerliche Bildungsschichten, sondern machte auch vor Kreisen, denen er selbst angehörte, nicht halt.

Der Affekt gegen alles Kosmopolitische sollte sich nach dem Zusammenbruch der Monarchie noch verstärken und schloss im Rückblick nun auch direkt Salondamen mit ein, die wie Marie Radziwill und Maria von Bülow ausländische Wurzeln hatten und ein internationales Publikum bei sich empfingen. Marie von Bunsen, deren Mutter Engländerin war, übte in ihren Anfang der Dreißigerjahre erschienenen Erinnerungen Kritik an der angeblichen Deutschfeindlichkeit der Fürstin Radziwill und legte Wert auf die Feststellung, dass Marie von Schleinitz trotz kosmopolitischem Flair immer deutsch geblieben sei. Auch Helene von Nostitz entdeckte nun an Marie Radziwill das Deutschfeindliche hinter der weltläufigen Fassade, obgleich diese doch um Ausgleich zwischen Deutschland und Frankreich bemüht gewesen war. Adolf von Wilke war sich nicht zu schade, der Fürstin „Scheinpreußentum" vorzuhalten und Kurt von Reibnitz verstieg sich in seiner Kritik an Maria von Bülow gar zu der Behauptung, das Deutschtum dieser überzeugten Kosmopolitin sei ihr aufgezwungen worden. Offenbar trug die Haltung eines sich in Adelskreisen ausbreitenden rigorosen Nationalismus nach dem Ersten Weltkrieg dazu bei, dass die Salonkultur verflachte und ihr urbaner kosmopolitischer Geist erstickt wurde.

Wie für Kurt von Reibnitz war auch für Adolf von Wilke die Nachkriegsepoche eine Übergangszeit, in der es noch Reste der alten Hofgesellschaft gab, die Konturen der neuen Gesellschaft sich aber erst allmählich herausbildeten. Von der Umwälzung nach 1918 am wenigsten berührt seien Hochfinanz und Diplomatie. Der Adel habe seine Distanz zum gemeinen Kommerz aufgegeben. „Durchblättert man jetzt die genealogischen Taschenbücher, so stößt man auf Prinzen,

Grafen, Freiherren und einfache Herren ‚von‘, die sich ungeniert als Kaufmann
bezeichnen; ‚kaufmännischer Angestellter‘ wäre häufig wohl richtiger."[822] Wilke
registriert die Neigung einiger snobistischer Damen, ein „Tout-Berlin" bei sich
willkommen zu heißen. So verkehrten bei ihnen die authentische Fürstin aus
dem „Gotha" wie die zufällige Tagesberühmtheit vom Film, kein echter Star,
sondern eine Augenblicksgröße. Ein ebenso kurzbefristeter politischer Machtha-
ber plaudere am Büfett mit einem Ci-devant-Junker. Die neue Berliner Gesellschaft
der Zwanzigerjahre sei zwangsläufig noch ein sehr heterogenes Ganzes.

Zobeltitz, der wie kein zweiter die Atmosphäre bei Hofe, die Bälle, Routs und
Empfänge geschildert hat, und den Verlust des Kavalierstums beklagt, registriert
den Sieg des Plebejers und Parvenüs: „Auch über die Gesellschaft von gestern ist
mit Sturmschritt die Revolution gezogen, hat die Höfe verjagt und den Adel in
den Winkel gedrückt und der Bourgeoisie eine Backpfeife versetzt, daß es nur so
knallte. Aus der Kaiserstadt Berlin ist ein Provinznest geworden, aller Glanz ist
verblichen, und wo der neue Reichtum sich in Pelz und Seidenkleid an die Oberfläche drängt, kann dem Kavalier von gestern übel werden."[823]

Der Strukturwandel der großen Welt und der Wandel in den Strukturen der Öffentlichkeit im weiteren Verlauf des 20. Jahrhunderts zeigen, dass die Society in
den Metropolen zunehmend zu einer Bühne von Reichen, Berühmtheiten und
Schönen wird, während die Adligen und Mächtigen eine Hintergrundrolle spielen. Anstelle aristokratischer Prinzipien treten neue Regeln des Benehmens, die
klassenübergreifend und standardisiert sind. Die Öffentlichkeit in Gestalt der
Medien entscheidet über die Zugehörigkeit zur Society. Die neuen stilprägenden
Frauen sind in der Regel nicht aristokratischer Herkunft. Hier zeichnet sich eine
Neukonstruktion des Typus der großen Dame ab. Sie hat die wesentlichen Attri-
bute beibehalten – Anmut, Eleganz, Raffinement, Savoir-vivre, Haltung, Selbstsi-
cherheit –, sie aber in eine neue Zeit übertragen, in der die große Welt durch eine
Welt der Berühmtheiten („celebrities") abgelöst wird, in der nicht die Herkunft,
sondern der durch die Öffentlichkeit vergebene Prominentenstatus zählt. Diese
Damen – allen voran die großen Film- und Revuestars – sind Leitfiguren der
Massengesellschaft. Sie stellen durch ihr Beispiel eine Beziehung zur längst verschwundenen Society von früher her. Das ausschlaggebende Attribut dieser großen Damen ist der Glamourfaktor. Es erübrigt sich zu sagen, dass Glamour das
Gegenteil von Schlichtheit und Einfachheit ist, Eigenschaften, auf die die großen
Damen von früher so viel Wert legten. Selbstverständlich berichteten die Gesellschaftschronisten in den großen Zeitungen der Belle Époque über die Bälle und
Empfänge der Prinzessin von Sagan, der Gräfin Greffulhe oder der Fürstin Daisy
von Pless. Diese waren ebenfalls glamouröse Persönlichkeiten, doch blieben sie
in einem abgeschotteten Kreis weitgehend unter sich. Die Öffentlichkeit erfuhr

gelegentlich von ihren Auftritten, doch ihr Aufmerksamkeitswert in der Presse entschied nicht über ihre Position in der Gesellschaft. Dieser exklusive Rahmen wurde sukzessive aufgesprengt.

Der amerikanische Lebensstil machte sich in der Zwischenkriegszeit international bemerkbar, so auch in London. 1938 notierte Lady Londonderry: „Das Wort ‚Society' besagt heute nichts mehr. Es bedeutet nichts anderes als Reichtum und Reklame (…) England ist amerikanisiert worden."[824] Die neuen Gastgeberinnen waren Elsa Maxwell, Laura Corrigan, Nancy Astor und Emerald Cunard. Sie hatten die alte Garde englischer Aristokratinnen ersetzt. Aus der Society war eine „Café Society" geworden, ein Begriff den der amerikanische Gesellschaftskolumnist Maury Paul 1919 kreierte.[825] Schrittmacher dieser Entwicklung waren die Vereinigten Staaten. Dort hatte die Café Society ihren geografischen Mittelpunkt in bestimmten New Yorker Restaurants und Nachtclubs. „Die Leute, die sich dort begegnen, suchen (…) öffentlichen Kontakt miteinander, würden sich aber kaum gegenseitig zu Hause besuchen."[826] Die private Geselligkeit war, wie Sabine Lepsius befürchtet hatte, durch das öffentliche Restaurant ersetzt worden. Viele Neureiche bevorzugten die Treffpunkte der Café Society, statt die Häuser der ersten Familien aufzusuchen. Wright Mills schreibt: „Die Publizität der Café Society hat den Stammbaum der ‚oberen 400' ersetzt, so wie die Druckerschwärze das blaue Blut ersetzt hat, und zum Eintritt in die große Gesellschaft bedarf es nicht mehr der durch Herkunft und Erziehung gewährleisteten Sicherheit oder der mit ererbtem Reichtum erworbenen Umgangsformen; was man braucht, ist vielmehr ein gewisses Talent und ein zielbewußtes Streben nach Erfolg."[827]

Zeitschriften wie „Vogue" und „Vanity Fair" definierten die High Society demzufolge nicht länger als die „Vier Hundert", sondern als eine komplexe Einheit, die sich aus den Künsten, dem Theater und dem Film zusammensetzte. Die Bildung einer neuen, attraktiveren und sich in der Öffentlichkeit zeigenden Aristokratie der Schönen und Talentierten schuf neue Zentren des Prestiges und der Exklusivität und neue Rituale der Selbstdarstellung. Die Welt der Stars von Film und Bühne berührte sich in ihrem Prestigekonsum mit der den Luxus protegierenden Halbwelt der europäischen Vorkriegszeit.[828] Schiedsrichter des guten Tons waren nicht mehr der kultivierte Weltmann oder die gewandte Gastgeberin, sondern die Verfasser der Klatschspalten der Boulevard-Blätter.

Der Fotograf Cecil Beaton hat die Wandlungen in der großen Welt mit ihren Auswirkungen auf das Bild der Frau in den Jahrzehnten nach dem Ersten Weltkrieg in Bild und Schrift festgehalten. Ihn interessierten vor allem die glamourösen Frauen der Bühne. Zu Beginn des 20. Jahrhunderts war Gaby Deslys der Inbegriff des Bühnenstars. Sie war Schauspielerin und Tänzerin, das erste Erzeugnis künstlichen Glamours. Sie war eine Schlüsselfigur des Übergangs, Nachfolgerin der großen Pariser Kokotten und Vorläuferin einer Schule des Glamours, die zwanzig Jahre später von Marlene Dietrich und anderen Filmstars verkörpert wurde. Die große Zeit der Kokotten und Halbweltdamen, im Werk von Proust und Colette ausführlich beschrieben, ging – wie wir schon durch Paula von Reznicek erfahren haben – mit dem Ersten Weltkrieg zu Ende, als die müßiggängerische Klasse zu einer Einschränkung ihres verschwenderischen Lebensstils gezwungen wurde.

Am Beispiel der Opernsängerin Lina Cavalieri zeigt Beaton, dass der Habitus einer Lady sich nicht notwendig adliger Herkunft verdankt. Cavalieri sei eine Frau von angeborener Vornehmheit gewesen. Die Herzogin von Rutland habe ihrer Tochter, Lady Diana Manners, der späteren Lady Cooper, empfohlen, sich an ihr ein Beispiel zu nehmen. Beaton schreibt ihr alle Qualitäten einer „great lady" bzw. „grande dame" zu. „So hat Cavalieri überlebt. Eine Schule wurde gegründet, die das Andenken dieser Frau ehrt, deren persönliche Ausstrahlung ein lebender Beweis dafür war, dass die Gabe großer natürlicher Vornehmheit bei denen zu finden ist, die nicht den höchsten Kreisen entstammen."[829] Der Diskurs über Vornehmheit in dieser Zeit bestätigt, dass die Qualitäten, welche der „grande dame" früher meist durch Herkunft zugeschrieben wurden, nun auch jenen zuerkannt wurden, die durch angeborenes und sorgfältig ausgebildetes Talent dazu in der Lage waren. Das Beispiel Lina Cavalieri lehrt zudem, dass sich die Grenzen zwischen einer Demimondänen – eine Opernsängerin gehörte nun einmal nicht zur guten Gesellschaft, sie war dort bestenfalls zu Gast – und einer großen Dame vollends verwischt hatten.

Die emanzipierten Frauen der Nachkriegszeit wollten sich auch äußerlich den Männern angleichen. Jugendlichkeit, Sportlichkeit und Knabenhaftigkeit waren die Schlagworte.[830] Gertrude Aretz hat diesen neuen Frauentyp mit folgenden Worten charakterisiert:

Es sind jene eleganten Frauen und Mädchen, die in jedem oder wenigstens in einem Sport firm sind. Sie spielen – mit heruntergerollten Strümpfen oder nackten Beinen – hervorragend gut Tennis, sind auf dem Golfplatz ebenso geschickt wie ihre männlichen Gegenspieler. Sie reiten im Herrensitz, sie schwimmen, turnen, segeln, fliegen. Sie sitzen keck und unternehmend, wie übermütige Knaben, auf dem Motorrad oder am Steuer ihres reizenden Kabrioletts oder schlanken, rassigen Sportwagens. Sie beteiligen sich an Turnieren und Matches. Sie tanzen mit Grazie und unerhörter Technik die neuesten Tangos, Foxtrotts, Blues, Paso-dobles, English Waltzes, erobern sich durch ihre Eleganz und gepflegte, trainierte Körperschönheit die ersten Preise auf allen möglichen Konkurrenzen (…) Überall sind sie zu Hause, ob in Paris, Berlin, Wien, London, Budapest, Madrid, Rom, Kairo oder New York. In den vornehmen Modebädern an der See oder im Gebirge spielen sie immer die erste Rolle, nicht allein durch ihre persönliche Eleganz, sondern mehr noch durch ihre Vielseitigkeit auf dem Gebiete alles Mondänen. Die Frau von heute nimmt alles ernst: den Sport, die Arbeit – und das Vergnügen (…).[831]

In Paris wurden die „grandes dames" der Belle Époque durch jüngere Frauen verdrängt, die sich von den dekorativen, wie Skulpturen modellierten Schönheiten von ehemals abgrenzten. André Germain teilt sie in zwei Klassen ein: die sportlichen und mobilen und die in sich ruhenden, intellektuell ehrgeizigen Frauen. Sie strebten nicht danach, das Zepter einer Mélanie de Pourtalès oder Dolly de Castellane zu übernehmen. Es sei eine Generation des „gratin révolté", die, das Exzentrische nicht meidend, wie die Fürstin „Baba" de Lucinge oder Marie Laure de Noailles neue Wege der Geselligkeit suchten.[832]

In den Zwanzigerjahren setzte sich ein neuer Stil der Unterhaltung durch. Mit der Einführung von Tango-Tees, Cocktail-Partys und Nachtclubs wurde die Formalität weitgehend außer Kraft gesetzt. Strenge Zugangskontrollen entfielen. Die leichtere Kontaktaufnahme durch das Telefon und die größere Mobilität durch das Auto führten zum Abbau der Etikette. Die Abgabe von Visitenkarten, das Einschalten der Dienerschaft als Überbringer von Nachrichten erübrigte sich.

Mit der Überwindung traditioneller Barrieren des eleganten Lebens korrespondierte eine Demokratisierung der Mode. 1929 schrieb Robert Musil in seinem Essay „Die Frau gestern und morgen": „Der Krieg ist es gewesen, der den Massen der Frauen die Scheu vor den Mannesidealen und dabei auch vor dem Ideal der Frau genommen hat, und die entscheidende Schlacht ist nicht von den Vorkämpferinnen der Emanzipation, sondern am Ende von den Schneidern geschlagen worden (…) Die Frau ist es müde geworden, das Ideal des Mannes zu sein, der zur Idealisierung nicht mehr die rechte Kraft hat, und hat es übernommen, sich als ihr eigenes Wunschbild auszudenken."[833] Die Modernität, die sich nach dem Ersten Weltkrieg Bahn brach, wurde in der Kleidung vor allem durch Gabrielle („Coco") Chanel repräsentiert. Ihre Mode stand in Beziehung zum Kubismus und zu den Werken Fernand Légers. Sie verstand es, jede Frau anders aussehen zu lassen als bisher üblich. Die Zeit der flamboyanten Eleganz und der ausgeklügelten Ornamentik war vorbei, die Ära einer neuen Einfachheit hatte begonnen. Chanel war die Erste, die ihren Kundinnen das Gefühl gab, es sei smart, nicht reich auszusehen. Das männliche Ideal der Frau wurde demontiert.

Chanel schuf ein neues Modell der Frau, das sie selbst exemplarisch verkörperte, nicht als „grande dame", sondern als „grande mademoiselle".[834] Während Modeschöpfer wie Charles Frederick Worth oder Paul Poiret selbst nicht Teil der High Society werden konnten, der ihre Kunden angehörten, beschränkte sich Chanel nicht allein darauf, Frauen anzukleiden. Sie avancierte zu einer prominenten, stilbildenden Persönlichkeit und verkehrte in der Café Society. Paul Morand schreibt: „1900 empfing man seine ‚Lieferanten' nicht, auch wenn sie Monsieur

Doucet oder Madame Lanvin hießen. 1925 wurde Chanel nicht nur eingeladen, sondern sie erniedrigte ihre Gastgeber, zahlte die Hotelrechnungen von Groß-fürsten, verwandelte Hoheiten in Hauspersonal."[835] Zu ihren engsten Freundinnen zählte Wallis Simpson, die spätere Herzogin von Windsor, selbst eine Ikone der Eleganz.[836]

Ein Beispiel für die Vermischung der gesellschaftlichen Milieus ist Lady Diana Cooper. Sie agierte unter Max Reinhardt als Schauspielerin und war nach dem Urteil von Cecil Beaton eine der wenigen Aristokratinnen, die alle Regeln verlet-zen konnten und dennoch ihre adlige Haltung beibehielten. „(…) sie gedeiht in einer Atmosphäre der Boheme, ohne sich jemals von ihren Ursprüngen zu ent-fernen. Die englische Tradition stützt sie, ob sie nun mit Theaterleuten zusammen ist oder mit Leuten der höchsten Gesellschaft."[837]

Das Beispiel Diana Cooper zeigt, dass der Umgang mit Künstlern und Schau-spielern oder eine eigene Bühnenkarriere für eine große Dame adliger Herkunft nicht mit einem Verzicht auf Stil, Geschmack und Haltung einhergehen musste. Es widerlegt die These, die Café Society habe von der guten Gesellschaft nichts mehr übrig gelassen. Frauen wie die Herzogin von Windsor, Diana Cooper und Diana Vreeland, die entweder dem Adel oder dem reichen Bürgertum entstamm-ten, konnten durch ihre Persönlichkeit etwas vom Flair traditioneller Eleganz in die Gegenwart retten. Sie machten dabei Konzessionen an den Zeitgeist, denn Eleganz war dem Wandel unterworfen. Sie musste stets den Zeiterfordernissen Rechnung tragen.

Beaton, ein profunder Kenner und unermüdlicher Chronist weiblicher Eleganz, der die Frauen, die in den Jahrzehnten zwischen dem Ersten und Zweiten Welt-krieg die Mode prägten, in unzähligen Fotos festgehalten hat, kommt in seiner 1954 erschienen Studie „The Glass of Fashion" dennoch nicht umhin einzuräumen, dass in Europa und Amerika viel von dem Sinn für Kultur im Sinne eines verfei-nerten Lebensstils verloren gegangen sei. „Es gibt heute nur noch wenige feine Damen. Es ist wahr, dass sie großenteils von der gesellschaftlichen Bühne abge-treten sind. Sie werden nicht mehr länger die mutigen, mit Autorität ausgestat-teten stilprägenden Persönlichkeiten sein, die sie einstmals waren."[838]

Schon zu Beginn der 1950er-Jahre zeichnete sich ab, dass die Zeit der Café Society, jener zeitgemäßen Variante der High Society von früher, zu Ende ging. Beaton ist davon überzeugt, dass in Zukunft neue Repräsentantinnen der Eleganz die gesellschaftliche Bühne erobern werden. Offen bleibt, ob diese noch als Per-sönlichkeiten stilbildend sein können oder nicht vielmehr am Gängelband von Designern und Modeimperien geführt werden. Denn das konnte man den großen Damen der Vergangenheit nicht absprechen: Sie waren Persönlichkeiten und fanden stets die rechte Balance zwischen gesellschaftlicher Konvention und unver-wechselbarem individuellen Ausdruck. Für sie traf im besten Sinne zu, was Oscar

Schmitz über den Dandysmus sagt: „Er beruht auf der Zauberkunst, bei genauer Befolgung der Mode durch Abstufungen doch wieder überraschend individuell zu sein, aber die Kenntnis und Ausübung dieser Kunst erfordert die Einsetzung der ganzen Persönlichkeit, des ganzen Lebens. Solcher Heroismus ist selten."[839]

I. SALON, HOF UND GESELLSCHAFT IM ZWEITEN KAISERREICH

1 Margarete Zimmermann, Salon, in: Friedrich Jäger (Hg.), Enzyklopädie der Neuzeit, Bd. 11, Stuttgart/Weimar 2010, S. 549.

2 Petra Wilhelmy, Der Berliner Salon im 19. Jahrhundert (1780–1914), Berlin/New York 1989, S. 25. Dieser und anderen Studien der Autorin zur Geschichte des Berliner Salons verdanke ich wertvolle Anregungen.

3 Ebd., S. 27.

4 Vgl. Steven Kale, French Salons. High Society and Political Sociability from the Old Regime to the Revolution of 1848, Baltimore/London 2004, S. 9. Zum kommunikativen, klassenübergreifenden Charakter der Salonkultur vgl. auch Ernst Siebel, Der großbürgerliche Salon 1850–1918. Geselligkeit und Wohnkultur, Berlin 1999, S. 19–22.

5 „Für die Damen großer mondäner Repräsentation gibt es keine Erholung. Sie stehen eigentlich immer im Dienst." Kurt von Reibnitz, Gestalten rings um Hindenburg. Führende Köpfe der Republik und die Berliner Gesellschaft von heute, 2. Aufl., Dresden 1929, S. 83f. Dollinger [Wilhelmy] nennt die Salonnière „eine Art ‚Muse vom Dienst'". Vgl. Petra Dollinger, Ästhetische Kultur. Salons um 1900 zwischen Tradition und Moderne, München 1994, S. 16. Ein „großes Haus" wurde nicht geführt, sondern „gemacht". So enthält das „Brevier der guten Gesellschaft" von Elise von Hohenhausen ein Kapitel über „Die Kunst ein Haus zu machen". Vgl. Elise von Hohenhausen, Brevier der guten Gesellschaft und der guten Erziehung, Berlin 1876, S. 60ff.

6 Arthur Meyer, Ce que je peux dire, Paris 1912, S. 89. Zit. n. Anne Martin-Fugier, Les salons de la IIIe République: art, littérature, politique, Paris 2003, S. 107. Sämtliche Übersetzungen aus dem Französischen und Englischen stammen, wenn nicht anders vermerkt, vom Verfasser.

7 Kale, French Salons, S. 21. Vgl. Roberto Simanowski, Einleitung: Der Salon als dreifache Vermittlungsinstanz, in: Roberto Simanowski/Horst Turk/Thomas Schmidt (Hg.), Europa – ein Salon? Beiträge zur Internationalität des literarischen Salons, Göttingen 1999, S. 8–39, hier S. 9f.

8 Simanowski, Der Salon als dreifache Vermittlungsinstanz, S. 31. Mme de Staël, die Deutschland Anfang des 19. Jahrhunderts bereiste, kritisierte die dort vorherrschende Neigung, vor lauter Ernst in der Unterhaltung das Spielerische zu vernachlässigen. Vgl. Anne Germaine de Staël, Über Deutschland. Hg. von Monika Bosse, Frankfurt am Main 1985, S. 74.

9 Vgl. Anne Martin-Fugier, La vie élégante ou la formation du Tout-Paris 1815–1848, Paris 1990, S. 322. Dollinger unterscheidet zwischen intellektuellen und trivialen, mondänen Salons ohne Bildungs- und Kultivierungsanspruch, eine normsetzende Differenzierung,

die ein spezifisch deutsches Phänomen zu sein scheint. Vgl. Petra Dollinger, Die internationale Vernetzung der deutschen Salons (1750–1914), in: Simanowski/Turk/Schmidt (Hg.), Europa – ein Salon?, S. 40–65, hier S. 41f.

10 Marie Gougy-François, Les Grands Salons Féminins, Paris 1965, S. 10.

11 Ebd.

12 Ludwig von Nordegg, Die Berliner Gesellschaft, Berlin 1907, S. 18. Hinter dem Pseudonym L. v. Nordegg verbirgt sich der Autor Adolf von Wilke, dessen „Alt-Berliner Erinnerungen" 1930 erschienen.

13 Nordegg, Die Berliner Gesellschaft, S. 16.

14 Vgl. Daisy Fürstin von Pless, Tanz auf dem Vulkan. Erinnerungen an Deutschlands und Englands Schicksalswende. Hg. von Desmond Chapman-Huston, Bd. 1, Dresden 1929, S. 217. Ähnlich verlief die Saison in Paris. Die Salonhistorikerin Martin-Fugier schreibt: „Die mondäne Saison hat sich im Laufe des 19. Jahrhunderts allmählich verschoben. In der ersten Hälfte des Jahrhunderts erstreckte sie sich von Dezember bis Ostern. Man tanzte bis zur Fastenzeit. Es gab Gesellschaftsbälle, Kostümbälle im Karneval und Wohltätigkeitsbälle (…) Zu Beginn der Republik begann den Chroniken zufolge die Saison im Januar und endete im Juni." Martin-Fugier, Les salons de la IIIe République, S. 96.

15 Vgl. Carl von Roden, Die Hofgesellschaft, in: Arthur Brehmer (Hg.), Am Hofe Kaiser Wilhelm II., Berlin 1898, S. 601–642, hier S. 602; vgl. auch Hans Philippi, Der Hof Kaiser Wilhelms II., in: Karl Möckl (Hg.), Hof und Hofgesellschaft in den deutschen Staaten im 19. und beginnenden 20. Jahrhundert, Boppard am Rhein 1990, S. 361–394, hier S. 362.

16 Der Schriftsteller Fedor von Zobeltitz hat für die Jahre 1894 bis 1914 eine Chronik des Gesellschaftslebens unter dem Kaiserreich verfasst. Er berichtet von ersten größeren Diners, Botschaftsempfängen und ersten kleineren Tanzfestlichkeiten im Dezember. Vgl. ders., Chronik der Gesellschaft unter dem letzten Kaiserreich, Bd. 1: 1894–1901, Hamburg 1922, S. 59, 89, 92.

17 Hildegard Freifrau von Spitzemberg, Das Tagebuch der Baronin Spitzemberg geb. Freiin von Varnbüler. Aufzeichnungen aus der Hofgesellschaft. Hg. von Rudolf Vierhaus, 3. Aufl., Göttingen, S. 139. Paul Graf Oubril war russischer Botschafter; Luise Gräfin Benckendorff die Witwe des russischen Militärbevollmächtigten; Baron von Nothomb belgischer Gesandter; Albrecht Graf von Roon preußischer Kriegsminister und Ministerpräsident und Aristarchi-Bey türkischer Gesandter.

18 Karl Möckl, Hof und Hofgesellschaft in den deutschen Staaten im 19. und beginnenden 20. Jahrhundert. Einleitende Bemerkungen, in: ders. (Hg.), Hof und Hofgesellschaft, S. 12.

19 Norbert Elias, Studien über die Deutschen. Machtkämpfe und Habitusentwicklung im 19. und 20. Jahrhundert. Hg. von Michael Schröter, Frankfurt am Main 1989, S. 75. Anm. 19.

20 Bei Hutten-Czapski ist über Wilhelm I. zu lesen: „Gewissermaßen nur ‚nebenbei' betrachtete er sich als deutscher Kaiser. Er hätte es nie verstanden, daß der Kaisertitel von
ihm eine besondere ‚kaiserliche' Repräsentation verlangte. Sein Hof blieb königlich
preußisch." Bogdan Graf von Hutten-Czapski, Sechzig Jahre Politik und Gesellschaft,
Bd. 1, Berlin 1936, S. 41.

21 Spitzemberg, Das Tagebuch, Einleitung, S. 15. Die Botschafter hatten den Rang nach
den Mitgliedern der königlichen Familie. Zwischen den Botschaftern wurde der Rang
durch das Datum der offiziellen Notifikation ihrer Ankunft entschieden. Vgl. Helene
von Düring-Oetken, Zu Hause, in der Gesellschaft und bei Hofe. Eine Schilderung des
gesellschaftlichen Lebens, Berlin 1896, S. 259.

22 Das Hof-Rang-Reglement wurde von Wilhelm I. durch Kabinettsorder vom 19. Januar
1878 genehmigt. Zu den Rangstufen im Einzelnen vgl. Düring-Oetken, Zu Hause, in
der Gesellschaft und bei Hofe, S. 230–235. Vgl. auch Philippi, Der Hof Kaiser Wilhelms II. in: Karl Möckl (Hg.), Hof und Hofgesellschaft, S. 374.

23 Zit. n. Martin Kohlrausch, Zwischen Tradition und Innovation. Das Hofzeremoniell
der wilhelminischen Monarchie, in: Andreas Biefang/Michael Epkenhans/Klaus Tenfelde (Hg.), Das politische Zeremoniell im Deutschen Kaiserreich 1871–1918, Düsseldorf
2008, S. 32.

24 Vgl. Philippi, Der Hof Kaiser Wilhelms II., S. 366, 372. Vgl. dazu im Einzelnen: Hermann Hengst, Der Hofstaat des Kaisers, in: Brehmer (Hg.), Am Hofe Kaiser Wilhelm II., S. 505–520.

25 Vgl. Adolf von Wilke, Alt-Berliner Erinnerungen, Berlin 1930, S. 159. Nach dem Hof-
Rang-Reglement rangierten Anton und Ferdinand Radziwill unter den Chefs der hoch-
adligen Häuser unmittelbar hinter dem Haus Sayn-Wittgenstein-Hohenstein. Vgl.
Düring-Oetken, Zu Hause, in der Gesellschaft und bei Hofe, S. 231.

26 Düring-Oetken, Zu Hause, in der Gesellschaft und bei Hofe, S. 235. Bei bürgerlich
geborenen Offizieren galt die Hoffähigkeit auch für ihre Ehefrauen. Vgl. Elise von Hohenhausen, Brevier der guten Gesellschaft und der guten Erziehung, Leipzig 1876, S. 115.

27 Hermann Uhde-Bernays, Im Lichte der Freiheit. Erinnerungen aus den Jahren 1880 bis
1914, 2. Aufl., München 1963, S. 195. Vgl. Hans O. Modrow, Berlin 1900. Querschnitt
durch die Entwicklung einer Stadt um die Jahrhundertwende, Berlin 1936, S. 250–252.
Der Historiker Gerhard Masur schreibt: „Die Garderegimenter, die in Berlin und Potsdam stationiert waren, wurden ausschließlich vom Adel beherrscht, was dessen Prestige
natürlich noch vergrößerte. Allein ein einziges Regiment zählte dreizehn Prinzen und
zehn Grafen in seinem Offizierskorps. In den Kavallerieregimentern war der Anteil der
Blaublütigen sogar noch überwältigender: unter ihren Offizieren fand sich nicht ein einziger Bürgerlicher, dafür aber konnten sie sich mit fünfunddreißig Prinzen und einund-
fünfzig Grafen brüsten." Gerhard Masur, Das Kaiserliche Berlin, München/Wien/Zü-
,rich 1971, S. 84. Vgl. auch Nordegg, Die Berliner Gesellschaft, S. 243.

28 Marie von Bunsen, Die Welt in der ich lebte 1860–1912, Biberach an der Riss 1959 [EA 1929], S. 54.

29 Nordegg, Die Berliner Gesellschaft, S. 236f.

30 Vgl. Philippi, Der Hof Kaiser Wilhelms II., S. 363. Der Minister des Königlichen Hauses nahm mit den aktiven Staatsministern den dreizehnten Rang im Hofreglement ein.

31 Spitzemberg, Tagebuch, Einleitung, S. 16.

32 Vgl. Wilke, Alt-Berliner Erinnerungen, S. 232.

33 Düring-Oetken, Zu Hause, in der Gesellschaft und bei Hofe, S. 241. Der amerikanische Botschafter James W. Gerard, der sich von 1913 bis 1917 in Berlin aufhielt, schreibt: „Die Berliner Saison beginnt ungefähr am 20. Januar und dauert etwa sechs Wochen. Sie ist von kurzer Dauer, denn wenn die Hoffähigen länger als sechs Wochen in Berlin verweilen, sind sie verpflichtet, dort die lokale Einkommenssteuer zu entrichten, wo sie höher ist als in den Teilen Deutschlands, wo sie ihre Landgüter haben." James W. Gerard, My four years in Germany, London/New York/Toronto 1917, S. 6.

34 Spitzemberg, Tagebuch, Einleitung, S. 17.

35 Vgl. Elias, Studien über die Deutschen, S. 75.

36 Vgl. Kohlrausch, Zwischen Tradition und Innovation, S. 49; Philippi, Der Hof Kaiser Wilhelms II., S. 375; Spitzemberg, Tagebuch, Einleitung, S. 17; Pless, Tanz auf dem Vulkan, Bd. 1, S. 217.

37 Vicomte de Gontaut-Biron, Meine Botschafterzeit am Berliner Hofe 1872–1877, Berlin 1909, S. 23.

38 Marie von Bunsen urteilt: „Der Hof unter Wilhelm II. zeigte größeren Luxus, eine anspruchsvollere, etwa bei der historisch kostümierten Wache eine etwas theatralische Aufmachung, aber er war weniger elegant und weit weniger ‚Große Welt'." Bunsen, Die Welt in der ich lebte, S. 93.

39 Vgl. Mathilde Gräfin von Keller, Vierzig Jahre im Dienste der Kaiserin. Ein Kulturbild aus den Jahren 1881–1921, Leipzig 1935, S. 283.

40 Zobeltitz, Chronik der Gesellschaft, Bd. 2: 1902–1914, Hamburg 1922, S. 71. Ich zitiere aus der 2. Auflage.

41 Der Orden wurde vom ersten preußischen König Friedrich I. am Tage seiner Krönung, dem 18. Januar 1701, für die Mitglieder des Hauses Hohenzollern gestiftet, die den Orden zugleich mit der Offiziersuniform mit Erreichen des zehnten Lebensjahres erhielten. Vgl. Düring-Oetken, Zu Hause, in der Gesellschaft und bei Hofe, S. 421f.

42 Maria Małgorzata z Radziwiłłow Franciszkowa Potocka, Erinnerungen, in: Dorota Danielewicz-Kerski/Maciej Górny (Hg.), Berlin. Polnische Perspektiven 19.–21. Jahrhundert, Berlin 2008, S. 280. Es handelt sich um einen Auszug aus den Erinnerungen M. M. Potockas, der Tochter Ferdinand Radziwills, die 1983 in London unter dem Titel „Z moich wspomnień (Pamiętnik)" von Eligiusz Kozłowski herausgegeben worden sind. Vgl. auch John C. G. Röhl, Hof und Hofgesellschaft unter Kaiser Wilhelm II., in: Karl Ferdinand Werner (Hg.), Hof, Kultur und Politik im 19. Jahrhundert. Akten des

18. Deutsch-französischen Historikerkolloquiums, Darmstadt, 27.–30. September 1982, Bonn 1985, S. 237–289, hier S. 269.

43 Vgl. Philippi, Der Hof Kaiser Wilhelms II., S. 375.

44 Vgl. Hutten-Czapski, Sechzig Jahre Politik und Gesellschaft, Bd. 1, S. 40.

45 Zobeltitz, Chronik der Gesellschaft, Bd. 2, S. 129. (Notiz vom 24. Januar 1907.) Graf August zu Eulenburg (1838–1921) war zwischen 1890 und 1914 Oberhof- und Hausmarschall und amtierte als Oberzeremonienmeister. 1907 wurde er Minister des Königlichen Hauses. Fürst Friedrich zu Solms-Baruth (1853–1920) war seit 1899 Oberstkämmerer und hatte somit das höchste Hofamt inne. Vgl. Philippi, Der Hof Kaiser Wilhelms II., S. 364 und 372.

46 Hengst, Der Hofstaat des Kaisers, in: Brehmer (Hg.), Am Hofe Kaiser Wilhelm II., S. 511. Vgl. auch Zobeltitz, Chronik der Gesellschaft, Bd. 1, S. 243.

47 Vgl. Zobeltitz, Chronik der Gesellschaft, Bd. 1, S. 11.

48 Vgl. Philippi, Der Hof Kaiser Wilhelms II., S. 377. Der prächtige Bau des Hotels „Kaiserhof" am Ziethenplatz, das in der Kaiserzeit von Adel und Diplomatie bevorzugte erste Grandhotel Berlins, entstand 1873–1875. Vgl. Laurenz Demps, Berlin-Wilhelmstraße. Eine Topographie preußisch-deutscher Macht, Berlin 1994, S. 121–124. Über Subskriptionsbälle berichten Hermann Robolsky, Aus der Berliner Gesellschaft, Berlin 1886, S. 122; Zobeltitz, Chronik der Gesellschaft, Bd. 1, S. 18 und Nordegg, Die Berliner Gesellschaft, S. 189.

49 Vgl. Alexander von Gleichen-Russwurm, Geselligkeit. Sitten und Gebräuche der europäischen Welt 1789–1900, Stuttgart 1910, S. 351.

50 Zobeltitz, Chronik der Gesellschaft, Bd. 1, S. 182.

51 Ebd., S. 141.

52 Sir Edward Malet war von 1884–1895 englischer Botschafter in Berlin. Jules Gabriel Herbette war von 1889–1896 französischer, Carlo Graf Lanza dei Marchesi de Busca von 1892–1907 italienischer Botschafter in der Reichshauptstadt. Das Amt des österreichisch-ungarischen Botschafters bekleidete von 1892–1914 Ladislaus Graf Szögyény-Marich.

53 Zobeltitz, Chronik, Bd. 1, S. 16f. Marie Radziwill war eine Urgroßnichte des Fürsten Charles-Maurice de Talleyrand und Tochter des Marquis Henri de Castellane.

54 M. M. Potocka, Erinnerungen, S. 284. Zur extravaganten Lebensweise Maria Rosa Radziwills vgl. auch Nowakowski, Die Radziwills, S. 373f. und Anonym (Hermann Robolsky), Das vornehme Berlin. Bilder aus dem High-life der Reichshauptstadt, Berlin 1890, S. 139. Zur Rolle der Fürstenbergs in der „jeunesse d'orée" vgl. Robolsky, Das vornehme Berlin, S. 128 und 139 sowie Kapitel V.1 dieser Arbeit.

55 Vgl. Joachim von Dissow [d. i. Johann Albrecht von Rantzau], Adel im Übergang. Ein kritischer Standesgenosse berichtet aus Residenzen und Gutshäusern, Stuttgart 1961, S. 28f. Zu den Wohnsitzen der Mitglieder des Preußischen Herrenhauses vgl. Hartwin Spenkuch, Das Preußische Herrenhaus. Adel und Bürgertum in der Ersten Kammer des Landtages 1854–1918, Düsseldorf 1998, S. 475–479.

56 Harry Graf Kessler, Das Tagebuch, Bd. 4: 1906–1914. Hg. von Jörg Schuster unter Mit-
    arbeit von Janna Brechmacher u. a., Stuttgart 2005, S. 257.

57 Vgl. Roden, Die Hofgesellschaft, in: Brehmer (Hg.), Am Hofe Kaiser Wilhelm II.,
    S. 602. Über die Arnim-Muskaus ist zu lesen, dass sie für das gesellschaftliche Leben
    Berlins kaum in Betracht kamen, da sie den Winter über meist in Kairo weilten. Ebd.,
    S. 619.

58 Vgl. Philippi, Der Hof Kaiser Wilhelms II., S. 377. Reibnitz erwähnt noch die Häuser
    des Grafen Arnim-Boitzenburg, des Herzogs von Sagan, des Fürsten Solms-Baruth und
    des Grafen Tiele-Winckler. Vgl. Kurt von Reibnitz, Gestalten rings um Hindenburg.
    Führende Köpfe der Republik und der Berliner Gesellschaft von heute, 2. Aufl., Dres-
    den 1929, S. 190f. Daisy Fürstin von Pless zog es vor, im Hotel zu wohnen, da sie das
    Palais Pless in der Wilhelmstraße hässlich fand. Vgl. Monika Wienfort, Gesellschaftsda-
    men, Gutsfrauen und Rebellinnen. Adelige Frauen in Deutschland 1890–1939, in: Eck-
    art Conze/Monika Wienfort (Hg.), Adel und Moderne. Deutschland im europäischen
    Vergleich im 19. und 20. Jahrhundert, Köln/Weimar/Wien 2004, S. 188. Vgl. auch Ro-
    bolsky, Das vornehme Berlin, S. 102.

59 Vgl. James Renell Rodd, Social and Diplomatic Memories. Bd. 1: 1884–1893, London
    1922, S. 58f.

60 Vgl. Otto von Bismarck, Gedanken und Erinnerungen. Vollständige Ausgabe in einem
    Band, Stuttgart 1965, S. 317. Marie von Bunsen und Adolf von Wilke, mit den Ver-
    hältnissen bei Hofe gut vertraut, waren derselben Meinung. Vgl. Marie von Bunsen,
    Kaiserin Augusta, Berlin 1940, S. 244; Wilke, Alt-Berliner Erinnerungen, S. 47; ebenso
    Bernhard Fürst von Bülow, Denkwürdigkeiten, Bd. 4: Jugend- und Diplomatenjahre.
    Hg. von Franz von Stockhammern, Berlin 1930, S. 304ff. und Robolsky, Das vornehme
    Berlin, S. 174.

61 Wer sich hinter dem Pseudonym verbarg, blieb lange Zeit ungeklärt. Die Herausge-
    berin einer Neuausgabe des Buches ist der Überzeugung, dass der wirkliche Verfasser
    bis heute nicht ermittelt werden konnte. Vgl. Anja Knott (Hg.), Paul Vassili, Hof und
    Gesellschaft in Berlin 1884, Berlin 2006, S. 7–9. Dabei hatte Catherine Radziwill im
    Vorwort ihres 1918 erschienenen Buches „Confessions of a Czarina", das ebenfalls unter
    dem Namen Graf Paul Vassili erschien, ihre Autorschaft längst eingestanden. Das Pseud-
    onym Graf Vassili, schreibt sie, sei freilich „a kind of public property divided between
    the Nouvelle Revue and my poor self." Zit. n. Leda Farrant, The Princess from St Pe-
    tersburg. The Life and Times of Princess Catherine Radziwill (1858–1941), Lewes 2000,
    S. 128.

62 Graf Paul Vassili, Hof und Gesellschaft in Berlin, Budapest 1884, S. 82. Vgl. auch Pierre
    de Lano, La cour de Berlin, Paris 1894, S. 225.

63 Vassili, Hof und Gesellschaft, S. 84.

64 Ebd., S. 94. Zum Salon Schleinitz siehe Kapitel III.2.

65 Ebd., S. 101. Vassili steht mit seinem Urteil, die Salonkultur sei in Berlin kaum entwi-
    ckelt, nicht allein da. Auch Roden meint, so wie es in Berlin nur wenige hochadlige
    Familien gab, die ein eigenes Haus besaßen, so habe es auch nur wenige Salons im klas-
    sischen Sinne gegeben. Vgl. Roden, Die Hofgesellschaft, S. 602.

66 Ebd., S. 127. Die Beobachtungen des Autors erinnern an die Eindrücke, die Mme de
    Staël empfing, als sie Deutschland besuchte. Über den Lebenswandel deutscher Wis-
    senschaftler in Berlin schrieb sie am 27.3.1804 an ihren Vater Jacques Necker, sie gin-
    gen niemals in Gesellschaft und machten aus vierundzwanzig achtundvierzig Stunden.
    Vgl. Anne Germaine de Staël, Über Deutschland. Hg. von Monika Bosse, Frankfurt am
    Main 1985, S. 840.

67 Zu Integrationsbemühungen und gegenläufigen Fraktionierungstendenzen innerhalb
    der gesellschaftlichen Eliten des zweiten Kaiserreichs vgl. Heinz Reif, Hauptstadtent-
    wicklung und Elitenbildung: „Tout Berlin" 1871 bis 1918, in: Michael Grüttner/Rüdiger
    Hachtmann/Heinz-Gerhard Haupt (Hg.), Geschichte und Emanzipation. Festschrift
    für Reinhard Rürup, Frankfurt am Main/New York 1999, S. 679–699; Spenkuch, Das
    Preußische Herrenhaus, S. 453, 560 und Stephan Malinowski, Ihr liebster Feind. Die
    deutsche Sozialgeschichte, der preußische Adel, in: Sven Oliver Müller und Corne-
    lius Torp (Hg.), Das Deutsche Kaiserreich in der Kontroverse, Göttingen 2009, S. 203–
    218, hier S. 210f.

68 Vgl. Vassili, Hof und Gesellschaft, S. 103–108; Wilhelmy, Der Berliner Salon, S. 281–283.
    Pierre de Lano bestätigt den Bericht von Vassili. Im Unterschied zu den Pariser Liebes-
    tempeln gebe es in Berlin regelrechte Salons, die vor allem erotischen Vergnügungen
    dienten. Er nennt als Beispiel den Salon der Gräfin Prillwitz. „Mme Pillwitz war eine
    Dame der besten Gesellschaft, die dieses Genre zu empfangen erfunden hat. Sie fand
    Nachahmerinnen und so besitzt Berlin gegenwärtig einige Salons, die nach außen hin
    sehr korrekt und anständig geführt werden, wo man trinkt, isst, sich der Liebe hingibt
    und die Nacht verbringt." Lano, La cour de Berlin, S. 259. Über die Geselligkeit bei
    Gräfin Dankelmann schreibt dagegen Bernhard von Bülow: „Es ging in ihrem Salon so
    ehrbar wie möglich zu, womit ich nicht behaupten will, daß dort, um mich berlinerisch
    auszudrücken, stark ‚in Geist gemacht' worden sei. Die Unterhaltung drehte sich wäh-
    rend der Wintersaison um die kleinen Vorgänge des Berliner Lebens, wobei gelegentlich
    auch getratscht und geklatscht worden sein mag." Bülow, Denkwürdigkeiten, Bd. 4,
    S. 305.

69 Der erste Bericht ist dem Buch „My Recollections" zu entnehmen, das 1904 erschien
    und im selben Jahr ins Deutsche übersetzt wurde. Der zweite ist Teil eines weiteren Erin-
    nerungsbandes, der 1914 unter dem Titel „Memories of forty years" veröffentlicht wurde.

70 Catherine Prinzessin Radziwill, Meine Erinnerungen, 5. Aufl., Leipzig 1905, S. 61f. Vgl.
    auch Vassili, Hof und Gesellschaft, S. 33; Marie von Bunsen, Zeitgenossen die ich erlebte
    1900–1930, Leipzig 1932, S. 106; Bülow, Denkwürdigkeiten, Bd. 4, S. 317 sowie die Schil-

derung der Hofdame Auguste Victorias, Mathilde Gräfin von Keller, in: dies., Vierzig Jahre im Dienst der Kaiserin, S. 29.

71 Kurt Reibnitz, Die grosse Dame. Von Rahel bis Kathinka, Dresden 1931, S. 54f. Vgl. auch die Schilderung bei Hutten-Czapski, Sechzig Jahre Politik und Gesellschaft, Bd. 1, S. 37f. und den ironischen Kommentar von M. Freund: „Es war jedoch schwer, bei der Kaiserin zu Worte zu kommen. Sie beherrschte alle Diskussionen und redete wie ein Ordinarius einer Universität. Doch sie vergaß nie, den stumm gebliebenen Angeredeten für die ‚Belehrung' zu danken." Michael Freund, Abendglanz Europas. 1870–1914. Bilder und Texte, Stuttgart 1967, S. 200.

72 Catherine Radziwill, Memories of forty years, London/New York/Toronto/Melbourne 1914, S. 68.

73 Ebd., S. 208f. Vgl. Reibnitz, Die grosse Dame, S. 121f. und Anton von Werner, Erlebnisse und Eindrücke 1870–1890, Berlin 1913, S. 93f.

74 Vgl. Lano, La cour de Berlin, S. 221 und H. von Beck, Herzogin Pauline von Talleyrand und Sagan, in: Illustrirte Frauen-Zeitung, 22. Jg. [1895], Heft 13, 1. Juli 1895, S. 103.

75 C. Radziwill, Meine Erinnerungen, S. 65. Vgl. auch Lano, La cour de Berlin, S. 224f.; Hutten-Czapski, Sechzig Jahre Politik und Gesellschaft, S. 40; Werner, Erlebnisse und Eindrücke, S. 456. Zu den anwesenden Künstlerinnen gehörte auch die Sopranistin Lilli Lehmann. Vgl. dies., Mein Weg, Leipzig 1913, S. 232, 236.

76 Nicht zu verwechseln mit Franziska („Fanny") Prinzessin Biron von Kurland (1815–1888), die Hermann von Boyen heiratete. Vgl. Wilhelmy, Der Berliner Salon, S. 616. Zu Helene Biron von Kurland vgl. Robolsky, Das vornehme Berlin, S. 96.

77 C. Radziwill, Memories, S. 137. Auf die engen Beziehungen zwischen Kronprinzessin Victoria und Gräfin Schleinitz verweist auch A. v. Werner. Vgl. ders., Erlebnisse und Eindrücke, S. 94.

78 Vgl. Bunsen, Zeitgenossen, S. 40. Vgl. Wilhelmy, Der Berliner Salon, S. 287. Zum Salon Helmholtz siehe Kapitel III.6.

79 C. Radziwill, Memories, S. 150.

80 Gerson Bleichröder war Bismarcks Vermögensverwalter und besaß das besondere Vertrauen des Kanzlers. Er wurde 1872 in den Adel aufgenommen. Zu seiner zwiespältigen Stellung in der Berliner Society vgl. Nordegg, Die Berliner Gesellschaft, S. 164. Seine Tochter Else von Bleichröder wurde bei Hofe geschnitten.

81 Vgl. C. Radziwill, Memories, S. 151.

82 Rodd, Social and Diplomatic Memories, Bd. 1, S. 60.

83 Zum Salon Anna vom Raths vgl. Wilhelmy, Der Berliner Salon, S. 799f.; Bunsen, Zeitgenossen, S. 52–56.

84 Vgl. Hohenhausen, Brevier der guten Gesellschaft, S. 115.

85 Vgl. Rodd, Social and Diplomatic Memories, Bd. 1, S. 60.

86 Vgl. Dolores L. Augustine, Patricians and Parvenus. Wealth and High Society in Wilhelmine Germany, Oxford/Providence 1994. Das Repräsentationsbestreben des Berliner

Großbürgertums spiegelt sich auch in der Einrichtung der Salons wider. Vgl. dazu ausführlich Ernst Siebel, Der großbürgerliche Salon 1850–1918. Geselligkeit und Wohnkultur, Berlin 1999.

87 Nordegg, Die Berliner Gesellschaft, S. 21.

88 Zobeltitz, Chronik der Gesellschaft, Bd. 2, S. 41f. (Notiz vom 16. Mai 1903.)

89 Vgl. John C.G. Röhl, Kaiser, Hof und Staat. Wilhelm II. und die deutsche Politik, München 2002, S. 211.

90 Ich stütze mich in den folgenden Ausführungen vor allem auf Nordegg, Die Berliner Gesellschaft, S. 201–221 und Count Axel von Schwering (Pseud.), The Berlin Court under William II, London u. a. 1915, S. 226–236. Zur Mitgliederstruktur der Klubs im Einzelnen vgl. Reif, Hauptstadtentwicklung und Elitenbildung, S. 689–692; Spenkuch, Das Preußische Herrenhaus, S. 443–446. Zu den einzelnen Klubs vgl. auch Reibnitz, Gestalten rings um Hindenburg, S. 131–138; Walther Kiaulehn, Berlin. Schicksal einer Weltstadt, Berlin/Darmstadt/Wien 1962, S. 113–116.

91 Vgl. Schwering, The Berlin Court, S. 229f.

92 Nordegg, Die Berliner Gesellschaft, S. 219. Der Kaiserliche Automobil-Klub konnte seine Mitgliederzahl seit seiner Gründung 1899 innerhalb von 10 Jahren von 93 auf 2000 erhöhen. Den Vorsitz übernahm der Herzog von Ratibor, zweiter und dritter Präsident wurden der Erbprinz zu Hohenlohe-Schillingsfürst und der Graf Clemens Schönborn, Generalsekretär war Baron Molitor. Vgl. Zobeltitz, Chronik der Gesellschaft, Bd. 2, S. 209.

93 Philippi, Der Hof Kaiser Wilhelms II., S. 391f.

94 Vgl. Spitzemberg, Tagebuch, Einleitung, S. 18.

95 Petra Wilhelmy-Dollinger, Die Berliner Salons. Mit historisch-literarischen Spaziergängen, Berlin/New York 2000, S. 382. Die Salonnière und Schriftstellerin Marie von Bunsen beklagte, unter Wilhelm II. sei die Geselligkeit verkümmert. „Kaiser Wilhelm II. kann ein Gespräch glänzend führen, aus großen Gesellschaften macht er sich aber wenig (…)." Bunsen, Zeitgenossen die ich erlebte, S. 19.

96 Gleichen-Russwurm, Geselligkeit, S. 395.

97 Zobeltitz, Chronik der Gesellschaft, Bd. 1, S. 97f. Gleiche Beobachtungen ließen sich in höheren Offizierskreisen anstellen.

98 Vgl. Spitzemberg, Tagebuch, Einleitung, S. 16.

99 Gleichen-Russwurm, Geselligkeit, S. 394f. Vgl. auch Hans Ostwald, Kultur- und Sittengeschichte Berlins, Berlin 1926, S. 233. Zum „Tout Berlin" vgl. Reif, Hauptstadtentwicklung und Elitenbildung, S. 685. Reif sieht in der Entwicklung des Tiergarten-Viertels zur vornehmsten Wohnadresse Berlins Ende des 19. Jahrhunderts mit einer reichen Salon- und häuslichen Geselligkeitskultur einen Prozess der Homogenisierung der Eliten, der allerdings im Laufe der Kaiserzeit durch den Wegzug des Adels zum Erliegen gekommen sei. Ebd., S. 694f. und 697. Eine Schwierigkeit für eine „Elitenfusion" lag auch im Fehlen eines bürgerlichen Patriziats. Vgl. Reibnitz, Gestalten rings um Hindenburg, S. 142; Nicolaus Sombart, Jugend in Berlin 1933–1943. Ein Bericht, München/Wien 1984, S. 90.

100 Fürstin Daisy von Pless, eine geborene Engländerin, berichtet über die Gesellschaft der 1890er-Jahre: „Die Berliner Gesellschaft war und ist noch sehr stumpfsinnig. Manchmal konnte ich es nicht eine Minute länger aushalten. Die Deutschen haben nicht gelernt, ihre Gäste zu mischen. Alles wird nach Rang und Regel gemacht, und das Resultat ist eine verheerende Langeweile." Pless, Tanz auf dem Vulkan, Bd. 1, S. 63.

101 Ebd., S. 219. Marie von Bunsen schreibt: „Auswärtige beanstandeten den militärischen und bürokratischen Anstrich, sie vermißten die verfeinertsten geselligen Gaben, jene geteilte Gesprächskunst, jene Würdigung der Persönlichkeit, auch jene Grazie vieler schöner Frauen auf dem Hintergrund eines blendenden Reichtums. Paris, London, Petersburg haben damals mehr geboten." Bunsen, Kaiserin Augusta, S. 162.

102 Vgl. Felix Philippi, Alt-Berlin. Erinnerungen aus der Jugendzeit, Berlin 1913, S. 46. Vgl. auch Ostwald, Kultur- und Sittengeschichte Berlins, S. 226; Zobeltitz, Chronik der Gesellschaft, Bd. 2, S. 41; Jules Huret, En Allemagne, Paris 1909, S. 85f.

103 Vgl. Hermann Baron von Eelking, Das Bildnis des eleganten Mannes. Ein Zylinderbrevier von Werther bis Kennedy, Berlin 1962, S. 176f.

104 Robolsky, Das vornehme Berlin, S. 167. „Der reichste und hochgeborenste junge Deutsche, der versuchen wollte, in Berlin ein Leben zu führen, wie es jahrelang ein Französischer fils de famille straflos führe, würde schnell von allen achtungswerthen Leuten gemieden werden."

105 Gleichen-Russwurm, Gesellgkeit., S. 352.

106 Helene Nostitz, Berlin. Erinnerung und Gegenwart, Leipzig/Berlin 1938, S. 158.

107 Hohenhausen, Brevier der guten Gesellschaft und der guten Erziehung, S. 9.

108 Norbert Elias spricht von dem Antrieb der sozialen Distanzierung für Mitglieder der höfischen Oberschicht, aus der eine zivilisatorische Verfeinerung resultiere, „die die Menschen dieser Oberschicht aus anderen heraushebt und die ihnen schließlich zur zweiten Natur wird." Norbert Elias, Über den Prozeß der Zivilisation. Soziogenetische und psychogenetische Untersuchungen, Bd. 2: Wandlungen der Gesellschaft. Entwurf zu einer Theorie der Zivilisation, Frankfurt am Main 1976, S. 414f.

II. FÜRSTIN MARIE RADZIWILL

109 Tadeusz Nowakowski, Die Radziwills. Die Geschichte einer großen europäischen Familie, München 1966, S. 350.

110 Dorothée Duchesse de Dino, Chronique de 1831 à 1862, Bd. 1–4. Hg. von Fürstin Radziwill, Paris 1909–1911, hier Bd. 3, S. 169f.

111 Dino, Chronique, Bd. 4, S. 178. Boni de Castellane, der im Château de Rochecotte aufwuchs, berichtet über seine Großmutter Pauline: „Ihre Tugenden umgaben sie in den Augen ihrer Zeitgenossen mit einem Heiligenschein." Boni de Castellane, Wie ich Amerika entdeckte. Erinnerungen, Berlin 1926, S. 42.

112 Vgl. Marie Radziwill, Souvenirs de la princesse Antoine Radziwill (née Castellane) 1840–
     1873. Une Française à la cour de Prusse. Hg. von Élisabeth und Hélène Potocka, Paris
     1931, S. 19.
113 Vgl. Nowakowski, Die Radziwills, S. 304–334.
114 Vgl. Demps, Berlin-Wilhelmstraße, S. 64.
115 Vgl. Luise von Preußen, Fünfundvierzig Jahre aus meinem Leben (1770–1815). Hg. von
     Fürstin Radziwill geb. Castellane, Braunschweig 1912, S. 372f. Vgl. auch Fürstin Ma-
     rie Radziwill, Briefe vom deutschen Kaiserhof 1889–1915. Ausgewählt von Paul Wiegler,
     Berlin 1936, S. 5. Die deutsche Auswahl der Briefe an General Robilant wird gelegentlich
     an Stelle der französischen Originalausgabe „Une grande dame d'avant guerre. Lettres de
     la princesse Radziwill au général de Robilant (1889–1914)“ herangezogen.
116 Zu den Verbindungen der Häuser Radziwill und Clary vgl. Alfons Clary-Aldringen,
     Geschichten eines alten Österreichers, Frankfurt am Main/Berlin/Wien 1977, S. 29–37.
117 Vgl. Michael Radziwill, One of the Radziwills, London 1971, S. 8.
118 Vgl. Radziwill, Souvenirs, Préface, XXIII. Vgl. auch M. M. Potocka, Erinnerungen,
     S. 270.
119 Vgl. Françoise de Bernardy, Le dernier amour de Talleyrand. La duchesse de Dino (1793–
     1862), Paris 1956, S. 283.
120 Philip Ziegler, Die Herzogin von Dino. Talleyrands letzte Vertraute, München 1965,
     S. 364.
121 Radziwill, Souvenirs, S. 40f.
122 Vgl. Radziwill, Souvenirs, S. 306; dies., Une grande dame d'avant guerre. Lettres de la
     princesse Radziwill au général de Robilant 1889–1914, Bd. 1–4. Hg. von Irene di Robi-
     lant, Bologna 1933–1934, hier Bd. 1, S. 28. Die Antipathie der Herzogin von Sagan ge-
     genüber Victoria, die von ihrer Enkelin geteilt wurde, hatte freilich ihren tieferen Grund
     im politischen Liberalismus der Prinzessin. Vgl. dazu ausführlicher Kapitel II.2. Zum
     Verhältnis Dorothea von Sagans und Marie Radziwills zur Kronprinzessin Victoria vgl.
     Ziegler, Die Herzogin von Dino, S. 365–367 und Catherine Radziwill, The Empress
     Frederick, London 1934, S. 85–87.
123 Jerzy (Georg) Radziwill (1860–1914) heiratete Maria Rosa Branicka, genannt „Bichette“
     oder „Bichetta“. Er wurde nach dem Tod Anton Radziwills 1904 Majoratsherr von
     Nieśwież. Stanislaus (Stanisław) Radziwill (1880–1920) heiratete Dolores Johanna Rad-
     ziwill, die Tochter Dominik Radziwills, des Besitzers von Balice bei Krakau. Stanislaus
     sollte 1904 das Majorat Mankiewicze erben.
124 Elisabeth [Elżbieta] Potocka, geb. Radziwill (1861–1950); Helene [Helena] Potocka, geb.
     Radziwill (1874–1958).
125 Roman Potocki (1851–1915), der Sohn Alfred II. Potocki, war der dritte Majoratsherr zu
     Łańcut. Erster Majoratsherr im Jahr 1830 war Alfred I. Potocki. Vgl. Illustrierter Reise-
     führer Schloss Łańcut, Warszawa 2007, S. 8f.

126 Antonin in der Polodie (Wolhynien) ist nicht zu verwechseln mit Antonin im Großherzogtum Posen.

127 Jules Laforgue, Berlin. Der Hof und die Stadt 1887, Frankfurt am Main 1970, S. 50. Die französische Erstausgabe erschien 1922 in Paris.

128 Vgl. Demps, Berlin-Wilhelmstraße, S. 64 und 81 (Abbildung). Das 1736 erbaute Palais Schulenburg wurde von Fürst Michael Radziwill vom König für 60 000 Taler erworben. Vgl. ebd., S. 64. Vgl. auch Wilke, Alt-Berliner Erinnerungen, S. 157f.

129 Vgl. M. M. Potocka, Erinnerungen, S. 271 und Hutten-Czapski, Sechzig Jahre Politik und Gesellschaft, Bd. 1, S. 46.

130 Vgl. Potocka, Erinnerungen, S. 279.

131 M. Radziwill, Souvenirs, S. 16. Ähnlich lautet das Urteil von Katarzyna (Catherine) Radziwill, der Frau von Wilhelm Adam Radziwill, dem Bruder Anton Radziwills, die seit 1873 demselben Haushalt angehörte. Vgl. C. Radziwill, Meine Erinnerungen, S. 51.

132 Vgl. C. Radziwill, Memories of forty years, S. 144f.

133 M. Radziwill, One of the Radziwills, S. 8. Zu den Briefen Marie Radziwills an ihre Cousine Pelagia Radziwill vgl. Korespondencja prywatna Pelagii Radziwiłłowej 1861–1904. Archiwum Państwowe w Kielcach [Staatsarchiv Kielce]: Sygnatura 21/295/50. Vgl. auch Briefe derselben an Ferdinand Radziwill, ebd.: Sygnatura 21/295/27.

134 Über polnische Aristokraten, die am Berliner Saisonleben teilnahmen, vgl. Zobeltitz, Chronik der Gesellschaft, Bd. 1, S. 280.

135 Vgl. C. Radziwill, Meine Erinnerungen, S. 50.

136 M. M. Potocka, Erinnerungen, S. 271. Hutten-Czapski berichtet dagegen, dass man im Kreise der Familie meist polnisch gesprochen habe. Vgl. Hutten-Czapski, Sechzig Jahre Politik und Gesellschaft, Bd. 1, S. 47.

137 Potocka, Erinnerungen, S. 277. Die Korrespondenz zwischen Anton und Marie Radziwill und ihren Kindern erfolgte auf Französisch. Vgl. Archiwum Głowne Akt Dawnych w Warszwawa. Archiwum Potockich z Łańcuta Numer zespołu 350. Korespondencja Raziwiłłow sygn. 1910–2154.

138 Vgl. M. Radziwill, Souvenirs, S. 44. Marie von Bunsen bestätigt die historische Bildung der Fürstin: „Sie war in der Französischen Geschichte gut beschlagen und hatte mit bemerkenswertem Geschick die Erinnerungen ihrer Großmutter, der Herzogin von Dino, herausgegeben." Bunsen, Zeitgenossen, S. 104.

139 Die Orte liegen heute in Weißrussland.

140 Heute Ukraine

141 Vgl. Potocka, Erinnerungen, S. 271; Nordegg, Die Berliner Gesellschaft, S. 56; Demps, Berlin-Wilhelmstraße, S. 145ff., 310.

142 Joseph Maria von Radowitz, Aufzeichnungen und Erinnerungen aus dem Leben des Botschafters Joseph Maria von Radowitz. Hg. von Hajo Holborn, Berlin/Leipzig 1925, S. 9f. In dem neu hergerichteten Gebäude fand vom 15. Juni bis 13. Juli 1878 der Berliner Kongress statt. Vgl. Demps, Berlin-Wilhelmstraße, S. 148.

143 Am Pariser Platz 3 wurde das 1735–1737 für den Preußischen Hofmarschall Johann Georg
     von Geuder erbaute vornehme Adelspalais, das später dem Kriegsminister Friedrich Wil-
     helm von Rohdich und dann dem Militärfiskus, vertreten durch das „Königliche Erste
     Garde-Regiment zu Fuß", gehörte, nach dem Tod des dort als Hauptmieter residierenden
     Feldmarschalls Friedrich von Wrangel 1878 abgerissen und 1880 ein Neubau fertiggestellt.
     Eigentümerin war die Stiftung des Rohdichschen Legatenfonds. Vgl. Ralf Pröwe, Pariser
     Platz 3. Die Geschichte einer Adresse in Deutschland, Berlin 2002, S. 63–79, 87–96; Lau-
     renz Demps, Der Pariser Platz. Der Empfangssalon Berlins, Berlin 1995, S. 134f.

144 Vgl. Wilke, Alt-Berliner Erinnerungen, S. 121.

145 Pröwe, Pariser Platz 3, S. 76. Vgl. auch den Plan der Zimmerverteilung, ebd., S. 79. Siehe
     Abbildungen in Radziwill, Une grande dame d'avant guerre, Bd. 4, S. 108 und 208.

146 Über den Salon Luise Radziwills berichtet Caroline von Rochow in ihren Aufzeichnun-
     gen der Jahre 1815 bis 1852: „Mit dem ausgezeichnetsten Talent zur Konversation begabt,
     wußte sie oft einen ganzen Salon, voll der heterogensten und bisweilen nicht unterhal-
     tenden Elemente zu beleben. Sie war vielleicht die letzte Frau unsres Landes, die eine
     conversation de salon alter Art zu machen verstand: mehr durch schlagende Auffassung,
     Lebendigkeit des Ausdrucks und der Darstellungsweise, als gerade durch Behandlung
     tiefgehender Gegenstände." Caroline von Rochow/Marie de la Motte-Fouqué, Vom
     Leben am preußischen Hofe 1815–1852. Hg. u. bearb. v. Luise von der Marwitz, Berlin
     1908, S. 42. Vgl. auch Wilhelmy, Der Berliner Salon, S. 77ff., 144 und Demps, Berlin-
     Wilhelmstraße, S. 79f.

147 Hutten-Czapski, Sechzig Jahre Politik und Gesellschaft, Bd.1, S. 47.

148 Vgl. Nowakowski, Die Radziwills, S. 346.

149 Vgl. M. Radziwill, Souvenirs, S. 89.

150 Ein französischer Beobachter des Berliner Hofes meint: „Als Protestantin zeigte Kaiserin
     Augusta keinen besonderen Eifer für ihre Ursprungsreligion. Sie ließ vielmehr eine Nei-
     gung zum Katholizismus erkennen, und man muss vielleicht darin den Grund für ihre
     Höflichkeit und Liebenswürdigkeit sehen, wenn man dieses Wort auf die Herrscherin
     überhaupt anwenden kann (…)." Lano, La cour de Berlin, S. 102.

151 Radziwill, Souvenirs, S. 167.

152 Vgl. Bunsen, Kaiserin Augusta, S. 151.

153 Vgl. Potocka, Erinnerungen, S. 267.

154 Ferdinand Radziwill (1834–1926) war der Sohn von Bogusław Radziwill (1809–1873) und
     Leontine Gabriele Gräfin von Clary und Aldringen (1811–1890). Er heiratete 1864 Fürs-
     tin Pelegia Sapieha (1844–1929). Ferdinand Radziwill war wie sein Vetter Anton Mitglied
     des preußischen Herrenhauses und vertrat von 1874 bis 1918 als Reichstagsabgeordneter
     für die Zentrumspartei den Wahlkreis Ostrowo, in dem seine Besitztümer von Antonin
     lagen. Vgl. M. Radziwill, One of the Radzwills, S. 10.

155 Potocka, Erinnerungen, S. 278. Die Verfasserin spricht Marie Radziwill ein echtes Inter-
     esse an der polnischen Frage ab, „weil sie für Leute, die den Mächtigen nicht die Klinken

putzten, keinerlei Verständnis hatte. So hatte ich immer den Eindruck, Maria schaue von oben auf uns herab, die wir so unansehnliche Leute wie die Herren aus der Polnischen Fraktion und dem Zentrum um uns versammelten." Ebd., S. 279.

156 Vgl. Radziwill, Souvenirs, Préface, XX und dies., Une grande dame d'avant guerre, Bd. 1, S. 27. Vgl. auch Bunsen, Kaiserin Augusta, S. 214.

157 Gontaut-Biron war von 1872–1877 französischer Botschafter in Berlin. Weitere in Deutschland lebende Verwandte des Botschafters waren der Herzog und die Herzogin von Sagan. Er versuchte diese Beziehungen zu nutzen, um seine Position als Botschafter zu festigen. Ebenso suchte er die Nähe zu Kaiserin Augusta. Vgl. C. Radziwill, Memories of forty years, S. 180.

158 Radziwill, Briefe vom deutschen Kaiserhof, S. 308. Die Fürstin zitiert aus einem Brief ihrer Tochter Elisabeth Potocka aus Wien.

159 Vgl. Spitzemberg, Tagebuch, Einleitung, S. 18.

160 Vgl. Radziwill, Souvenirs, Préface, XXIIf.

161 Friedrich Lange, Der Kaiser als Gast, in: Brehmer (Hg.), Am Hofe Kaiser Wilhelm II., S. 573.

162 Vgl. Bunsen, Zeitgenossen, S. 104; dies., Talleyrands Nichte, die Herzogin von Sagan, Stuttgart/Berlin 1935, S. 223.

163 Dies bekräftigt Catherine Radziwill: „Sie ist eine der letzten großen Damen der alten Epoche, die es heute noch in der Hauptstadt des Kaiserreichs gibt." C. Radziwill, Memories, S. 146.

164 Vgl. Castellane, Wie ich als armer Mann Paris entdeckte, S. 36.

165 Wilhelmy-Dollinger, Die Berliner Salons. Mit historisch-literarischen Spaziergängen, S. 272.

166 Vgl. Bunsen, Zeitgenossen, S. 104. Dass Marie Radziwill nur geringe Deutschkenntnisse besaß, bestätigt auch C. Radziwill. Vgl. dies., Meine Erinnerungen, S. 55.

167 Vgl. Gleichen-Russwurm, Gesellligkeit, S. 350.

168 Vgl. Lehmann, Mein Weg, S. 241.

169 Vgl. dazu den Bericht von Marcel Fouquier in: ders., Jours heureux d'autrefois. Une Société et son Époque 1885–1935, Paris 1941, S. 109. An den Trauerfeierlichkeiten nahmen auch Joseph und Roman Potocki teil.

170 Es handelt sich vermutlich um den Besuch von Prinz und Prinzessin Arisugawa Takehito. Vgl. Ottmar von Mohl, Am japanischen Hofe 1887–1889, Berlin 1904, S. 241.

171 Radziwill, Une grande dame d'avant guerre, Bd. 1, S. 21. „Tom Pouce" bzw. „Le Petit Poucet" ist eine auf Charles Perrault zurückgehende Märchenfigur, von Ludwig Bechstein adaptiert als „Der kleine Däumling". An dieser Stelle spielt Marie Radziwill wahrscheinlich auf den kleinwüchsigen Darsteller Charles S. Stratton an, der unter dem Namen „Tom Pouce" oder „Tom Thumb" auftrat.

172 Vgl. Eric Mension-Rigau, Boni de Castellane, Paris 2008, S. 143.

173   Vgl. ebd., S. 144. Castellane schreibt: „Wilhelm II. fürchtete sie. Er hatte den Wunsch
      geäußert, den Prinzen von Sagan zu sehen, und sie hatte dem Kaiser geantwortet: ‚Ich
      bitte Eure Majestät, diesen Neffen nicht zu empfangen, denn sonst würde ich gezwun-
      gen sein, nicht mehr bei Hofe zu erscheinen.'" Castellane, Wie ich als armer Mann Paris
      entdeckte, S. 36.

174   Diese neue Sitte stieß bei konservativen Adelskreisen auf Ablehnung. Die Comtesse
      Pauline de Pange erinnert sich: „ (…) man klagte die Ausländer an, in Frankreich den
      schlechten Geschmack einer Zivilisation der Palast-Hotels zu verbreiten. Das war ein
      Urteil in letzter Instanz." Comtesse Jean de Pange, Comment j'ai vu 1900, Paris 1975,
      S. 20.

175   Boni de Castellane, Mémoires (1867–1932). Introduction et notes d' Emmanuel de Wa-
      resquiel, Paris 1986, S. 263.

176   Wilke, Alt-Berliner Erinnerungen, S. 97, 163. Vgl. in leicht verändertem Wortlaut Nos-
      titz, Berlin. Erinnerung und Gegenwart, S. 164.

177   Vgl. Dehio-Handbuch der Kunstdenkmäler in Polen: Schlesien. Hg. von Ernst Badstüb-
      ner u. a., München/Berlin 2005, S. 447; vgl. http://turystyka.powiat-zielonogorski.
      pl/de/Gemeinden/Gemeinde-Bojadła.

178   Vgl. Nowakowski, Die Radziwills, S. 390.

179   Vgl. Bunsen, Zeitgenossen, S.108; dies., Talleyrands Nichte, die Herzogin von Sagan,
      S. 223.

180   Bunsen, Zeitgenossen, S. 108.

181   Vgl. Luise von Radziwill, Quarante-cinq années de ma vie, 1770 à 1815. Hg. von Fürstin
      Radziwill, geb. Castellane, Paris 1912. Zeitgleich erschien eine deutsche Übersetzung.

182   Vgl. Dorothée Duchesse de Dino, Chronique de 1831 à 1862, Bd. 1–4. Hg. von Fürstin
      Radziwill, Paris 1909–1911.

183   Radziwill, Briefe vom deutschen Kaiserhof, S. 334.

184   Ebd., S. 331.

185   Vgl. Alfred Potocki, Chatelain en Pologne. Mémoires du comte Potocki (Master of
      Lancut), Paris 1962, S. 74. Prinz Reuß vertrat den von Wilhelm II. ursprünglich beauf-
      tragten Grafen Hutten-Czapski. Vgl. Hutten-Czapski, Sechzig Jahre Politik und Gesell-
      schaft, Bd. 1, S. 48.

186   Zu Kernelementen adliger Identität vgl. Eckart Conze, Adel und Moderne in Ostmit-
      teleuropa. Überlegungen zur Systematisierung eines adelshistorischen Feldes zwischen
      Region, Nation und Europa, in: Jan Harasimowicz/Matthias Weber (Hg.), Adel in
      Schlesien, Bd. 1: Herrschaft – Kultur – Selbstdarstellung, München 2010, S. 305–318,
      hier S. 311.

187   Vgl. Radziwill, Souvenirs, XXXI.

188   Zur Rolle Bismarcks bei den Friedensverhandlungen mit Frankreich vgl. Thomas Nip-
      perdey, Deutsche Geschichte 1866–1918, Bd. 2: Machtstaat vor der Demokratie, Mün-
      chen 1998, S.70–75; Heinrich August Winkler, Der lange Weg nach Westen. Deutsche

Geschichte 1806–1933, Bonn 2002, S. 205; Hans-Ulrich Wehler, Deutsche Gesellschafts-geschichte, Bd. 3: Von der „Deutschen Doppelrevolution" bis zum Beginn des Ersten Weltkrieges 1849–1914, München 1995, S. 325. Wehler schreibt: „So gesehen war der Druck der Nationalbewegung, die auf dem triumphalen Siegespreis der ehemaligen ‚Reichslande' kompromißlos insistierte, dem Kanzler willkommen, ohne daß er ihn anfangs zur Unterstützung eigener Pläne initiiert hätte. Die schließlich auch von ihm geförderte Annexionsstimmung hatte zuvor bereits eine autonome Dynamik entfaltet, die auch eine Persönlichkeit wie Bismarck nicht hätte ignorieren können, selbst wenn sie seinen Absichten zuwidergelaufen wäre." Ebd. Nipperdey meint, die Annexionsfor-derung sei unausweichlich gewesen – für die Nationalbewegung, für die Militärs und für Bismarck. Vgl. Nipperdey, Deutsche Geschichte 1866–1918, Bd. 2, S. 73.

189 Mension-Rigau, Boni de Castellane, S. 19.

190 Herzog Napoléon-Louis von Sagan (1811–1898) war der Bruder der Marquise Pauline de Castellane, der Mutter Marie Radziwills. Seine Tochter aus der Ehe mit Pauline von Hatzfeldt-Trachenberg (1823–1895), Marie Dorothée („Dolly"), heiratete den Fürsten Carl-Egon von Fürstenberg. Sie war die Cousine und spätere Nichte der Fürstin Radzi-will und publizierte die „Souvenirs" der Herzogin Dorothea von Sagan. Vgl. Mension-Rigau, Boni de Castellane, S. 18. Nach dem Tode Carl-Egon von Fürstenbergs heiratete sie 1898 den Grafen Jean de Castellane, einen Neffen von Marie Radziwill, und führte einen Salon im Faubourg Saint-Honoré. Sie war eine der Gesellschaftsköniginnen von Paris. Vgl. Laure Rièse, Les salons littéraires parisiens du second Empire à nos jours, Toulouse 1962, S. 121. Siehe auch Kapitel V.1.

191 Vgl. Hutten-Czapski, Sechzig Jahre Politik und Gesellschaft, Bd. 1, S. 48f.

192 Der französische Botschafter Cambon urteilte über das Verhältnis der Fürstin zu Kaise-rin Augusta: „Ihrerseits war die Fürstin, die den Anweisungen ihrer Großmutter folgte, ihr vollständig ergeben. Sie besaß für sie ein besonderes Zutrauen, das nichts mit Politik zu tun hatte." Radziwill, Souvenirs, S. VI.

193 Bunsen, Kaiserin Augusta, S. 161. Vgl. Laforgue, Berlin, S. 40 und Amédée Pigeon, L'Allemagne de M. de Bismarck, Paris 1885, S. 140.

194 Vgl. Laforgue, Berlin, S. 40; Lano, La cour de Berlin, S. 102f. Catherine Radziwill schreibt über die französischen Vorlieben Augustas: „Sie schätzte französische Autoren und liebte es, sie gegenüber deutschen Schriftstellern zu protegieren. Ihre bevorzugte Lektüre war die ‚Revue des Deux Mondes'." Radziwill, Memories of forty years, S. 80.

195 Eine andere Engländerin, Daisy Fürstin von Pless, hatte mit ähnlichen Schwierigkeiten zu kämpfen. „Sie hielt Deutschland im ganzen für primitiv und unzivilisiert und konnte dem deutschen Adelsmilieu und der bei öffentlichen Anlässen, aber ebenso im privaten Bereich herrschenden Etikette nichts abgewinnen." Susanne Mall, Daisy Fürstin von Pleß (1873–1943), in: Schlesische Lebensbilder, Bd. 11. Hg. von Joachim Bahlcke, Insin-gen 2012, S. 461–472, hier S. 464.

196 Vgl. Michael Epkenhans, Victoria und Bismarck, in: Rainer von Hessen [Hg.], Victoria
     Kaiserin Friedrich. Mission und Schicksal einer englischen Prinzessin in Deutschland,
     Frankfurt am Main/New York 2002, S. 151–178, hier S. 156.

197 Zit. n. Epkenhans, Victoria und Bismarck, S. 165.

198 Über die Beziehung Augustas zu ihrer Schwiegertochter Victoria vgl. Hannah Pakula,
     Victoria in Deutschland. Politische Zielvorstellungen der jungen Kronprinzessin, in:
     Hessen (Hg.), Victoria Kaiserin Friedrich, S. 69–79, hier S.73.

199 Radziwill, Souvenirs, S. 304. Für Marie Radziwill war Ernest Renan, Verfasser des Bu-
     ches „Das Leben Jesu", ein Abtrünniger des katholischen Glaubens.

200 Catherine Radziwill bestreitet in ihrer Biografie der Kaiserin Friedrich, dass ein engli-
     scher Botschafter derartige Äußerungen einer nahezu Fremden gegenüber gemacht ha-
     ben könnte. Vgl. Radziwill, The Empress Frederick, S. 126. Odo Russell, seit 1881 Lord
     Ampthill, war von 1871 bis 1884 britischer Botschafter in Berlin. Vgl. Hans Philippi,
     Die Botschafter der europäischen Mächte am Berliner Hofe 1871–1914, in: Oswald Hau-
     ser (Hg.), Vorträge und Studien zur preußisch-deutschen Geschichte, Köln/Wien 1983,
     S. 159–250, hier S. 163ff.

201 Vgl. James Rennell Rodd, Social and Diplomatic Memories, Bd. 2: 1894–1901, London
     1923, S. 298. Rodd war britischer Botschaftsattaché in den Jahren 1884–1888.

202 Th. Nipperdey sieht im Rückblick in Friedrich III. und seiner Frau Victoria eine ver-
     säumte Alternative deutscher Geschichte nach 1871: „Es kann als sicher gelten, daß er die
     monarchischen Prärogativen nicht aufgegeben hätte und nicht die militärmonarchische
     Tradition Preußens, er wäre nicht zum machtlosen Monarchen im parlamentarischen
     System geworden. Aber man kann doch annehmen, daß er mit den Liberalen, und nach
     Möglichkeit einer liberalen Mehrheit, regiert hätte, mit liberalen Beratern und libera-
     len Zielen, im Sinne eines aristokratischen moderaten Whig-Liberalismus." Nipperdey,
     Deutsche Geschichte 1866–1918, Bd. 2, S. 420. Vgl. Rodd, Social and Diplomatic Mem-
     ories, Bd. 1: 1884–1893, London 1922, S. 81. Skeptischer über die politischen Handlungs-
     spielräume Friedrichs III. urteilt Frank Lorenz Müller in: ders., „Der 99-Tage-Kaiser".
     Friedrich III. von Preußen – Prinz, Monarch, Mythos, München 2013.

203 Jules Cambon war von 1907 bis 1914 französischer Botschafter in Berlin.

204 Juliane von Krüdener (1764–1824) war Schriftstellerin und Beraterin des Zaren Alex-
     ander I. Dorothea von Lieven (1785–1857) war als Salondame und „Egeria" berühmter
     Staatsmänner – u. a. Lord Grey, Fürst Metternich und François Guizot – politisch ein-
     flussreich.

205 Zu den Nationalisierungsprozessen innerhalb des europäischen, insbesondere des deut-
     schen und ostmitteleuropäischen Adels vgl. Conze, Adel und Moderne in Ostmitteleu-
     ropa, S. 305–318.

206 Vgl. Radziwill, Souvenirs, Préface, S. XXVIII.

207 Vgl. Günter Erbe, Dorothea Herzogin von Sagan (1793–1862). Eine deutsch-französische
     Karriere, Köln/Weimar/Wien 2009, S. 161–163.

208 „Das mußte alle Kräfte ermutigen, die in anderen Teilen Europas danach strebten, dem demokratischen Prinzip der Nationalität zum Triumph über das Prinzip der monarchischen Legitimität zu verhelfen." Winkler, Der lange Weg nach Westen. Deutsche Geschichte 1806–1933, S. 149. Zu den verschiedenen politischen Positionen in Preußen in der Beurteilung des italienischen Unabhängigkeitskampfes und der Stellung zu Österreich vgl. ebd., S. 147ff.

209 Radziwill, Souvenirs, S. 34.

210 Radziwill, Souvenirs, S. 166f.

211 Ebd., S. 172.

212 Ebd., S. 183.

213 Ebd., S. 212.

214 Ebd., S. 247.

215 Ebd., S. 298.

216 Vgl. C. Radziwill, Meine Erinnerungen, S. 84; Otto von Bismarck, Gedanken und Erinnerungen. Bearbeitet von Michael Epkenhans und Eberhard Kolb (Gesammelte Werke [Neue Friedrichsruher Ausgabe], Abteilung IV), Paderborn u. a. 2012, S. 317.

217 Einen ausführlichen Bericht über die Polizeiaktion bei den Radziwills gibt Catherine Radziwill in: Memories of forty years, S. 154f.

218 Elie Vicomte de Gontaut-Biron war durch die Familie Talleyrand-Dino verwandtschaftlich mit Marie Radziwill verbunden. Maries Vetter Archambault (1845–1918), Sohn von Alexandre-Edmond, 3. Herzog von Dino, Marquis de Talleyrand (1813–1894), heiratete 1876 Marie de Gontaut-Biron, eine Tochter des Botschafters. Vgl. Robolsky, Das vornehme Berlin, S. 94f.

219 Bismarck, Gedanken und Erinnerungen. Ges. Werke. Abt. IV, S. 317f. In Gérard vermutete Bismarck den Zuträger für die in der „Nouvelle Revue" Juliette Adams veröffentlichten Enthüllungsberichte über die Berliner Hofgesellschaft, die 1884 unter dem Titel „La société de Berlin" als Buch erschienen. (Siehe Kapitel I). Bismarcks Einschätzung der katholischen Vorlieben Augustas deckt sich mit den Beobachtungen des Schriftstellers Jules Laforgue, einem der Vorleser der Kaiserin. Vgl. Laforgue, Berlin, S. 36.

220 Vgl. Hermann Robolsky, Die Damenpolitik am Berliner Hof 1850–90. Ein Beitrag zur Geschichte der Entstehung des Deutschen Reiches, Berlin 1897, S. 255.

221 Bismarck, Gedanken und Erinnerungen. Ges. Werke. Abt. IV, S. 318.

222 Auch die Position Anton Radziwills bei Hofe wurde von bismarckfreundlichen Kreisen infrage gestellt. Vgl. Robolsky, Die Damenpolitik, S. 230f.

223 Philippi, Die Botschafter der europäischen Mächte am Berliner Hofe, S. 182.

224 Ich übernehme hier die französische Schreibweise des Namens, die in der vorliegenden Ausgabe der Korrespondenz verwendet wird.

225 Vermutlich fielen sie den Kürzungen der Herausgeberin zum Opfer. Durch Auslassungszeichen wird zudem kenntlich gemacht, dass die veröffentlichten Briefe unvollständig sind. Wo sich die Originale heute befinden, ist dem Verfasser unbekannt.

226 Die Originalbriefmanuskripte, die Mitglieder ihrer Familie betreffen, sind Teil des Potocki-Nachlasses im Hauptarchiv der alten Akten [Archiwum Głowne Akt Dawnych] in Warschau. Der Briefwechsel mit General Galliffet befindet sich teils dort, teils in der Handschriftenabteilung der Bibliothèque nationale de France in Paris.

227 Einen Eindruck von der regen Reisetätigkeit Marie Radziwills vermittelt der Briefwechsel mit Anton Radziwill und mit ihrer Tochter Elisabeth [Elżbieta Potocka]. Vgl. Archiwum Głowne Akt Dawnych Warschau. Archiwum Potockich z Łańcuta Numer zespołu 350. Korespondencja Radziwiłłow. Sygn. 1915–1945; 2030–2059 und 2070–2097.

228 Radziwill, Briefe vom deutschen Kaiserhof, S. 12.

229 Ebd., S. 15.

230 Ebd., S. 16.

231 Ebd., S. 33.

232 Radziwill, Une grande dame d'avant guerre, Bd. 1, S. 47. Ein englischer Beobachter, der Diplomat J. R. Rodd, bestätigt diese Einschätzung, nimmt aber die Frauen der höchsten Kreise davon aus: „Außerhalb der höchsten Kreise, die, wie ich bereits sagte, kosmopolitisch orientiert waren, spielten Frauen eine geringe Rolle. Sie gaben sich mit Haushaltspflichten zufrieden, die sie beim Nachmittagskaffee besprachen. Die Teilnahme am gesellschaftlichen Austausch überließen sie ihren Ehemännern." Rodd, Social and Diplomatic Memories 1884–1893, Bd. 1, S. 62.

233 Radziwill, Briefe vom deutschen Kaiserhof, S. 38.

234 Ebd., S. 43f.

235 Marcel Fouquier, ein Chronist des mondänen Lebens in Frankreich in der Belle Époque und der Zwischenkriegszeit, schreibt über Potockis Besitz: „Sein Haus in Łańcut war mit Kunstwerken und Tapisserien ausgestattet, die es als eines der reichsten Polens erscheinen ließen. Es blieb stets von Kriegen verschont." Fouquier, Jours heureux d'autrefois, S. 110.

236 Radziwill, Briefe vom deutschen Kaiserhof, S. 55.

237 Ebd., S. 71f.

238 Ebd., S. 90.

239 Ebd., S. 116.

240 Ebd., S. 128.

241 Ebd., S. 125.

242 Ebd., S. 126.

243 Ebd., S. 129.

244 Ebd., S. 138.

245 Ebd.

246 Ebd., S. 156.

247 Ebd., S. 158.

248 Ebd., S. 247. Brief vom 18./19. Janurar 1904.

249 Élisabeth Greffulhe attestiert Wilhelm II. „einen lebhaften, heiteren, witzigen Geist. Ein
   wahrer Franzose, aber mit tiefem Verstand." Brief vom 20. April 1899. Zit. nach Anne de
   Cossé Brissac, La comtesse Greffulhe, Paris 1991, S. 163.

250 Radziwill, Briefe vom deutschen Kaiserhof, S. 197.

251 Ebd., S. 202.

252 Ebd., S. 204.

253 Zur Politik des Deutschen Reiches gegenüber den Polen vgl. Nipperdey, Deutsche Geschichte 1866–1918, Bd. 2, S. 266–281, hier S. 270f..; vgl. auch Wehler, Deutsche Gesellschaftsgeschichte, Bd. 3, S. 1068–1071.

254 Vgl. Manfred Alexander, Kleine Geschichte Polens, Stuttgart 2003, S. 250.

255 Die Interpellation Ferdinand Radziwills wurde von der Sozialdemokratischen Partei und
   der katholischen Zentrumspartei unterstützt. Vgl. Nowakowski, Die Radziwills, S. 363.

256 Radziwill, Une grande dame d'avant guerre, Bd. 2, S. 333f.

257 Radziwill, Briefe vom deutschen Kaiserhof, S. 217.

258 Vgl. Nipperdey, Deutsche Geschichte, Bd. 2, S. 277.

259 Radziwill, Briefe vom deutschen Kaiserhof, S. 217.

260 Am 10./11. November 1900 schrieb sie an Robilant: „Bülow war ein bewundernswerter
   Außenminister. Er hat sich auf diesem Posten außerordentliche Verdienste erworben,
   nicht nur um den Kaiser und sein Land, sondern für ganz Europa." Radziwill, Une
   grande dame d'avant guerre, Bd. 2, S. 278f.

261 Radziwill, Briefe vom deutschen Kaiserhof, S. 257.

262 Ebd., S. 244.

263 Über die vom preußischen Landtag gegen die Polen des Großherzogtums Posen erlasse-
   nen Gesetze schreibt sie: „Die Ausnahmegesetze werden diejenigen, für die sie gemacht
   sind, *aufreizen,* anstatt sie zu *germanisieren.* Ich verstehe in dieser Frage weder Bülow,
   noch den Kaiser." Radziwill, Une grande dame d'avant guerre", Bd. 3, S. 127.

264 Radziwill, Briefe vom deutschen Kaiserhof, S. 260f.

265 Radziwill, Une grande dame d'avant guerre, Bd. 3, S. 164.

266 Offenbar hatte sich Wilhelm II. für sie verwendet. Marie von Bunsen berichtet, die Fürstin habe ihr erzählt: „Als nach dem Tod meines Gatten die Erbteilung in Petersburg auf
   Schwierigkeiten stieß, bat ich ihn, sich doch gnädigst für eine glimpfliche Auslegung der
   Bestimmungen verwenden zu wollen. Sofort schickte er einen Kurier mit einem eigen-
   händigen Brief zum Zaren." Bunsen, Zeitgenossen, S. 107.

267 Radziwill, Briefe vom deutschen Kaiserhof., S. 265.

268 Radziwill, Une grande dame d'avant guerre, Bd. 3, S. 166.

269 Ebd., S. 169.

270 Am 5. September 1905 wurde der Friedensvertrag in Washington unterzeichnet.

271 Radziwill, Briefe vom deutschen Kaiserhof, S. 271.

272 Radziwill, Une grande dame d'avant guerre, Bd. 3, S. 173.

273 Radziwill, Briefe vom deutschen Kaiserhof, S. 271.

274 Ebd., S. 273.

275 Radziwill, Une grande dame d'avant guerre, Bd. 3, S. 210.

276 Radziwill, Briefe vom deutschen Kaiserhof, S. 286.

277 Ebd., S. 289.

278 Ebd., S. 290.

279 Une grande dame d'avant guerre, Bd. 3, S. 276.

280 Radziwill, Briefe vom deutschen Kaiserhof, S. 289.

281 Ebd., S. 295f.

282 Ebd., S. 298f.

283 Vgl. Demps, Der Pariser Platz, S. 85f.

284 Radziwill, Une grande dame d'avant guerre, Bd. 3, S. 322.

285 Dem Gesetz fiel der Gleichheitsgrundsatz in Artikel 4 der preußischen Verfassung zum Opfer. Vgl. Wehler, Deutsche Gesellschaftsgeschichte, Bd. 3, S. 1010. Dieses antipolnische Sonderrecht wurde erst 1912 in begrenztem Rahmen in die Praxis umgesetzt. Siehe ebd., S. 1011 und S. 1069. Der französische Botschafter Cambon schreibt über die Reaktion der polnischen Repräsentanten im Kaiserreich: „Ich habe über diesen Gegenstand von Klagen hoher Funktionsträger des Kaiserreichs gehört, die polnischer Herkunft sind. Ich habe keinen Zweifel, dass diese unerbittliche Gesetzgebung nur den Patriotismus der preußischen Polen stärken wird." Radziwill, Souvenirs, Préface, S. XXIV.

286 Radziwill, Une grande dame d'avant guerre, Bd. 4, S. 15.

287 Radziwill, Briefe vom deutschen Kaiserhof, S.303.

288 Ebd., S. 306.

289 Ebd., S. 313.

290 Ebd., S. 316.

291 Vgl. Radziwill, Une grande dame d'avant guerre, Bd. 4, S. 59. Friedrich von Holstein (1837–1909) war von 1878–1906 Vortragender Rat und Leiter der Politischen Abteilung im Auswärtigen Amt und besaß bis zu seinem Tod großen Einfluss auf die deutsche Außenpolitik. Friedrich von Rosen (1856–1935), Orientalist, Diplomat und Politiker, der 1900 in die Politische Abteilung des Auswärtigen Amtes eintrat, schreibt: „Holstein, den ich schon seit einiger Zeit etwas näher kannte, war jetzt mein eigentlicher Vorgesetzter, denn nicht Staatssekretär oder Reichskanzler lenkten die Politik, sondern ausschlaggebend war Holsteins Wille." Friedrich von Rosen, Aus einem diplomatischen Wanderleben, Bd. 1: Auswärtiges Amt. Marokko 1901–1910, Berlin 1931, S. 8.

292 Radziwill, Une grande dame d'avant guerre, Bd. 4, S. 65.

293 Radziwill, Briefe vom deutschen Kaiserhof, S. 326. Rosen schreibt: „(...) der Ausdruck seines Gesichts wurde beeinträchtigt durch seine ‚Hyänenaugen', d. h. seine Augen standen etwas schräg, die äußeren Winkel nach oben, und waren meist, wohl infolge der vielen Arbeit, etwas gerötet." Rosen, Aus einem diplomatischen Wanderleben, S. 18.

294 Radziwill, Briefe vom deutschen Kaiserhof, S. 329f.

295 „Als ich im letzten Frühjahr meine Papiere ordnete, fiel mir meine ganze Korrespondenz mit dem General in die Hände; und ich dachte gestern abend, die Person, die sie nach meinem Tod besitzen werde, könne den Briefen sehr interessante Dinge und Reflexionen, aber auch einige Bosheiten entnehmen." Brief an Robilant. Kleinitz, 11. Juli 1909, in: Radziwill, Briefe vom deutschen Kaiserhof, S. 328f. Die Korrespondenz befindet sich im Hauptarchiv der alten Akten in Warschau und in der Pariser Nationalbibliothek.

296 Radziwill, Une grande dame d'avant guerre, Bd. 4, S. 90f.

297 Ebd., S. 92f.

298 Marie von Bunsen schreibt: „Die Fürstin Marie Radziwill schilderte mir mit Tränen in den Augen seine feinfühlige Freundlichkeit während des Traueramtes um ihren Mann. ‚Wie ein Bruder stand er mir zur Seite; als wir uns an der Kirchentür trennten, sagte er: ‚Sie werden jetzt die Kaiserin vorfinden, möge sie Ihnen die Rückkehr ins einsame Haus etwas erleichtern!'" Bunsen, Die Welt in der ich lebte, S. 189f.

299 Radziwill, Briefe vom deutschen Kaiserhof, S. 334.

300 Radziwill, Une grande dame d'avant guerre, Bd. 4, S. 106.

301 Ebd., S. 110.

302 Radziwill, Briefe vom deutschen Kaiserhof, S. 336.

303 Radziwill, Une grande dame d'avant guerre, Bd. 4, S. 122.

304 Ebd., S. 125.

305 Radziwill, Briefe vom deutschen Kaiserhof, S. 339.

306 Ebd., S. 343. Alfred von Kiderlen-Wächter war seit 1910 Staatssekretär des Äußeren des Deutschen Reiches.

307 Radziwill, Une grande dame d'avant guerre, Bd. 4, S. 157.

308 Ebd., S. 179.

309 Ebd., S. 180.

310 Radziwill, Briefe vom deutschen Kaiserhof, S. 350.

311 Ebd., S. 358.

312 Ebd., S. 359.

313 Gegen Bulgarien griffen auch Rumänien und das Osmanische Reich in den Krieg ein. Bulgarien musste schließlich im Friedensvertrag von Bukarest vom 10. August 1913 fast alle im ersten Balkankrieg eroberten Gebiete wieder abtreten.

314 Radziwill, Briefe vom deutschen Kaiserhof, S. 366.

315 Ebd.

316 Ebd., S. 371.

317 Ebd., S. 373.

318 Ebd., S. 374.

319 Dazu schreibt Marie von Bunsen: „Noch heute wird ihr von Außenstehenden Spionendienst nachgesagt. Ein törichter Verdacht! Sie hegte für das Kaiserpaar Treue und dankbare Gefühle. Als ich sie im ersten Kriegsjahr besuchte, sagte sie mir: ‚Je prie chaque soir pour l'Empereur, c'est tout ce que je peux faire pour lui.' Wie mir einer der Herren vom

Auswärtigen Amt sagte, hat man während des Krieges ihre Korrespondenz überwacht. Stets war ihre unverhüllte französische Gesinnung erkennbar, von dem Kaiserpaar sprach sie jedoch mit Verehrung." Bunsen, Zeitgenossen, S. 108. Bunsen korrigierte ihr Meinung wenig später: „Dies hatte ich 1930 niedergeschrieben. Seitdem sind die Erinnerungen der Fürstin Radziwill veröffentlicht worden, sie haben uns, die wir sie mochten, die wir sie zu kennen glaubten, erschüttert. So vorsichtig hatte sie sich stets ausgedrückt, daß wir von ihrer Deutschfeindlichkeit nichts wußten (…) Wir alle sind ihr fahrlässig entgegenkommend gewesen. Gut, daß nie wieder in Berlin sich dies bei einer feindlich gesinnten Ausländerin ereignen wird." Ebd. Dass die Kritik der gebürtigen Französin Marie Radziwill an der Politik Wilhelms II. als deutschfeindlich zu gelten habe, war offenbar in Kreisen des national gesinnten deutschen Adels eine von vielen geteilte Auffassung. Helene von Nostitz schreibt: „Die Schärfe ihrer politischen Kritik blieb damals hinter der weltläufigen Fassade ihres Wesens verborgen. Mit wie wenig freundlicher Einstellung sie das Deutschland Wilhelms II. und auch den Kaiser persönlich beurteilte, ist erst 1931 durch die Veröffentlichung ihrer an den Grafen Robilant gerichteten Briefe bekannt geworden." Nostitz, Berlin. Erinnerung und Gegenwart, S. 164. Die Briefe an Robilant erschienen 1933/34.

320 Bülow, Denkwürdigkeiten, Bd. 3: Weltkrieg und Zusammenbruch, S. 147f.

321 Radziwill, Une grande dame d'avant guerre, Bd. 4, S. 269.

322 Ebd., S. 273.

323 Brief von Elisabeth Potocka, ebd., S. 278. Vgl. auch die Briefe des Grafen Georg Potocki an seine Großmutter Marie Radziwill vom 4.8.1914 und 24.10.1914, in denen er über die Lage der Polen in Galizien berichtet und über den Hass, der ihnen von Deutschen und Österreichern entgegenschlage. Geheimes Staatsarchiv Preußischer Kulturbesitz. VI. HA. NL Marie v. Radziwill. Nr. 1. Potocki schreibt, er sei erleichtert, dass die Franzosen gegen die Deutschen erfolgreich Widerstand leisteten. „Ich empfinde mit den Franzosen und wünsche ihnen den Sieg."

324 Radziwill, Une grande dame d'avant guerre, Bd. 4, S. 283.

325 Über Daisy Fürstin von Pless schreibt der Herausgeber ihrer Memoiren Desmond Chapman-Huston: „Der Ausbruch des Krieges im Jahre 1914 brachte die Fürstin in eine außerordentlich schwierige, fast unerträgliche Situation. Da sie in Schlesien auf ihren Besitzungen als eine Fremde und Spionin betrachtet wurde und ihre Anwesenheit unerwünscht war, trat sie als Pflegerin in ein Berliner Kriegslazarett ein (…)." Fürstin von Pless, Tanz auf dem Vulkan, Bd. 1, S. 11. Zum Hintergrund des Spionagevorwurfs an Fürstin Pless vgl. Mall, Daisy Fürstin von Pleß, S. 470.

326 Radziwill, Une grande dame d'avant guerre, Bd. 4,, S. 288.

327 A. Potocki, Chatelain en Pologne, S. 71.

328 Radziwill, Briefe vom deutschen Kaiserhof, S. 377.

329 Potocki, Chatelain en Pologne, S. 73. Marie Radziwill hat keine Memoiren hinterlassen. Ihre „Souvenirs", die 1873 enden, enthalten keinen Bezug auf den letzten deutschen

Kaiser. Vermutlich hat die Fürstin Radziwill ihrem Enkel aus den Briefen an Robilant vorgelesen.

330 Radziwill, Une grande dame d'avant guerre, Bd. 4, S. 294.

III. SALONS ALS REPRÄSENTATIONSORTE VON KULTUR UND POLITIK

331 Zit. n. Marie von Bunsen, Die Frau und die Geselligkeit, Leipzig 1916, S. 97.

332 Wilhelmy-Dollinger, Die Berliner Salons. Mit historisch-literarischen Spaziergängen, S. 178.

333 Vgl. ebd., S. 204. Für das Jahrzehnt von 1850 bis 1860 registriert Wilhelmy-Dollinger in Berlin insgesamt dreizehn große Salons. Ebd., S. 206.

334 Vgl. ebd., S. 216.

335 Ebd., S. 242.

336 Ebd., S. 243.

337 Gleichen-Russwurm, Geselligkeit, S. 349.

338 Wilhelmy-Dollinger, Die Berliner Salons, S. 246, 269, 337f.

339 „Fürstin Anton, geborene Castellane, betrachtete ihren Salon als den exklusivsten in Berlin und erst nach eingehender Prüfung entschied sie, ob sie einem neu ernannten Attaché den Zutritt gestattete oder dieser ihm verweigert wurde." Rodd, Social and Diplomatic Memories, Bd. 1, S. 57.

340 Hutten-Czapski, Sechzig Jahre Politik und Gesellschaft, Bd. 1, S. 46f. Vgl. dagegen die Aussagen von M. M. Potocka, die vom Vorherrschen der deutschen Sprache im Hause Radziwill berichtet. Siehe Kapitel II.1.

341 Hutten-Czapski, Sechzig Jahr Politik und Gesellschaft, S. 47.

342 Wojciech Kossak konnte sich ebenso wie sein Malerkollege Julian Fałat dank der Vermittlung der Radziwills am Kaiserhof etablieren. Vgl. Basil Kerski, Polski Berlin, in: Dorota Danielewicz-Kerski/Maciej Górny (Hg.), Berlin. Polnische Perspektiven – 19.–21. Jahrhundert, Berlin 2008, S. 16–31, hier S. 19.

343 Wojciech Kossak (Adalbert von Kossak), Erinnerungen (1913), in: Danielewicz-Kerski/Górny (Hg.), Berlin. Polnische Perspektiven, S. 312–322, hier S. 318. Vgl. Wojciech Kossak, Wspomnienia. Hg. von Kazimierz Olszański, Warszawa 1973, S. 122f.

344 Bernhard von Bülow, nacheinander Botschafter, Staatssekretär im Auswärtigen Amt und Reichskanzler, schreibt in seinen Erinnerungen: „Das eleganteste der Berliner diplomatischen Häuser war die Französische Botschaft. Thiers, der die Welt kannte und die Bedeutung einer guten gesellschaftlichen Stellung für einen Diplomaten zu schätzen wußte, hatte nach der Niederlage Frankreichs, und gerade um die Folgen der Niederlage abzuschwächen und obwohl er die republikanische Staatsform in Frankreich erhalten und befestigen wollte, die wichtigsten Auslandsposten mit Aristokraten und Vertretern des alten Systems besetzt." Bülow, Denkwürdigkeiten, Bd. 4, S. 313f.

345 Gontaut-Biron, Meine Botschafterzeit am Berliner Hofe, S. 21.

346 Ebd.

347 Radziwill, Souvenirs, Préface, S. V.

348 Vgl. Rodd, Social and Diplomatic Memories. Bd. 1, S. 58.

349 Radziwill, Souvenirs, Préface, S. XXVIII.

350 Zur Rolle des Salons als Vermittlungsinstanz zwischen den Nationen vgl. Simanowski, Der Salon als dreifache Vermittlungsinstanz, in: Simanowski/Turk/Schmidt (Hg.), Europa – ein Salon?, S. 21f.

351 Radziwill, Souvenirs, Préface, S. V.

352 Huret, En Allemagne, S. 97.

353 Vassili, Hof und Gesellschaft, S. 84f. Zur Identität des Autors Vassili vgl. Anm. 61.

354 Von Steifheit, strenger Etikette, feierlicher Atmosphäre und peniblem Festhalten an der Tradition im Salon Radziwill spricht „Count Axel von Schwering" (Pseudonym) in seinem Buch „The Berlin Court under William II", das 1915 in London erschien. Ebd., S. 182f.

355 Vgl. Keller, Vierzig Jahre im Dienst der Kaiserin, S. 283.

356 Maria Małgorzata Potocka, Z moich wspomnień (Pamiętnik). Hg. von Eligiusz Kozłowski, Łomianki 2010, S. 58.

357 Ebd., S. 59. Eine Anekdote ihres Neffen Boni de Castellane lässt dagegen erkennen, dass Marie Radziwill sich gelegentlich über allzu viel Ehrerbietung mokierte: „Ihre [Betkas und Helenes] Mutter, die sich über die hochtrabenden Titel lustig machte, die man ihr, wenn sie in Paris war, gerne beilegte, stieg oft bei einer alten, sehr reichen Engländerin ab. Diese befahl ihrem maître d'hôtel, das Diner mit den Worten anzumelden: ‚Eure Hoheit, es ist serviert.' Meine Tante, über diese schwülstige Sprache verdutzt, antwortete ihm von oben herab: ‚Meine Hoheit wird Euch folgen.'" Castellane, Wie ich Amerika entdeckte, S. 49.

358 Der Onkel des Fürsten Jean-Louis de Faucigny-Lucinge (1904–1992), Stanislas de Castellane (1875–1959), ein Neffe Marie Radziwills, heiratete 1901 Natalia Terry y Sanchez (1877–1962).

359 Jean-Louis de Faucigny-Lucinge, Un gentilhomme cosmopolite, Paris 1990, S. 61.

360 C. Radziwill, Meine Erinnerungen, S. 53.

361 M. M. Potocka, Erinnerungen, S. 279f.

362 Lano, La cour de Berlin, S. 216.

363 Kessler, Das Tagebuch, Bd. 2, S. 328f. Drei Jahre später, am 19.2.1898, schreibt Kessler: „Besuch bei Anton Radziwills, um der Fürstin zum Geburtstag zu gratulieren. Ihre ganzen Salons standen dicht voll von Blumen. Sie erzählt, dass als sie vor 40 Jahren nach Berlin kam, es unmöglich gewesen sei, hier Blumen für einen Ball oder ein Bouquett zu bekommen, man habe Alles aus Dresden kommen lassen müssen (…) Nachher zum Raout bei Radziwills und Ball beim Grafen Königsmarck-Plaue." Harry Graf Kessler,

Das Tagebuch, Bd. 3: 1897–1905. Hg. von Carina Schäfer und Gabriele Biedermann, Stuttgart 2004, S. 126.

364 Vgl. Reibnitz, Gestalten rings um Hindenburg, S. 122.

365 Zobeltitz, Chronik der Gesellschaft, Bd. 1, S. 184.

366 Vgl. auch Lehmann, Mein Weg, S. 241.

367 Pange, Comment j'ai vu 1900, S. 310.

368 Bunsen, Zeitgenossen, S. 108.

369 Ebd., S. 103. Vgl. auch Radziwill, Souvenirs, S. V.

370 Bunsen, Zeitgenossen, S. 103f.

371 Bunsen, Zeitgenossen, S. 104.

372 Ebd.

373 Ebd., S. 108.

374 Ebd., S. 105.

375 Ebd.

376 Ebd., S. 106.

377 Nowakowski, Die Radziwills, S. 337.

378 Hutten-Czapski, Sechzig Jahre Politik und Gesellschaft, Bd. 1, S. 47.

379 Radziwill, Briefe vom deutschen Kaiserhof, S. 6f.

380 Radziwill, Souvenirs, S. 52. Tagebucheintragung vom 28. Januar 1863.

381 Ebd.

382 Radziwill, Briefe vom deutschen Kaiserhof, S. 37.

383 Emmanuel Henri Marquis de Noailles war von 1896 bis 1903 französischer, Sir Frank Cavendish Lascelles von 1896 bis 1908 englischer Botschafter in Berlin.

384 Vgl. Pröve, Pariser Platz 3, S. 135f.

385 Am 16. Januar 1913 schreibt Marie Radziwill: „Gestern hatte ich die Ehre, die Majestäten zu empfangen, die gekommen waren, dem Pianisten Radwan zuzuhören." Radziwill, Une grande dame d'avant guerre, Bd. 4, S. 218.

386 Petra Wilhelmy-Dollinger hat für die von ihr untersuchten Berliner Salons Gästelisten aufgestellt. Für den Salon Marie Radziwills hat sie die Zahl von 80 Gästen ermittelt. Dabei bezieht sie sich vor allem auf die Angaben in den Briefen der Fürstin. Es lässt sich jedoch nicht immer zweifelsfrei feststellen, wo die dort erwähnten Begegnungen stattfanden. Im Großen und Ganzen ist die von Wilhelmy-Dollinger ermittelte Gästezahl jedoch schlüssig.

387 Graf Agenor Goluchowski war von 1895 bis 1906 österreichisch-ungarischer Außenminister.

388 Radziwill, Une grande dame d'avant guerre, Bd. 2, S. 56.

389 Ebd., Bd. 4, S. 126.

390 Ebd., S. 127.

391 Bunsen, Die Frau und die Geselligkeit, S. 98. Bunsen bezieht sich auf Gespräche mit Marie Radziwill und dem italienischen Botschafter in Berlin.

392 Reibnitz, Gestalten rings um Hindenburg, S. 120.

393 Das Buch wurde 1896 geschrieben.

394 Robolsky, Die Damenpolitik, S. III.

395 Ebd., S. IV.

396 „Eine politisierende Dame begibt sich selbst ihres Damenrechts", lautete die Überzeu-
       gung Bismarcks. Vgl. Reibnitz, Die grosse Dame, S. 53.

397 Spitzemberg, Das Tagebuch der Baronin Spitzemberg, Einleitung, S. 14.

398 Vgl. Philippi, Die Botschafter der europäischen Mächte am Berliner Hofe, S. 160. Ste-
       ven Kale spricht von einer Schwächung der Beziehung zwischen mondänen Kreisen und
       politischen Entscheidungsträgern im Zuge der gesellschaftlichen Liberalisierung: „Die
       Liberalen, die Salonnièren als Symbolfiguren des Royalismus und der aristokratischen
       gesellschaftlichen Vormachtstellung betrachteten, favorisierten ein System der Elitenre-
       krutierung, das auf individueller männlicher Leistung beruhte und erachteten das mon-
       däne Leben als frivole Zerstreuung." Kale, French Salons, S. 229.

399 Vgl. Monika Wienfort, Gesellschaftsdamen, Gutsfrauen und Rebellinnen. Adelige
       Frauen in Deutschland 1890–1939, in: Eckart Conze/Monika Wienfort (Hg.), Adel
       und Moderne. Deutschland im europäischen Vergleich im 19. und 20. Jahrhundert,
       Köln/Weimar/Wien 2004, S. 191. Zur politischen Haltung des französischen Adels vgl.
       Claude-Isabelle Brelot, Les anticipations européennes de la noblesse française (1880–
       1914), in: Didier Lancien/Monique de Saint Martin (Hg.), Anciennes et nouvelles aristo-
       craties de 1880 à nos jours, Paris 2007, S. 107–118, hier S. 115.

400 Gontaut Biron, Meine Botschafterzeit, S. 31.

401 Huret, En Allemagne, S. 97.

402 Bunsen, Zeitgenossen, S. 64. Vgl. dies., Die Frau und die Gesellschaft, S. 55. Kurt von
       Reibnitz bezeichnet ihren Salon als den ersten Preußens. Vgl. Reibnitz, Die grosse
       Dame, S. 135. Hermann Hengst rekapituliert 1898: Gräfin Schleinitz „galt als die einzige
       in Berlin, die einen Salon in grösserem Stile hielt." Hengst, Der Hofstaat des Kaisers, in:
       Brehmer (Hg.), Am Hofe Kaiser Wilhelm II., S. 507. Zu weiteren Einschätzungen des
       Salons Schleinitz vgl. Wilhelmy, Der Berliner Salon, S. 274–280.

403 Vgl. Reibnitz, Die grosse Dame, S. 133; Bülow, Denkwürdigkeiten, Bd. 4, S. 307.

404 Graf Anton Wolkenstein-Trostburg war von 1894–1903 Botschafter in Paris.

405 Helene von Nostitz, Aus dem alten Europa. Menschen und Städte. Hg. von Oswalt
       von Nostitz, Frankfurt am Main 1993, S. 59. Marie von Bunsen erinnert sich: „In ihrem
       durch Blumen, Bilder, Brokatdecken individuell wirkenden Quartier im Palast-Hotel,
       empfing sie regelmäßig um 5 Uhr zur Teezeit ihre Freunde bei sich." Bunsen, Die Frau
       und die Gesellschaft, S. 55.

406 Bülow urteilt: „Um mit ihren guten Eigenschaften anzufangen, war sie, wie das ihre
       Abstammung mit sich brachte, eine echte Preußin und ist, als sie 1885 einen österreichi-
       schen Diplomaten, den Grafen Anton Wolkenstein, damals Botschafter in St. Peters-
       burg, später in Paris, heiratete, eine solche geblieben. Preußin und Protestantin, hat sie

sich zu ihrem Preußentum und zu ihrem Protestantismus in Paris wie in Wien stets offen bekannt." Bülow, Denkwürdigkeiten, Bd. 4, S. 307.

407 Bunsen, Zeitgenossen, S. 67. In monarchistischen, antiliberalen Kreisen war es üblich, das Deutsch- bzw. Preußentum von einer kosmopolitischen Gesinnung abzugrenzen, der es an Nationalgefühl mangele. Vgl. Zobeltitz, Chronik der Gesellschaft, Bd. 2, S. 120.

408 Vgl. Dorothea Herzogin von Dino, Aus der Chronik der Herzogin von Dino, späteren Herzogin von Talleyrand und Sagan 1840–1862. Hg. von Fürstin Anton Radziwill, Berlin 1911, S. 90.

409 Vgl. Robolsky, Die Damenpolitik am Berliner Hof, S. 266f. Zum Verhältnis Bismarck-Schleinitz vgl. auch Bülow, Denkwürdigkeiten, Bd. 4, S. 305f. Bülow nennt Graf Schleinitz die „bête noire" des Reichskanzlers.

410 Reibnitz, Die grosse Dame, S. 135.

411 Harry Graf Kessler, Gesichter und Zeiten. Erinnerungen, Frankfurt am Main 1962 [EA 1935], S. 14. Vgl. Helene Nostitz, Berlin. Erinnerung und Gegenwart, Leipzig/Berlin 1938, S. 151.

412 Zobeltitz, Chronik der Gesellschaft, Bd. 2, S. 65. Notiz vom 13. März 1905. Vgl. Werner, Erlebnisse und Eindrücke, S. 95f. Maximilian Graf von Nesselrode-Ehreshoven war Oberhofmeister der Kaiserin Augusta.

413 Michael Freund schreibt: „Bei Frau von Schleinitz trafen sich die Großen des Landes, Kaiser und Könige, Kronprinzessinnen und Kronprinz, Generale, Diplomaten und Staatsmänner; aber auch führenden Vertretern des Geisteslebens wurde Achtung bezeigt. Wer in den exklusiven Salon der Frau von Schleinitz zugelassen war, hatte das Zulassungsexamen für die höhere Gesellschaft Preußens bestanden." Michael Freund, Abendglanz Europas. 1870–1914. Bilder und Texte, Stuttgart 1967, S. 200. Zur Zusammensetzung des Gästekreises im Salon Schleinitz vgl. auch Lehmann, Mein Weg, S. 239f.

414 Hutten-Czapski, Sechzig Jahre Politik und Gesellschaft, Bd. 1, S. 42. Vgl. auch Werner, Erlebnisse und Eindrücke, S. 95.

415 Bülow, Denkwürdigkeiten, Bd. 4, S. 308.

416 Demps, Berlin-Wilhelmstraße, S. 152.

417 Vgl. Wilhelmy, Der Berliner Salon, S. 281.

418 Ludwig Pietsch, Im Salon der Baronin von Schleinitz. In: Illustrirte Frauen-Zeitung, 2. Jg. Nr. 46 vom 6. Dezember 1875, S.363. Pietsch, eng mit der „Vossischen Zeitung" verbunden, galt als einer der profiliertesten Berliner Gesellschaftsjournalisten. Das Hausministerium befand sich im ehemaligen Schwerinschen Palais in der Wilhelmstraße 73. Graf Schleinitz residierte hier seit 1873. Vgl. Demps, Berlin-Wilhelmstraße, S. 151.

419 Robolsky, Das vornehme Berlin, S. 104.

420 Pietsch, Im Salon der Baronin von Schleinitz, S. 363.

421 Ebd.

422 Ebd., S. 365.

423 Kessler, Gesichter und Zeiten, S. 12f.

424 Ebd., S. 13. Weniger freundlich urteilt Bernhard von Bülow: „Sie war maniert in Haltung, Mienenspiel, Sprache, in der ganzen Art, sich zu geben, oft auch in ihren Gedankengängen." Bülow, Denkwürdigkeiten, Bd. 4, S. 308.

425 Zu den Gästelisten bei Radziwill und Schleinitz, aus denen man sich ein ungefähres Bild davon machen kann, wer wo verkehrte vgl. Wilhelmy, Der Berliner Salon, S. 795–799 und 823–829.

426 Vgl. Robolsky, Das vornehme Berlin, S. 104.

427 Zum Salon Luise von der Gröbens vgl. Roden, Die Hofgesellschaft, S. 609–614; Bunsen, Zeitgenossen, S. 110; Wilhelmy, Der Berliner Salon, S. 315, 389, 649–651.

428 Friedrich von Rosen, Aus einem diplomatischen Wanderleben, Bd. 1, Berlin 1931, S. 29.

429 Zit. nach Bunsen, Die Welt in der ich lebte, S. 200.

430 Spitzemberg, Das Tagebuch, S. 407.

431 Nostitz, Berlin. Erinnerung und Gegenwart, S. 147. Über den erlesenen Geschmack Maria von Bülows bei der Einrichtung ihrer Räumlichkeiten vgl. auch Harry Graf Kessler, Das Tagebuch, Bd. 3: 1897–1905. Hg. von Carina Schäfer und Gabriele Biedermann, Stuttgart 2004, S. 117.

432 Hutten-Czapski, Sechzig Jahre Politik und Gesellschaft, Bd. 1, S. 404. Vgl. auch Spitzemberg, Das Tagebuch, S. 413; Nordegg, Die Berliner Gesellschaft, S. 60f., 63.

433 Hutten-Czapski, Sechzig Jahre Politik und Gesellschaft, Bd. 1, S. 404.

434 Zobeltitz, Chronik der Gesellschaft, Bd. 2, S. 80f. Bei Nordegg ist über einen Rout bei den Bülows im Jahre 1907 zu lesen: „Die Fürstin hat die Gabe, sich sehr reich zu kleiden, ohne je in die Gefahr der Überladung, der Auffälligkeit zu geraten. Sie empfängt sitzend und erhebt sich nur, wenn sich eine Dame, die im Range höher steht als sie, nähert, oder ein Herr, der im Range über ihrem Gemahl steht – und das ist nur dann der Fall, wenn ein Prinz des königlichen Hauses als Gast erscheint." Nordegg, Die Berliner Gesellschaft, S. 65.

435 Hutten-Czapski, Sechzig Jahr Politik und Gesellschaft, Bd. 1, S. 395.

436 Nostitz, Berlin. Erinnerung und Gegenwart, S. 148. Nordegg berichtet über Diners im kleinen Kreise, es seien selten mehr als fünf Personen anwesend gewesen. Vgl. ders., Die Berliner Gesellschaft, S. 70. Vgl. auch Rosen, Aus einem diplomatischen Wanderleben, S. 30.

437 Zobeltitz, Chronik der Gesellschaft unter dem letzten Kaiserreich, Bd. 2, S. 79.

438 Ebd., S. 200. Zur Mischung der Gesellschaft bei den Bülows vgl. auch Nordegg, Die Berliner Gesellschaft, S. 67.

439 Spitzemberg, Das Tagebuch, S. 413.

440 Ebd., S. 380. Gegen wen sich die Abneigung Baronin Spitzembergs richtete, geht aus einer Notiz vom 15. Februar 1902 deutlicher hervor: „Abends wieder bei Bülow im Rout, der diesmal sehr stark besucht war und von unglaublichen Menschen: neben Halb-

und Vollblutnegern aus dem diplomatischen Korps ‚ärarische Weiber' in ‚Reform'- oder ‚Jugendkleidung'." Ebd., S. 414.

441 Ebd., S. 465. Tagebuchnotiz vom 11. Oktober 1906.

442 Ebd., S. 413. Tagebuchnotiz vom 1. Februar 1902.

443 Bunsen, Zeitgenossen, S. 82. Friedrich von Rosen, Vortragender Rat der Politischen Abteilung des Auswärtigen Amts, verneint dagegen jedes effekthaschende Verhalten Bülows. Vgl. Rosen, Aus einem diplomatischen Wanderleben, S. 27. Auch die von Baronin Spitzemberg der Fürstin nachgesagte banale Höflichkeit und Oberflächlichkeit wird von ihm bestritten. Die Unterhaltung im Salon Bülow habe sich immer „bei aller äußeren Eleganz auf dem Niveau der höchsten geistigen Interessen" gehalten. Ebd., S. 31.

444 Bunsen, Zeitgenossen, S. 82. Vgl. auch Rosen, Aus einem diplomatischen Wanderleben, S. 28.

445 Vgl. Zobeltitz, Chronik der Gesellschaft, Bd. 2, S. 197.

446 Reibnitz, Die grosse Dame, S. 150.

447 Ebd., S. 156. „Die Fürstin aber hatte einen Schmeicheltrick für sich, der immer wieder wirkte. Ging ein Besuch hinaus, so blieb die Türe offen und noch beim Anziehen des Überziehers hörte der Besucher die Worte ‚quelle intelligence et quel esprit'." Ebd. S. 156f. Bernhard Ernst von Bülow, der Vater des Fürsten, war 1876–1879 Staatssekretär des Äußeren unter Bismarck.

448 Ebd., S. 160. Rosen stellt dagegen fest: „Die deutsche Sprache beherrschte sie, wie auch die englische und die französische, in Wort und Schrift vollkommen. Sie hatte sich ganz in deutsche Verhältnisse eingelebt." Rosen, Aus einem diplomatischen Wanderleben, S. 29.

449 Zit. n. Reibnitz, Die grosse Dame, S. 159.

450 Vgl. Radziwill, Une grande dame d'avant guerre, Bd. 2, S. 126.

451 Ebd., S. 281.

452 Radziwill, Une grande dame d'avant guerre, Bd. 3, S. 123.

453 Ebd., Bd. 4, S. 139f.

454 Ebd., S. 282.

455 Wilhelmy, Der Berliner Salon, S. 291.

456 Bunsen, Die Welt in der ich lebte, S. 187. Bunsen misst Leonie Schwabach an den geistreichen Berliner jüdischen Salonnièren der Zeit von 1780–1830. Robolsky bescheinigt ihr dagegen einen französischen „esprit brillant". Vgl. Robolsky, Das vornehme Berlin, S. 139.

457 Vgl. Wilhelmy, Der Berliner Salon, S. 833; Nordegg, Die Berliner Gesellschaft, S. 168f.

458 Über Schwabachs politische Rolle berichtet Rosen: „Dr. Paul von Schwabach hat viele Jahre lang, auch noch nach Holsteins Tode, das weitgehende Vertrauen der politischen Leitung des Auswärtigen Amtes genossen. Er hat sowohl für Holstein wie auch später für Kiderlen private Korrespondenzen geführt und verschiedentlich auch geheime politische

Aufträge erledigt, beides mit dem Ziele einer friedlichen Verständigung unter Wahrung des deutschen Ansehens." Rosen, Aus einem diplomatischen Wanderleben, S. 23.

459 Radziwill, Une grande dame d'avant guerre, Bd. 4, S. 191.

460 Vgl. Wilhelmy, Der Berliner Salon, S. 633. Wilhelmy ordnet die geselligen Kreise bei den Delbrücks „dem Randbereich" des Salons zu, führt Elise von Delbrück jedoch in ihrem Register der Salonnièren auf.

461 Ebd., S. 807.

462 Das Register der Gäste des Salons Richter umfasst nach Zählung von Wilhelmy 77 Personen. Vgl. dies., Der Berliner Salon, S. 809–812. Barbara Hahn hebt in ihrer Untersuchung über jüdische Salons um 1900 hervor, dass Cornelie Richter als Jüdin von manchen Besuchern trotz der ihr entgegengebrachten Wertschätzung als Fremdkörper in der wilhelminischen High Society betrachtet wurde. Vgl. Barbara Hahn, Encounters at the Margins: Jewish Salons around 1900, in: Emily D. Bilski (Hg.), Berlin Metropolis. Jews and the New Culture 1890–1918, Berkeley/Los Angeles/London 1999, S. 188–207, hier S. 195.

463 Henry van de Velde, Geschichte meines Lebens. Hg. von Hans Curjel, München/Zürich 1986 [Erweiterte Neuausgabe], S. 168.

464 Radziwill, Une grande dame d'avant guerre, Bd. 3, S. 42.

465 Vgl. Wilhelmy, Der Berliner Salon, S. 709. Zum Salon Helene von Lebbins siehe ebd. S. 317–325.

466 Bunsen, Die Welt in der ich lebte, S. 189; vgl. dies., Die Frau und die Geselligkeit, S. 61–64.

467 Bunsen, Die Welt in der ich lebte, S. 189. Auch Bernhard von Bülow spricht von „eine[r] echte[n] Berlinerin, die sich nicht unterkriegen ließ." Bülow, Denkwürdigkeiten, Bd. 3, S. 137.

468 Vgl. Bunsen, Zeitgenossen, S. 89; Rosen, Aus einem diplomatischen Wanderleben, S. 20.

469 Spitzemberg, Das Tagebuch, S. 425. Karl Max Fürst von Lichnowsky war 1899–1904 Vortragender Rat im Auswärtigen Amt.

470 Vgl. ebd., S. 210.

471 Vgl. ebd., S. 221.

472 Ebd., S. 458.

473 Ebd., S. 461.

474 Wilhelmy, Der Berliner Salon, S. 325.

475 Hutten-Czapski, Sechzig Jahre Politik und Gesellschaft, Bd. 1, S. 175. Marie von Bunsen berichtet hingegen von Kontakten des Kanzlers Hohenlohe zu Lebbin: „Wie mir Frau von Delbrück erzählte, traf einer ihrer Freunde den alten Reichskanzler Hohenlohe, wie dieser geduldig vor Frau von Lebbins Wohnung auf und ab ging. ,Ja', meinte er, ,Frau von Lebbin ist beschäftigt, kann mich noch nicht empfangen.'" Bunsen, Zeitgenossen, S. 89.

476 Radziwill, Une grande dame d'avant guerre, Bd. 4, S. 78. Der Nachlass Holsteins blieb zu Lebzeiten Helene von Lebbins unveröffentlicht. Die Papiere erbte Paul von Schwabach.

477 Ebd., Bd. 4, S. 78. Diese Vermutung hat sich nach Erforschung des Nachlasses von Holstein nicht bestätigt. Vgl. Wilhelmy, Der Berliner Salon, S. 542f.

478 Spitzemberg, Das Tagebuch, S. 272. Tagebuchnotiz vom 21. März 1890.

479 Nostitz, Berlin. Erinnerung und Gegenwart, S. 157.

480 Spitzemberg, Das Tagebuch, Einleitung, S. 25.

481 Ebd., S. 29.

482 Ebd., S. 100. Tagebucheintragung vom 19. August 1870.

483 Ebd., S. 111. Tagebucheintragung vom 8. November 1870.

484 Ebd.

485 Ebd., S. 115. Tagebucheintragung vom 16. Dezember 1870.

486 Ebd., S. 116.

487 Ebd., S. 121.

488 Friedrich Nietzsche, Sämtliche Werke. Kritische Studienausgabe in 15 Bänden. Hg. von Giorgio Colli und Mazzino Montinari, Bd. 1, München 1988, S. 159f. Nietzsche hatte noch vor der Reichsgründung am 30. Dezember 1870 an Friedrich Ritschl in Leipzig geschrieben: „(…) möge vor allem die staatliche Machtentfaltung Deutschlands nicht mit zu erheblichen Opfern der Kultur erkauft werden!" Friedrich Nietzsche, Sämtliche Briefe. Kritische Studienausgabe in 8 Bänden. Hg. von Giorgio Colli und Mazzino Montinari, Bd. 3, München 1986, S. 173. Dagegen zeigen Äußerungen Nietzsches gegenüber seinem Freund Carl von Gersdorff im Juni 1871 ihn in geistiger Nähe zur Baronin Spitzemberg: „Nun winken neue Pflichten: und wenn Eins uns auch im Frieden bleiben mag aus jenem wilden Kriegsspiel, so ist es der heldenmüthige und zugleich besonnene Geist, den ich zu meiner Überraschung, gleichsam als eine schöne unerwartete Entdeckung, in unsrem Heere frisch und kräftig, in alter germanischer Gesundheit gefunden habe. Darauf läßt sich bauen: wir dürfen wieder hoffen! Unsre deutsche Mission ist noch nicht vorbei! Ich bin muthiger als je: denn noch nicht Alles ist unter französisch-jüdischer Verflachung und ,Eleganz' und unter dem gierigen Treiben der ,Jetztzeit' zu Grunde gegangen. Es giebt doch noch Tapferkeit und zwar deutsche Tapferkeit, die etwas innerlich Anderes ist als der élan unserer bedauerungswerthen Nachbarn." Ebd., S. 203.

489 Nietzsche, Sämtliche Werke, Bd. 1, S. 164.

490 Spitzemberg, Das Tagebuch, S. 478.

491 Ebd.

492 Vgl. ebd., S. 482.

493 Ebd., S. 542.

494 Ebd., S. 565.

495 Ebd., S. 404. Tagebuchnotiz vom 23. Dezember 1900.

496 Ebd., S. 556. Tagebuchnotiz vom 24. Februar 1913.

497 Reibnitz, Die grosse Dame, S. 84. Vgl. Marie von Bunsen, Unsere letzte gesellige Blüte, in: Frauengenerationen in Bildern. Hg. von Emmy Wolff, Berlin 1928, S. 99–103, hier S. 101. Zum Salon von Mary Clarke-Mohl (1793–1883) vgl. Petra Dollinger, Die internationale Vernetzung der deutschen Salons (1750–1914), in: Roberto Simanowski/Horst Turk/Thomas Schmidt (Hg.), Europa – ein Salon? Beiträge zur Internationalität des literarischen Salons, Göttingen 1999, S. 40–65, hier S. 55f.

498 Reibnitz, Die grosse Dame, S. 86.

499 Wilhelmy-Dollinger, Die Berliner Salons, S. 286. Das Ehepaar Helmholtz stand schon vor seiner Nobilitierung in geselligem Kontakt zu Kreisen der Hofgesellschaft und der königlichen bzw. kaiserlichen Familie. Vgl. Petra Wilhelmy-Dollinger, Der Salon der Anna von Helmholtz (1834–1899). Die Begegnung von alter Salontradition und moderner Naturwissenschaft im Berlin der Bismarckzeit, in: Mitteldeutsches Jahrbuch für Kultur und Geschichte. Hg. für die Stiftung Mitteldeutscher Kulturrat von Harro Kieser und Gerlinde Schlenker, Bd. 17, Bonn 2010, S. 120–140, hier S. 121.

500 Bunsen, Zeitgenossen, S. 40.

501 Bunsen, Unsere letzte gesellige Blüte, S. 101. Vgl. dies., Die Frau und die Geselligkeit, S. 51.

502 Zit. n. Reibnitz, Die große Dame, S. 85.

503 Sabine Lepsius, Über das Aussterben der „Salons", in: März. Eine Wochenschrift 7 (1913), S. 224. Vgl. Bunsen, Die Welt in der ich lebte, S. 189.

504 Lepsius, Über das Aussterben der „Salons", S. 223.

505 In diesem Sinne schreibt Anton von Werner: „Die durch glänzenden Geist, scharfen Verstand und umfassendes Wissen ebenso wie durch gesellige Talente ausgezeichnete Frau Anna v. Helmholtz verstand es meisterhaft, ihren Salon zu einem zwanglosen Vereinigungsort für die Aristokratie des Geistes wie der Geburt zu machen und mit ihrer Lebhaftigkeit die klassische Ruhe ihres berühmten Gatten im geselligen Verkehr zu ergänzen." Werner, Erlebnisse und Eindrücke, S. 97.

506 Bunsen, Die Welt in der ich lebte, S. 188.

507 Bunsen, Zeitgenossen, S. 40f.

IV. DIE GROSSEN DAMEN DER INTERNATIONALEN SOCIETY

508 Vgl. Alain Montandon, Dictionnaire raisonné de la politesse et du savoir-vivre du moyen âge à nos jours, Paris 1995, S. 197.

509 Vgl. Alexandra Gerstner, Neuer Adel. Aristokratische Elitekonzeptionen zwischen Jahrhundertwende und Nationalsozialismus, Darmstadt 2008, S. 36.

510 Anny Latour, Kulturgeschichte der Dame, Frankfurt am Main/Hamburg 1965, S. 32.

511 Pierre Larousse, Grand Dictionnaire universel, Bd. 6, Paris 1865, S. 37.

512 Ebd., S. 38.

513 Zit. n. Anne Martin-Fugier, La vie élégante ou la formation du Tout-Paris 1815–1848, Paris 1990, S. 205.

514 Jacob Grimm/Wilhelm Grimm, Deutsches Wörterbuch, Bd. 2, Leipzig 1860, S. 702. Vgl. auch Meyers Großes Konversations-Lexikon. Ein Nachschlagewerk des allgemeinen Wissens, 6. Aufl., Bd. 4, Leipzig/Wien 1908, S. 436.

515 Die Rede ist nunmehr – z. B. hierzulande – von der großen Dame des deutschen Sports, der deutschen Literatur, der deutschen Politik, des deutschen Journalismus usw. Was bleibt ist das Merkmal besonderer Verdienste, zumeist verbunden mit der Zugehörigkeit zu einer bestimmten Altersgruppe. Allerdings wird auf „das gewisse Etwas" in der Zuschreibung nicht ganz verzichtet. So schreibt die „Süddeutsche Zeitung" anlässlich des Todes der Schauspielerin Rosemarie Fendel: „Mag der Begriff auch abgedroschen klingen – man muss Rosemarie Fendel in aller Verehrung eine Grande Dame der Schauspielkunst und vor allem: die große alte Dame des deutschen Fernsehens nennen. Wer, wenn nicht diese kluge, vielseitige Charakterdarstellerin mit den wachen dunklen Augen hätte diesen Titel verdient?" SZ vom 15. März 2013, S. 12. Der „grande dame" Rosemarie Fendel werden Attribute wie Charme, Eleganz, Natürlichkeit und Niveau zugeschrieben. Mit Niveau ist hier offenbar nicht der soziale Rang, sondern ein Persönlichkeitsmerkmal gemeint.

516 Vgl. Eric Mension-Rigau, Aristocrates et Grands Bourgeois. Éducation, tradition, valeurs, Paris 1997, S. 14.

517 Mension-Rigau spricht von einer „excellence ontologique". Vgl. ebd., S. 486.

518 Maurice Halbwachs, Das Gedächtnis und seine sozialen Bedingungen, Frankfurt am Main 1985, S. 304f. Vgl. auch Monique de Saint Martin, Der Adel. Soziologie eines Standes, Konstanz 2003, S. 11–13.

519 Mension-Rigau, Aristocrates et Grands Bourgeois, S. 487. Vgl. auch Nicolaus Sombart, Pariser Lehrjahre 1951–1954. Leçons de Sociologie, Hamburg 1994, S. 273.

520 Mension-Rigau, Aristocrates et Grands Bourgeois, S. 65.

521 Zur Bedeutung des Begriffs „Tout-Paris" vgl. Martin-Fugier, La vie élégante ou la formation du Tout-Paris, S. 25, 96.

522 Vgl. Marie d'Agoult (Daniel Stern), Mémoires, souvenirs et journaux, Bd. 1. Hg. von Charles F. Dupêchez, Paris 1990, S. 277.

523 Marie Romieu, La femme au XIXe siècle, Paris 1858. Zit. n. Octave Uzanne, Die Pariserin. Studien zur Geschichte der Frau, der Gesellschaft, der französischen Galanterie und der zeitgenössischen Sitten, Dresden 1929, S. 303f.

524 Stendhal hat 1836 in „Lucien Leuwen" in der Figur Madame Grandets den Typus einer Bürgerin geschildert, die danach strebt, als große Dame anerkannt zu werden. „Ich bin reich, sehr reich, deswegen hatte mein Leben nur ein Ziel: ich wollte eine große Dame sein, mußte Titel und Würden besitzen." Stendhal [Henri Beyle], Lucien Leuwen, München 1954, S. 950.

525 Honoré de Balzac, Zweite Frauenstudie, in: Die Menschliche Komödie, Bd. 3. Hg. von Ernst Sander, München 1971, S. 948.

526 Vgl. Rose Fortassier, Les Mondains de La Comédie humaine. Étude historique et psychologique, Paris 1974, S. 302.

527 Vgl. Catherine Bidou-Zachariasen, Les basculement du „monde": domination symbolique et conflits de légitimité sociale dans le roman proustien, in: Didier Lancien/Monique de Saint Martin, Anciennes et nouvelles aristocraties de 1880 à nos jours, Paris 2007, S. 289–306.

528 Marcel Proust, Auf der Suche nach der verlorenen Zeit. Frankfurter Ausgabe in 13 Bänden. Hg. von Luzius Keller, Frankfurt am Main 1988–2002, hier Werke II. Bd. 1: Unterwegs zu Swann, S. 486.

529 Ebd., Bd. 3: Guermantes, S. 352.

530 Ebd., S. 815.

531 Ebd., Bd. 4: Sodom und Gomorrha, S. 95. Hélène de Perusse, Madame Standish, war die Tochter des Grafen des Cars. Sie heiratete Henry Noailles Widdrington Standish und war die Cousine der Gräfin Élisabeth Greffulhe.

532 Ebd., S. 413.

533 Ebd., Bd. 5: Die Gefangene, S. 332.

534 Ebd., Bd. 7: Die wiedergefundene Zeit, S. 391.

535 Ebd., S. 392.

536 Vgl. Claude Vento, Les Grandes Dames d'aujourd'hui, Paris 1886, S. 1. Zur Rolle Pauline von Metternichs in Paris vgl. auch Christa Diemel, Adelige Frauen im bürgerlichen Jahrhundert. Hofdamen, Stiftsdamen, Salondamen 1800–1870, Frankfurt am Main 1998, S. 175f.

537 Vento, Les Grandes Dames, S. 11.

538 Vgl. Aretz, Die elegante Frau, S. 316. Vgl. auch Uzanne, Die Pariserin, S. 107.

539 Anny Latour, Magier der Mode. Macht und Geheimnis der Haute Couture, Stuttgart 1956, S. 81.

540 Diana de Marly, Worth. Father of Haute Couture, New York 1990, S. 62.

541 Vgl. Valerie Steele, Paris Fashion. A Cultural History, Oxford 1998, S. 142; Herbert Norris/Oswald Curtis, Nineteenth-Century Costume and Fashion, London 1998 (1. Aufl. 1933), S. 147.

542 Aretz, Die elegante Frau, S. 315. Kracauer datiert dieses Ereignis auf das Jahr 1867, als Offenbachs neue Operette „Die Großherzogin von Geroldstein" aufgeführt wurde. Vgl. Siegfried Kracauer, Jacques Offenbach und das Paris seiner Zeit. Hg. von Karsten Witte, Frankfurt am Main 1976, S. 265.

543 Vgl. Reibnitz, Die grosse Dame, S. 92.

544 Prosper Mérimée, Lettres de Prosper Mérimée à madame de Montijo, Bd. 2, Paris 1995, S. 231. Zit. n. Martin-Fugier, Les salons de la IIIe République, S. 19.

545 Verena von der Heyden-Rynsch, Europäische Salons. Höhepunkte einer versunkenen weiblichen Kultur, München 1992, S. 187f.

546 Latour, Magier der Mode, S. 104. Kracauer zufolge ersann einer der führenden Lebe-männer der Zeit, der Herzog von Gramont-Caderousse, für seinesgleichen den Namen „cocodès". Für ihre Freundinnen setzte sich der Name „cocodettes" durch. Vgl. Kra-cauer, Jacques Offenbach, S. 220f. Vgl. auch Aretz, Die elegante Frau, S. 325.

547 Kracauer, Jacques Offenbach, S. 200.

548 Ebd., S. 241.

549 Helene von Nostitz, Aus dem alten Europa. Menschen und Städte. Hg. von Oswalt von Nostitz, Frankfurt am Main/Leipzig 1993, S. 140f.

550 Zur Biografie vgl. Robert Grossmann, Comtesse de Pourtalès. Une cour française dans l'Alsace impériale 1836 – 1870 – 1914, Strasbourg 1995. Vgl. auch André Germain, La Bourgeosie qui brûle. Propos d'un témoin (1890–1940), Paris 1951, S. 187–189.

551 Vgl. George D. Painter, Marcel Proust. Eine Biographie, Bd. 1, Frankfurt am Main 1962, S. 254; Vento, Les Grandes Dames d'aujourd'hui, S. 104. Baron Fouquier spricht von einer „compagnie inter-européenne". Marcel Fouquier, Jours heureux d'autrefois. Une Société et son Époque 1885–1935, Paris 1941, S. 124.

552 Vgl. Rièse, Les salons littéraires, S. 43.

553 Vgl. Martin-Fugier, Les salons de la IIIe République, S. 23.

554 Boni de Castellane, Mémoires 1867–1932. Hg. von Emmanuel de Waresquiel, Paris 1986, S. 58.

555 Painter, Marcel Proust, Bd. 1, S. 253.

556 Vento, Les Grandes Dames d'aujourd'hui, S. 108.

557 „Sie war eine typische ‚grande dame'. In ihrem Salon verkehrte die ‚beau monde' von Paris." Consuelo Vanderbilt Balsan, The Glitter and the Gold, New York 1952, S. 35.

558 Zit. n. Martin-Fugier, Les salons de la IIIe République, S. 120.

559 Philippe Jullian, Edward and the Edwardians, London 1967, S. 99f.

560 Constance de Castelbajac, Marquise de Breteuil, Journal 1885–1886. Hg. von Éric Men-sion-Rigau, Paris 2003, S. 36.

561 Ebd. Vgl. auch J. Sillery, Monographie de l'Hôtel de Sagan, Paris 1909, S. 24.

562 André de Fouquières, Cinquante ans de panache, Paris 1951, S. 49

563 „Gommeuses" nannte man junge Frauen, die in ihrer Eleganz das Lächerliche streif-ten. Vgl. Le Noveau Petit Robert. Dictionnaire alphabétique et analogique de la langue française. Hg. von Josette Rey-Debove/Alain Rey, Paris 1995, S. 1028.

564 Vento, Les Grandes Dames d'aujourd'hui, S. 48.

565 Vgl. Marcel Proust, Vorwort zu „Propos de Peintre", in: ders., Werke I, Bd. 3: Essays, Chroniken und andere Schriften, Frankfurt am Main 1992, S. 370. Die Begegnung in Trouville fand 1891 statt. Die Prinzessin war damals 52 Jahre alt.

566 Vgl. Painter, Marcel Proust, Bd. 1, S. 138f.

567 „Der Modetypus ist die grande dame, die die Kokotte spielt." Egon Friedell, Kulturgeschichte der Neuzeit. Die Krisis der europäischen Seele von der Schwarzen Pest bis zum
Ersten Weltkrieg, München o. J., S. 1143.

568 Karl Epting, Frankreichs goldene Jahre. La Belle Epoque, Stuttgart 1962, S. 92.

569 Vgl. Fouquier, Jours heureux d'autrefois, S. 155–161.

570 Romieu, La Femme au XIXème siècle. Zit. nach Uzanne, Die Pariserin, S. 304.

571 Das Wort „demi-monde" ist dem Titel eines 1852 aufgeführten Stücks von A. Dumas d.
J. entlehnt. Vgl. Stephen Gundle, Glamour. A History, Oxford 2008, S. 87.

572 Vgl. Arsène Houssaye, Les grandes dames, in: La Grande Dame. Revue mondaine cosmopolite 1 (1893), S. 417–419, hier S. 419.

573 Der deutsche Botschafter in Frankreich Radowitz urteilte über sie: „Die Frau war, man
mochte von ihr sagen, was man wollte, eine durch Verstand und Willenskraft hervorragende Persönlichkeit." Joseph Maria von Radowitz, Aufzeichnungen und Erinnerungen
aus dem Leben des Botschafters Joseph Maria von Radowitz, Bd. 2: 1878–1890. Hg. von
Hajo Holborn, Berlin/Leipzig 1925, S. 138.

574 Zit. n. Rièse, Les Salons littéraires Parisiens du Second Empire à nos jours, S. 70.

575 Kracauer spricht von den führenden Kurtisanen als einer geschlossenen Kaste. Die
Spitze bilde eine Garde: „die hohe Aristokratie der Halbwelt." Kracauer, Jacques Offenbach, S. 217.

576 Janine Alexandre-Debray, La Païva 1819–1884. Ses amants, ses maris, Paris 1986, S. 105.

577 Rièse, Les Salons littéraires, S. 71.

578 Vgl. Eelking, Das Bildnis des eleganten Mannes, S. 95.

579 Jacques Chastenet, Une „lionne" fastueuse: la Païva, in: Lectures pour tous, Nr. 39, 1.
März 1957. Zit. n. Rièse, ebd., S. 72.

580 Edmond und Jules de Goncourt, Tagebücher. Aufzeichnungen aus den Jahren 1851–1870.
Hg. von Justus Franz Wittkop, Frankfurt am Main 1983, S. 339. Auch Delacroix äußerte
sich distanziert. Am 7. Februar 1855 notierte er in seinem Tagebuch: „Bei der fabelhaften
Gräfin von Païva soupiert. Dieser entsetzliche Luxus mißfällt mir. Sonderbare Gesellschaft. Man behält an solche Abende keinerlei Erinnerung. Man ist am anderen Tage
noch zu benommen – das ist alles." Eugène Delacroix, Dem Auge ein Fest. Aus dem
Journal 1847–1863. Hg. von Kuno Mittelstädt, Frankfurt am Main 1988, S. 221. Vgl.
ebd., S. 225.

581 Goncourt, Tagebücher, S. 340.

582 Ebd., S. 345.

583 Justus Franz Wittkop, Nachwort zu Goncourt, Tagebücher, S. 426.

584 Ebd., S. 257.

585 Vgl. Martin-Fugier, Les salons de la IIIe République, S. 54f.

586 Vgl. Reibnitz, Die grosse Dame, S. 63.

587 Vgl. Vanderbilt Balsan, The Glitter and the Gold, S. 61.

588 Aretz, Die elegante Frau, S. 336.

589 Vgl. Vanderbilt Balsan, The Glitter and the Gold, S. 62.

590 Uzanne, Die Pariserin, S. 382.

591 Ebd., S. 382f.

592 Aretz, Die elegante Frau., S. 337.

593 Gabrielle Réjane (1856–1920) war neben Sarah Bernhardt die bekannteste französische Schauspielerin ihrer Zeit. Marie Radziwill verzeichnet einen Auftritt der Réjane am 20. November 1901 in Berlin. „Noailles [der französische Botschafter] gab für sie ein Déjeuner, das sehr amüsant gewesen sein muss. Die Réjane hat dort ihren Esprit versprüht und die Gesellschaft durch ihre Schlagfertigkeit unterhalten. Monsieur de Noailles leistete ihr auf bewundernswerte Weise Widerstand und Knesebeck, der zu den Gästen gehörte, erzählte mir, dass er selten einem solchen Fest beigewohnt habe." Radziwill, Une grande dame d'avant guerre, Bd. 2, S. 324. Eine Einladung der Schauspielerin in ihren Salon kam für die Fürstin offensichtlich nicht infrage. Wilhelm II. hatte Réjane zwei Jahre früher zu einem Sonderauftritt ins Schauspielhaus gebeten und sie in seiner Loge empfangen. Vgl. Zobeltitz, Chronik der Gesellschaft, Bd. 1, S. 237f. Alix Marie Adélaide Pasca (1835–1914) führte einen Salon, der von Politikern, Schriftstellern und Künstlern frequentiert wurde. Ein Gemälde von Léon Bonnat zeigt sie im Jahr 1874. Im Theater wurde sie als „grande dame" gefeiert. Vgl. Fouquier, Jours heureux d'autrefois, S. 126.

594 Edmond und Jules de Goncourt, Journal. Mémoires de la vie littéraire, Bd. 3, Paris 1989, S. 235.

595 Vgl. Martin-Fugier, Les salons de la IIIe République, S. 299.

596 „Eine berühmte Demimondäne des Zweiten Kaiserreiches sagte einmal: ‚Damen der Gesellschaft gehen zu diesem oder jenem Couturier, um so angezogen zu sein wie Kokotten. Ich gehe zu Worth, um als Dame gekleidet zu sein.'" Latour, Magier der Mode, 104.

597 Vgl. Kracauer, Jacques Offenbach, S. 217.

598 Latour, Magier der Mode, S. 104.

599 Aretz, Die elegante Frau, S. 368.

600 Vgl. Zobeltitz, Chronik der Gesellschaft, Bd. 1, S. 20.

601 Vgl. Lehmann, Mein Weg, S. 243.

602 Zobeltitz, Chronik der Gesellschaft, Bd. 1, S. 166f.

603 Ders., Chronik der Gesellschaft, Bd. 2, S. 42.

604 Vgl. La Grande Dame. Revue mondaine cosmopolite 1 (1893), S. 1.

605 Prince de La Rovère, La Princesse de Sagan, in: La Grande Dame 1 (1893) , S. 354.

606 Arsène Houssaye, Les grandes dames, in: La Grande Dame. Revue mondaine cosmopolite 1 (1893), S. 419.

607 Vgl. Prince d'Aurec, Les usages mondains de notre temps, in: La Grande Dame 2 (1894), Nr. 23, S. 361–365.

608 Vgl. Henri de Bréhalles, La vicomtesse G. de Kergariou, ebd. 4 (1896), S. 333–337.

609 Robert Michels, Adel und Aristokratie, in: März 7 (1913), S. 60–64, hier S. 63.

610 Adeline Countess of Cardigan and Lancastre, My recollections, London 1909, S. 176.

611 Vgl. Pamela Horn, High Society. The English Social Élite, 1880–1914, Wolfboro Falls 1993, S. 2.

612 J. F. C. Harrison, Late Victorian Britain 1875–1901, London/New York 1991, S. 48.

613 1899 wiesen 17 Prozent des Hochadels („Peerage") und 12 Prozent der zur Gentry zäh-lenden „Baronetcy" eine amerikanische Verflechtung auf. Vgl. J. Mordaunt Crook, The Rise of the *nouveaux riches*. Style and Status in Victorian and Edwardian Architecture, London 1999, S. 163. Im späten 19. Jahrhundert heirateten 454 amerikanische Erbinnen in den europäischen Adel ein. Vgl. Eric Homberger, Vergoldete Zeiten. Das New York der Reichen gestern und heute, in: High Society. Amerikanische Portraits des Gilded Age. Ausstellungskatalog, München 2008, S. 34.

614 Vgl. Mordaunt Crook, The Rise of the *nouveaux riches.*, S. 164.

615 Vgl. Lady Dorothy Nevill, Under Five Reigns. Hg. von Ralph Nevill, London 1910, S. 141–144; Frances Countess of Warwick, Life's Ebb and Flow, London 1929, S. 173.

616 Nevill, Under five reigns, S. 147.

617 Vgl. Horn, High Society, S. 85.

618 Vanderbild Balsan, The Glitter and the Gold, 74.

619 Vgl. Catherine Radziwill, Those I remember, London u. a. 1924, S. 85.

620 Lady Dorothy Nevill, The Reminiscences. Hg. von Ralph Nevill, London 1906, S. 100.

621 In Wildes Stück „Eine Frau ohne Bedeutung" belehrt Lady Caroline Pontefract eine amerikanische Besucherin, Miss Hester Worsley: „In meiner Jugend, Miss Worsley, traf man in der Gesellschaft nie jemand, der für seinen Lebensunterhalt arbeitete. Das galt nicht als schicklich. Hester: In Amerika sind das gerade die Leute, die wir am höchsten achten." Oscar Wilde, Eine Frau ohne Bedeutung, in: ders., Sämtliche Werke in zehn Bänden. Hg. von Norbert Kohl, Frankfurt am Main 1982, hier Bd. 3, S. 80.

622 Nevill, Reminiscences, S. 104.

623 Ebd., S. 105.

624 Ebd., S. 106.

625 Nevill, Under five reigns, S. 142.

626 Vgl. ebd., S. 173.

627 Lady Dorothy Nevill, My own times. Hg. von Ralph Nevill, London 1912, S. 154f.

628 Ebd., S. 157f.

629 Vgl. Cardigan, My Recollections, S. 176.

630 Harrison, Late Victorian Britain, S. 35.

631 Warwick, Life's Ebb & Flow, S. 48.

632 Frances Countess of Warwick, Afterthoughts. Zit. n. Virginia Cowles, Edward VII and his circle, London 1956, S. 214.

633 Vgl. Barbara W. Tuchman, Der stolze Turm. Ein Porträt der Welt vor dem Ersten Welt-krieg 1890–1914, München/Zürich 1969, S. 35.

634 Lady Mary Jeune, London Society, in: North American Review CLIV (1892), S.602–611, hier S. 610.

635 Vgl. E. H. Mikhail, The Social and Cultural Setting of the 1890s. An introduction together with a comprehensive bibliography, London 1969, S. 9f.

636 The Lady, Februar 1893. Zit. n. Harold Perkin, The Rise of Professional Society. England since 1880, London/New York 1989, S. 74f.

637 Leonore Davidoff, The Best Circles. Society, Etiquette and the Season, London 1973, S. 82.

638 Ebd., S. 64. Vgl. Gundle, Glamour, S. 124f.

639 Vgl. Davidoff, The Best Circles, S. 65.

640 Vgl. Philippe Jullian, Edward and the Edwardians, London 1967, S. 120; Cowles, Edward VII and his circle, S. 153f. Zu nennen sind u. a. Lady Randoph Churchill, Lady Dudley und Lady Helen Vincent. Der Ausdruck „professional beauties" sei – so Jullian – besonders von Damen der Gesellschaft verwendet worden, die selbst nicht in den Genuss kamen, fotografiert zu werden.

641 Vgl. Keith Middlemas, The Life and Time of Edward VII, New York 1972, S. 75.

642 Vgl. Cowles, Edward VII and his circle, S. 151f. Lillie Langtry schreibt in ihren Erinnerungen: „Queen Victoria schaute starr geradeaus und, wie ich glaube, reichte sie mir ihre Hand nur der Form halber." Zit. n. Cowles, ebd., S. 152.

643 Vgl. Eric Homberger, Mrs. Astor's New York. Money and Social Power in a Gilded Age, New Haven/London 2002, S. 2f.

644 Vgl. Cleveland Amory, Who killed Society? New York 1960, S. 58.

645 Vgl. Jamie Camplin, The Rise of the Plutocrats. Wealth and Power in Edwardian England, London 1978, S. 179.

646 Vgl. Gundle, Glamour, S. 114.

647 Vgl. Homburger, Vergoldete Zeiten, S. 31.

648 Harry Graf Kessler, Gesammelte Schriften in drei Bänden. Hg. von Cornelia Blasberg und Gerhard Schuster, Bd. 1: Gesichter und Zeiten. Erinnerungen. Notizen über Mexiko, Frankfurt am Main 1988, S. 247.

649 Ebd. Zur Geschichte der Astor-Familie vgl. Homburger, Mrs. Astor's New York und Amory, Who killed Society, S. 467–483

650 Kessler, Gesichter und Zeiten, S. 249.

651 Ebd.

652 Zit. n. Homburger, Mrs. Astor's New York, S. 10.

653 Ebd., S. 265. Eine ausführliche Darstellung über das wechselnde Verständnis von „Society" in den USA vom Beginn des 19. bis zur Mitte des 20. Jahrhunderts findet sich bei Amory, Who killed Society, S. 3–58. Der Zerfall der Society sei u. a. daran ablesbar, dass in den 1950er-Jahren die großen Zeitungen die Gesellschaftsseiten durch Frauenseiten ersetzten. Amory weist Elsa Maxwells Behauptung zurück, wer sich über die Society beschwere, gebe damit zu erkennen, dass er nicht dazu gehöre. Das Gegenteil sei richtig. Vgl. ebd. S. 33.

654 C. Wright Mills, Die amerikanische Elite. Gesellschaft und Macht in den Vereinigten Staaten, Hamburg 1966, S. 99. Zu den wenigen Salons in den USA vgl. Philipp Löser, Der amerikanische Salon am Beispiel der Achse Boston-Paris bis 1850 oder Warum die Salonkultur in den USA nie Fuß fassen konnte, in: Simanowski/Turk/Schmidt (Hg.), Europa – ein Salon?, S. 106–126.

655 Amory, Who killed Society, S. 14.

656 Kessler, Gesichter und Zeiten, S. 253.

657 Vgl. Richard von Schaukal, Leben und Meinungen des Herrn Andreas Balthesser, 7. Aufl., München 1917 (1. Aufl. 1907), S. 110.

658 Ebd., S. 114f.

659 Ebd., S. 115.

660 Margarete von Suttner, Die Dame, in: Elegante Welt Nr. 38 (1913), S. 14. Wieder abgedruckt in: Suttner (Hg.), Die elegante Frau. Ein Damen-Brevier, Berlin 1920, S. 7–12.

661 Ebd., S. 14.

662 Ebd.

663 Mension-Rigau, Aristocrates et Grands Bourgeois, S. 14.

664 Suttner, Die Dame, S. 15.

665 Harry Graf Kessler, Gesichter und Zeiten. Erinnerungen, Berlin 1962 (1. Aufl. 1935), S. 11.

666 Vgl. Gollwitzer, Die Standesherren, S. 321. Gollwitzer nennt für die Darstellung des hohen Adels Immermanns „Epigonen", Hofmannsthals Lustspiel „Der Schwierige" und Musils „Der Mann ohne Eigenschaften". Der niedere Adel finde sich in den Werken Freytags, Fontanes und Keyserlings repräsentiert. Ludwig von Nordegg beklagt 1907, Berliner Romane und Novellen existierten in Hülle und Fülle, „aber der deutsche Emile Zola scheint noch nicht geboren". Nordegg, Die Berliner Gesellschaft, S. 171.

667 Vgl. Hugo von Hofmannsthal, Gesammelte Werke in zehn Einzelbänden. Dramen IV. Lustspiele. Hg. von Bernd Schoeller, Frankfurt am Main 1979, S. 414.

668 Vgl. Eduard von Keyserling, Fürstinnen. Hg. von Richard Brinkmann, Berlin 1989, S. 199.

669 Ebd., S. 122.

670 Ebd., S. 37. Das Motiv des Etui-Menschen findet sich schon bei Anton Tschechow in seiner Erzählung „Der Mensch im Futteral" (1898) und wird von Walter Benjamin in seinem Essay „Der destruktive Charakter" (1931) wieder aufgenommen.

671 Vgl. zu dieser Praxis Eckart Conze, Vom deutschen Adel. Die Grafen von Bernstorff im zwanzigsten Jahrhundert, Stuttgart/München 2000, S. 329.

672 Keyserling, Fürstinnen, S. 9.

673 Ebd., S. 128.

674 Ebd., S. 134.

675 Vgl. Conze, Von deutschem Adel, S. 296f. Vgl. auch Diemel, Adelige Frauen im bürgerlichen Jahrhundert. Hofdamen, S. 15–36.

V. MARIE RADZIWILL UND DIE NEUE GENERATION DER GROSSEN DAMEN

676 Brief Laforgues vom 12. Februar 1882. Zit. im Nachwort Anneliese Botonds zu Laforgue, Berlin, der Hof und die Stadt, S. 118. Vgl. auch Amédée Pigeon, L'Allemagne de M. de Bismarck, S.142.

677 Laforgue, Berlin, der Hof und die Stadt, Nachwort, S. 123.

678 Die Gräfin Castellane, geb. Gould, reichte 1906 die Scheidung ein.

679 Vgl. Zobeltitz, Chronik der Gesellschaft, Bd. 1, S. 132f.

680 M. M. Potocka, Erinnerungen, S. 284.

681 Robolsky, Das vornehme Berlin, S. 128.

682 Wilke, Alt-Berliner Erinnerungen, S. 169.

683 Vgl. Lehmann, Mein Weg, S. 243.

684 Vgl. Jean-Louis de Faucigny-Lucinge, Un gentilhomme cosmopolite, Paris 1990, S. 64.

685 Painter, Marcel Proust. Bd. 1, S. 240. Vgl. Germain, La Bourgeoisie qui brûle, S. 189.

686 Wilke, Alt-Berliner Erinnerungen, S. 171.

687 Rièse, Les Salons littéraires, S. 121.

688 Gustave Schlumberger, Mes souvenirs (1844–1928), Bd. 2, Paris 1934, S. 83. Zit. n. Martin-Fugier, Les salons de la IIIe République, S. 313.

689 Castellane, Mémoires, S. 386.

690 Vgl. Faucigny-Lucinge, Un gentilhomme cosmopolite, S. 64f. Faucigny berichtet, dass das Ehepaar Castellane während des Zeiten Weltkriegs mit der deutschen Besatzungsmacht kollaborierte.

691 Vgl. Germain, La Bourgeoisie qui brûle, S. 189.

692 Painter, Marcel Proust, Bd. 1, S. 240f.

693 Undatierter Brief. Zit. n. Mension-Rigau, Boni de Castellane, S. 146.

694 Dessen Frau Frances Freifrau von Bunsen führte einen Salon in Rom, London und Heidelberg. Vgl. Dollinger, Die internationale Vernetzung der deutschen Salons, S. 54.

695 Der unter dem Pseudonym Joachim von Dissow schreibende Johann Albrecht von Rantzau berichtet, dass sie in Gesellschaftskreisen, die der Monarchie nachtrauerten, nach dem Ersten Weltkrieg als Musterbeispiel der modernen Frau wahrgenommen wurde. Vgl. Joachim von Dissow, Adel im Übergang. Ein kritischer Standesgenosse berichtet aus Residenzen und Gutshäusern, Stuttgart 1961, S. 214.

696 Bunsen, Zeitgenossen, S. 57.

697 Gertrud Bäumer, Marie von Bunsen zum Abschied, in: Die Frau. Monatsschrift für das gesamte Frauenleben unserer Zeit, 48 (1941), S. 346–347, hier S. 347.

698 Bunsen, Die Welt in der ich lebte, S. 16. Insofern hatte sie auch kein Verständnis für Marie Radziwills innere Zerrissenheit während des Deutsch-Französischen Krieges 1870/71. Nach dem Ersten Weltkrieg war Marie von Bunsen wegen des Friedens von Versailles nicht mehr bereit, englischen Boden zu betreten. Vgl. Bäumer, Marie von Bunsen zum Abschied, S. 347.

699 Bunsen, Zeitgenossen, S. 57.

700 Ebd., S. 111. Helene Gräfin von Harrach (1849–1940) war Palastdame der Kaiserin Auguste Victoria und führte seit den 1890er-Jahren einen Salon, in dem Hofgesellschaft und Künstlerkreise aufeinander trafen. Vgl. Wilhelmy, Der Berliner Salon, S. 344f., 655–657.

701 Bunsen, Die Welt in der ich lebte, S. 158.

702 Oscar A. H. Schmitz, Ergo sum. Jahre des Reisens, München 1927, S. 78. Schmitz hat Marie von Bunsen vermutlich 1906 bei dem Direktor der Nationalbank Julius Stern, einem Förderer der damals jungen Sezession, kennengelernt, dessen Frau einen Salon führte. Am 16. Dezember d. J. notiert er in seinem Tagebuch: „Um 1 aufgestanden (…) gefrühstückt beim Bankdirektor Stern, Bellevuestraße (Nationalbank). Unvornehme, stets das Wort ‚vornehm‘ im Mund führende Hebräer, aber die besten französischen Bilder an den Wänden (…) Sprungbrett für die berliner Gesellschaft. Meine Tischdame ein etwas überbildetes, sehr gesellschaftliches, älteres Fräulein von Bunsen, die Bücher schreibt.“ Oscar A. H. Schmitz, Das wilde Leben der Boheme. Tagebücher: Bd. 1: 1896–1906. Hg. von Wolfgang Martynkewicz, Berlin 2006, S. 328.

703 Schmitz, Ergo sum, S. 78.

704 Bunsen, Die Welt in der ich lebte, S. 157. Über die Zeit unmittelbar nach dem Kriege ist bei ihr zu lesen: „Nach bedauerlichen Enthüllungen beschloß ich mehrere Wochen über ohne jede Hilfe für mich und meine Wohnung zu sorgen und von der Pike an den Haushalt zu erlernen. Morgens leerte ich den Mülleimer im Hof, ich holte ein, ich kochte und machte rein. Unterhaltend war mir das Kochen. Nach vierzehn Tagen lud ich mir Gäste ein. Zum Servieren brachte der eine Gast seinen Diener mit (…) Daß eine Künstlerin oder Schriftstellerin mit genügender Hilfe ihren Hausstand gut führen könne, schien mir sicher, daß ihr diese tägliche Kleinarbeit aber leicht die Ruhe, die Sammlung, den Phantasieschwung lähmen müsse, erschien mir sehr wahrscheinlich.“ Bunsen, Zeitgenossen, S. 181f.

705 Reibnitz, Die grosse Dame, S. 170.

706 Ebd., S. 172.

707 Bunsen, Die Welt in der ich lebte, S. 201.

708 Bäumer, Marie von Bunsen zum Abschied, S. 346.

709 Ebd.

710 Marie von Bunsen, Die Frau und die Geselligkeit, Leipzig 1916. (Bücherei der deutschen Frau, Bd. 2. Hg. von Oskar A. H. Schmitz). 1903 war ihr Buch über den englischen Kulturphilosophen John Ruskin („John Ruskin, sein Leben und sein Wirken“, Leipzig 1903) erschienen, das Marcel Proust im selben Jahr rezensierte. Vgl. Marcel Proust, Frankfurter Ausgabe, Werke I, Bd. 3: Essays, Chroniken und andere Schriften, Frankfurt am Main 1992, S. 207–209.

711 Bunsen, Die Frau und die Geselligkeit, S. 10f.

712 Ebd., S. 12.

713	Ebd., S. 22.
714	Ebd., S. 43.
715	Ebd., S. 51.

VI. DER NIEDERGANG DES SALONS UND DAS „AUSSTERBEN" DER GROSSEN DAME

716	Wilhelmy-Dollinger, Die Berliner Salons, S. 295.
717	Ebd., S. 330.
718	Klubs waren keine reine Männerdomäne. 1907 entstand z. B. der „Lyzeumsklub". Sein Ziel war die Förderung weiblicher Aktivitäten auf journalistischem, künstlerischem, wissenschaftlichem und sozialpolitischem Gebiet. 1926 gründeten adlige und großbürgerliche Frauen den „Deutschen Damen-Automobilklub". Vgl. Reif, Hauptstadtentwicklung und Elitenbildung, S. 691f.
719	Lepsius, Über das Aussterben der „Salons", S. 228.
720	Marie von Bunsen sieht in der Gasthausgeselligkeit gar ein bedenkliches Surrogat häuslicher Geselligkeit. „Das Gasthaus ist ein recht niedrig stehender Ersatz; die Bequemlichkeit, das Ausruhebedürfnis der Frau soll ihn veranlassen. Jene Frauen, welche umsichtig leiten, statt rastlos klappernd überall selbst anzufassen, werden anders denken. Sie wissen auch, daß die Überhandnahme des Wirtshauslebens die *Enteignung der Frau* bedeutet, diese Sitten müssen die Häuslichkeit untergraben." Bunsen, Die Frau und die Geselligkeit, S. 130.
721	Die Mittwochabende Felicie Bernsteins (1852–1908) waren ein Treffpunkt des Berliner Kunst- und Geisteslebens. In ihrem Salon, dessen Stammgast Max Liebermann war, wurden zum ersten Mal Bilder französischer Impressionisten gezeigt. Vgl. Wilhelmy, Der Berliner Salon, S. 311–314, 612–613; Hahn, Encounters at the Margins, S. 198–200.
722	Lepsius, Über das Aussterben der „Salons", S. 232. Simanowski schreibt: „Der Salon verliert seine ‚Muse vom Dienst' an die Gesellschaft, wo sie nicht mehr nur Vermittlerin ist, sondern professionalisierte Initiatorin und Gestalterin." Simanowski, Der Salon als dreifache Vermittlungsinstanz, in: Simanowski/Turk/Schmidt (Hg.), Europa – ein Salon?, S. 19.
723	Im Salon Lepsius war lange Zeit Stefan George diese Mittelpunktsfigur.
724	Lepsius, Über das Aussterben der „Salons", S. 233.
725	Ebd., S. 234.
726	Paula von Reznicek, Auferstehung der Dame, Stuttgart 1928, S. 16.
727	Ebd., S. 160.
728	Ebd., S. 160f.

729 Ein Autor der Gegenwart, Asfa-Wossen Asserate, sieht in der Dame ein klassengebun-
    denes Ideal, das mit der dazugehörenden Klasse dahin gesunken sei, wenngleich es noch
    eine beachtliche Anzahl wirklicher Damen gebe. Vgl. Asfa-Wossen Asserate, Manieren,
    Frankfurt am Main 2003, S. 55.

730 Oscar A. H. Schmitz, Brevier für Weltleute. Essays über Gesellschaft, Mode, Frauen,
    Reisen, Lebenskunst, Kunst, Philosophie, München 1921, S. 150.

731 Ebd., S. 152.

732 Schmitz, Ergo sum, S. 301.

733 Zobeltitz, Chronik der Gesellschaft, Bd. 2, S. 351f.

734 Über das Amerika-Bild der Vorkriegs- und frühen Nachkriegszeit berichtet Dissow:
    „Von Amerika habe ich in meiner Jugend nie anders als von einem höchst unerfreuli-
    chen Land sprechen hören, welches man nur aufsuchte, wenn man sich in Deutschland
    durch unbezahlte Schulden oder Schlimmeres unmöglich gemacht hatte". Dissow [d. i.
    Rantzau], Adel im Übergang, S. 109 und 110.

735 Bunsen, Unsere letzte gesellige Blüte, S. 99.

736 Ebd., S. 102.

737 Ebd.

738 Bunsen, Die Frau und die Geselligkeit, S. 106.

739 Peter Fries, Große Damen, Sport- und andere Mädel, in: Velhagen & Klasings Monats-
    hefte 43 (1928), S. 185–192, hier S. 187.

740 Ebd., S. 188.

741 Ebd., S. 192.

742 Vgl. Klaus Lindner, Karl Maximilian Fürst Lichnowsky (1860–1928), in: Schlesische Le-
    bensbilder, Bd. 9. Hg. von Joachim Bahlcke, Insingen 2007, S. 305–315, hier S. 306.

743 Zit. n. Reibnitz, Die grosse Dame, S. 198f.

744 Pless, Tanz auf dem Vulkan, Bd. 1, S. 216.

745 Reibnitz, Gestalten rings um Hindenburg, S. 205.

746 Vgl. Wilhelmy, Der Berliner Salon, S. 382f.

747 Ebd., S. 383. Wilhelmy zitiert hier aus einem 1909 verfassten Brief Mechtilde Lichnows-
    kys an ihre Schwester Helene Gräfin Harrach. Dieser und andere Briefe sind Teil des
    Nachlasses, der sich im Deutschen Literaturarchiv Marbach befindet.

748 Zit. n. Wilhelmy, Der Berliner Salon, S. 384.

749 Reibnitz, Die grosse Dame, S. 198. Vgl. Lady Diana Cooper, Die Memoiren, Frankfurt
    am Main 1962, S. 237. Fließbach schreibt in seiner Monografie über Mechtilde Lich-
    nowsky: „Das Botschaftsgebäude stellte ein fortschrittliches, geistig und künstlerisch
    aufgeschlossenes, gänzlich unwilhelminisches Deutschland dar; an den Wänden hingen
    neben alten Meistern auch die Bilder moderner Maler wie Kokoschka, Picasso, Weisger-
    ber, Marc, Willi Geiger." Holger Fließbach, Mechtilde Lichnowsky. Eine monographi-
    sche Studie, München 1973, S. 51.

750 Vgl. Brief an Hermann von Keyserling vom 1. Dezember 1912. Zit. bei Fließbach, Mechtilde Lichnowsky, S. 52.

751 Klaus Lindner berichtet von einem „feudal-intellektuellen Salon" des Fürstenpaars, zu dessen Gästen u. a. die Schriftsteller Karl Kraus und Hugo von Hofmannsthal, der Bildhauer Georg Kolbe und die Maler Max Liebermann, Willi Geiger und Oskar Kokoschka zählten. Vgl. Lindner, Karl Maximilian Fürst Lichnowsky, S. 306.

752 Vgl. Mechtilde Lichnowsky, Der Kampf mit dem Fachmann, München 1978, S. 154.

753 Ebd., S. 155f.

754 Ebd., S. 156f. Peter von Haselberg hält diese Einwände für pure Koketterie, „denn gerade dadurch war sie bekannt geworden, daß die Koryphäen der damaligen Kritik, Kerr und Kraus voran, sich an der Durchlaucht wetzten". Haselberg, Nachwort zu „Der Kampf mit dem Fachmann", S. 249.

755 Fließbach, Mechtilde Lichnowsky, S. 22.

756 Zit. n. Fließbach, Mechtilde Lichnowsky, S. 31.

757 Zit. n. Anne Martina Emonts, Mechtilde Lichnowsky – Sprachlust und Sprachkritik. Annäherung an ein Kulturphänomen, Würzburg 2009, S. 93, Anm. 353.

758 Fließbach, Mechtilde Lichnowsky., S. 24.

759 Ebd.

760 Rainer Gruenter, Versuch über Oscar Wilde, in: ders., Vom Elend des Schönen. Studien zur Literatur und Kunst. Hg. von Heinke Wunderlich, München 1988, S. 209.

761 Fließbach erkennt in der Verwendung des Begriffs „Dame" den Versuch, generell den weiblichen Schriftsteller als einen Sonderfall *des* Schriftstellers herauszuheben. Vgl. Fließbach, Mechtilde Lichnowsky, S. 25.

762 Der Titel einer Rezension von Nora von Kapp in der „Neue(n) Württembergische(n) Zeitung" vom Juni 1956 lautet „Dichterin und große Dame". Nach dem Tod der Dichterin am 4. Juni 1958 veröffentlichte die „Berliner Morgenpost" einen Nachruf unter dem Titel „Letzte ‚Grande Dame' unserer Dichtung. Das merkwürdige Leben der Mechtilde Lichnowsky". Vgl. Emonts, Mechtilde Lichnowsky, S. 76 und 79. Vgl. auch den Artikel in der „Neue(n) Zürcher Zeitung" zum 100. Geburtstag der Dichterin am 9. März 1979. Ebd., S. 95.

763 Fließbach, Mechtilde Lichnowsky, S. 24. Zu Beginn des 21. Jahrhunderts sind die Konnotationen, die sich mit dem Begriff „grande dame" in literarisch-künstlerischer Hinsicht verbinden, eher ins Positive umgeschlagen. Er ist zum Auszeichnungstitel geworden. So wird zum Beispiel die Dichterin Erika Burkart als „große alte Dame der Schweizer Lyrik" bezeichnet, ohne dass in dieser Zuschreibung ein antifeministischer Gehalt erkennbar ist. Vgl. Pia Reinacher, Geheimnis und Gewalt. Zum Tod der Schweizer Dichterin Erika Burkart, in: Frankfurter Allgemeine Zeitung vom 16. April 2010, S. 36.

764 Nach dem Zweiten Weltkrieg und dem Verlust ihrer Güter führte Mechtilde Lichnowsky in London eine eher bescheidene Existenz. Vgl. Anonym, Worte über Wörter.

Als Ahnin Lucrezia Borgia, in: Der Spiegel, H. 15 vom 9. April 1949, S. 27. „Sie kämpft darum, etwas von ihren geliebten Teppichen, ihrem Porzellan, ihren Möbeln aus Frankreich zu bekommen."

765 Zu Franziska zu Reventlow vgl. Isabelle Stauffer, Weibliche Dandys, blickmächtige Femmes fragiles. Ironische Inszenierungen des Geschlechts im Fin de Siècle, Köln/Weimar/Wien 2008, S. 5.

766 Vgl. Fließbach, Mechtilde Lichnowsky, S. 238.

767 Vgl. Hartmut Cellbrot/Ursula Renner (Hg.), Hugo von Hofmannsthal – Mechtilde Lichnowsky. Briefwechsel, in: Hofmannsthal Jahrbuch. Zur Europäischen Moderne 5/1997, Freiburg 1997, S. 149.

768 In seinem Lustspiel „Der Schwierige" (1917) lässt Hofmannsthal Gräfin Helene Altenwyl sagen: „Wir haben alle Ursache, wir jüngeren Menschen, wenn uns vor etwas auf der Welt grausen muß, so davor, daß es etwas gibt wie Konversation: Worte, die alles Wirkliche verflachen und im Geschwätz beruhigen." Hugo von Hofmannsthal, Gesammelte Werke. Dramen IV. Lustspiele. Hg. von Bernd Schoeller, Frankfurt am Main 1979, S. 376.

769 Fließbach schreibt: „Mechtilde Lichnowsky aber, die sich aus so manchen Fesseln und Konventionen jener Gesellschaft zu befreien verstand, durchschaute auch an der Instrumentalisierung des Gesprächs in der Konversation das, human betrachtet, Unzulängliche und Nichtige und hielt dem ihre eigene Vision des Gesprächs entgegen als einer von Sensibilität, Differenzierung und gegenseitiger Achtung getragenen Kommunikation." Fließbach, Mechtilde Lichnowsky, S. 242f.

770 Der junge Golo Mann schildert einen Besuch auf Schloss Kuchelna im Jahr 1923: „Daß in Kuchelna gespart wurde, merkte ich wohl – es war die Zeit unmittelbar vor dem Ende der ‚Inflation' – aber unter Bewahrung des würdigsten Stiles. Livrierte Diener hielten sich hinter den Stühlen des fürstlichen Paares während der Mahlzeiten, bei denen, belehrte mich mein Freund, nur aus Rücksicht auf mich Deutsch anstatt Französisch gesprochen wurde; es gab einen Hauslehrer und eine Gouvernante, die aber mehr Pensionäre waren; der wechselnde Gebrauch der Räume und Kaminfeuer entbehrte nicht eines geregelten, zeremoniellen Charakters. Es war eine Art von Repräsentanz, die nur sich selber galt." Golo Mann, Fürst Lichnowsky, in: ders., Geschichte und Geschichten, Frankfurt am Main 1961, S. 517–522, hier S. 518.

771 Vgl. Dissow, Adel im Übergang, S. 221.

772 Nostitz, Aus dem alten Europa, S. 36.

773 Oswalt von Nostitz, Muse und Weltkind. Das Leben der Helene von Nostitz, München/Zürich 1991, S. 60.

774 Vgl. Otto Freiherr von Taube, Stationen auf dem Wege. Erinnerungen an meine Werdezeit vor 1914, Heidelberg 1969, S. 194.

775 Reibnitz, Die grosse Dame, S. 194.

776 Vgl. Dissow, Adel im Übergang, S. 222. Der Verfasser zog den mondänen Zusammen-
     künften im Hause Nostitz die kleineren Einladungen vor, „bei denen man in engerem
     Kreise mittags oder abends mit der Familie zusammen war." Ebd., S. 224.

777 Dissow erwähnt, dass Helene von Nostitz' Jagd nach Zelebritäten in Berlin vielfach be-
     spöttelt wurde. Dank dieser Schwäche habe sie Aufnahme in Hofmannsthals Lustspiel
     „Der Schwierige" gefunden. „Dort tritt eine Gräfin Edine auf, welche die Bekanntschaft
     eines berühmten Professors Brückner machen will, ihn aber zu dessen großer Unzu-
     friedenheit mit seinem Kollegen Brücke verwechselt und es dann für eigentlich ganz
     unstatthaft erklärt, daß zwei berühmte Leute so ähnliche Namen tragen." Dissow, Adel
     im Übergang, S. 225.

778 Zit. n. Nostitz, Muse und Weltkind, S. 331f.

779 Ebd., S. 312.

780 Ebd.

781 Nostitz, Aus dem alten Europa, S. 38.

782 Ebd., S. 44.

783 Ebd., S. 64.

784 Ebd., S. 74.

785 Vgl. Nicolaus Sombart, Helene von Nostitz, die Dame, in: ders., Die Frau ist die Zu-
     kunft des Mannes. Aufklärung ist immer erotisch. Hg. von Frithjof Hager, Frankfurt am
     Main 2003, S. 45. Zuerst veröffentlicht in „Die Zeit" vom 26. September 1991.

786 Der Archäologe Ludwig Curtius spricht von ihrer „unbesiegbare(n) Heiterkeit und
     eine(r) Bereitschaft zum Genuß der schönen Welt, in der alles bittere nach dem ersten
     Weltkrieg Erlebte, der Verlust ihres Reichtums, der Untergang der aristokratischen Ge-
     sellschaft von Fürstenhöfen und Diplomatie, in der sie gelebt hatte, keine Rolle spielte."
     Ludwig Curtius, Torso. Verstreute und nachgelassene Schriften. Hg. von Joachim Mo-
     ras, Stuttgart 1957, S. 266. Vgl. auch Oswalt von Nostitz, Memoriam, in: Nostitz, Aus
     dem alten Europa, S. 235.

787 Vgl. Helene Nostitz, Berlin. Erinnerung und Gegenwart, Leipzig/Berlin 1938. Im Un-
     terschied zu dem Band „Aus dem alten Europa" kündet das Buch nicht nur von Weh-
     mut angesichts des unwiederbringlich Verlorenen, sondern von Aufbruchstimmung:
     „(…) die Hauptstadt des Dritten Reiches, nach dem Willen des Führers die erste wahre
     Hauptstadt der Deutschen, die vordem nie eine derartige Mitte ihres nationalen Lebens
     gekannt haben, sieht eine neue Architektur erstehen, deren gewaltige Quadern und Pi-
     laster noch späten Jahrhunderten von dem Geschehen und Erleben dieser Tage sprechen
     sollen." Ebd., S. 7.

788 Zit. n. Nostitz, Muse und Weltkind, S. 371.

789 Ebd., S. 371f.

790 Ebd., S. 373. Dissow kommentiert: „Nicht etwa, daß man nationalsozialistisch wurde,
     aber man verfiel einem politischen Wunschdenken, das ich rückblickend nicht anders als
     die ‚autoritäre Illusion' bezeichnen kann." Dissow, Adel im Übergang, S. 230. Dissow

stützt sich auf Beobachtungen, die er in Adelskreisen, seiner Familie und bei sich selbst gemacht hatte.

791 Zit. n. Dissow, Adel im Übergang, S. 235.

792 Ebd., S. 226. Oswalt von Nostitz zählt hingegen die Professoren Hans Delbrück, Friedrich Meinecke und Werner Sombart zum Bekanntenkreis des Hauses Nostitz. Vgl. Nostitz, Muse und Weltkind, S. 376.

793 Dissow, Adel im Übergang, S. 227.

794 Nicolaus Sombart, Jugend in Berlin 1933–1943. Ein Bericht, München 1984, S. 111.

795 Ebd., S. 113.

796 Sombart, Helene von Nostitz, S. 42.

797 Ebd.

798 Ebd., S. 43.

799 Ebd., S. 44.

800 Ebd., S. 45.

801 Ebd., S. 46.

802 Ebd.

803 Der politische Untergang des Adels 1918 wirkte sich auf die soziale Lage seiner verschiedenen Gruppen jedoch unterschiedlich aus. Vgl. Stephan Malinowski, „Wer schenkt uns wieder Kartoffeln?" Deutscher Adel nach 1918 – eine Elite?, in: Schulz/Denzel (Hg.), Deutscher Adel im 19. und 20. Jahrhundert, S. 503–537, hier S. 510 und 517.

804 Curtius, Torso, S. 267.

805 Sombart, Helene von Nostitz, S. 47.

806 Sombart, Jugend in Berlin, S. 16.

807 Ebd., S. 78.

808 Ebd.

809 Ursula von Mangoldt, Auf der Schwelle zwischen Gestern und Morgen. Begegnungen und Erlebnisse, Weilheim 1963, S. 72.

810 Ebd., S. 74.

811 Ebd., S. 75–77. Zu Gide vgl. auch Margarete Zimmermann (Hg.), „Ach, wie gût schmeckt mir Berlin". Französische Passanten im Berlin der zwanziger und frühen dreißiger Jahre, Berlin 2010, S. 14.

812 Bunsen, Zeitgenossen, S. 101.

813 Reibnitz, Gestalten rings um Hindenburg, S. 180.

814 Sombart, Jugend in Berlin, S. 67.

815 Ebd., S. 20.

816 Ebd., S. 17.

AUSBLICK

817 Für Baron Fouquier, einem *arbiter elegantiarum* der Belle Époque, waren im Unterschied zu den aufkommenden Autos die prächtigen Kutschen der Inbegriff der Eleganz. Er beklagt, dass sie bei den Pferderennen nicht mehr zu sehen seien: „Aber die Eleganz ist verschwunden. Es gibt keine Equipagen mehr." Fouquier, Jours heureux d'autrefois, S. 286. Vgl. auch Lady Dorothy Nevill, My own times. Hg. von Ralph Nevill, London 1912, S. 174f.

818 R. Simanowski, Der Salon als dreifache Vermittlungsinstanz, in: Simanowski/Turk/Schmidt (Hg.), Europa ein Salon?, S. 20.

819 Reibnitz, Die grosse Dame, S. 7. Der Topos der „Amerikanisierung" oder des „Amerikanismus" findet sich in zahlreichen Quellen zur Geschichte des mondänen Lebens in den europäischen Metropolen. Waren solche Hinweise im letzten Drittel des 19. Jahrhunderts noch vereinzelt anzutreffen, so verdichteten sie sich nach dem Ersten Weltkrieg zu einem allgemein geteilten Befund. Vgl. z. B. Mension-Rigau, Aristocrates et Grands Bourgeois, S. 414; Aretz, Die elegante Frau, S. 380; Schmitz, Ergo sum, S. 301.

820 Zobeltitz, Chronik der Gesellschaft, Bd. 2, S. 121.

821 Ebd., S. 120.

822 Wilke, Alt-Berliner Erinnerungen, S. 234.

823 Zobeltitz, Chronik der Gesellschaft, Bd. 1, S. 6.

824 Zit. n. Mordaunt Crook, The Rise of the *Nouveaux Riches,* S. 187.

825 Zur Herkunft des Begriffs „Café Society" vgl. Amory, Who killed Society, 108; Mills, Die amerikanische Elite, S. 90; Gundle, Glamour, S. 155 und Cecil Beaton, The Glass of Fashion, London 1954, S. 300.

826 Mills, Die amerikanische Elite, S. 90.

827 Ebd., S. 92.

828 Vgl. Aretz, Die elegante Frau, S. 380.

829 Beaton, The Glass of Fashion, S. 71.

830 „Boxen, fechten, schwimmen, segeln, Golf und Tennis spielen, reiten, Ski und Fahrrad fahren, Autorennen und Fliegen sind *en vogue* und verlangen den *Girls in Action* eine neue Mode ab, die ihnen Bein- und Bewegungsfreiheit ermöglicht." Julia Freytag/Alexandra Tacke (Hg.), City Girls. Bubiköpfe & Blaustrümpfe in den 1920er Jahren, Köln/Weimar/Wien 2011, S. 15f.

831 Aretz, Die elegante Frau, S. 378f.

832 Vgl. Germain, La bourgeoisie qui brûle, S. 196–210. Diese jungen sportlichen Frauen haben, so Germain, die Fähigkeit verlernt zu schreiten („marcher"), sie rennen („courir"). Vgl. ebd., S. 197. Zu „Baba" de Faucigny-Lucinge vgl. Jean-Louis de Faucigny-Lucinge, Legendary Parties, New York/Paris 1987, S. 53–57; zu Marie Laure de Noailles vgl. Laurence Benaïm, Marie Laure de Noailles. La vicomtesse du bizarre, Paris 2001.

833 Robert Musil, Die Frau gestern und morgen [1929], in: ders., Gesammelte Werke in neun Bänden. Hg. von Adolf Frisé, Reinbek bei Hamburg 1978, hier Bd. 8: Essays und Reden, S. 1197f.

834 „Sie war hinfort diejenige, um die man sich bemühte, die man grüßte, deren Gesellschaft man suchte und deren Aussprüche von den Zeitungen aufgegriffen wurden. Für die Presse war sie die *Grande Mademoiselle*." Edmonde Charles-Roux, Coco Chanel. Ein Leben, Frankfurt am Main 1994, S. 123.

835 Paul Morand/Coco Chanel, Die Kunst, Chanel zu sein. Gespräche mit Coco Chanel, München/Paris/London 1998/2003, S. 194.

836 Vgl. Gundle, Glamour, S. 162ff.

837 Beaton, The Glass of Fashion, S. 323.

838 Ebd., S. 335.

839 Schmitz, Brevier für Weltleute, S. 114.

Quellen- und Literaturverzeichnis

I. ARCHIVALISCHE QUELLEN

Geheimes Staatsarchiv Preußischer Kulturbesitz Berlin
Rep. 92 Nachlaß der Fürstin Marie Radziwill, geb. Gräfin Castellane
Briefe an Marie Radziwill von Elisabeth von Heyking, Graf Jerzy Potocki, Fürst Xavier
  Lubecki, Gräfin Maria von Bülow, Graf Lanza u. a.

Archiwum Państwowe w Kielcach [= Staatsarchiv Kielce]
Sygnatura 21/295/0/22, 1887–1916, Briefe von Michael Radziwill an seinen Vater
  Ferdinand Radziwill; Briefe von Marie Bernardaky Radziwill an ihren Schwieger-
  vater Ferdinand Radziwill
Sygnatura 21/295/0/27, Briefe von Marie Radziwill an Ferdinand Radziwill 1890–1912
Sygnatura 21/295/0/50, Briefe von Marie Radziwill an Pelagie Radziwill, der Ehefrau
  Ferdinand Radziwills 1883–1904

Archiwum Główne Akt Dawnych w Warszawie
[= Hauptarchiv der alten Akten in Warschau]
Archiwum Potockich z Łańcuta Numer zespołu 350. Sygnatura 1910–2154, Korrespon-
  denz der Radziwills inkl. Briefe von und an Marie Radziwill 1857–1915

Archiwum Państwowe w Zielonej Górze [= Staatsarchiv Zielona Góra]
Kod zespołu Nr. 89/964 Akten der Fürstl. Anton Radziwill'schen General-Verwaltung
  Kleinitz

Bibliothèque nationale de France Paris archives et manuscrits
F. 2, Briefe von Marie Radziwill
F. 3–4, Briefe von Marie Radziwill
F. 71–73, Briefe von Marie Radziwill
NAF 24155, Briefe von General Galliffet an Marie Radziwill

II. GEDRUCKTE QUELLEN

Agoult, Marie d' (Daniel Stern): *Mémoires, souvenirs et journaux*, Bd. 1. Hg. von Charles F. Dupêchez, Paris 1990

Albedyll-Alten, Julie von: *Aus Hannover und Preußen. Lebenserinnerungen aus einem halben Jahrhundert*. Hg. von Richard Boschan, Potsdam 1914

Aurec, Prince d': *Les usages mondains de notre temps*, in: La Grande Dame. Revue mondaine cosmopolite 2 (1894), Nr. 23, S. 361–365

Bac, Ferdinand: *Intimités de la IIIe République, Bd. 2: La Fin des ,Temps délicieux'. Souvenirs Parisiens*, Paris 1935

Bäumer, Gertrud: *Marie von Bunsen zum Abschied*, in: Die Frau. Monatsschrift für das gesamte Frauenleben, 48 (1941), S. 346–347

Balzac, Honoré de: *Zweite Frauenstudie*, in: Die Menschliche Komödie, Bd. 3. Hg. von Ernst Sander, München 1971

Beck, H. von: *Herzogin Pauline von Talleyrand und Sagan*, in: Illustrirte Frauen-Zeitung, 22 (1895), H. 13, 1. Juli 1895, S. 102–103

Bismarck, Otto von: *Gedanken und Erinnerungen*. Vollständige Ausgabe in einem Band, Stuttgart 1965

Bismarck, Otto von: *Gedanken und Erinnerungen*. Bearbeitet von Michael Epkenhans und Eberhard Kolb (Gesammelte Werke [Friedrichsruher Ausgabe], Abteilung IV), Paderborn u. a. 2012

Bréhalles, Henri de: *La vicomtesse G. de Kergariou*, in: La Grande Dame. Revue de l'Élégance et des Arts 4 (1896), S. 333–337

Brehmer, Arthur (Hg.): *Am Hofe Kaiser Wilhelm II.*, Berlin 1898

Buffenoir, Hippolyte: *La duchesse de Rohan*, Paris 1904

Buffenoir, Hippolyte: *La duchesse d'Uzès*, Paris 1893

Bülow, Bernhard Fürst von: *Denkwürdigkeiten, Bd. 3: Weltkrieg und Zusammenbruch*. Hg. von Franz von Stockhammern, Berlin 1931

Bülow, Bernhard Fürst von: *Denkwürdigkeiten, Bd. 4: Jugend- und Diplomatenjahre*. Hg. von Franz von Stockhammern, Berlin 1931

Bunsen, Marie von: *Die Frau und die Geselligkeit*, Leipzig 1916

Bunsen, Marie von: *Kaiserin Augusta*, Berlin 1940

Bunsen, Marie von: *Talleyrands Nichte, die Herzogin von Sagan*, Stuttgart/Berlin 1935

Bunsen, Marie von: *Unsere letzte gesellige Blüte*, in: Frauengenerationen in Bildern. Hg. von Emmy Wolff, Berlin 1928, S. 99–103

Bunsen, Marie von: *Die Welt in der ich lebte, 1860–1912*, Biberach 1959 [EA Leipzig 1929]

Bunsen, Marie von: *Zeitgenossen die ich erlebte, 1900–1930*, Leipzig 1932

Cardigan and Lancastre, Adeline Countess of: *My Recollections*, London 1909

Castelbajac, Constance de, marquise de Breteuil: *Journal 1885–1886.* Hg. von Eric Mension-Rigau, Paris 2003

Castellane, Boni de: *Mémoires (1867–1932).* Introduction et notes d'Emmanuel de Waresquiel, Paris 1986

Castellane, Boni de: *Wie ich als armer Mann Paris entdeckte. Erinnerungen,* Berlin 1926

Castellane, Esprit Victor Élisabeth Boniface de: *Journal du maréchal de Castellane, 1804–1862,* Bd. 4: *1847–1853,* Paris 1896

Cellbrot, Hartmut/ Renner, Ursula (Hg.), *Hugo von Hofmannsthal – Mechtilde Lichnowsky. Briefwechsel,* in: Hofmannsthal Jahrbuch 5, Freiburg 1997

Clary-Aldringen, Alfons: *Geschichten eines alten Österreichers,* Frankfurt am Main/Berlin/Wien 1977

Cooper, Lady Diana: *Die Memoiren,* Frankfurt am Main 1962

Delacroix, Eugène: *Dem Auge ein Fest. Aus dem Journal 1847–1863.* Hg. von Kuno Mittelstädt, Frankfurt am Main 1988

Dietrich, Franz: *Frau und Dame. Ein sprachgeschichtlicher Vortrag,* Marburg 1864

Dino, Dorothea Herzogin von: *Aus der Chronik der Herzogin von Dino, späteren Herzogin von Talleyrand und Sagan (1840–1862).* Hg. von Fürstin Radziwill, Berlin 1911

Dino, Dorothée Duchesse de: *Chronique de 1831 à 1862,* Bd. 1–4. Hg. von Fürstin Radziwill, Paris 1909–1911

Dino, Dorothée Duchesse de: *Souvenirs.* Hg. von Comtesse Jean de Castellane, Paris 1908

Dissow, Joachim von [d. i. Johann Albrecht von Rantzau]: *Adel im Übergang. Ein kritischer Standesgenosse berichtet aus Residenzen und Gutshäusern,* Stuttgart 1961

Düring-Oetken, Freiin Helene von: *Zu Hause, in der Gesellschaft und bei Hofe. Eine Schilderung des gesellschaftlichen Lebens,* Berlin 1896

Faucigny-Lucinge, Jean-Louis de: *Un gentilhomme cosmopolite,* Paris 1970

Faucigny-Lucinge, Jean-Louis de: *Legendary Parties, 1922–1972,* New York/Paris 1987

Fouquier, Marcel: *Jours heureux d'autrefois. Une Société et son Époque (1885–1935),* Paris 1941

Fouquières, Andre de: *Cinquante ans de panache,* Paris 1951

Fries, Peter: *Große Damen, Sport- und andere Mädel,* in: Velhagen & Klasings Monatshefte, 43 (1928), S. 185–192

Fürstenberg, Hans (Hg.): *Carl Fürstenberg. Die Lebensgeschichte eines deutschen Bankiers 1870–1914,* Berlin 1931

Gerard, James W.: *My four years in Germany,* London/New York/Toronto 1917

Germain, André: *La Bourgeoisie qui brûle. Propos d'un témoin 1890–1940,* Paris 1951

Gleichen-Russwurm, Alexander von: *Geselligkeit. Sitten und Gebräuche der europäischen Welt (1789–1900),* Stuttgart 1910

Goncourt, Edmond und Jules de: *Journal. Mémoires de la vie littéraire,* Bd. 3, Paris 1989

Dies.: *Tagebücher. Aufzeichnungen aus den Jahren 1851–1870.* Hg. von Justus Franz Wittkop, Frankfurt am Main 1983

Gontaut-Biron, Élie Vicomte de: *Meine Botschafterzeit am Berliner Hofe (1872–1877),* Berlin 1909

Gramont, Élisabeth de: *Mémoires, Bd. 2: Les marronniers en fleurs,* Paris 1929

Helmholtz, Anna von: *Ein Lebensbild in Briefen.* Hg. von Ellen von Siemens-Helmholtz, 2 Bde., Berlin 1929

Heyking, Elisabeth von: *Tagebücher aus vier Weltteilen (1886–1904).* Hg. von Grete Litzmann, 2. Aufl., Leipzig 1926

Hillebrand, Karl: *Zeiten, Völker und Menschen,* 7 Bde., Berlin 1874–1885

Hofmannsthal, Hugo von: *Gesammelte Werke in zehn Einzelbänden. Dramen IV. Lustspiele.* Hg. Bernd Schoeller in Beratung mit Rudolf Hirsch, Frankfurt am Main 1979

Hohenhausen, Elise von: *Brevier der guten Gesellschaft und der guten Erziehung,* Leipzig 1876

Hohenhausen, Elise von: *Die feine junge Dame,* Stuttgart 1902

Houssaye, Arsène: *Les grandes dames,* in: La Grande Dame. Revue mondaine cosmopolite 1 (1893), S. 417–419

Huret, Jules: *En Allemagne: Berlin,* Paris 1909

Huret, Jules: *Berlin um neunzehnhundert.* Einführung Richard Schneider, Berlin 1979 [deutsche EA 1909]

Hutten-Czapski, Bogdan Graf von: *Sechzig Jahre Politik und Gesellschaft,* Bd. 1, Berlin 1936

Jeune, Lady Mary: *London Society,* in: North American Review CLIV (1892), S. 602–611

Keller, Mathilde Gräfin von: *Vierzig Jahre im Dienst der Kaiserin. Ein Kulturbild aus den Jahren 1881–1921,* Leipzig 1935

Kessler, Harry Graf: *Gesichter und Zeiten. Erinnerungen,* Frankfurt am Main 1962 [EA 1935]

Kessler, Harry Graf: *Gesammelte Schriften in drei Bänden.* Hg. von Cornelia Blasberg/Gerhard Schuster, Bd. 1: *Gesichter und Zeiten. Erinnerungen. Notizen über Mexiko,* Frankfurt am Main 1988

Kessler, Harry Graf: *Das Tagebuch,* Bd. 2: 1892–1897. Hg. von Günter Riederer und Jörg Schuster, Stuttgart 2004

Kessler, Harry Graf: *Das Tagebuch,* Bd. 3: 1897–1905. Hg. von Carina Schäfer und Gabriele Biedermann, Stuttgart 2004

Kessler, Harry Graf: *Das Tagebuch,* Bd. 4: 1906–1914. Hg. von Jörg Schuster unter Mitarbeit von Janna Brechmacher u. a., Stuttgart 2005

Keyserling, Eduard von: *Fürstinnen.* Hg. von Richard Brinkmann, Berlin 1989

Knott, Anja (Hg.), *Paul Vassili, Hof und Gesellschaft in Berlin 1884,* Berlin 2006

Kossak, Wojciech: *Wspomnienia. Opracował wstępem i przypisami opatrzył Kasimierz Olszański,* Warszawa 1973

Kossak, Wojciech, *Erinnerungen (1913),* in: Dorota Danielewicz-Kerski/Maciej Górny (Hg.), *Berlin. Polnische Perspektiven – 19.–21. Jahrhundert,* Berlin 2008, S. 312–322

Laforgue, Jules: *Berlin. Der Hof und die Stadt 1887,* Frankfurt am Main 1970

Laincel, Alice de [Claude Vento]: *Les salons de Paris en 1889,* Paris 1891

Laincel, Alice de [Claude Vento]: *Les grandes dames aujourd'hui,* Paris 1886

Lano, Pierre de: *La cour de Berlin,* Paris 1894

Larousse, Pierre: *Grand Dictionnaire universel,* Bd. 6, Paris 1865

La Rovère, Prince de: *La Princesse des Sagan,* in: La Grande Dame. Revue mondaine cosmopolite 1 (1893), S. 353–359

Lehmann, Lilli: *Mein Weg,* Leipzig 1913

Lepsius, Sabine: *Über das Aussterben der „Salons",* in: März 7 (1913), S. 222–234

Lepsius, Sabine: *Ein Berliner Künstlerleben um die Jahrhundertwende. Erinnerungen.* Hg. von Monica Lepsius-Berenberg, München 1972

Lichnowsky, Mechtilde Fürstin/Kraus, Karl: *Verehrte Fürstin! Briefe und Dokumente 1916–1958.* Hg. von F. Pfäfflin u. a., Göttingen 2005

Lichnowsky, Mechtilde Fürstin: *Briefe an ihre Schwester Helene Gräfin von Harrach (1898–1919),* Deutsches Literaturarchiv Marbach: Lichnowsky, Mappe 1–7

Lichnowsky, Mechtilde: *Der Kampf mit dem Fachmann,* München 1978

Louise de Prusse, princesse Antoine Radziwill: *Quarante-cinq années de ma vie (1770–1815).* Hg. von Fürstin Radziwill, geb. de Castellane, 5. Aufl., Paris 1912

Luise von Preußen. Fürstin Anton Radziwill: *Fünfundvierzig Jahre aus meinem Leben (1870–1815).* Hg. von Fürstin Radziwill, geb. von Castellane, Braunschweig 1912

Magallon, Comtesse de: *Le Guide mondain, art moderne de savoir-vivre,* Paris 1921

Malet, Edward Sir: *Shifting Scenes or Memories of many men in many lands,* London 1901

Mangold, Ursula von: *Auf der Schwelle zwischen gestern und morgen. Begegnungen und Erlebnisse,* Weilheim 1963

Mérimée, Prosper: *Lettres de Prosper Mérimée à madame de Montijo,* Bd. 2, Paris 1995

Musil, Robert: *Die Frau gestern und morgen,* in: ders., *Gesammelte Werke in neun Bänden.* Hg. von Adolf Frisé, Reinbek bei Hamburg 1978, hier Bd. 8, S. 1193–1199

Nevill, Lady Dorothy: *My own times.* Hg. von Ralph Nevill, London 1912

Nevill, Lady Dorothey: *The Reminiscences.* Hg. von Ralph Nevill, London 1906

Nevill, Lady Dorothy: *Under five reigns.* Hg. von Ralph Nevill, London 1910

Nietzsche, Friedrich: *Sämtliche Briefe.* Kritische Studienausgabe in 8 Bänden. Hg. von Giorgio Colli und Mazzino Montinari, Bd. 3, München 1986

Nietzsche, Friedrich: *Sämtliche Werke.* Kritische Studienausgabe in 15 Bänden. Hg. von Giorgio Colli und Mazzino Montinari, Bd. 1, München 1988

Nordegg, Ludwig von [d. i. Adolf von Wilke]: *Die Berliner Gesellschaft,* Berlin 1907

Nostitz, Helene von: *Aus dem alten Europa. Menschen und Städte*. Hg. von Oswalt von Nostitz, Frankfurt am Main/Leipzig 1993 [EA Weimar 1924]

Nostitz, Helene: *Berlin. Erinnerung und Gegenwart*, Leipzig/Berlin 1938

Olfers, Marie von: *Briefe und Tagebücher*, 2 Bde. Hg. von Margarete von Olfers, Berlin 1928–1930

Pange, Comtesse Jean de: *Comment j'ai vu 1900*, Paris 1975

Pange, Comtesse Jean de: *Comment j'ai vu 1900*, Bd. 4: *1900 s'éloigne*, Paris 1973

Philippi, Felix: *Alt-Berlin. Erinnerungen aus der Jugendzeit*, Berlin 1913

Pietsch, Ludwig: *Im Salon der Baronin von Schleinitz*, in: Illustrirte Frauen-Zeitung, 2 (1875), Nr. 46, 6. Dez. 1875, S. 363–366

Pietsch, Ludwig: *Aus jungen und alten Tagen. Erinnerungen*, Berlin 1904

Pigeon, Amédée: *L'Allemagne de M. de Bismarck*, Paris 1885

Pless, Daisy Fürstin von: *Tanz auf dem Vulkan. Erinnerungen an Deutschlands und Englands Schicksalswende*, 2 Bde. Hg. von Desmond Chapman-Huston, Dresden 1929

Pless, Daisy Fürstin von: *Was ich lieber verschwiegen hätte ... Aus der europäischen Gesellschaft vor dem Kriege*, 2 Bde., Dresden 1931

Pötter, Marie-Therese: *Briefe aus dem Küsel. Ein Lebensbild der Elisabeth Gräfin von Galen geb. Reichsgräfin von Spee (1842–1920) auf Burg Dinklage*, Münster 1994

Polignac, Princesse de [Winaretta Singer], *Lettres (1888–1938)*, Paris 1998

Potocka, Maria Małgorzata z Radziwiłłów Franciszkowa: *Z moich wspomnień (Pamiętnik)*. Hg. von Eligiusz Kozłowski, Łomianki 2010

Potocki, Alfred: *Chatelain en Pologne. Mémoires du comte Potocki (Master of Lancut)*, Paris 1961

Pringué, Gabriel-Louis: *Trente ans de dîners en ville*, Paris 1948

Proust, Marcel: *Auf der Suche nach der verlorenen Zeit*. Frankfurter Ausgabe in 13 Bänden. Hg. von Luzius Keller, Frankfurt am Main 1988–2002

Radowitz, Joseph Maria von: *Aufzeichnungen und Erinnerungen aus dem Leben des Botschafters Joseph Maria von Radowitz*. Hg. von Hajo Holborn, Bd. 2: 1878–1890, Berlin/Leipzig 1925

Radziwill, Bogusław Prinz: *Die historische Stellung des Hauses Radziwill*, Berlin 1892

Radziwill, Princess Catherine: *The Empress Frederick*, London u. a. 1934

Radzwill, Princess Catherine: *Germany under three Emperors*, London u. a. 1917

Radziwill, Catherine Prinzessin: *Meine Erinnerungen*, Leipzig 1905

Radziwill: Princess Catherine: *Memories of forty years*, London u. a. 1914

Radziwill, Princess Catherine: *Those I remember*, London u. a. 1924

Radziwill, Luise von: *Quarante-Cinq Années de ma vie, 1770 à 1815*. Hg. von Fürstin Radziwill, geb. Castellane, Paris 1912

Radziwill, Fürstin Marie: *Briefe vom deutschen Kaiserhof (1889–1915)*. Hg. von Paul Wiegler, Berlin 1936

Radzwill, Princesse, née Castellane: *Dix Jours à travers le pays de mes ancêtres, Provence 1912,* Paris 1912

Radziwill, Princesse Marie: *Une grande dame d'avant guerre. Lettres de la princesse Radziwill au général de Robilant (1889–1914),* Bd. 1–4. Hg. von Irene di Robilant, Bologna 1933–1934

Radziwill, Princesse Marie: *Souvenirs de la princesse Antoine Radziwill (née Castellane) 1840–1873. Une Française à la cour de Prusse.* Hg. von Élisabeth und Hélène Potocka, Paris 1931

Radziwill, Princess Marie: *This was Germany. Letters of Princess Marie Radziwill to General di Robilant.* Hg. von Cyril Spencer Fox, London 1937

Radziwill, Michael: *One of the Radziwills,* London 1971

Radziwiłłowie. Obrazy literackie, biografie, świadectwa historyczne. Hg. von Krzysztof Stępnik, Lublin 2003

Reznicek, Paula von: *Auferstehung der Dame,* 5. Aufl., Stuttgart 1928

Robolsky, Hermann: *Am Hofe Kaiser Wilhelms II.,* Berlin 1889 [Anonym erschienen]

Robolsky, Hermann: *Aus der Berliner Gesellschaft,* Berlin 1886 [Anonym erschienen]

Robolsky, Hermann: *Aus der Berliner Gesellschaft unter Kaiser Wilhelm II.,* Berlin 1892 [Anonym erschienen]

Robolsky, Hermann: *Die Damenpolitik am Berliner Hof 1850–1890. Ein Beitrag zur Geschichte der Entstehung des Deutschen Reiches,* Berlin 1897 [Anonym erschienen]

Robolsky, Hermann: *Das vornehme Berlin. Bilder aus dem High-life der Reichshauptstadt,* Berlin 1890 [Anonym erschienen]

Rochow, Caroline von/Motte-Fouqué, Marie de la: V*om Leben am preußischen Hofe (1815–1852).* Hg. von Luise von der Marwitz, Berlin 1908

Rodd, James Rennell: *Social and Diplomatic Memories,* Bd. 1: 1884–1893, London 1922

Rodd, James Rennell: *Social and Diplomatic Memories,* Bd. 2: 1894–1901, London 1923

Romieu, Marie: *La Femme au XIXème siècle,* Paris 1858

Rosen, Friedrich von: *Aus einem diplomatischen Wanderleben,* Bd. 1: *Auwärtiges Amt/Marokko 1901–1910,* Berlin 1931

Saint-Genès, Maguerite de: *Traité de savoir-vivre ou Usages et coutumes,* Paris 1915

Saß, Friedrich: *Berlin in seiner neuesten Zeit und Entwicklung 1846.* Neu hg. von Detlef Heikamp, Berlin 1983

Schaukal, Richard von: *Leben und Meinungen des Herrn Andreas Balthesser,* 7. Aufl., München 1917 (1. Aufl. 1907)

Schlumberger, Gustave: *Mes souvenirs 1844–1928,* Bd. 2, Paris 1934

Schmitz, Oscar A. H.: *Ergo sum. Jahre des Reifens,* München 1927

Schmitz, Oscar A. H.: *Tagebücher,* 3 Bde. Hg. von Wolfgang Martynkewicz, Berlin 2007

Schmitz, Oscar A. H.: *Brevier für Weltleute,* München 1921

Schweinitz, Hans Lothar von: *Denkwürdigkeiten des Botschafters General von Schweinitz,* Bd. 1, Berlin 1927

Schwering, Count Axel von (Pseudonym): *The Berlin Court under William II,* London u. a. 1915

Sombart, Nicolaus: *Helene von Nostitz, die Dame.* In: ders., *Die Frau ist die Zukunft des Mannes.* Hg. von Frithjof Hager, Frankfurt am Main 2003, S. 41–47

Sombart, Nicolaus: *Pariser Lehrjahre 1951–1954. Leçons de Sociologie,* Hamburg 1994

Sombart, Nicolaus: *Jugend in Berlin 1933–1943. Ein Bericht,* München/Wien 1984

Spitzemberg, Freifrau Hildegard von: *Das Tagebuch der Baronin Spitzemberg, geb. Freiin von Varnbüler. Aufzeichnungen aus der Hofgesellschaft des Hohenzollernreiches.* Hg. von Rudolf Vierhaus, 3. Aufl., Göttingen 1963

Spitzemberg, Freifrau Hildegard von: *Am Hof der Hohenzollern. Aus dem Tagebuch der Baronin Spitzemberg 1865–1914.* Hg. von Rudolf Vierhaus, München (Deutscher Taschenbuch Verlag) 1965

Staël, Anne Germaine de: *Über Deutschland.* Hg. von Monika Bosse, Frankfurt am Main 1985

Stern, Norbert: *Frauenmode und Frauenmacht,* Berlin 1916

Styl. Blätter für Mode und die angenehmen Dinge des Lebens, Jg. 1 (1922)

Suttner, Margarete von: *Die elegante Frau. Ein Damen-Brevier,* Berlin 1914

Suttner, Margarete von: *Die Dame,* in: Elegante Welt, Nr. 38 (1913), S. 14–15

Taube, Otto von: *Stationen auf dem Wege. Erinnerungen am meine Werdezeit vor 1914,* Heidelberg 1969

Tissier, Joseph: *Les Femmes du monde,* Paris 1911

Vanderbilt Balsan, Consuelo: *The Glitter and the Gold,* New York 1956

Vassili, Graf Paul: *Hof und Hofgesellschaft in Berlin,* 2. Aufl., Budapest 1884

Velde, Henry van de: *Geschichte meines Lebens.* Hg. von Hans Curjel, München/Zürich 1986

Vely, Emma: *Mein schönes und schweres Leben,* 2 Bde., Leipzig 1929

Vento, Claude: *Les Grandes Dames d'aujourd'hui,* Paris 1886

Violette [Alice de Laincel], *L'art de la toilette chez la femme. Bréviaire de la vie élégante,* Paris 1885

Warwick, Frances Countess of: *Life's Ebb & Flow,* London 1929

Werner, Anton von: *Erlebnisse und Eindrücke 1870–1890,* Berlin 1913

Wilde, Oscar: *Sämtliche Werke in zehn Bänden.* Hg. von Norbert Kohl, Frankfurt am Main 1982

Wilke, Adolf von: *Alt-Berliner Erinnerungen,* Berlin 1930

Wilke, Adolf von: *Damen der Berliner Hofgesellschaft,* in: Elegante Welt, Nr. 21 (1914), S. 18

Zobeltitz, Fedor von: *Chronik der Gesellschaft unter dem letzten Kaiserreich,* Bd. 1: *1894–1901,* Hamburg 1922

Zobeltitz, Fedor von: *Chronik der Gesellschaft unter dem letzten Kaiserreich,* Bd. 2: *1902–1914,* Hamburg 1922

Zobeltitz, Fedor von: *Ich hab so gerne gelebt. Die Lebenserinnerungen,* Berlin 1934

III. DARSTELLUNGEN

Alexander, Manfred: *Kleine Geschichte Polens,* Stuttgart 2003

Alexandre-Debray, Janine: *La Païva 1819–1884. Ses amants, ses maris,* Paris 1986

Anand, Sushila: *Daisy. The Life and Loves of the Countess of Warwick,* London 2008

Anonym, *Worte über Wörter,* in: Der Spiegel 15 (1949), S. 26–27

Aretz, Gertrude: *Die elegante Frau. Eine Sittenschilderung vom Rokoko bis zur Gegenwart,* Leipzig/Zürich 1929

Armory, Cleveland: *Who killed Society?* New York 1960

Asserate, Asfa-Wossen: *Manieren,* Frankfurt am Main 2003

Augustine, Dolores L.: *Patricians and Parvenus. Wealth and High Society in Wilhelmine Germany,* Oxford/Providence 1994

Bahlcke, Joachim (Hg.), *Historische Schlesienforschung. Methoden, Themen und Perspektiven zwischen traditioneller Landesgeschichtsscheibung und moderner Kulturwissenschaft,* Köln/Weimar/Wien 2005

Bahlcke, Joachim/Mrozowicz, Wojciech (Hg.), *Adel in Schlesien, Bd. 2: Repertorium. Forschungsperspektiven – Quellenkunde – Bibliographie* (Schriften des Bundesinstituts für Kultur und Geschichte der Deutschen im östlichen Europa, Bd. 37), München 2010

Bahlcke, Joachim/Schmilewski, Ulrich/Wünsch, Thomas (Hg.), *Das Haus Schaffgotsch. Konfession, Politik und Gedächtnis eines schlesischen Adelsgeschlechts vom Mittelalter bis zur Moderne,* Würzburg 2010

Beaton, Cecil: *The Glass of Fashion,* London 1954

Benaïm, Laurence: *Marie Laure de Noailles. La vicomtesse du bizarre,* Paris 2001

Berlin um 1900. Ausstellungskatalog. Red.: Gesine Asmus, Berlin 1984

Bernardy, Françoise de: *Le dernier amour de Talleyrand. La duchesse de Dino (1793–1862),* Paris 1956

Bidou-Zachariasen, Catherine: *Le basculement du „monde": domination symbolique et conflits de légitimité sociale dans le roman proustien,* in: Didier Lancien/Monique de Saint Martin (Hg.), *Anciennes et nouvelles aristocraties de 1880 à nos jours,* Paris 2007, S. 289–306

Braun, Rudolf/Gugerli, David: *Macht des Tanzes – Tanz der Mächtigen. Hoffeste und Herrschaftszeremoniell 1550–1914,* München 1993

Brelot, Claude-Isabelle: *Les anticipations européennes de la noblesse française (1880–1914)*, in: Didier Lancien/Monique de Saint Martin (Hg.), *Anciennes et nouvelles aristocraties de 1880 à nos jours*, Paris 2007, S. 107–117

Burt, Nathaniel: *First Families: The Making of an American Aristocracy*, Boston 1970

Camplin, Jamie: *The Rise of the Plutocrats. Wealth and Power in Edwardian England*, London 1978

Cannadine, David: *The Decline and Fall of the British Aristocracy*, New Haven/London 1990

Cavalucci, Giacomo: *Les derniers grands salons littéraires français*, Neapel/Paris 1952

Charles-Roux, Edmonde: *Coco Chanel. Ein Leben*, Frankfurt am Main 1994

Chastenet, Jacques: *Une „lionne" fastueuse: la Païva*, in: Lectures pour tous, Nr. 39, 1. März 1957, S. 13ff.

Chimènes, Myriam: *Mécènes et musicien. Du salon au concert à Paris sous la IIIe République*, Paris 2004

Clark, Christopher: *Wilhelm II. Die Herrschaft des letzten deutschen Kaisers*, München 2008

Conze, Eckart: *Adel und Moderne in Ostmitteleuropa. Überlegungen zur Systematisierung eines adelshistorischen Feldes zwischen Region, Nation und Europa*, in: Jan Harasimowicz/Matthias Weber (Hg.), *Adel in Schlesien*, Bd. 1: *Herrschaft – Kultur – Selbstdarstellung*, München 2010, S. 305–318

Conze, Eckart: *Von deutschem Adel. Die Grafen von Bernstorff im zwanzigsten Jahrhundert*, Stuttgart/München 2000

Conze, Eckart/ Meteling, Wencke/Schuster, Jörg/Strobel, Jochen (Hg.), *Aristokratismus und Moderne. Adel als politisches und kulturelles Konzept 1890–1945*, Köln/Weimar/Wien 2013

Cossart, Michel de: *Une Américaine à Paris. La princesse Edmond de Polignac et son salon (1865–1943)*, Paris 1978

Cossé Brissac, Anne de: *La comtesse Greffulhe*, Paris 1991

Cowles, Virginia: *The Astors: Story of a Transatlantic Family*, London 1979

Cowles, Virginia: *Edward VII and his circle*, London 1956

Danielewicz-Kerski, Dorota/Górny, Maciej (Hg.), *Berlin. Polnische Perspektiven – 19.–21. Jahrhundert*, Berlin 2008

Davidoff, Eleonore: *The Best Circles. Society, Etiquette and the Season*, London 1973

Dayer Gallati, Barbara/Westheider, Ortrud (Hg.): *High Society. Amerikanische Portraits des Gilded Age*. Ausstellungskatalog, Hamburg 2008

Dehio-Handbuch der Kunstdenkmäler in Polen: *Polen. Schlesien*. Im Auftrag des Herder-Instituts Marburg und der Dehio-Vereinigung in Verbindung mit dem Krajowy Ośrodek Badań Dokumentacji Zabytków Warszawa. Hg. von Ernst Badstübner u. a., München/Berlin 2005

Demps, Laurenz: *Berlin-Wilhelmstraße. Eine Topographie preußisch-deutscher Macht,* Berlin 1994

Demps, Laurenz: *Der Pariser Platz. Der Empfangssalon Berlins,* Berlin 1995

Diemel, Christa: *Adelige Frauen im bürgerlichen Jahrhundert. Hofdamen, Stiftsdamen, Salondamen 1800–1870,* Frankfurt am Main 1998

Dollenmaier, Verena/Berger, Ursel (Hg.), *Glamour! Das Girl wird feine Dame. Frauendarstellungen in der späten Weimarer Republik,* Berlin/Leipzig 2008

Dollinger, Petra: *Ästhetische Kultur. Salons um 1900 zwischen Tradition und Moderne.* Vortrag gehalten am 11. Januar 1994 vor dem Verein zur Förderung der Stiftung Villa Stuck e. V., München 1994

Dollinger, Petra: *Die internationale Vernetzung der deutschen Salons (1750–1914),* in: Roberto Simanowski/Horst Turk/Thomas Schmidt (Hg.), *Europa – ein Salon? Beiträge zur Internationalität des literarischen Salons,* Göttingen 1999, S. 40–65

Eelking, Hermann von: *Das Bildnis des eleganten Mannes. Ein Zylinderbrevier von Werther bis Kennedy,* Berlin 1962

Elias, Norbert: *Über den Prozeß der Zivilisation. Soziogenetische und psychogenetische Untersuchungen,* Bd. 1: *Wandlungen des Verhaltens in den weltlichen Oberschichten des Abendlandes,* Frankfurt am Main 1976

Elias, Norbert: *Über den Prozeß der Zivilisation. Soziogenetische und psychogenetische Untersuchungen,* Bd. 2: *Wandlungen der Gesellschaft. Entwurf einer Theorie der Zivilisation,* Frankfurt am Main 1976

Elias, Norbert: *Studien über die Deutschen. Machtkämpfe und Habitusentwicklung im 19. und 20. Jahrhundert.* Hg. von Michael Schröter, Frankfurt am Main 1989

Ellenberger, Nancy W.: *The Souls and London „Society" at the end of the Nineteenth Century,* in: Victorian Studies, Bd. 25, 2 (1982), S. 133–160

Emonts, Anne Martina: *Mechtilde Lichnowsky – Sprachlust und Sprachkritik. Annäherung an ein Kulturphänomen,* Würzburg 2009

Epkenhans, Michael: *Victoria und Bismarck,* in: Rainer von Hessen (Hg.), *Victoria Kaiserin Friedrich (1840–1901). Mission und Schicksal einer englischen Prinzessin in Deutschland,* Frankfurt am Main 2002, S. 151–178

Epting, Karl: *Frankreichs goldene Jahre. La Belle Epoque,* Stuttgart 1962

Erbe, Günter: *Dorothea Herzogin von Sagan (1793–1862). Eine deutsch-französische Karriere,* Köln/Weimar/Wien 2009 (Neue Forschungen zur Schlesischen Geschichte. Hg. von Joachim Bahlcke, Bd. 18)

Erbe, Günter: *Marie Fürstin Radziwill (1840–1915),* in: Schlesische Lebensbilder, Bd. 11. Im Auftrag der Historischen Kommission für Schlesien hg. von Joachim Bahlcke, Insingen 2012, S. 373–383

Erbe, Günter: *Wilhelmine von Sagan (1781–1839),* in: Schlesische Lebensbilder, Bd. 9. Im Auftrag der Historischen Kommission für Schlesien hg. von Joachim Bahlcke, Insingen 2007, S. 229–239

Et in arcadia ego. Muzeum Księżny Heleny Radziwiłłowej. Katalog wystawy w Świątyni Diany w Arkadii. Maj – Wrzesień 2001

Farrant, Leda: *The Princess from St Petersburg. The Life and Times of Princess Catherine Radziwill (1858–1941)*, Lewes 2000

Fervers, Kurt: *Berliner Salons. Die Geschichte einer großen Verschwörung*, München 1940

Fließbach, *Mechtilde Lichnowsky. Eine monographische Studie*, München 1973

Fortassier, Rosc: *Les Mondains de ,La Comédienne humaine'. Étude historique et psychologique*, Paris 1974

Freytag, Julia/Tacke, Alexandra: *City Girls. Bubiköpfe & Blaustrümpfe in den 1920er Jahren*, Köln/Weimar/Wien 2011

Freund, Michael: *Abendglanz Europas. 1870–1914. Bilder und Texte*, Stuttgart 1967

Friedell, Egon: *Kulturgeschichte der Neuzeit. Die Krisis der europäischen Seele von der Schwarzen Pest bis zum Ersten Weltkrieg*, München o. J. [Ausgabe in einem Band.]

Gady, Alexandre: *Les Hôtels particuliers de Paris. Du Moyen-Âge à la Belle-Époque*, Paris 2008

Genealogisches Handbuch des Adels. Fürstliche Häuser, Bd. 8, Limburg 1968

Gerstner, Alexandra: *Neuer Adel. Aristokratische Elitekonzeptionen zwischen Jahrhundertwende und Nationalsozialismus*, Darmstadt 2008

Gillois, André: *Galliffet „le fusilleur de la Commune"*, Paris 1985

Gollwitzer, Heinz: *Die Standesherren. Die politische und gesellschaftliche Stellung der Mediatisierten 1815–1918. Ein Beitrag zur deutschen Sozialgeschichte*, Stuttgart 1957

Gougy-François, Marie: *Les Grands Salons Féminins*, Paris 1965

Grange, Cyril: *Les Gens du Bottin mondain*, Paris 1996

Grossmann, Robert: *Comtesse de Pourtalès. Une cour française dans l'Alsace impériale 1836 – 1870 – 1914*, Strasbourg 1995

Gruenter, Rainer: *Versuch über Oscar Wilde*, in: ders., *Vom Elend des Schönen. Studien zur Literatur und Kunst*. Hg. von Heinke Wunderlich, München 1988, S. 183–226

Gundle, Stephen: *Glamour. A History*, Oxford/New York 2008

Haedrich, Marcel: *Coco Chanel. Geheimnis eines Lebens*, Berlin 1972

Hahn, Barbara: *Encounters at the Margins: Jewish Salons around 1900*, in: Emily D. Bilski (Hg.), *Berlin Metropolis. Jews and the New Culture 1890–1918*, Berkeley/Los Angeles/London 1999, S. 188–207

Halbwachs, Maurice: *Das Gedächtnis und seine sozialen Bedingungen*, Frankfurt am Main 1985

Harasimowicz, Jan/Weber, Matthias (Hg.), *Adel in Schlesien, Bd. 1: Herrschaft – Kultur – Selbstdarstellung* (Schriften des Instituts für Kultur und Geschichte der Deutschen im östlichen Europa, Bd. 36), München 2010

Harrison, J. F. C.: *Late Victorian Britain 1875–1901*, London/New York 1991

Haselberg, Peter von: *Nachwort zu: Mechtilde Lichnowsky, Der Kampf mit dem Fachmann*, München 1978

Herre, Franz: *Kaiserin Friedrich – Victoria, eine Engländerin in Deutschland,* Stuttgart 2006

Heyden-Rynsch, Verena von der: *Europäische Salons. Höhepunkte einer versunkenen weiblichen Kultur,* München 1992

Homberger, Eric: *Mrs. Astor's New York: Money and Social Power in a Gilded Age,* New Haven/London 2002

Homberger, Eric: *Vergoldete Zeiten. Das New York der Reichen gestern und heute,* in: Dayer Gallati, Barbara/Westheider, Ortrud (Hg.), *High Society. Amerikanische Portraits des Gilded Age,* München 2008, S. 28–35

Horn, Pamela: *High Society. The English Social Élite, 1880–1914,* Wolfeboro Falls 1993

Hull, Isabel V.: *The Entourage of Kaiser Wilhelm II 1888–1918,* Cambridge u. a., 1982

Illustrierter Reiseführer Schloss Łańcut, Warszawa 2007

Jullian, Philippe: *Edward and the Edwardians,* London 1967

Kale, Steven: *French Salons. High Society and Political Stability from the Old Regime to the Revolution of 1848,* Baltimore u. a. 2004

Keller, Kathrin: *Hofdamen. Amtsträgerinnen im Wiener Hofstaat des 17. Jahrhunderts,* Wien/Köln/Weimar 2005

Kennedy, Carol: *Mayfair: A Social History,* London 1986

Kerski, Basil: *Polski Berlin,* in: Dorota Danielewicz-Kerski/Maciej Górny (Hg.), *Berlin. Polnische Perspektiven. – 19.–21. Jahrhundert,* Berlin 2008, S. 16–31

Kiaulehn, Walther: *Berlin. Schicksal einer Weltstadt,* Berlin/Darmstadt/Wien 1962

Koch, W. John: *Daisy von Pless. Fürstliche Rebellin,* Berlin 1991

Kohlrausch, Martin: *Der Monarch im Skandal. Die Logik der Massenmedien und die Transformation der wilhelminischen Monarchie,* Berlin 2005

Kohlrausch, Martin: *Zwischen Tradition und Innovation. Das Hofzeremoniell der wilhelminischen Monarchie,* in: Andreas Biefang/Michael Epkenhans/Klaus Tenfelde (Hg.), *Das politische Zeremoniell im Deutschen Kaiserreich 1871–1918,* Düsseldorf 2008, S. 31–51

Koselleck, Reinhard: *Vergangene Zukunft. Zur Semantik geschichtlicher Zeiten,* Frankfurt am Main 1979

Kracauer, Siegfried: *Jacques Offenbach und das Paris seiner Zeit.* Hg. von Karsten Witte, Frankfurt am Main 1976

Krammer, Mario: *Helene von Nostitz,* in: Berliner Hefte für geistiges Leben 3 (1948), S. 395–396

Latour, Anny: *Kulturgeschichte der Dame,* Frankfurt am Main/Hamburg 1965

Latour, Anny: *Magier der Mode. Macht und Geheimnis der Haute Couture,* Stuttgart 1956

Lequenne, Michel: *Grandes dames des lettres,* Bd. 1: De Sappho à Ann Radcliffe, Paris 2011

Leroy, Géraldi/Bertrand-Sabiani, Julie: *La Vie Littéraire à la Belle-Époque,* Paris 1998

Lindner, Klaus: *Karl Maximilian Fürst Lichnowsky (1860–1928)*, in: Schlesische Lebensbilder, Bd. 9. Hg. von Joachim Bahlcke, Insingen 2007, S. 305–315

Löser, Philipp: *Der amerikanische Salon am Beispiel der Achse Boston – Paris bis 1850 oder Warum die Salonkultur in den USA nie Fuß fassen konnte*, in: Roberto Simanowski/Horst Turk/Thomas Schmidt (Hg.), *Europa – ein Salon? Beiträge zur Internationalität des literarischen Salons*, Göttingen 1999, S. 106–126

Mall, Susanne: *Daisy Fürstin von Pleß (1873–1943)*, in: Schlesische Lebensbilder, Bd. 11. Hg. von Joachim Bahlcke, Insingen 2012, S. 461–472

Malinowski, Stephan: *Ihr liebster Feind. Die deutsche Sozialgeschichte und der preußische Adel*, in: Sven Oliver Müller/Cornelius Torp (Hg.), *Das Deutsche Kaiserreich in der Kontroverse*, Göttingen 2009, S. 203–218

Malinowski, Stephan: *„Wer schenkt uns wieder Kartoffeln?" Deutscher Adel nach 1918 – eine Elite?*, in: Günther Schulz/Markus A. Denzel (Hg.), *Deutscher Adel im 19. und 20. Jahrhundert*, St. Katharinen 2004 (Büdinger Forschungen zur Sozialgeschichte 2002 und 2003), S. 503–537

Mandler, Peter: *Caste or Class? The Social and Political Identity of the British Aristocracy since 1800*, in: Jörn Leonhard/Christian Wieland (Hg.), *What Makes the Nobility Noble?* Göttingen 2011, S. 178–187

Mandler, Peter: *The Fall and Rise of the British Aristocracy*, in: Eckart Conze/Monika Wienfort (Hg.), *Adel und Moderne. Deutschland im europäischen Vergleich im 19. und 20. Jahrhundert*, Köln/Weimar/Wien 2004, S. 41–58

Margetson, Stella: *The Long Party: High Society in the Twenties and Thirties*, Farnborough 1974

Marly, Diana de: *Worth. Father of Haute Couture*, New York 1990

Martin-Fugier, Anne: *La vie élégante ou la formation du Tout-Paris (1815–1848)*, Paris 1990

Martin-Fugier, Anne: *Les salons de la IIIe République: art, littéraire, politique*, Paris 2003

Masur, Gerhard: *Das kaiserliche Berlin*, München 1971

Mension-Rigau, Eric: *Aristocrates et Grands Bourgeois. Éducation, traditions, valeurs*, Paris 1997

Mension-Rigau, Eric: *Boni de Castellane*, Paris 2008

Michels, Robert: *Adel und Aristokratie*, in: März 7 (1913), S. 60–64.

Middlemas, Keith: *The Life and Times of Edward VII*, New York 1972

Middlemas, Keith: *Pursuit of Pleasure. High Society in the 1900s*, London/New York 1977

Mikhail, E. H.: *The Social and Cultural Setting of the 1890s. An Introduction together with a comprehensive bibliography*, London 1969

Mills, Ch. Wright: *Die amerikanische Elite. Gesellschaft und Macht in den Vereinigten Staaten*, Hamburg 1966

Möckl, Karl (Hg.): *Hof und Hofgesellschaft in den deutschen Staaten im 19. und beginnenden 20. Jahrhundert*, Boppard am Rhein 1990 (Büdinger Forschungen zur Sozialgeschichte 1985 und 1986)

Modrow, Hans O.: *Berlin 1900. Querschnitt durch die Entwicklung einer Stadt um die Jahrhundertwende*, Berlin 1936

Mohl, Ottmar von: *Am japanischen Hofe 1887–1889*, Berlin 1904

Montandon, Alain (Hg.): *Dictionnaire raisonné de la politesse et du savoir-vivre du moyen âge à nos jours*, Paris 1995

Montgomery, Maureen E.: *Gilded Prostitution: Status, Money, and Transatlantic Marriages, 1870–1914*, London 1989

Morand, Paul/Chanel, Coco: *Die Kunst, Chanel zu sein. Gespräche mit Coco Chanel*, München/Paris/London, 1998/2003

Mordaunt Crook, Joe: *The Rise of the Nouveaux Riches. Style and Status in Victorian and Edwardian Architecture*, London 1999

Mühle, Eduard: *Genese und frühe Entwicklung des Adels in polnischer Sicht*, in: ders. (Hg.), *Studien zum Adel im mittelalterlichen Polen*, Wiesbaden 2012, S. 1–12

Müller, Frank Lorenz: *„Der 99-Tage-Kaiser". Friedrich III. von Preußen – Prinz, Monarch, Mythos*, München 2013

Nicolson, Harold: *Vom Mandarin zum Gentleman. Formen der Lebensart in drei Jahrtausenden*, München 1957

Nipperdey, Thomas: *Deutsche Geschichte (1866–1918), Bd. 2: Machtstaat vor der Demokratie*, München 1998

Norris, Herbert/ Curtis, Oswald: *Nineteenth-Century Costume and Fashion*, London 1998 (1. Aufl. 1933)

Nostitz, Oswalt von: *Muse und Weltkind. Das Leben der Helene von Nostitz*, München/Zürich 1991

Le Nouveau Petit Robert. Dictionnaire alphabétique et analogique de la langue française. Hg. von Josette Rey-Debove/Alain Rey, Paris 1995

Nowakowski, Tadeusz: *Die Radziwills. Die Geschichte einer großen europäischen Familie*, München 1966

Ostwald, Hans: *Kultur- und Sittengeschichte Berlins*, Berlin 1926

Ott, Ulrich (Hg.): *Mechtilde Lichnowsky 1879–1958*. Bearbeitet von Wilhelm Hemecker. Marbacher Magazin 64/1993, Marbach am Neckar 1993

Painter, George D.: *Marcel Proust. Eine Biographie*, Bd. 1, Frankfurt am Main 1962

Pakula, Hannah: *Victoria in Deutschland. Politische Zielvorstellungen der jungen Kronprinzessin*, in: Rainer von Hessen (Hg.), *Victoria Kaiserin Friedrich (1840–1901). Mission und Schicksal einer englischen Prinzessin in Deutschland*, Frankfurt am Main 2002, S. 69–79

Paletschek, Sylvia: *Adelige und bürgerliche Frauen (1770–1870)*, in: Elisabeth Fehrenbach (Hg.), *Adel und Bürgertum in Deutschland 1770–1848*, München 1994, S. 159–185

Perkin, Harold: *The Rise of Professional Society. England since 1880,* London/New York 1989

Philippi, Hans: *Die Botschafter der europäischen Mächte am Berliner Hof (1871–1914),* in: Oswald Hauser (Hg.), *Vorträge und Studien zur preußisch-deutschen Geschichte,* Köln/Wien 1983, S. 159–250

Philippi, Hans: *Der Hof Kaiser Wilhelms II.,* in: Karl Möckl (Hg.), *Hof und Hofgesellschaft in den deutschen Staaten im 19. und beginnenden 20. Jahrhundert,* Boppard am Rhein 1990, S. 361–394

Polska Akademia Nauk. Instytut Historii (Hg.), *Polski Słownik Biograficzny,* Bd. 30, Wrocław u. a. 1987

Prochasson, Christophe: *Paris 1900. Essai d'histoire culturelle,* Paris 1999

Pröve, Ralf: *Pariser Platz 3. Die Geschichte einer Adresse in Deutschland,* Berlin 2002

Rasche, Adelheid/Zika, Anna (Hg.), *Styl. Das Berliner Modejournal der frühen 1920er Jahre,* Bielefeld 2009

Reibnitz, Kurt: *Die grosse Dame. Von Rahel bis Kathinka,* Dresden 1931

Reibnitz, Kurt von: *Gestalten rings um Hindenburg. Führende Köpfe der Republik und die Berliner Gesellschaft von heute,* 2. Aufl., Dresden 1929 [Anonym erschienen]

Reif, Heinz (Hg.): *Adel und Bürgertum in Deutschland I. Entwicklungslinien und Wendepunkte im 19. Jahrhundert,* Berlin 2000

Reif, Heinz (Hg.): *Adel und Bürgertum in Deutschland II. Entwicklungslinien und Wendepunkte im 20. Jahrhundert,* Berlin 2001

Reif, Heinz: *Hauptstadtentwicklung und Elitenbildung: „Tout Berlin" 1871 bis 1918,* in: Michael Grüttner/Rüdiger Hachtmann/Heinz-Gerhard Haupt (Hg.), *Geschichte und Emanzipation.* Festschrift für Reinhard Rürup, Frankfurt am Main/New York 1999, S. 679–699

Reynolds, K.D.: *Aristocratic Women and Political Society in Victorian Britain,* Oxford 1998

Rièse, Laure: *Les Salons littéraires parisiens, du Second Empire à nos jours,* Toulouse 1962

Röhl, John C. G.: *Kaiser, Hof und Staat. Wilhelm II. und die deutsche Politik,* München 1995

Röhl, John C. G.: *Hof und Hofgesellschaft unter Kaiser Wilhelm II.,* in: Karl Ferdinand Werner (Hg.), *Hof, Kultur und Politik im 19. Jahrhundert.* Akten des 18. Deutsch-französischen Historikerkolloquiums, Darmstadt, 27.–30. September 1982, Bonn 1985, S. 237–289

Saint Martin, Monique de: *Der Adel. Soziologie eines Standes,* Konstanz 2003

Schwarz, Egon: *Adel und Adelskult im deutschen Roman um die Jahrhundertwende,* in: Peter Uwe Hohendahl/Paul Michael Lützeler (Hg.), *Legitimationskrisen des deutschen Adels 1200–1900,* Stuttgart 1979 (Literaturwissenschaft und Sozialwissenschaften 11)

Seibert, Peter: *Der literarische Salon – ein Forschungsüberblick*, in: Internationales Archiv für Sozialgeschichte der deutschen Literatur, 3. Sonderheft, Tübingen 1993, S. 159–220

Siebel, Ernst: *Der großbürgerliche Salon. 1850–1918. Geselligkeit und Wohnkultur*, Berlin 1999

Sillery, J.: *Monographie de l'Hôtel de Sagan*, Paris 1909

Simanowski, Roberto: *Einleitung: Der Salon als dreifache Vermittlungsinstanz*, in: Roberto Simanowski/Horst Turk/Thomas Schmidt (Hg.), *Europa – ein Salon? Beiträge zur Internationalität des literarischen Salons*, Göttingen 1999, S. 8–39

Spenkuch, Hartwin: *Das Preußische Herrenhaus. Adel und Bürgertum in der Ersten Kammer des Landtages 1854–1918*, Düsseldorf 1998

Stauffer, Isabelle: *Weibliche Dandys, blickmächtige Femmes fragiles. Ironische Inszenierungen des Geschlechts im Fin de Siècle*, Köln/Weimar/Wien 2008

Stedman, Gesa/Zimmermann, Margarete: *Kulturtransfer der Frühen Neuzeit unter dem Zeichen von Raum und Gender: eine Problemskizze*, in: *Höfe, Salons, Akademien. Kulturtransfer und Gender im Europa der Frühen Neuzeit*. Hg. von Gesa Stedman und Margarete Zimmermann, Hildesheim/Zürich/New York 2007, S. 1–17

Steele, Valerie: *Paris Fashion. A Cultural History*, Oxford 1998

Stenzel, Burkhard: *Harry Graf Kessler. Ein Leben zwischen Kultur und Politik*, Köln/Weimar/Wien 1995

Thompson, F. M. L.: *English Landed Society in the Nineteenth Century*, London 1963

Tuchman, Barbara W.: *Der stolze Turm. Ein Porträt der Welt vor dem Ersten Weltkrieg 1890–1914*, München/Zürich 1969

Uzanne, Octave: *Die Pariserin. Studien zur Geschichte der Frau, der Gesellschaft, der französischen Galanterie und der zeitgenössischen Sitten*, Dresden 1929

Veblen, Thorsten: *Theory of the Leisure Class: An Economic Study of Institutions*, London/New York 1899

Vierhaus, Rudolf: *Zeitgeschichte und Zeitkritik im essayistischen Werk Karl Hillebrands*, in: ders., *Vergangenheit als Geschichte. Studien zum 19. und 20. Jahrhundert*. Hg. von Hans Erich Bödeker u. a., Göttingen 2003, S. 370–389

Vierhaus, Rudolf: *Einleitung* zu: Hildegard Freifrau von Spitzemberg, *Das Tagebuch der Baronin Spitzemberg, geb. Freiin von Varnbüler. Aufzeichnungen aus der Hofgesellschaft des Hohenzollernreichs*. Hg. von Rudolf Vierhaus, 3. Aufl., Göttingen 1963

Wehler, Hans-Ulrich: *Deutsche Gesellschaftsgeschichte, Bd. 3: Von der „Deutschen Doppelrevolution" bis zum Beginn des Ersten Weltkriegs 1849–1914*, München 1995

Wienfort, Monika: *Der Adel in der Moderne*, Göttingen 2006

Wienfort, Monika: *Gerichtsherrschaft, Fideikommiss und Verein – Adel und Recht im „modernen" Deutschland*, in: Jörn Leonhard/Christian Wieland (Hg.), *What makes the Nobility noble? Comparative Perspectives from the Sixteenth to the Twentieth Century*, Göttingen 2011, S. 90–113

Wienfort, Monika: *Gesellschaftsdamen, Gutsfrauen und Rebellinnen. Adelige Frauen in Deutschland 1890–1939,* in: Eckart Conze/Monika Wienfort (Hg.), *Adel und Moderne. Deutschland im europäischen Vergleich im 19. und 20. Jahrhundert,* Köln/Weimar/Wien 2004, S. 181–203

Wilhelmy, Petra: *Der Berliner Salon im 19. Jahrhundert (1780–1914),* Berlin/New York 1989

Wilhelmy-Dollinger, Petra: *Die Berliner Salons. Mit historisch-literarischen Spaziergängen,* Berlin/New York 2000

Wilhelmy-Dollinger, Petra: *Der Salon der Anna von Helmholtz (1834–1899). Die Begegnung von alter Salontradition und moderner Naturwissenschaft im Berlin der Bismarckzeit,* in: Mitteldeutsches Jahrbuch für Kultur und Geschichte, Bd. 17. Hg. für die Stiftung Mitteldeutscher Kulturrat von Harro Kieser/Gerlinde Schlenker, Bonn 2010, S. 120–140

Winkler, Heinrich August: *Der lange Weg nach Westen. Deutsche Geschichte 1806–1933,* Bonn 2002

Ziegler, Philip: *Die Herzogin von Dino. Talleyrands letzte Vertraute,* München 1965

Zimmermann, Margarete (Hg.): *„Ach, wie gût schmeckt mir Berlin". Französische Passanten im Berlin der zwanziger und frühen dreißiger Jahre,* Berlin 2010

Zimmermann, Margarete: *Stichwort „Salon",* in: Friedrich Jäger (Hg.), *Enzyklopädie der Neuzeit,* Bd. 11, Stuttgart/Weimar 2010, S. 549–556

Personenregister

Danksagung

Für großzügige finanzielle Unterstützung danke ich dem/der Beauftragten der Bundesregierung für Kultur und Medien. Ferner gilt mein Dank dem Deutschen Historischen Institut Warschau und der Geschwister Boehringer Ingelheim Stiftung für Geisteswissenschaften. Für die gute Zusammenarbeit danke ich herzlich Margarete Zimmermann und Béatrice de March vom Frankreich-Zentrum der Freien Universität Berlin.

Bildnachweise

Abb. 1   Bildnis der jungen Fürstin Marie Radziwill; aus: Marie Radziwill, Souvenirs de la princesse Antoine Radziwill, Paris 1931: Frontispiz

Abb. 2   Bildnis der Fürstin Marie Radziwill (1890); aus: Fürstin Marie Radziwill, Briefe vom deutschen Kaiserhof, Berlin 1936: Frontispiz

Abb. 3   Der „Salon des Petites Réunions" im Palais Radziwill in Berlin; aus: Fürstin Marie Radziwill. Briefe vom deutschen Kaiserhof, Berlin 1936: gegenüber S. 32

Abb. 4   Der „Salon des Grandes Réunions" im Palais Radziwill in Berlin; aus: Lettres de la princesse Radzwill au général de Robilant. Bd. 4, Bologna 1934: gegenüber S. 128

Abb. 5   Gebäude Pariser Platz Nr. 3; aus: Laurenz Demps, Der Pariser Platz. Der Empfangssalon Berlins, Berlin 1995, S. 86

Abb 6   Freifrau [ab 1879 Gräfin] Marie von Schleinitz. Gemälde von Franz von Lenbach, 1873; aus: Irmgard Wirth, Berlinerinnen. Bekannte und unbekannte Frauen in Berlin aus drei Jahrhunderten. Berlin Museum. Katalog, Berlin 1975: Tafel 25

Abb.7   Abendgesellschaft bei Frau von Schleinitz. Zeichnung von Adolph von Menzel, 1875; aus: Petra Wilhelmy-Dollinger, Die Berliner Salons. Mit historisch-literarischen Spaziergängen, Berlin/New York 2000: Bildtafel Nr. 13

Abb. 8   Daisy Fürstin von Pless, 1897; aus: Terence Pepper (Hg.), High Society. Photographs 1897-1914, London 1998, S. 24

Abb. 9   Musiksalon im Haus von Felicie und Carl Bernstein, um 1908; aus: Ernst Siebel, Der großbürgerliche Salon 1850-1918. Geselligkeit und Wohnkultur, Berlin 1999: Abb. 108

Abb. 10   Anna von Helmholtz, geb. von Mohl. Gemälde von Wilhelm Füssli, 1869; aus: Wilhelmy-Dollinger, Die Berliner Salons: Bildtafel Nr. 12

Abb. 11   Marie von Bunsen; aus: Kurt Reibnitz, Die grosse Dame. Von Rahel bis Kathinka, Dresden 1931: gegenüber S. 168

Abb. 12   Mechtilde Fürstin Lichnowsky, 1921; aus: Reibnitz, Die grosse Dame: gegenüber S. 200

Abb. 13   Helene von Nostitz, Ende der 30er Jahre; aus: Reibnitz, Die grosse Dame: gegenüber S. 192

Abb. 14   Sabine Lepsius. Als Braut gemalt von Reinhold Lepsius; aus: Ein Berliner Künstlerleben um die Jahrhundertwende. Erinnerungen von Sabine Lepsius, München 1972: gegenüber S. 144

Abb. 15   Eduard Thöny, Berliner Eleganz beim Corso, 1910; aus: Hermann von Eelking, Das Bildnis des eleganten Mannes. Ein Zylinderbrevier von Werther bis Kennedy, Berlin 1962: Tafel gegenüber S. 176

Abb.16   Matinee. Gemälde von Adolph von Menzel, 1884; aus: Hugo von Tschudi, Adolph von Menzel. Abbildungen seiner Gemälde und Studien, München 1905, S. 425

Abb. 17   Fürstin Pauline von Metternich. Gemälde von Franz Xaver Winterhalter, 1860; aus: Reibnitz, Die grosse Dame: Tafel gegenüber S. 88

Abb. 18   Gräfin Mélanie de Pourtalès. Gemälde von Franz Xaver Winterhalter, 1857; aus: Robert Grossmann, Comtesse de Pourtalès, Strasbourg 1996, S. 10

Abb. 19   Liane de Pougy. Schauspielerin und Kurtisane, um 1900; aus: Catherine Guigon, Les Cocottes. Reines du Paris 1900, Paris 2012, S. 164

Abb. 20   Caroline Schermerhorn Astor. Gemälde von Emile Auguste Carolus-Duran, 1890; aus: Eric Homberger, Mrs. Astor's New York. Money and Social Power in a Gilded Age, New Haven/London 2002: gegenüber S. 221

böhlau

DAGMAR REESE

AKT UND ANSTAND

DER SKANDAL UM DEN GUSTAV GRAEF
PROZESS, BERLIN 1885

Als im März 1885 in Berlin der angesehene Maler und Professor an der Königlich Preußischen Akademie der Künste, Gustav Graef, verhaftet wurde, war dies ein Schock. Man warf ihm vor, mit seinem langjährigen Künstlermodell, Bertha Rother, ein sexuelles Verhältnis unterhalten und darüber vor Gericht gelogen zu haben. Ein halbes Jahr saßen der Künstler, die junge Frau, ihre Schwester und ihre Mutter in Haft, bevor sie Ende September 1885 vor Gericht gestellt und freigesprochen wurden. Der Prozess, von zahlreichen Zeitungen und Zeitschriften beobachtet und kommentiert, wurde zum Skandal weit über Berlin hinaus. Mit einer dichten Beschreibung dieses Falles gibt Dagmar Reese Einblicke in die sich modernisierende Gesellschaft in der deutschen Hauptstadt am Ende des 19. Jahrhunderts.

2014. 175 S. 60 S/W- UND 2 FARB.-ABB. GB. 135 X 210 MM.
ISBN 978-3-412-22250-5

BÖHLAU VERLAG, URSULAPLATZ 1, D-50668 KÖLN, T:+49 221 913 90-0
INFO@BOEHLAU-VERLAG.COM, WWW.BOEHLAU-VERLAG.COM | WIEN KÖLN WEIMAR

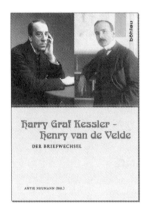

ANTJE NEUMANN (HG.)

HARRY GRAF KESSLER –
HENRY VAN DE VELDE

DER BRIEFWECHSEL

Der belgische Stardesigner Henry van de Velde (1863–1957) und der deutsche
Mäzen und Kulturpolitiker Harry Graf Kessler (1868–1937) lernten sich in
einer Zeit großer persönlicher und gesellschaftlicher Umbrüche kennen. Ihr
Briefwechsel umspannt 40 Jahre und umfasst über 400 erhaltene Schriftstücke. Hierbei nimmt die Weimarer Zeit des gemeinsamen Wirkens für die
künstlerische Moderne in den Jahren 1902 bis 1914 den wichtigsten Zeitraum
ein. Während van de Velde als Leiter der Kunstgewerbeschule seiner künstlerischen Mission nachging, engagierte sich Kessler als ehrenamtlicher Direktor des Museums für Kunst und Kunstgewerbe.

Die bisher unveröffentlichte Korrespondenz gibt Einblicke in den Ideenaus-
tausch sowie die schöpferische Auseinandersetzung zweier Kosmopoliten.
Alle Briefe werden ausführlich kommentiert, so dass die komplexen kunst-
und kulturhistorischen sowie werkgeschichtlichen Zusammenhänge erst-
malig umfassend gewürdigt werden können. Der Briefwechsel spiegelt so ein
bedeutendes Stück der Kulturgeschichte des beginnenden 20. Jahrhunderts.

2015. 728 S. 12 S/W-ABB. GB. 170 X 240 MM | ISBN 978-3-412-22245-1

BÖHLAU VERLAG, URSULAPLATZ 1, D-50668 KÖLN, T:+49 221 913 90-0
INFO@BOEHLAU-VERLAG.COM, WWW.BOEHLAU-VERLAG.COM | WIEN KÖLN WEIMAR

böhlau

BURCU DOGRAMACI (HG.)

IN DER SCHLACHT

BRIEFE DES JÜDISCHEN
KÜNSTLERS BRUNO JACOB AUS
DEM ERSTEN WELTKRIEG

Nur wenige Tage nach Ausbruch des Ersten Weltkrieges meldete sich der 21-jährige Kunststudent Bruno Jacob als Freiwilliger. Wie viele andere Künstler seiner Generation wechselte er begeistert Feder und Pinsel gegen Gewehr und Soldatenleben. Von der Front schrieb er regelmäßig an seine Geliebte, die Künstlerin Lieselotte Friedlaender, die wie er bei dem Expressionisten Georg Tappert studierte. Die Briefe und Postkarten sprechen von Enthusiasmus und Siegeshoffnungen, enthalten jedoch zunehmend drastische Schilderungen von Gewalt, Kampf und Tod. Kurz vor Kriegsende fiel Bruno Jacob. Er gehört damit zu den mindestens 12.000 deutschen Juden, die für das Kaiserreich als Soldaten ihr Leben ließen, und zu den jung verstorbenen Künstlern, deren Werk unvollendet blieb.

Durch glückliche Umstände sind seine Briefe aus den Kriegsjahren 1914 und 1915 fast vollständig erhalten. Die hier erstmals publizierten, bewegenden Schriftstücke vermitteln einen intensiven Eindruck von den gescheiterten Hoffnungen einer im Aufbruch befindlichen Künstlergeneration im frühen 20. Jahrhundert.

2014. 240 S. 21 S/W- UND 19 FARB. ABB. FRANZ. BR. 135 X 210 MM.
ISBN 978-3-412-22407-3

BÖHLAU VERLAG, URSULAPLATZ I, D-50668 KÖLN, T:+49 221 913 90-0
INFO@BOEHLAU-VERLAG.COM, WWW.BOEHLAU-VERLAG.COM | WIEN KÖLN WEIMAR

FRITZ FRANZ VOGEL (HG.)

KITSCH PER POST

DAS SÜSSE LEBEN
AUF BROMSILBERKARTEN
VON 1895 BIS 1920

Bereits vor dem Zeitalter der Telefonie wurden Kurzmitteilungen übermittelt. Milliarden von Bromsilberpostkarten wurden damals verschickt: Auf der Vorderseite befand sich ein vorgefertigtes Bild, auf der Rückseite ein handschriftlicher Text. Sie wurden vor allem zu Anlässen des Jahres- und des Lebenslaufs hergestellt. In Fotostudios wurden Bilder inszeniert, montiert, retuschiert und über spezialisierte Verlage vertrieben. Das Geschäft florierte. In der Blütezeit gab es über 300 Verlage, von denen heute die wenigsten noch bekannt sind.

Aufgrund ihrer hohen Dichte an Süße werden die fotografischen Postkarten, insbesondere die handkolorierten, gerne als Kitsch bezeichnet. Und doch sind solche Ansichtskarten heute wieder en vogue.

Fritz Franz Vogel ist dem Phänomen nachgegangen und hat eine beachtliche Sammlung zusammengetragen. In seinem aufwändig ausgestatteten Band lässt er uns in die erstaunliche Welt des postalischen Kitschs eintauchen.

2014. 320 S. ÜBER 2000 FARB. ABB. INKL. 1 ORIGINAL. GB.
MIT SAMTBEZUG IN VERSCHIEDENEN FARBAUSFÜHRUNGEN.
340 X 240 MM.| ISBN 978-3-412-22432-5

BÖHLAU VERLAG, URSULAPLATZ I, D-50668 KÖLN, T:+49 221 913 90-0
INFO@BOEHLAU-VERLAG.COM, WWW.BOEHLAU-VERLAG.COM | WIEN KÖLN WEIMAR

ECKART CONZE, WENCKE METELING,
JÖRG SCHUSTER, JOCHEN STROBEL (HG.)

ARISTOKRATISMUS UND MODERNE

ADEL ALS POLITISCHES UND
KULTURELLES KONZEPT, 1890–1945

(ADELSWELTEN, BAND 1)

Unbestritten nahm die Bedeutung des Adels zum 20. Jahrhundert hin in Europa ab. Gleichzeitig traten in unterschiedlichsten Diskursbereichen um 1900 neue Ideen und Konzepte von Adel oder Aristokratie auf. Dieser als Aristokratismus bezeichneten Ausweitung der Semantik des Adeligen spürt der Band mit interdisziplinären Perspektiven nach. Er spannt den Bogen von Nietzsches Philosophie eines „Neuen Menschen" über die Figur des Dandys in Kunst und Literatur, die Ideen einer „Geistesaristokratie", etwa im George-Kreis, bis hin zu Neuadelsvorstellungen in der völkischen Bewegung und im Nationalsozialismus.

2013. 385 S. GB. 155 X 230 MM. | ISBN 978-3-412-21007-6

BÖHLAU VERLAG, URSULAPLATZ I, D-50668 KÖLN, T:+49 221 913 90-0
INFO@BOEHLAU-VERLAG.COM, WWW.BOEHLAU-VERLAG.COM | WIEN KÖLN WEIMAR

GÜNTER ERBE

DOROTHEA HERZOGIN VON SAGAN (1793–1862) EINE DEUTSCH-FRANZÖSISCHE KARRIERE

(NEUE FORSCHUNGEN ZUR SCHLESISCHEN GESCHICHTE, BAND 18)

Nicht nur im Ancien Régime, auch in der Epoche der entstehenden bürgerlichen Gesellschaft haben adlige Frauen eine bedeutende Rolle als Repräsentantinnen und Ratgeberinnen in der Politik spielen können. Dorothea von Sagan, deren Leben und politische Karriere in diesem Buch dargestellt werden, war eine schillernde Repräsentantin des europäischen Hochadels und brachte es in der Zeit zwischen dem Ende des napoleonischen Kaiserreichs und den Reaktionsjahren nach 1848 zu hohem Ansehen weit über ihren Herkunfts- und Wirkungskreis hinaus. Die französische Historiographie sieht in ihr die exemplarische Verkörperung der »grande dame«. Die Geschichte Schlesiens kennt sie als Standesherrin von Sagan. An der Seite Talleyrands übernahm sie diplomatische Funktionen in Wien, Paris und London und erwarb den Nimbus einer kosmopolitischen, in politischen Fragen bestens unterrichteten Frau. Staatsmänner und regierende Fürsten konsultierten sie und suchten von ihrem Rat zu profitieren.

2009. X, 254 S. 10 S/W- U. 10 FARB. ABB.
AUF 16 TAF. GB. 170 X 240 MM.
ISBN 978-3-412-20415-0

BÖHLAU VERLAG, URSULAPLATZ I, 50668 KÖLN. T: +49(0)221 913 90-0
INFO@BOEHLAU.DE, WWW.BOEHLAU.DE | KÖLN WEIMAR WIEN